"十三五"普通高等教育本科系列教材

普通高等教育"十一五"国家级规划教材

（第二版）

房地产开发
经营与管理

主　编　任　宏　王瑞玲
副主编　赵　丽　钟　韵　赵艳玲
编　写　何　琴　许　娟　向为民　黄志玉
　　　　李　娇　冯　燕　祝亚辉　王建辉
　　　　常　剑　邓朝阳

中国电力出版社
CHINA ELECTRIC POWER PRESS

内 容 提 要

　　本书为"十三五"普通高等教育本科系列教材,曾获评为普通高等教育"十一五"国家级规划教材。

　　全书共分五篇,主要内容为概论、房地产开发前期工作、房地产建设过程、房地产营销策划、物业管理。书中特别注意理论联系实际,以实践中具体的操作和详实的案例展示出房地产开发经营与管理,使读者对房地产开发经营与管理的工作实践有更多的了解。

　　本书可作为普通高等学校工程管理、房地产开发与管理、工程造价、土木工程等相关专业教材,也可作为房地产开发、工程建设、咨询等领域工作人员的参考用书。

图书在版编目(CIP)数据

　房地产开发经营与管理/任宏,王瑞玲主编. —2 版 . —北京:中国电力出版社,2018.2(2022.7 重印)
　"十三五"普通高等教育本科规划教材　普通高等教育"十一五"国家级规划教材
　ISBN 978-7-5198-1568-4

　Ⅰ.①房…　Ⅱ.①任…　②王…　Ⅲ.①房地产开发-中国-高等学校-教材 ②房地产管理-中国-高等学校-教材　Ⅳ.①F299.233

　中国版本图书馆 CIP 数据核字(2017)第 310468 号

出版发行:中国电力出版社
地　　　址:北京市东城区北京站西街 19 号 (邮政编码 100005)
网　　　址:http://www.cepp.sgcc.com.cn
责任编辑:熊荣华(010-63412543　124372496@qq.com)
责任校对:黄　蓓　王小鹏
装帧设计:赵姗姗
责任印制:钱兴根

印　　　刷:北京雁林吉兆印刷有限公司
版　　　次:2008 年 3 月第一版　2018 年 2 月第二版
印　　　次:2022 年 7 月北京第十七次印刷
开　　　本:787 毫米×1092 毫米　16 开本
印　　　张:21.25　2 插页
字　　　数:550 千字
定　　　价:**58.00 元**

Preface
前 言

随着我国经济的发展和城镇化建设的实施，社会对房地产从业人员不仅从数量上还是质量上都有了更高的要求。因此编写一本比较实用的、能够指导房地产行业从业人员的读物是很有必要的。

房地产开发经营与管理是一门实践性非常强的学科，作为学习者和知识的传达者，我们渴望把在学习和工作过程中领悟和学习到的知识，结合房地产开发经营与管理的实践，传达给需要了解这方面知识的读者。因此本书除了注重理论知识的传达外，还特别注重理论联系实际，以实践中具体的操作和翔实的案例展示给了读者房地产开发经营与管理的实践，读者读后可以对房地产开发经营和管理的工作实践能有更多的了解，这也是本书的特色所在。

本书可作为高等学校工程管理专业、房地产开发与管理专业、工程造价专业、土木工程类专业以及其他相关专业的本科教材和研究生教材，也可以作为房地产开发、工程建设、咨询等领域的工作人员的参考用书。

本书于 2008 年 3 月出版了第一版，并获评为国家级规划教材，在第二版编写过程中，作者对原来的数据进行了调整，增删了部分内容。全书由任宏、王瑞玲主编，共有五篇，分十四章编写。其中第一章由王瑞玲、任宏编写；第二章由何琴、向为民编写；第三章由许娟、李娇编写；第四章由赵丽、王建辉编写；第五章由任宏、王瑞玲、王建辉编写；第六章由钟韵、任宏编写；第七章由王瑞玲、王建辉编写；第八章由任宏、王瑞玲、王建辉编写；第九章由祝亚辉、邓朝阳编写；第十章由赵丽、任宏编写；第十一章由冯燕、赵艳玲、向为民编写；第十二章由赵艳玲、冯燕、黄志玉编写。本书最后由任宏统稿。限于编者的学术水平和实践经验，书中不妥之处在所难免，敬请各位读者批评指正，我们将不胜感激。

编 者

2017 年 11 月于重庆

房地产开发流程图

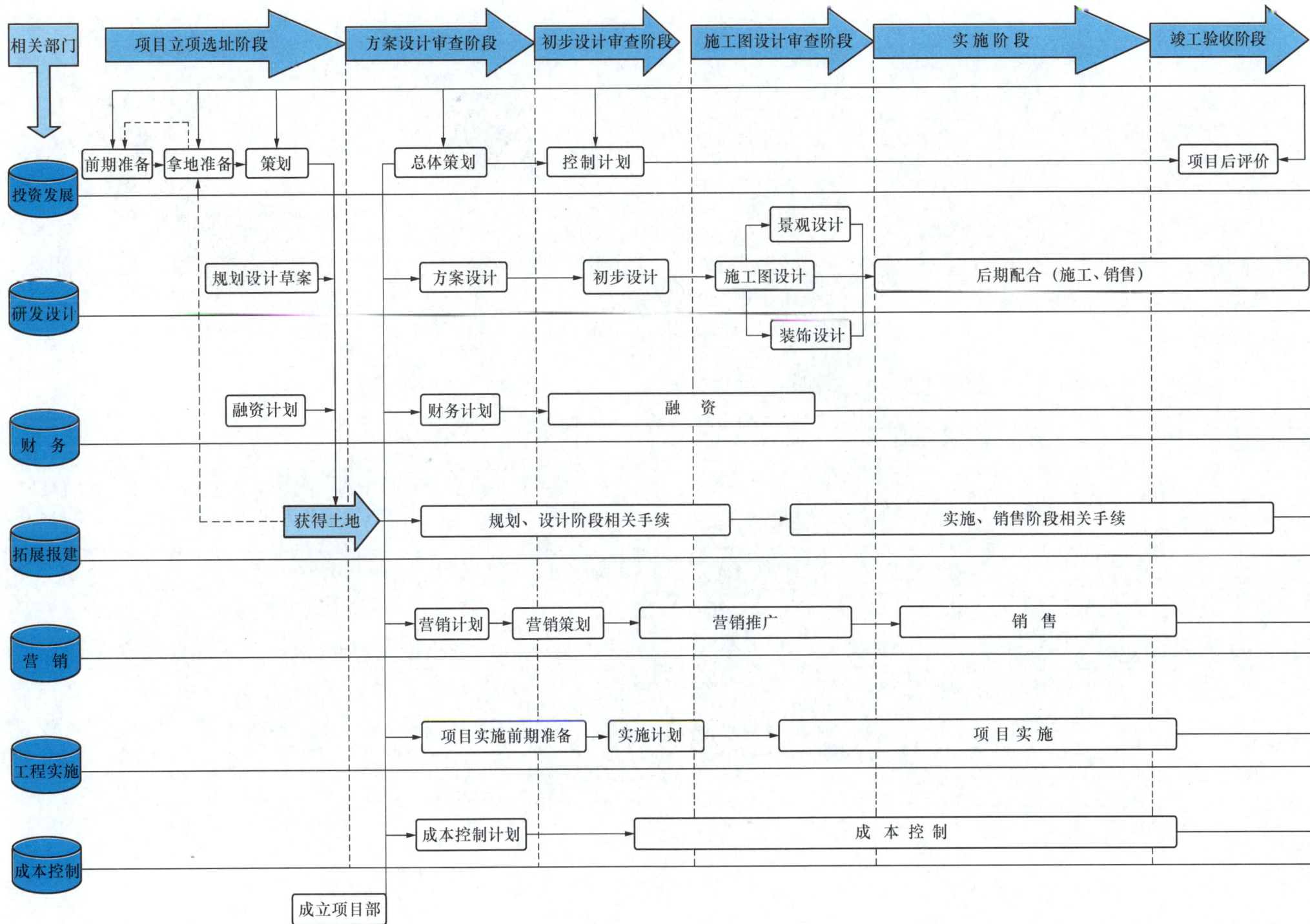

相关部门	项目立项选址阶段	方案设计审查阶段	初步设计审查阶段	施工图设计审查阶段	实施阶段	竣工验收阶段

投资发展
前期准备 → 拿地准备 → 策划 　　总体策划 → 控制计划 　　　　　　　　　　项目后评价

研发设计
规划设计草案 　　方案设计 → 初步设计 → 施工图设计 → 景观设计 / 装饰设计 　　后期配合（施工、销售）

财务
融资计划 → 财务计划 → 融资

拓展报建
获得土地 → 规划、设计阶段相关手续 → 实施、销售阶段相关手续

营销
营销计划 → 营销策划 → 营销推广 → 销售

工程实施
项目实施前期准备 → 实施计划 → 项目实施

成本控制
成本控制计划 → 成本控制

成立项目部

Contents
目 录

超越竞争，而不要被对手所吞噬。

——杰克·韦尔奇

第一篇　概　论

本篇内容提要

1. 房地产及房地产市场介绍，主要介绍了房地产、房地产业、房地产市场等相关概念；房地产市场的分类、市场架构、特性及其功能；房地产市场的运行规律等。

2. 房地产开发经营管理特点与程序，主要介绍了房地产经营与管理的概念、房地产开发经营的特点与形式，以及房地产开发经营的基本程序。

3. 政府及房地产开发相关利益主体介绍，分别介绍了政府、房地产开发所涉及的金融机构以及开发商、购房者和其他一些相关的利益主体，本部分内容还对开发商和购房者可能遇到的风险进行了粗略分析。

有些开发商之所以成功就在于他们拥有正确的思想和理念，并且实现了对市场的征服和控制。

——编者

第一章 房地产及房地产市场

第一节 房地产相关概念介绍

一、房地产的含义

房地产具体是指土地、建筑物及其地上的附着物，包括物质实体和依托于物质实体上的权益。在旧中国的词汇和法规中，房地产又称为不动产，是房产和地产的总称，两者具有整体性和不可分割性。不动产包括土地、建筑物及地上附着物和房地产物权（注：房地产物权除所有权外，还有所有权衍生的租赁权、抵押权、土地使用权、地役权、典当权等）。日本也是使用汉字不动产来表达的，其他各国用本国文字表达，也是表示房地产或不动产的意思，其包括的内容基本上是一致的。为了用词的统一和规范，目前一律用房地产来表示。房地产是房屋财产和土地财产的总称❶，是房屋与土地在经济方面的商品体现。房屋与土地反映物质的属性和形态，而房产和地产则体现商品形式的价格，因此，在生活资料方面，房产与地产属于财产范畴；在生产经营资料方面，房产与地产属于资产范畴❷。由于房和地的不可分离性，因此房地产还包括开发后附着于土地之上的各种结构物及设施，包括建筑物、道路、停车场及水电设施等。

二、房地产业相关介绍❷

关于房地产业的释义，在我国有一个发展变化的过程，并且与世界各国的释义不尽相同。为此，有必要先了解一下国际上的有关释义。

（一）国际上的有关释义

联合国在 1968 年修订的《全部经济活动产业分类的国际标准》中，把经济活动分为十大类，房地产业属于第八类，由四个部分组成：出租和经营房地产（非住宅建筑；公寓房间、住宅）；进行土地功能分区和房地产开发（用自己的账户）；不动产出租人；通过合同或收费方式经营的租赁、买卖、管理、评估房地产的代理人、经纪人和管理者。

在美国的产业分类标准中，全部产业划分为十大类，房地产业列入第七类，含两个细

---

❶ 黄英. 房地产开发与经营. 2 版. 北京：机械工业出版社，2004.
❷ 施建刚. 房地产开发与管理. 上海：同济大学出版社，2005.

分类，包括五个子行业：房地产经营（除去开发商）和租赁房屋经纪人；拍卖商品和管理者；房地产产权服务公司；小区规划分类和开发；自建自卖的建筑商。

加拿大的产业分类与美国相近，房地产业属于第八大类，包括以下行业：各类房地产（公寓、旅馆、住宅、非住宅建筑物、写字楼、永久性旅游点）经营商；各类房地产租赁机构；房地产买卖代理机构、代理商和经纪人；房地产评估、房地产管理商；房地产与保险结合的业务机构；房地产与保险、担保、法律事务相结合的业务机构。

（二）我国房地产业的释义及其特征

我国香港的经济活动分类与联合国的分类基本相同，只是将其第八项中的房地产业称为"地产业"，含义则与联合国分类的房地产业基本相同。另外，在第十项"其他未作界定的经济行为"列入"楼宇业权所产生的服务"行业。香港的房地产业包括地产业和楼宇业权两个方面：地产业包括房地产开发公司、房地产经纪行、楼宇出租、房屋管理公司及楼宇清洁服务公司等；楼宇业权，是指业主以个人身份为租房者提供的出租服务，以及住户、政府和私人非牟利团体等以业主身份为自己提供的服务。

而在内地，在旧中国的法规中，将房地产称为不动产。但在新中国成立后一个相当长的时间里，一直未把房地产业作为一个行业来对待。直至1984年5月15日人大会议的《政府工作报告》中，才提出了"开展房地产经营业务"的概念，并在《政府工作报告》的名词解释中作了如下说明。

"房地产经营是指对城市各种房屋，包括厂房、仓库、住宅和商业、服务、文化、教育、办公、医疗、体育用房的建造、维修、装饰、租赁、买卖、使用、交换等，按照价值规律所进行的经营活动。"这个解释，已经开始承认房地产业的活动。为了使房地产业的概念界定与国际接轨，对房地产业界定如下："房地产业是房地产的开发、经营、管理与服务等一系列经济活动的总称，房地产业的经济活动主要限于流通领域，在国民经济产业分类中属于第三产业。房地产业具体包括：①房地产开发与经营业；②房地产管理业；③房地产经纪与代理业。"❶

1985年5月《国务院办公厅转发国家统计局关于建立第三产业统计的报告》中，提出了房地产业这个完整的产业名词，并提出它属于第三产业的第二层次，这是为房地产业正名的一个重要文件。房地产业作为国民经济中一个大的产业，是进行房地产投资、开发、经营、管理和服务的行业。房地产业作为一个独立的产业部门，有其自身的产业特征，可概括为以下几点。

1. 基础性

人们的生产、生活、各行各业的存在和运转，都离不开栖身之地和庇护场所。因而，房地产业连同建筑业，在国民经济中具有基础性，仅次于为人类提供衣食之源的农业。

2. 先导性

由基础性必然引出先导性，房地产业与建筑业、林业、材料工业、金融业、自来水生产供应业、交通运输业、邮电业、煤气生产供应业、市政、园林、油漆化工、家具、家电

---

❶ 叶剑平，谢经荣．房地产业与社会经济协调发展研究．北京：中国人民大学出版社，2005.

电器、商业、服务业等行业有着密切的关系。房地产业的发展可以带动这些行业的发展，这意味着各行各业的再生产和扩大再生产都要以房地产业的发展为前提条件。同时，房地产业的发展也依赖于这些行业的发展。

3. 对金融业的依赖性

一方面，房地产的高值性，往往要求在开发、购置上投入巨额资金，仅仅依靠自有资金就难免捉襟见肘，步履维艰，从而出现了对金融业的不同程度的依赖性。另一方面，国际、国内金融市场上往往有大量游资寻求用武之地，于是二者一拍即合。

4. 高回报性

由于地产供不应求程度的不断提高和地产受周围投资环境辐射影响程度的不断提高，土地呈现出不断增值的总趋势，所以房地产投资往往具有较高甚至畸高的投资回报率。这是资金（本）对它趋之若鹜的根本原因。

5. 高风险性

风险即遭受损失的可能性，任何投资都有风险，房地产投资由于数额大、周转慢、变现能力差，因此风险更大。房地产市场同股票市场一样，波动是很大、很频繁的。在发达国家，每年都有相当数量的房地产企业破产。1992 年 5 月 14 日，世界上最大的房地产公司奥林匹克与约克发展有限公司向加拿大和美国法院申请破产保护。这些都说明房地产投资存在着巨大的风险。所以，房地产投资者应加强风险意识，谨慎地从事房地产业。

（三）房地产业的基本活动

房地产业的基本活动领域如下：

（1）土地开发和再开发，主要指将农用地开发为建设用地，以及将旧城区通过拆迁和基础设施建设改造成新的建设用地；

（2）房屋开发，包括居住用房、商业用房、工业用房等的开发；

（3）地产经营，主要指土地使用权的出让、转让、租赁及抵押；

（4）房地产经营，包括房产（含土地使用权）买卖、租赁、抵押及典当等；

（5）房地产中介服务，包括房地产信息服务、咨询服务、房地产估价、土地和房屋测量、房地产法律、房地产经纪和房地产公证等；

（6）物业管理，包括提供家居服务、房屋及配套设施维修养护、居住区保安、小区绿化、公共卫生、房屋转租，以及给水、供电、采暖、天然气、电话、互联网、有线电视等费用代收代付；

（7）房地产金融，包括房地产信贷、房地产保险和房地产金融资产投资（股票、债券、房地产证券化）。

（四）房地产业的地位和作用

现在，房地产业这一行业所经营的不单是土地和建筑商品，也涵盖到土地开发及房屋建设领域，具有三重属性，即生产、经营和服务，所以它既能创造价值，又有使用价值，属于一种生产性的劳动。

在我国，房地产业已经从在国民经济中具有附属性质的经济服务活动，发展成为一个独立的产业。随着经济的发展，房地产业这一新兴产业逐步被纳入国民经济的平衡、统计和运行体系当中，在国民经济中占据着越来越重要的地位，成为国民经济中的主要产业之一，尤其是住宅产业，已作为一个新的经济增长点，被列入国民经济的支柱产业。

房地产业的发展同整个社会经济的发展密切相关。一方面，如果房地产业的发展是健康而高效的，就能推动社会经济的进一步发展，这是因为房地产业的发展能够把更多的相关产业带动起来，共同发展，从而刺激整个经济的进一步发展；另一方面，社会经济整体的发展对房地产业的发展有促进作用。经济兴旺从而对房地产业的需求增大，进而促进房地产的发展。然而，当经济形势萧条的时候，首先减少的就是社会对房地产业的需求，进而被压制的就是社会的扩大再生产与提高生活水平的能力。

因此，房地产业对于社会经济的发展态势反映非常灵敏，甚至可以把它的发展看成是整个社会经济发展的缩影和"晴雨表"。这种影响力是其他个别产业所不具有的，通常它们的兴衰，不足以对经济的整体运行情况造成直接的影响。房地产业的重要性体现在，它是整个社会经济活动中最基本、最重要的构成要素之一。

1. 房地产业为国民经济各行业的存在和发展提供物质条件

房地产业开发经营的厂房、仓库、商场、写字楼、酒店、宾馆、学校、医院、体育场馆、娱乐场所、旅游用房和设施等，是社会进行政治、经济和文化活动的基础。房地产业开发经营的住宅，作为人类基本生活条件之一（衣、食、住、行），其发展对于提高人们的物质和精神生活质量，调动人们的工作积极性，促进社会安定，具有重要作用。

2. 房地产业是国家财富的重要组成和主要来源

据《光明日报》报道，澳大利亚统计局表明，澳大利亚净价值约为22302亿澳元，其中土地资源8159亿，建筑、桥梁、道路等公共设施6790亿，家居5559亿。由此可知，其房地产及相关财产价值约占社会总价值的90%以上。在我国，房地产价值约占社会总财富的3/4，其中土地占23.2%，建筑物占50%，其他财富仅占26.8%。由于房地产业是一个通过经营流通"参加投机"的产业，是要承担经营风险的产业。在有的情况、特别是经济萧条的情况下，也会出现房地产利润急剧下降，并会造成一批房地产企业倒闭的问题。在我国，由于经济的持续发展，房地产利润高的优点易于充分显示并且"长盛不衰"，显示出一种高附加值、高回报率，并且利润高于社会平均利润。因此，采取适当的立法措施和有效的运作，在房地产建设和销售时，把政府应得的土地收益和合理的税费收回来，就可以为政府增加一笔较大的资金。还要指出的是，房地产是一种使用年限很长的商品，从投入使用到使用期完结的一个长时期内，可以多次进入市场买卖或租赁，政府通过交易税、租赁税、契税、财产税和遗产税等税种，又可以连续不断地取得大量的税收。在发达国家，源于房地产业的税收一般占政府财政收入的10%～30%，而我国香港1976～1985财政年度间，仅卖地一项收入平均占港英当局财政收入的16.4%，1980～1981财政年度卖地收入高达财政收入的37%。建设部住宅产业化办公室原主任、中国工商联住宅产业商会会长聂梅生在中国环渤海不动产发展论坛讲话中提到：房地产业已经占了GDP的20%以上。

3. 房地产业的发展对国民经济中其他产业发展具有较大的促进和带动作用

首先，房地产的开发需要消耗巨额的材料和设备，直接带动建筑业、建材业、钢铁业、机械制造业和交通运输业等产业的发展。其次，房地产投入使用后，带动家具、家电、化工、轻工和纺织等相关产业的发展。据世界部分发达国家的投入产出分析，房地产业的产值每增加"1"，相关产业的产值就可以增加"1.5～2"。在中国当前的情况下，每投入 100 元的资金可以创造相关产业 170～220 元的需求；每销售 100 元的住宅可以带动130～150 元的其他消费；住宅行业每吸纳 100 人就业，可以带动相关行业 200 人就业❶。

4. **房地产业是发展第三产业的突破口**

第三产业包括三个层次：第一个层次主要是指批发与零售商业、交通运输业、餐饮业、旅游业、修理业等；第二个层次主要是指金融保险业和房地产业；第三个层次主要是指公务事业，包括政府机关、国防等部门。目前，我国经济结构中最为突出的问题是第三产业所占比重过低，只有 30%，远远低于发达国家普遍 60% 左右的水平。第三产业的滞后严重制约了第一、第二产业和整个国民经济的发展，这同时也说明了我国第三产业的发展具有很大的潜力，将成为此后 10 年内重点发展的产业。而在第三产业中，房地产业作为重要组成部分，具有先导性和基础性的特征。它的加速发展，不仅能带动第三产业的加速发展，同时由于其产业关联度强、产业链条长的特点，也必然带动冶金、建材、化工、纺织、森林、五金等产业的发展。

5. **房地产业的发展可为社会提供大量的就业机会，减轻就业对社会的压力**

房地产业是劳动密集型行业，一方面其开发建设能提供许多建筑施工就业机会；另一方面，房地产的经营、管理和服务也需要众多人员参与。据不完全统计，我国从事房地产业活动的职工超过 1000 万人。这只是在房地产业刚走出复苏时期，房地产机构不健全情况下的统计数字。如果房地产业进入繁荣时期，房地产业从业人员的数量和质量都会进一步提高，从而为国家扩大就业率做出更多的贡献。

6. **有利于推进城市的综合开发**

为了解决分散建设产生的弊端，我国提出了实行"综合开发，配套建设"的方针。而在以前那种由千万家开发商各自为政地去进行分散建设的情况下，综合开发、配套建设的方针很难得到实施。只有房地产业复苏后，由房地产业统筹安排，才能保证这一方针的贯彻实施。改革开放以来我国城市综合开发率的不断提高，就是有力的证明。

三、房地产的特性

房地产的特性可以从房地产的自然特性和社会特性两个方面来考察。

（一）房地产的自然特性

1. **不可移动性（位置的固定性）**

工业产品具有可移动性，在生产出来以后，可以通过火车、轮船、飞机等运输工具运往全国乃至世界各地销售或消费。但由于土地具有不可移动性，所以固着于土地之上的房地产业具有不可移动性，所有的房屋（特殊情况除外，如活动板房等），不论其外形如何、性能怎样、用途怎样，都必须固定在一个地方，不能随便移动其位置，房地产产品必须在

---

❶ 成思危．保障廉租房 房地产仍应是支柱产业．星岛环球网，www.singtaonet.com.

固定的位置生产、经营和消费。由于房地产位置的固定性，一个地区土地的短缺不能由土地富余的地区来补偿，同样住房紧张的地区不能由住房剩余的地区来解决，这就造成了不同城市，甚至同一个城市的不同区域，房地产商品价格相差很大。因为当一个地区的房地产市场供求关系失去平衡，或者不同地区之间房地产的价格出现差异时，它不可能像其他商品那样，通过其自身在这些地区之间的流动来缩小，甚至抹杀这种不平衡与差异，因此房地产面对的是一个区域性的、不完全竞争的市场。由于房地产位置的固定性，因此，房地产的开发要结合当地的文化传统和人们的思想意识来进行。

2. 房地产整体的单一性

每一栋房屋会因其用途、结构、材料和面积的不同而产生许多不同之处，每一块土地也会因所在地区、工程地质条件、水文地质条件和土地用途的不同而不同。世界上没有两宗房地产是完全相同的，即使两处的建筑物一模一样，但由于其坐落位置不同，周围的环境不同，实际上也是不相同的。另外，世界上也不存在完全相同的两个房地产开发过程，必须针对每个开发项目，单独测算、单独设计、单独编制施工方案、独立地组织施工。不同地点、不同时间的房地产开发管理均须单独考虑，不可相互照搬。房地产开发过程的差别也是形成房地产整体单一性的原因之一。

3. 使用的耐久性

土地具有不易毁灭性，具有永恒的使用价值。房屋一经建设完成，只要不被拆毁或破坏，使用期限一般可达数十年乃至上百年以上。因此，房地产产品相对于其他产品，使用年限较长，属于耐用消费品。

值得注意的是，在中国内地，房地产的长期使用性受到了有限期的土地使用权的制约。根据《中华人民共和国城镇国有土地使用权出让和转让暂行条例》的规定：公司、企业、其他组织和个人通过政府出让方式取得的土地使用权，是有限期的土地使用权。土地使用权期满，土地使用者可以申请续期，按规定支付新的土地使用权出让金，并办理登记；否则，土地使用权及其地上建筑物、其他附着物所有权由国家无偿取得。国家规定的土地使用权出让最高年限按下列用途而不同：居住用地70年；工业用地50年；教育、科技、文化、卫生、体育用地50年；商业、旅游、娱乐用地40年；综合或者其他用地50年。2007年3月16日，中华人民共和国第十届全国人民代表大会第五次会议通过《中华人民共和国物权法》，该法规于2007年10月1日起开始施行。《中华人民共和国物权法》第一百四十九条规定，住宅建设用地使用权期间届满的，自动续期。非住宅建设用地使用权期间届满后的续期，依照法律规定办理。该土地上的房屋及其他不动产的归属，有约定的，按照约定；没有约定或者约定不明确的，依照法律、行政法规的规定办理。

4. 稀缺性（资源的有限性）

房地产的稀缺性是指房地产中的土地而言，土地既不能再生，又无法替代，且数量有限，随着人口的增加、社会经济的发展，对土地的需求越来越多，故其具有稀缺性。

5. 体积庞大、消耗材料多

房屋建筑体积庞大，消耗材料数量多，品种广。据统计，房地产开发建设中所需要的材料共计23大类、1558个品种，涉及建材、冶金、机械、化工、纺织、轻工、电子、交通、环卫、电力、供水等 50 多个产业部门。房屋建筑过程中，物料消耗一般占到建筑产品成本的 60%～70%，据统计，就房屋建筑工程而言，我国建筑业的主要材料消耗占国内总消耗的比例分别为：水泥 70%，钢材 20%～30%，木材 40%，玻璃 70%，油漆涂料 50%，塑料制品 25%，运输 8%❶。

（二）房地产的社会特性

1. 建设周期长，投资规模大

一般一件工业产品生产周期可以是一天、一个小时甚至几分钟，而房地产产品则不行。一个房地产项目从土地征用到拆迁、安置，直至竣工验收、交付使用，往往需要几个月或几年的时间。特别是旧城区改造、经济开发区的建设等大型综合项目的建设周期更长，往往达 3～10 年之久。房屋体积庞大、耗用材料多，使得房地产投资数额巨大，少则几十万元，多则上亿元，甚至几十亿元。

2. 开发条件差，涉及面广

房屋建筑的体积庞大使得房地产的开发不能像工业产品那样在环境条件可控制的厂房内进行，房地产开发一般都是露天作业，因此会受到温度、风、雨、雪等自然条件的制约和影响。房地产开发经营管理是一项庞大的社会工程，涉及规划、建设、土地、市政、供电、通信、园林、环保、金融、交通、公安、城管、工商、税务等几十个政府行政管理部门，以及勘查、设计、施工、安装、装饰、材料加工、设备制造、家电、纺织等几十个行业，不管哪个环节考虑不周、处置失当，都会给开发造成损失。

3. 供求调整缓慢

同一般商品市场不同，房地产的供求不能随价格变化及时调整。从供应角度看，由于房地产的不可移动性、土地的稀缺和不可替代性、建设期长、涉及众多部门等特点，使得房地产开发经营者很难在短期内调整市场供应量，经营者都不可能在较短时间内，在特定范围内大批量开发出房地产产品来满足市场需求。从需求角度看，尽管房地产商品的需求具有广泛性和多样性，但其需求弹性比较小。房地产的耐久性说明房屋使用年限超过任何消费品，通常一套住房世代相守，辈辈相传；加之房地产投资规模大，就个人和家庭而言，几年，十几年，甚至一生都可能没有购置房地产的需求和能力，所以房地产市场需求变化是缓慢的。只有随着人口的增加，经济发展水平的提高，居民收入的增加，需求量才会逐步增长。

4. 变现难

房地产的不可移动性，使其消费限于特定的区域，而且由于房地产投资动辄几十万元、几百万元甚至上千万元，故很难在短期内找到合适的消费客户；且房地产不能像债券、股票、黄金那样可以分割交易，随时变现。因此，房地产产品不能轻易脱手变成现金，具有变现难的特点。

5. 保值、增值性

多数商品在交易使用后，经过一段时间的消费，其实物和价值两种形态都会逐渐减

---

❶ 叶明海. 建筑施工业研究咨询报告. 2007.

少，乃至消失。但对于房地产，由于人口增加、经济发展和消费水平的提高，对土地的需求量日益增加，而土地的稀缺和不可替代性，导致房地产价格会不断上涨，故房地产具有保值增值性。

四、房地产的种类

（一）按房地产开发程度分类

按房地产开发程度不同，房地产可分为土地、在建工程和建成后的物业三种类型❶。

1. 土地

土地是房地产的一种原始形态，因为单纯的土地并不能满足人们入住的需要，但由于土地具有潜在的开发利用价值，通过在土地上继续投资，就可以最终达到为人类提供入住空间的目的。因此，土地属于房地产的范畴，是其中最重要的组成部分。

土地又可分为未开发的土地和已开发的土地两种类型，前者基本上属于农村集体土地，后者通常属于城市国有土地，当然，在一定条件下，前者可以向后者转化。从投资的角度来说，城市国有土地或规划中可以转化为城市国有土地的农村集体土地，是投资者关注的重点。

依土地所处的状态不同，土地又可分为具备开发建设条件、立即可以开始建设的熟地和必须经过土地的再开发才能用于建设的毛地两种形式。除土地开发费用外，土地开发过程中的不确定性和风险，是导致毛地和熟地之间价格差异的主要因素。对于房地产投资者来说，购买熟地进行开发建设时，虽然土地费用支出通常高于购买生地自行完成土地开发（拆迁、安置、补偿）后再建设的方式，但由于缩短了开发周期，减少了投资风险，因此是许多投资者愿意选择的方式。

2. 在建工程

在建工程是指已经开始工程建设但尚未竣工投入使用的房地产，是房地产开发建设过程中的一种中间形态。受原有投资者融资能力、管理能力、投资策略，以及市场环境因素变化的影响，房地产市场上总存在着一些针对在建工程的交易行为，如将在建工程转让、抵押等。因此，针对在建工程的价值评估和投资分析，也是房地产投资分析的重要内容。

3. 建成后的物业

所谓建成后的物业，即通常所说的已通过竣工验收、可投入正常使用的建筑物及其附属物。按其当前的使用状态，可分为空置和已入住（允许有部分空置）两种情况。按照建筑物的用途不同，这类房地产可分为以下几种形式：

（1）居住物业。居住物业一般是指供人们生活居住的建筑，包括普通住宅、公寓、经济适用房和别墅等。这类物业的购买者大都是以满足自用为目的，也有少量作为投资，出租或出售。由于人人都希望有自己的住房，而且在这方面的需求随着人们生活水平的提高和支付能力的增强不断向更高的层次发展，所以居住物业的市场最具潜力，投资风险也相对较小。此外，居住物业的交易以居民个人的购买行为为主，交易规模较小，但由于有太

---

❶ 刘正山．房地产投资分析．大连：东北财经大学出版社，2004.

多的原因促使人们更换自己的住宅，所以该类物业的交易量十分巨大。

（2）商业物业。商业物业有时也称为收益性物业或投资性物业，包括酒店、写字楼、零售商业用房（店铺、超市、购物中心等）、出租商住楼等。这类物业的购买者大都是以投资为目的，靠物业出租经营的收入来回收投资并赚取投资收益，也有一部分是为了自用、自营的目的。商业物业市场的繁荣除了与当地的整体社会经济状况相关外，还与工商贸易、金融保险、顾问咨询、旅游等行业的发展密切相关。这类物业由于涉及的资金数量巨大，所以常以机构投资为主。物业的使用者多用其提供的空间进行经营活动，并用部分经营所得支付物业的租金。由于入住商业物业内的经营者的效益在很大程度上取决于其与社会接近的程度，所以所处位置和地段对于这类物业特别重要。

（3）工业物业。工业物业通常是为人类的生产活动提供入住空间，包括工业厂房、高新技术产业用房、研究与发展用房（又称工业写字楼）、仓储用房等。工业物业既有出售的市场，也有出租的市场。一般来说，重工业厂房由于其建筑物的设计需要符合特定的工艺流程要求和设备安装的需要，通常只适合特定的用户使用，不容易转手交易。高新技术产业用房和研究与发展用房则有较强的适应性。轻工业厂房介于上述两者之间。随着物流行业的发展，传统的以自用为主的仓储用房也越来越多地用于出租经营。

（4）特殊物业。对于赛马场、高尔夫球场、汽车加油站、飞机场、车站、码头、高速公路、桥梁、隧道等物业，常称为特殊物业。特殊物业经营的内容通常要得到政府的特殊许可。特殊物业的市场交易很少，因此，对这类物业的投资多属于长期投资，投资者靠日常经营活动的收益来回收投资、赚取投资收益。

（二）按用途分类

按用途不同，房地产可分为以下几种：

（1）居住房地产。

（2）商业房地产。

（3）旅游房地产。

（4）工业房地产。

（5）农业房地产。

五、房地产市场其他一些规定和术语

（一）房地产住宅的层数划分的规定

（1）低层住宅为 1～3 层。

（2）多层住宅为 4～6 层。

（3）小高层住宅为 7～11 层。

（4）中高层住宅为 12～16 层。

（5）16 层以上为高层住宅。

（二）房地产土地的使用年限的确定

凡与省、市规划国土局签订《土地使用权出让合同书》的用地，其土地使用年限按国家规定执行，即居住用地 70 年；工业用地 50 年；教育、科技、文化、卫生、体育用地

50 年；商业、旅游、娱乐用地 40 年；综合用地或者其他用地 50 年。

（三）房地产专业名词

常用名词如下：

（1）五证。①建设用地规划许可证；②建设工程规划许可证；③建设工程施工许可证；④国有土地使用证；⑤商品房预售许可证。

（2）两书。①《住宅质量保证书》；②《住宅使用说明书》。

（3）房地证。房地证是房屋产权和土地所有权属合二为一的凭证，是房地产权属的法律凭证。

（4）房地产市场。房地产市场主要包括地产买卖、租赁市场。含一级市场、二级市场和三级市场（后面的章节会有详述）。

（5）房地产产权。房地产产权是指产权人对房屋的所有权和对该房屋所占用土地的使用权。具体内容是产权人对房地产的占有、使用、收益和依法处分的权利。

（6）土地使用权。土地使用权是指土地使用权拥有者对土地使用的权限，包括开发权、收益权和处置权。政府以拍卖、招标、协议的方式，将国有土地使用权在一定年限内出让给土地使用者。土地使用权期满后，如该土地用途符合当时城市规划要求的，土地使用者可申请续用，经批准并补清地价后可以继续使用。

（7）三通一平。三通一平是指水通、电通、路通及场地平整。

（8）七通一平。七通一平是指水通、电通、路通、排水通、排污通、通信通、煤气通及场地平整。

（9）红线图。红线图又称为宗地图，是按一定比例尺制作的用以标示一宗地的用地位置、界线和面积的地形平面图。它由政府土地管理部门颁发给土地使用权受让者，受让者只能在红线范围内施工建房。

（10）总用地面积。经城市规划行政主管部门划定的用地范围内的土地面积称为总用地面积。

（11）建设用地面积（净用地面积）。经城市规划行政主管部门划定的建设用地范围内的土地面积称为建设用地面积（净用地面积）。

（12）总建筑面积。总建筑面积指在建设用地范围内单栋或多栋建筑物地面以上及地面与各层建筑面积之和。

（13）容积率。容积率是指总建筑面积与建设用地面积之比值。如在 10 万 m^2 的土地上，有 20 万 m^2 的建筑总面积，其容积率为 2.0。

（14）建筑面积。建筑面积指建筑物外墙或结构外围水平投影面积之和，包括阳台、挑廊、地下室、室外楼梯等，且具备有上盖、结构牢固、层高 2.2m 以上（含 2.2m）的永久建筑。

（15）建筑覆盖率（建筑密度）。建设用地范围内所有建筑物基底面积之和与建设用地面积的比率称为建筑覆盖率（建筑密度）。如在 10 万 m^2 的土地上，建筑用地净面积为 8 万 m^2，其建筑覆盖率为 0.8（建筑密度为 80%）。

（16）绿地率。绿地率指居住区用地范围内各类绿地的总和占居住区用地的比率

（%）。绿地率所指的"居住区用地范围内各类绿地"主要包括公共绿地、宅旁绿地、配套公建所属绿地和道路绿地等。其中，公共绿地，又包括居住区公园、小游园、组团绿地及其他的一些块状、带状公共绿地。宅旁绿地等庭院绿化的用地面积，在设计计算时，要求距建筑外墙 1.5m 和道路边线 1m 以内的用地，不得计入绿化用地。此外，还有一些情况也不能计入绿地率的绿化面积，如目前小区的建设中，有许多地下设施，如地下车库、化粪池，这些设施的地表覆土一般达不到 3m 的深度，也就是说在上面种植的大型乔木成活率较低，所以计算绿地率时不能计入"居住区用地范围内各类绿地"中。绿地率的计算公式为

$$绿地率 = 绿地面积 / 土地面积$$

（17）绿化率。建设用地范围内所有绿地面积之和与建设用地面积之比率称为绿化率。绿地应包括公共绿地、宅旁绿地、公共服务设施所属绿地和道路绿地（即道路红线内的绿地），不应包括屋顶、晒台的人工绿地。

（18）绿化覆盖率。建设用地范围内全部绿化植物水平投影面积之和与建设用地面积的比率称为绿化覆盖率。

（19）房屋销售面积。房屋销售面积指房屋按套（单元）出售时，房屋销售面积为该套（单元）的建筑面积，即为该套（单元）的使用面积与该套（单元）应分摊的公用建筑面积之和。

（20）套内建筑面积。房屋按单元计算的建筑面积，为单元门内范围的建筑面积，包括套（单元）内的使用面积、墙体面积及阳台面积。

（21）套内使用面积。套内使用面积指室内实际能使用的面积，不包括墙体、柱子等结构面积，使用面积的计算应符合以下规定：

1）室内使用面积按结构墙体内表面尺寸计算，墙体有复合保温、隔热层、按复合层内皮尺寸计算；

2）烟囱、通风道、各种管道竖井等均不计入使用面积；

3）非公用楼梯（包括跃层住宅中的套内楼梯）按自然层数的使用面积总和计入使用面积；住宅使用面积包括卧室、起居室、厨房、卫生间、餐厅、过厅、过道、前室、贮藏室等。单元内使用面积系数的计算式为

$$单元内使用面积系数 = 单元内使用面积 / （单元内建筑面积 + 按规定应分摊公用建筑面积）$$

（22）公共建筑面积。各产权主共同占有或共同使用的建筑面积，指各套（单元）以外为各户共同使用，不可分割的建筑面积。可分为应分摊的公共建筑面积和不能分摊的公共建筑面积。

（23）实用面积。实用面积是套内建筑面积扣除公共建筑面积后的余额。

（24）层高。住宅高度以"层"为单位计量，即每一层的高度，国家在设计规范上要求层高在 2.7～3.0m 之间，这个高度就称为层高。它通常包括下层地板面或楼板面到上层楼板面之间的距离。

（25）净高。净高是指层高减去楼板厚度的净剩值。

（26）公摊面积。商品房分摊的公用建筑面积主要由两部分组成：

1）电梯井、楼梯间、垃圾道、变电室、设备室、公共门厅和过道等功能上为整楼建筑服务的公共用房和管理用房的建筑面积；

2）各单元与楼宇公共建筑空间之间的分隔，以及外墙（包括山墙）墙体水平投影面积的50％。

（27）得房率。得房率是指套内建筑面积与套（单元）建筑面积之比。套内建筑面积与套（单元）建筑面积的计算式分别为

$$套内建筑面积＝套内使用面积＋套内墙体面积＋阳台建筑面积$$

$$套（单元）建筑面积＝套内建筑面积 ＋分摊的公用建筑面积$$

（28）道路用地。道路用地是指居住区道路、小区路、组团路及非公建配建的居民小汽车、单位通勤车等停放场地。

（29）道路红线。道路红线是指城市道路含居住区级道路用地的规划控制线。

（30）玄关。玄关就是登堂入室第一步所在的位置，是一个缓冲过渡的地段。居室是家庭的"领地"，讲究一定的私密性，大门一开，有玄关阻隔，外人对室内就不能一览无余。玄关一般与厅相连，由于功能不同，需调度装饰手段加以分割。即使主人回家，也要有一块放雨伞、挂雨衣、换鞋、搁包的地方。平时，玄关也是接受邮件、简单会客的场所。

（31）期房。期房是指开发商从取得商品房预售许可证开始至取得房地产权证（大产证）为止，在这一期间的商品房称为期房，消费者在这一阶段购买商品房时应签预售合同。期房在港、澳地区称作买"楼花"，这是当前房地产开发商普遍采用的一种房屋销售方式。购买期房也就是购房者购买尚处于建造之中的房地产项目。

（32）现房。现房是指开发商已办妥房地产权证（大产证）的商品房，消费者在这一阶段购买商品房时应签出售合同。在通常意义上的现房是指项目已经竣工，可以入住的房屋。

（33）毛坯房。毛坯房是指没有装修的房屋。

（34）业主委员会。业主委员会是指由物业管理区域内业主代表组成，代表业主的利益，向社会各方反映业主意愿和要求，并监督物业管理公司管理运作的一个民间性组织。业主委员会的权力基础是其对物业的所有权，它代表该物业的全体业主，对该物业有关的一切重大事项拥有决定权。

（35）会所。会所按其功能和建设档次可分为基础型和超级型，基础会所提供业主最基本的健康生活需求，可让人免费使用；超级会所则适当对其中部分设施的使用收取一定的费用。如果会所一味追求高档而不顾及业主的能力与需求，势必会形同虚设；如降低物业管理费，将影响房产的整体品质。会所的设置，还要考虑工程分期施工的因素。会所原则上只对社区业主服务，不对外开放，保证了业主活动的私密性和安全性。作为休闲健身的场所，会所也给业主提供了良好的社交场所。

（36）入伙。入伙是指业主领取钥匙，接房入住。

（37）契税。契税是以所有权发生转移，向产权承受人征收的一种财产税。

契税的征税对象是发生产权转移变动的土地、房屋。在中国境内转移土地、房屋权属

承受的单位和个人为契税的纳税人。在以下情况下会征收契税：

1）国有土地使用权出让；

2）土地使用权转让，包括出售、赠予、交换；

3）房屋买卖；

4）房屋赠与；

5）房屋交换。

（四）房子的种类

1. 安居房

安居房是指实施国家"安居（或康居）工程"而建设的住房（属于经济适用房的一类）。它是党和国家安排贷款和地方自筹资金建设的面向广大中低收入家庭，特别是对人均住房面积在 $4m^2$ 以下特困户提供的销售价格低于成本、由政府补贴的非盈利性住房。安居房包括按规定出售或出租给国家机关、事业单位、企业单位职工的准成本房、全成本房、全成本微利房和社会微利房。1995 年《国家安居工程实施方案》出台，国家安居工程从 1995 年开始实施。

2. 经济适用住房

经济适用住房也称经济适用房，是指经各级人民政府批准立项建设、享受国家优惠政策、向城镇中低收入家庭出售的住房。它具有经济性和适用性。所谓经济性，是指住房的价格相对同期市场价格来说是适中的，适合中等及低收入家庭的负担能力。所谓适用性，是指在房屋的建筑标准上不能削减和降低，要达到一定的使用效果。我国香港称为公共屋邨（简称公屋），我国澳门称为社会房屋，我国台湾称为国民住宅（即国宅），新加坡称为组屋。

3. 廉租房

廉租房是在新出台的国家房改政策中首次提出的一种概念，是指政府以租金补贴或实物配租的方式，向符合城镇居民最低生活保障标准且住房困难的家庭提供社会保障性质的住房。我国的廉租房只租不售，出租给城镇居民中最低收入者。廉租房一般有两种表现形式，一是由政府出资建好后，低租金给住房困难户；二是由政府发放租金补贴给住房困难户，由他们租赁社会房屋居住。它在形式上类似于我国香港的廉租屋。

4. 使用权房

使用权房是指由国家及国有企业、事业单位投资兴建的住宅，政府以规定的租金标准出租给居民的公有住房。

5. 产权房

产权房是指产权人对房屋（指建筑物）拥有所有权，对该房屋占用范围内的土地拥有使用权，产权人对这两项权利享有占有、使用、收益和处分的权利。这种权利是绝对的、排他的，不受其他任何人的干涉和影响，产权人可以以转让、出租、抵押、典当等方式合法处置自己的房地产权利。

6. 商品房

商品房是指具有经营资格的房地产开发公司（包括外商投资企业）开发经营的住宅。

由于我国长期以来在住房体制上实行的是供给制，所以，商品房是 20 世纪 80 年代以后才出现的。其价格受成本、税金、利润、代收费用，以及地段、层次、朝向、质量、材料差价等影响。

7. 集资房

集资房是改变住房建设由国家和单位承包的制度，实行政府、单位、个人三方面共同承担，通过筹集资金，进行住房建设的一种房屋。职工个人可按房价全额或部分出资，政府及相关部门用地、信贷、建材供应、税费等方面给予部分减免优惠。集资所建住房的权属，按出资比例确定。个人按房价全额出资的，拥有全部产权，个人部分出资的，拥有部分产权。

集资建房有两种产权：一种是该房屋出售的价格高于当年的房改成本价。其产权界定为经济适用住房产权。另一种是低于当年的房改成本价格，其产权为房改成本价房。

8. 公房

公房又称公有住宅、公产住房、国有住宅，是指国家（中央政府或地方政府）及国有企业、事业单位投资兴建、销售的住宅，公有住宅主要由本地政府建设，负责向本市居民出租出售。由企事业单位建设的住宅，向本企事业单位的职工出租出售。

9. 房改房

房改房是指有一定的福利性质的，各产权单位按照政府每年公布的房改价格出售给本单位职工的住房。这类房屋来源一般是单位购买的商品房、自建房屋、集资建房等。

房改房产权分为三个级别：成本价产权、标准价产权及标准价优惠产权。

10. 空置商品住宅

空置商品住宅是指由房地产开发企业投资建设，取得房地产权证（大产证）已超过一年的商品住宅。

六、中国房地产行业的历史回顾

我国的房地产业走过了一段相当曲折的发展历程。

1953 年之前，我国基本上还是以市场经济为主，本书主要谈 1953 年以后我国的房地产发展历程。1953 年之后，我国的房地产业及住宅业的发展历程可以分为以下几个时期。

（一）第一时期

1953~1978 年为第一时期，这是对房地产（住宅）属性认识和定位不当的阶段。

这个时期也被称为"休眠时期"。新中国成立后，实行了不允许国有土地出让、转让和不承认房屋是商品的政策。需要使用土地者，不能从市场上去购买，而是向政府申请。如果申请得到批准，就由政府划拨土地给使用者。这种划拨土地既不收费又没有规定使用年限，人们称之为由政府无偿、无期划拨土地的体制。建国初期的一段时间，可购买解放前留下来的旧房，但数量太少，远远不能满足需要。而新建房屋一般不能作为商品进行买卖。需要房屋的单位也是向政府申请（后来逐渐发展为各单位可以自筹资金建设），如果得到批准，就由政府拨款给申请单位，由申请单位去组织建设。这些房屋，既包括开展业务活动用的房屋，也包括职工住宅。各单位建的住宅由单位用行政的办法分配给职工居住，收取很低的租金。按 20 世纪 80 年代初的统计，住房租金只占职工工资收入的 1% 左右。这一套办法，人们称之为政府投资、行政分配的体制。在这个阶段，由于在生产的组织上，国家统一的计划经济的实行被过分地强调、公有制的高级形式被过度地夸大、家庭所有制被过早地限制，这样，房地产本身应具有的强大的市场配置功能渐渐弱化，最后甚至彻底消失，导致了一系列的误区。在土地方面，片面强调土地的资源属性与所有制的公有化，抽象的土地权利与具体的土地实体本身被混为一谈，土地市场或土地使用权市场在社会主义阶段存在的必要性遭到了一味的否定。

在住宅方面，它的商品属性及价值遭到了否定，而被误认为一种福利产品，结果形成了住宅由国家统一计划、统一投资建设、统一分配的局面，从而工作单位就在职工的衣、食、住、行到生、老、病、死等一系列的环节当中，成为了人们的最大依靠。

住房是由单位建造，并由单位按工龄、职务、家庭人口等指标分配给职工，家庭只需象征性地交少量房租，至于房屋的修缮和管理，更是一概由单位来负责。由于房租额远远低于房屋维修和养护上的费用，就形成了一个恶性循环：国家建设的房屋越多、投资越大，维修费用就越高，单位的负担就越重。

这一系列误区所导致的直接结果就是住房投资长期落后于居民需求，从 20 世纪 50 年代到 70 年代，我国居民人均居住面积甚至出现了下降。其原因除了以上所提的误区之外，另有两个更为直接的因素：其一是城镇居民人数的大量增加；其二是这一时期有一种所谓"先生产，后生活"的投资思想被过多地强调。1952～1978 年的统计结果显示，政府在住宅建设上所安排的投资在同期 GDP 中只占 0.78%。于是，住房短缺限制了社会生产和居民生活水平的提高。这说明，无论在理论上还是在实践上，这一时期指导我国住宅建设与分配的理论和方法都是需要纠正的。在这段时间里，尽管我国每年都要开发和建设相当规模的房地产，但由于土地不能有偿出让，房屋不能买卖，房地产业就失去了经营活动的基本条件。因此有些专家使用"房地产业消失了"或者"房地产业的商品经济活动停止了"来说明这几十年里房地产业的情况。由于这段时间里，每年都开发建设一定规模的房地产，即房地产业开发建设阶段的活动还存在，并为房地产业的发展积累了较为雄厚的物质基础，只是当时的建设都由各单位组成"筹建处"来组织进行，许多城市的住宅则成立住宅"统一建设办公室"进行"统建"，而没有成立房地产开发公司去承担开发建设任务；当时，房地产的维修、管理也在进行，但不是社会化的管理，而是由各单位成立房管所采取行政办法来管。因此，有些专家建议把这三十几年称为房地产业的"休眠期"。

（二）第二时期

1978～1992 年为第二时期，被称为"复苏"时期。

这是我国不断探索社会主义市场经济，对住房属性认识提高并趋于全面，住宅投资、分配机制在探索中不断转化，从而使房地产的商品属性逐步得到恢复的阶段。

1978 年之后，住房制度的改革以及商品房的开发陆续开展。以前，住房只保留了产品属性和福利属性，到这个时期逐渐恢复了其本应具有的商品属性。

1978 年，深圳就土地使用权的出让这一问题进行了探索，这为土地依法进入市场流通埋下了伏笔；1988 年出台了宪法修正案，规定土地使用权可以依法出让，这样就解除了法律限制，房地产成为完全的商品，可以到市场上进行交易。在住房制度改革方面，国务院与地方政府也进行了多种形式的探索，为我国房地产市场的建立奠定了基础。

随着商品房由市场来进行配置的开始，房地产（住宅）投资结构也发生了变化；1979年之前，有90%的城镇住房投资是从中央或地方政府的财政拨款来的；到1985年的时候，企事业单位在城镇住宅建设中成为主要的出资者，其所进行的投资占总投资比重高达60%～70%，而政府的投资下降到了20%，个人投资占10%左右；1999年之后，主要的出资人转移到了个人。

（三）房地产过热发展时期

1992年的春天，邓小平同志发表了著名的南巡讲话。在《讲话》的精神鼓舞和推动下，全国各行各业都加快了前进的步伐。在这种形势下，有些人冲昏了头脑，不顾需要和可能，盲目地扩大建设规模和加快建设速度，终于出现了超越我国经济承受能力的过热发展。由于房地产业的先导性和基础性，加上处于复苏时期所存在的缺陷，在经济大发展的浪潮中，立即成为发展国民经济的"热点"。当国民经济出现过热发展的苗头时，它又率先进入了一个房地产过热发展阶段。主要的情况如下：

1. **房地产开发投资高速增长**

1992年完成的房地产开发投资比1991年增长了117%，1993年完成的房地产开发投资比1992年增长了164%。

2. **土地出让量猛增**

1992年出让土地的地块数和土地面积，分别是1991年前全国土地出让总量的3倍和11倍。1992年完成的土地开发量比1991年增长了175%。

3. **各类开发区纷纷设立**

截至1992年，各地共设立各类开发区1900多个，其中国家和省、自治区、直辖市设立的仅271个，其余的开发区都是超越批准和权限设立的。这些开发区规划的占地面积共计1.5万km²，比我国当时全国城市的总面积还大。

4. **房地产开发公司增加3倍多**

1991年底全国有房地产开发公司3700家，到1992年底发展到17000家（来自工商管理部门的数据）。

5. **房地产价格大幅度高涨**

1992年底与年初相比，房价的平均涨幅为51%。海南等热点地区和城市涨幅在一倍以上。

6. **房地产市场交易额明显增加**

1992年销售商品房的面积比1991年增加40.39%，销售金额增加80%。

在上述过热发展中，暴露出了许多问题，主要表现如下：

（1）投资增长过快。1992年房地产投资比1991年翻了一番多，1993年比1992年又翻了一番多，这种增长速度任何国家的经济能力都是不能负担的，造成投资结构不合理，不该多的项目多了（例如高级别墅、重复引进项目等），该多的项目少了（例如能源、交通和城市基础设施等）。

（2）土地出让数量增长过猛。土地出让数量过多，这与我国地少人多，必须十分珍惜使用土地的国情的要求是不相符的。

（3）建立开发区失控。这几年成立的开发区，百分之九十几的土地因缺少开发资金而无力开发，大量土地被闲置造成浪费。

（4）成立房地产开发公司过多、过滥。1991 年及以前，各城市中的开发公司平均每年可承担几万 m^2 建筑面积的任务。而 1992 年在一些房地产公司增长过快的城市，平均每个公司只能承担几千 m^2 的建筑面积任务，不可能达到综合开发的要求。由于政府放松了对成立房地产开发公司的资质审查，有些公司不具备开发能力，主要的业务是转手倒卖房地产，被人们称为"空手道"。

（5）土地出让不规范。90％以上的土地是协议出让，透明度低、随意性大，加上某些城市的领导乱批地，随意压低出让土地价格，致使政府应得的土地收益大量流失。根据一些城市的调查推算，如果协议出让土地价格平均为 100 元/m^2，则招标价格可以达到 400 元/m^2，而拍卖价格可以达到 600 元/m^2，当然，在市场经济进入成熟阶段后，各种形式出让土地的方法将走上规范化，三者之间的价格不会有这样大的差额，很可能平均差百分之几十。而在当时的情况下，协议出让土地，特别是领导批地，确实存在着出让价格偏低的问题。

（6）"炒地皮"现象仍有发生。虽然政府规定不准"炒地皮"，即出让的土地未经开发就转让，但执行力不强。因炒地皮而获取暴利的事情时有发生，当时甚至出现了炒卖七、八遍而未投入开发的地皮。这些经过"炒卖"的地皮，其价格增长不仅是一倍，而是几倍。

（7）房地产价格涨幅过猛。房地产价格一年之内平均涨 50％以上，这样的高涨应归入"恶性通货膨胀"之列。它的高涨牵动了物价总体水平的高涨，加剧了全国的通货膨胀，对国计民生造成了恶劣影响，对正在进行的住房制度改革造成了严重的障碍。

（8）正常的市场交易额很少。1992 年完成的交易只占现有房地产总额的 0.5％，而且相当大的比重是单位与单位之间的交易。产生这些问题的主要原因是，房地产业还处于"复苏"时期，市场经济体系刚刚着手建立，还不成形，遇上 1992 年的大发展，可以说是打了一场"遭遇战"，因而产生了许多问题。这些问题主要如下：

1）没有建立起切实有效的对全社会固定资产投资总规模进行宏观调控的机制。建国以来，我国经济建设上出现的几次大的波折，往往都是主要因为固定资产投资规模过分膨胀。1992 年和 1993 年的过热发展中，房地产的投资每年增加一倍多，也未得到及时的宏观调控。这一次房地产投资翻番膨胀，其中一个重要原因是各行各业都向房地产投资，包括金融界也参与投资，这是前几次所没有的特殊情况。总的说来，调控全社会固定资产总规模的机制没有建立，这是主要原因。

2）土地供应失控。1992 年土地供应的失控，是由于有章不循，有许多地方越权批地而未得到适时制止。这就给我们敲醒了警钟，一定要执行土地批租权限的规定，把土地供应牢牢地控制在国务院、省、自治区、直辖市和有权批地的地方政府手里。

3）对价格的猛涨认识不足。当一个行业的产品价格高涨而出现超额利润时，就很容易诱导各行各业的人力、物力、财力向这个行业倾斜，最终造成这个行业生产过剩。这往往是资本主义出现经济危机的直接原因。我国改革开放后，决定推行社会主义市场经济，在一般情况下不宜对物价过多干预，以免管得过死。但对物价出现过快涨落时，政府就应采取经济的、有时也辅以行政的手段进行调控或干预，这是许多发达国家已经采用的办法。1992～1993 年我国出现了房地产价格、特别是地价猛涨的情况，而政府未能及时予以调控和干预，在高额利润的驱动下，各行各业竞相开办房地产公司，并将本行业的一部分人力、财力、物力转向房地产业；内地也挤出资金投向利润更高的沿海地区；特别是金融业把一些不能用于建设的资金违章投向房地产业，更起了推波助澜的作用，可以说，这是房地产业资金翻番、公司翻几番和价格高涨快的直接原因。

4）管理机构不顺、法制不健全、市场行为不规范。这几个问题，主要是政府方面的原因。这些问题归根到底是在建立市场经济的进程中政府工作没有跟上而出现的。主要有：一是管理机构不顺，政出多门，却没有一个进行统一宏观调控的政府机构，出了问题还找不到真正能负全责的单位。二是法制不健全，对于房地产的管理，处于缺规少法的状态。在一定意义上说，市场经济是一个法制经济。没有健全的法制，市场活动中就会出现许多意想不到的问题而不能及时解决，并带来巨大的损失。三是市场行为不规范。建立市场经济，一要开放搞活，二要有序和有效调控，决不能让市场全部地、毫无节制地、自发地调节国民经济活动。资本主义社会发展初期为此吃过大苦头，直到 20 世纪下半叶才加强了必要的宏观调控和计划管理。这些年来资本主义国家虽然也出现了几次经济萧条时期，但却避免了那种破坏性极大的经济危机的出现，这是资本主义国家进行宏观调控取得的成绩。我国正处在由计划经济向社会主义市场经济转轨的关键时刻，加强宏观调控尤为重要。但这种宏观调控绝不是重新采用计划经济那一套单纯的行政管理办法，而是要实行一套适应市场经济的新办法。因为已经有大量事实说明，计划经济那一套高度集中的行政管理办法，已经不适宜于社会主义市场经济发展需要了，但当时新的调控和管理办法又没有建立起来。

（四）加强宏观调控时期

党中央和国务院发现我国出现了经济发展过热的问题，于 1993 年 7 月及时提出对国民经济加强宏观调控，使国民经济的发展重新走上健康发展轨道的要求。在加强对国民经济的宏观调控中，房地产业是调控的重点之一，主要采取了以下措施。

1. 加强法制建设

加强法制建设，是市场经济健康发展的重要保证。因而在实施对房地产业的宏观调控中，把尽快制定和公布施行房地产管理的法律，放在十分重要的地位。在这样的历史背景下，从 1993 年 7 月决定实行对国民经济加强宏观调控开始，只用了一年时间，就出台了第一部关于房地产的法律。1994 年 7 月 5 日，第八届全国人民代表大会常务委员会第八次会议审议通过了《中华人民共和国城市房地产管理法》，并由国家主席江泽民签发第 29 号主席令予以公布，决定在 1995 年 1 月 1 日起施行。这一项法律立法速度之快，以前是很少见的。

制定这项管理法的目的，是为了加强对城市房地产的管理，维护房地产市场秩序，保障房地产权利人的合法权益，促进房地产的健康发展。这项管理法的突出特点，是针对1992～1993 年发展过热中出现的问题，做出了法律规定，因而有很强的针对性。这项法律的出台，是我国对国民经济发展加强宏观调控的一项重大举措，是房地产业走上理性发展的法律保证。它的主要内容包括总则、房地产开发用地、房地产交易、房地产权属登记管理、法律责任和附则等七章。这个管理法，对于 1992～1993 年房地产过热中发生的问题，特别是土地出让失控、房地产开发失控、市场行为不规范等问题，做出了明确的规定。

《中华人民共和国城市房地产管理法》颁布后，国务院主管部门和各地人大或政府又陆续地制订颁布了与之配套的法规和规章，使房地产缺规少法的局面有了较大的改观。

2. 合理地使用经济手段和行政手段

针对 1992～1993 年房地产开发规模过大，投资额增长过猛等问题，在宏观调控中，合理地实行了行政手段与经济手段相结合，以经济手段为主的调控政策。首先是清理房地产的投资来源，解决一些不合理、不合法的投资问题，例如金融业向房地产投资的问题；二是减少房地产资金供应，决定暂时停止向房地产开发贷款，暂时不准房地产企业股票上市；三是有止有行，对房地产中的住房建设，则采取扶持的政策。

3. 开展有关的清理工作

当时重点开展的清理工作有：清理过多占用的土地，特别是一些没有合法手续占用的土地；清理过分增加的房地产开发企业，特别是一些"空手道"公司；清理涨得过快的房地产价格，特别是那些成倍高涨的价格。在开展以上清理工作的同时，特别在颁布实行《中华人民共和国城市房地产管理法》后，又大力推行了加强土地出让依法审批，加强城市房地产管理，规范市场行为等工作，使房地产管理工作逐步规范化。

（五）理性发展时期

1. 进入理性发展时期的主要表现

我国政府对房地产宏观调控实行的各项措施，有的延续了较长的时间。但从宏观调控要完成的主要任务来看，到 1995 年底已经基本完成。因此，从 1996 年开始，我国的房地产业就开始进入了理性发展的时期，主要表现如下：

（1）逐步地走上法制轨道。以 1994 年 7 月 5 日人大常委会通过《中华人民共和国城市房地产管理法》为契机，加快了法制建设。国务院主管部门和省、自治区、直辖市及其他有立法权的城市，都陆续制定颁布了一批有关房地产管理的法规和规章。到 2000 年底，房地产法律体系的框架已经初步成型。

（2）房地产开发建设的结构趋于合理。从 1995 年开始至 2001 年，每年的房地产开发投资中，住宅的投资占 60% 以上，个别年代高于 70%，比西方国家住房只占 50% 左右稍高一些，这是符合我国国情的比较合理的结构。

（3）逐步培育和发展房地产市场。由于多年来我国住房市场处于"休眠"状态，因而培育和发展房地产市场，是改革开放的一项重要任务。在 1992—1993 年房地产发展过热时，刚刚起步的房地产市场又遇到了一场"遭遇战"，暴露了市场管理工作薄弱和市场行为不规范的问题。这既是坏事又是好事，因为它推动各级政府在实行宏观调控时有针对性地做了许多关于健康地发展房地产市场的工作。特别是到2000年底，我国已经在全国范围内截断了住房实物福利分配的老办法，实施了住房分配货币化的新办法，使得占房地产比重最大的住房，进入了住房商品化、市场化的轨道，加快了房地产市场的发展。

（4）逐步提高在市场经济条件下进行调控和管理的能力。过去在计划经济条件下，高度集权于中央，对发展经济的调控与管理主要是采取行政的办法。改革开放以后，推行市场经济，必须改为实行经济手段和行政手段相结合，以经济手段为主的调控办法。对于这个办法，以前没有先例和经验可循，主要是靠摸索前进，同时借鉴一些西方国家管理市场的经验，主要是取其精华进行融会贯通，结合我国实际去进行。因此，在我国推行市场经济的同时，提高调控和管理的能力，是一项艰巨的任务，是一个渐进的过程。这些，可以从对房地产进行宏观调控和房地产进入理性发展阶段中得到反映：一是法制建设的渐进。这些年来，我国在房地产法制建设方面做出了很大的努力，并已取得了初步奠定法律框架的巨大成绩。但也应该认识到，法律、法规和规章等法律文件是由人去制定的。由于制定法律文件的人，长期生活在计划经济时代，不可能对市场经济认识得很充分，因而前些年制定的法律文件不可避免地存在一些缺陷，甚至还沿用了一些老办法，这要通过实践的检验再适时进行修订。二是用经济手段进行宏观调控。在对房地产发展过热进行调控时，主要采取了停止贷款和停止股票上市的措施。其他一些西方国家常用的措施，例如调整贷款利率、调整税费等，当时并没有采用。近几年来，有些城市降低了住房销售和出租的税费，在活跃市场方面取得了显著的成果，但也有不少城市在这方面做得不够好。三是进行了一些必要的行政管理，例如监督法律的执行，平抑房价，特别是调控经济适用住房的房价等，都做了不少工作，但成绩还不够显著。

2. 理性发展阶段的前景

从1996年开始，我国房地产已经进入了理性发展时期。由于这是一个很长的时期，可以把它分为初级、中级和高级三个阶段。进入21世纪后，逐步步入中级阶段，即理性发展上一个台阶，这一阶段可望在2020年前完成。中级阶段与初级阶段相比，有以下明显的变化：法制较健全，人们对客观规律的认识较以前深刻了，进行宏观调控的手段比较有效并取得了较好的效果。2020年以后我国的房地产业，将会进入理性发展的高级阶段，这一阶段在法制建设、认识宏观规律和实行宏观调控三方面会迈上又一个新台阶，并出现房地产持续健康、繁荣发展的新局面。

要使房地产业进入繁荣时期，需要有四个条件：一是国民经济持续发展，政府具有强大的经济实力，人民的收入有大幅度的提高。二是要有健全的法制和有效的宏观调控能力。三是要有繁荣的房地产市场。巨大的存量房地产和新开发房地产（包括适度的闲置率）进入市场是市场繁荣的物质基础，一整套搞活市场的政策措施和管理行为是繁荣市场的保证。四是要有一支具有较高素质、机构种类齐全的房地产业队伍。以上四条，不经过一个较长时期的努力是办不到的。从对我国住房制度改革、住房建设速度及房地产全面发展等各个方面的分析，也是要到2020年左右，以上四个条件才会得到基本的体现，因而把它定为进入高级阶段的起点。

第二节 房地产市场

一、房地产市场分类❶

狭义的市场是买卖双方就某种商品进行交易的场所。广义的市场是指某一时间内的交易总和。在市场经济体制下，房地产的商品性毋庸置疑。尽管土地和地上建筑物不能移动，但它们可以被人拥有、使用并带来效益，也必然存在土地和地上物的交易。从这个意义上说，房地产市场是指买卖双方在某个特定的地理区域内，于某一特定的时间段内，达成的所有房地产交易的总和。在美国，界定一个房地产市场范围的原则是：宏观经济因素对这个市场中所有物业的影响是一致的。只有这样，才能用宏观的方法对整个市场进行研究。美国房地产市场主要按物业类型和地域来划分。在以物业类型为分类标准时，房地产市场主要依据开发特点、价格影响因素及融资方式等的不同，被分为住宅市场和非住宅市场；在选用地域标准时，一个独立的房地产市场至少应符合这样的要求：在这个市场中的交通应该相当便利；在该区域内的企业里工作的员工可以居住在这个市场中的任何地方，居民也可以选择在这个市场中的任何地方的企业工作。美国符合此原则的房地产市场一般为大都市统计区，即 MSA——Metropolitan Statistic Area)❷。

在我国，基于不同研究的目的，进行房地产分类的标准及分类的结果也不相同。通常，我国的房地产市场可以按区域、地上物类型、交易顺序和交易方式等进行分类。

（一）区域性房地产市场

根据房地产的地域特性不同，可以将房地产市场分为各地域市场，如广东房地产市场、北京房地产市场、重庆房地产市场等。

（二）分类型房地产市场

根据房地产的类型，房地产市场可以分为土地市场和物业市场。就每一物业市场，根据物业类型的不同，还可以分解为许多子市场，如住宅市场、写字楼市场、零售物业市场等。对每一子市场，又可以按物业的档次和等级进行细分，如甲级写字楼市场、乙级写字楼市场等。

（三）分级别的房地产市场

根据房地产交易的顺序，可以将房地产市场分为一级房地产市场、二级房地产市场和三级房地产市场等。

（四）分交易方式的房地产市场

按照交易方式的不同，房地产市场可以分为房地产销售市场、租赁市场、抵押市场和保险市场等。

---

❶ 张红. 房地产经济学讲义. 北京：清华大学出版社，2005.

❷ 丹尼斯·狄帕斯奎尔，威廉·惠顿. 城市经济学与房地产市场. 龙奋杰，等，译. 北京：经济科学出版社，2002：25-27.

在实际生活或研究中，这几种分类方式是交叉并用的，并没有单独割裂开来，如住宅二级市场或住宅按揭二级市场等。

二、房地产市场架构

如前所述，根据房地产的交易顺序［见本节一、（三）内容］，按照房地产市场层次可把房地产市场划分为一级市场、二级市场、三级市场。

（一）房地产一级市场

房地产一级市场又称为土地出让市场，是指国家土地管理部门按土地供应计划，采用协议、招标、拍卖的方式，以土地使用合同的形式，将城市土地的使用权，按一定年限规定的用途及一定的价格出让给房地产开发商或其他土地使用者的市场。一级市场主要特点如下：

（1）一级市场建立在城市土地国有制的基础上，坚持城市土地的国有制，交易过程中不变更土地所有权，交易的只是土地使用权。

（2）土地的受让方允许为多种性质、多种成分的法人。可以是国有企业、集体企业、三资企业、各类房地产开发经营公司或土地直接使用者等。一级市场属于所有者与经营者的纵向流通市场。

（3）明确规定各类用地的使用年限（前已述及）。

（4）国家直接调控垄断经营权。表现在：第一，只有市、县政府或政府委托机构才有征用、出让（批租）权。第二，出让合同中规定的土地使用年限、用途、条件等，不仅在一级市场要遵守，在二、三级市场也必须遵守，否则有权解除土地使用合同，收回土地使用权或索取赔偿和处罚。第三，土地受让人除缴纳出让金外，每年还需向政府缴纳土地使用税或场地使用费。这是政府作为土地所有者在经济上必须得到的收益。第四，政府严禁土地投机。政府通过行政的手段、经济的手段及其他措施，制止土地投机和土地炒买炒卖，确保土地所有权的垄断。

（5）批租土地使用权的价格是一种"租赁"价格，其构成基础包括绝对地租和级差地租，租赁费用一次性收取。

（6）土地使用权有偿出让的形式有四种：协议出让、招标出让、拍卖出让和挂牌出让。有偿出让原来多采用协议出让的方式，这种方式有不少弊端。国家土地管理部门丁2000年正式发文宣布全面推行土地招标、拍卖、挂牌制度，取消经营性房地产用地的行政划拨和协议出让方式，城市规划区范围内的新增经营性房地产项目用地，一律实行招标、拍卖和挂牌出让。

2007年3月16日通过、2007年10月1日起施行的《物权法》第一百三十七条规定："设立建设用地使用权，可以采取出让或者划拨等方式。工业、商业、旅游、娱乐和商品住宅等经营性用地，以及同一土地有两个以上意向用地者的，应当采取招标、拍卖等公开竞价的方式出让。严格限制以划拨方式设立建设用地使用权。采取划拨方式的，应当遵守法律、行政法规关于土地用途的规定。"这对国有土地使用权的获取进行了进一步的界定。

（二）房地产二级市场

房地产二级市场即房地产转让市场，又称开发经营市场。它是指房地产开发商根据土地使用合同的要求将建好的房屋连同相应的土地使用权转让给单位或个人的市场。房地产二级市场的特点如下。

1. 房地产流通由经营向使用消费平行转移

开发商在取得土地房屋开发建设和经营权之后，对土地进行开发（三通一平、七通一平），或按"统一规划、合理布局、综合开发、配套建设"的方式对土地进行综合开发，将开发建设的各类房屋（厂房、库房、商场、写字楼、宾馆、游乐场、公寓、住宅），或建筑地块，转让或租赁给消费者。这是房地产开发向房地产消费使用的转移市场。

2. 涉及较多的经济法律关系

房地产二级市场中涉及到土地使用者之间、土地使用者与所有者之间较为复杂的经济法律关系。二级市场的交易品是房地产的统一体，交易时，往往将房屋和土地使用权一起销售给消费者。土地使用权转让时，土地使用权出让合同中载明的权利义务随之转移。

（三）房地产三级市场

房地产三级市场是指单位、个人之间的房地产产权转让、抵押、租赁的市场，是二级市场基础上的第二次或多次转让房地产交易活动的市场。三级市场的突出特点是土地使用者、房屋所有人，将所取得的一定年限的土地使用权、房屋所有权或房屋所占有和使用的土地使用权，一并在市场上转让、出租、抵押、买卖、赠与、继承、交换，它属于调剂余缺、重新配置的市场。

三级市场的主要作用表现在：第一，调节住宅余缺，满足居民的住宅需要。第二，改变房地产用途，完善土地利用结构。如原来的住宅区变为商业区，居民住宅改为商店和办公楼，一般都是靠房地产三级市场完成的。第三，满足企业和居民的特殊需要，在企业之间调剂余缺，适应经济发展的需要。

房地产三级市场还包括房地产的再开发和开发后的维修、保养、装饰等。三级市场的业务有时同二级市场业务交叉进行，同时还包括一些法律咨询、行情展示、中介服务、信息沟通及劳务活动等业务。

三、房地产的要素市场

房地产三个级别的市场主要考察房地产市场的层次性。除此以外，还应该研究按房地产交易内容，即房地产市场商品组成要素所构成的各类市场。

（一）地产市场

地产市场，又称土地使用权市场。

（二）房产市场

一切以房屋为标的物的权益让渡行为，均属于此类市场。它包括房屋的现货和期货买卖、房屋的租赁、调换、抵押、典当等。

（三）房地产资金市场

通过各类金融机构，用信贷、发行股票、期票和债券、开展住房储蓄业务，以及企业运用贷款和预售等方式，帮助房地产企业和购房者融通资金而形成的市场。

（四）房地产劳务市场

房地产劳务市场是为保持、延缓、增添原有房屋使用价值所提供劳务的市场。它包括为住房户提供房屋的修缮、加固、改造、危房鉴定、室内外装修、房屋附属建筑物和设备的维修、物业管理、中介经纪等服务活动。

（五）房地产技术信息市场

为房地产交易双方提供房地产业务、技术咨询、房地产交易、租赁行情，以及房地产有关资料的市场。

四、房地产市场的特性

要想了解房地产市场是如何有效地通过改变价格来调整房地产的供需变化的，就需要对房地产市场的特性进行分析。

房地产市场是房地产权益的交易市场。前面已述，房地产商品交换关系的总和就是房地产市场。房地产市场是整个市场体系的一部分，具有一般市场的普遍特性。但由于房地产商品的特殊性，房地产市场的功能和机制与一般的市场相比，具有明显的差别。

房地产市场交易的对象实际上是附着在每一宗具体的房地产上的权益（或权利），而不是土地或物业本身。这种权益可以是所有权（包括占有权、使用权、收益权和处置权），也可以是部分所有权。这些权益的范围都有明确的界定，而不能像买一件衣服那样把它拿回家去任意穿用。例如某人购买了一块土地，只意味着他获得了该土地一定期限内的占有权、使用权、收益权和处分权。这些权利往往还受到各种事先约定的条件限制，如必须给其他人以通行权，必须受城市规划和建筑条例的约束等。研究这些特征，对于了解和认识中国的房地产市场，具有重要意义。房地产市场的特性主要表现在以下几个方面。

1. 区域性

前面已经讲过，土地的不可移动性造成了房地产的不可移动性。房地产市场的供求状况受制于当地的经济发展水平，如果一个地区的经济发展状况良好，相应地，该地区的居民收入水平也会较高，该地区的房地产市场需求也就因此而增大，故而房地产价格提高，该地区的房地产业的发展自然会呈现出良好的态势。房地产的不可移动性和受制于区域性需要，决定了房地产市场是一个地区性市场。不同国家、不同城市甚至一个城市内部的不同地区之间，房地产的市场条件、供求关系、价格水平等都是不可比的。研究房地产市场，尤其要注意不同区域位置环境条件的差异而造成的房价的差异。

2. 不充分性和不完全开放性

由于房地产商品投资量大，交易形式复杂，买卖双方均不易随便进入或退出市场；由于城市住房涉及人们必须的生活条件，政府必然采取某些补贴性的福利政策。因而房地产市场是一个不充分的准市场，价格机制、竞争机制将不是唯一起作用的因素。因此，市场交易价格不宜直接引用作为评定房地产的价值的标尺。必须看到，有的地区的房地产市场存在泡沫。

由于城市土地归国家所有，土地的批租市场必然是由政府垄断的市场；由于房地产开发投资量大、影响面广，房地产商品与城市建设及人们生活密切相关，房地产市场必然要受到政府的各种干预和控制；各种计划的、规划的因素都在影响着房地产市场，所以说房地产市场又是一个不完全开放的市场。

3. 具有很强的产业关联性

房地产和其他许多国民经济的行业之间都有着密切的联系，表现出很强的产业关联性，最明显的例子就是钢铁、水泥、木材、玻璃、塑料制品、家电等产业，它们都与房地产业密切相关。前面的内容中已经介绍，钢铁的 25%、水泥的 70%、木材的 40%、玻璃的 70% 和塑料制品的 25%，都投入到了房地产的开发建设中。因此，房地产业的发展对这些产业的发展具有很大的促进作用，相关的比例达到了 1∶1.7，即每 100 元的房地产销售就能带动相关产业 170 元的销售。房地产业的发展也能催生一些新的行业，如物业管理、房地产评估、房地产咨询等。房地产业所具有的这种很强的产业关联性，使其能够对国民经济做出很大的贡献。

4. 要求高素质的专业顾问服务

一般商品市场上的买家和卖家都很了解市场价格变动的最新情况，买卖双方都会去寻找有利于自己的价格，这就使市场能快速而容易地消除同一种商品的价格差异。然而，房地产市场则没有那么简单。这不仅在于买卖双方都很难及时了解最新市场行情，而且在于交易过程中的费用十分昂贵。对绝大多数购买房地产的人来说，要想了解最新市场行情，并根据自己欲购买物业的所处位置、类型及其附属设施的物理状况等确定购买价格是件非常困难的事。

因此，房地产市场需要特定的专业人员，如房地产估价师、房地产经纪人等提供服务。虽然估价师对房地产价值的评估带有主观的因素，但由于其专门从事此项工作，又受过专门训练，而且相对来说，他们能获得较新的市场资料，并能通过其市场分析工作，较为准确地预测出市场的变化趋势。应该说越是缺乏市场信息的地方，估价师和房地产经纪人在房地产市场运行中的作用就越重要，因为他们可以根据所掌握的所有房地产交易价格信息，按照客户的意愿去寻找地段、面积大小、价格等都符合其要求的物业，帮助或代理客户谈判、为客户安排融资和保险等事宜。

5. 易于出现市场的不均衡和垄断

要评价房地产市场的有效性，还必须分析房地产市场的经济特性，尤其是市场允许自由竞争的程度，即要回答诸如：买家或卖家是否可以自由地进入市场？市场上是否存在足够多的买家和卖家，使市场不至于让少数人垄断？

总的来说，进入房地产市场是自由的，也有足够的买家和卖家。但是要承认，在某些情况下会出现少数物业持有者垄断、控制市场的情况（如经常听说的"房地产教父、大鳄"等，他们所占的市场份额较大，自主操纵市场的能力较强），这些情况包括：

（1）房地产市场的区域性导致地区市场间的不完全竞争；

（2）资本市场的不完全性可能会阻碍潜在的房地产投资者融入必要的资金，以购买某些大型物业；

（3）房地产空间位置的固定性，容易使某些物业的持有者在房地产交易过程中处于比买家更有利的地位；

（4）房地产市场信息的不充分特性，使开发商在预先生产以满足未来可能市场需求的过程中，很容易产生误差；

（5）房地产市场运行周期与宏观经济运行周期的不一致等，都很容易导致房地产市场出现供求失衡的现象。

五、房地产市场的功能

房地产市场的功能，可从以下几个方面来表述。

1. 配置存量房地产资源和利益

由于土地资源的有限性，又由于房地产开发建设周期较长而落后于市场需求的变化，所以必须将房地产资源在各种用途和众多想拥有物业的人和机构之间进行分配。通过市场调节，当市场价格达到令买卖双方都能接受时，就能完成这种分配。

2. 显示房地产市场需求的变化

可以先通过一个简单的例子说明市场的这种功能。假如某居民不想再租住房子而想购买属于自己的住宅，则市场上住宅的售价就会上升而租金就会下降。如图 1-1 所示，售价从 OP 升到 OP_1［图 1-1（a）］，租金从 OR 降到 OR_1［图 1-1（b）］。

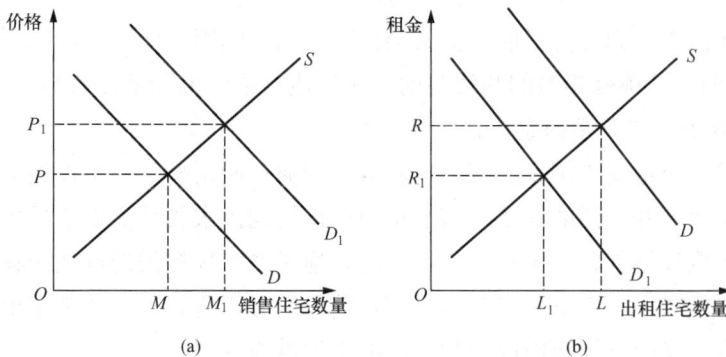

图 1-1 销售和出租住宅需求变化示意图

引起住宅需求数量增加或减少的原因主要有：

（1）未来预期收益变化；

（2）政府税收政策的影响；

（3）收入水平变化或消费品位变化；

（4）原用于其他方面资金的介入和土地供给的变化。

3. 指导市场供给以适应需求的变化

房地产市场供给的变化可能会由于下述两个方面的原因引起：

（1）开发建设新的房地产项目或改变原来物业的使用方式。例如在图 1-1（b）中由于部分需求从原出租住宅转向出售，租金水平下降至 OR_1，出租住宅的供给量从 OL 降到

OL_1，LL_1 就可以转换成出售住宅，在图 1-1（a）中，出售住宅的需求量增加了 MM_1。最后形成了均衡价格 OP_1 和均衡租金 OR_1。

（2）某类物业或可替代物业间的租售价格比发生变化。根据当地各类房地产收益率水平，同类型的物业都存在一个适当的租金售价比例，例如一般情况下住宅的售价相当于其 200～400 个月的租金，如果售价太高，那么出租住宅的需求就会增加，反之亦然。用途可相互替代的不同类型物业之间的租金售价相对变化也会引起需求的变化。举例来说，北京市 1994 年写字楼物业供给紧张，最高的月租金达到 110 美元/m²，所以有些酒店和公寓就作为写字楼出租，增加了写字楼的供给量，使这三类物业的供给量发生了相对变化。

应该指出的是，房地产市场的不完全性，使之不可能像证券市场、外汇市场及期货市场等一样在短时间内达到市场供需均衡。因此，房地产市场供给的这些变化需要一定的时间才能完成，而且受房地产市场不完全特性的影响，这一变化所需要的时间相对较长。同时，对市场供给与需求的有效调节还基于这样一些假设，即所有的房地产利益是可分解的，并且有一个完全的资本市场存在。但实际上这些假设条件是很难达到的。例如，银行的信贷政策往往受政府宏观政策的影响，使并非所有的人都能够获得金融机构的支持；而且为了整个社会的利益，政府还会通过城市规划、售价或租金控制等手段来干预市场。

由于房地产市场通常需要一年以上的时间才能完成供需平衡的调解过程，而在新的平衡刚达到甚至还没有达到时，可能马上又会出现新的影响因素而造成新的不平衡，所以用"不平衡是绝对的，平衡是相对的和暂时的"来描述房地产市场是再恰当不过的了。

4. 能指导政府制定科学的土地供应计划

在我国，城市土地属于国家所有，这就为政府通过制定科学的土地供应计划来实施满足全体社会成员生产和生活的需要、调节房地产市场的供求关系提供了最可靠的保证。然而，制定土地供应计划首先要了解房地产市场，通过对市场提供的房地产存量、增量、交易价格和数量、空置率、市场发展趋势等市场信号的分析研究，才能制定出既符合市场需要、可操作性强，又能体现政府政策和意志的土地供应计划。

5. 引导需求适应供给条件的变化

例如，随着建筑技术的发展，在地价日渐昂贵的城市中心区建造高层住宅的综合成本不断降低，导致高层住宅的供给量逐渐增加，价格相对于多层住宅逐渐下降，使城市居民纷纷转向购买高层住宅，从而减少了城市中心区对多层住宅需求的压力，因此多层住宅的供给就会自然而然地减少。因此，市场可以引导消费的潮流，使之适应供给条件的变化，这甚至有利于政府调整城市用地结构，提高城市土地的使用效率。

六、房地产市场的影响因素

（一）影响房地产市场发展的社会经济因素

房地产市场发展与社会经济环境的依存程度不断增长。影响房地产市场发展的社会经济因素有社会因素、经济因素、政策因素等。

1. 社会因素

社会因素，包括传统观念及消费心理、社会福利、人口数量及状态、家庭户数与规模、家庭生命周期等因素。

2. 经济因素

经济因素，包括经济发展状况、家庭收入水平及分布、物价水平、工资及就业水平、房价租金比等。

3. 政策因素

政策因素，包括房地产供给政策、住房分配和消费政策、房地产金融政策、房地产产权与交易政策、房地产价格政策等。

（二）影响房地产市场转变的社会经济力量

随着全球经济一体化进程的逐步推进和信息技术的飞速发展，房地产业的发展与社会经济发展息息相关，其中影响房地产市场转变的主要社会经济力量包括以下几方面。

1. 金融业的发展

房地产业在作为产业出现时，金融资本供给方的决策会直接影响房地产市场的价格，进而影响市场供给及人们房地产租金价格水平的预期，从而导致市场空置情况及实际租金水平的变化。

2. 信息、通信技术水平的提高

信息、通信技术水平的提高和交通条件的根本改善，会缩短不同物业之间的相对距离、推动不同地域消费品的交流、减少劳动力成本和时间费用。这无疑会改变人们固有的物业区位观念，增加对不同位置物业的选择机会，促进不同地区间的资本流动。

3. 生产方式和工作方式

第三产业的壮大、劳动密集型向资金技术密集型的转变、高新技术产业的发展、居家办公模式的出现等，促使人们工作和生活居住模式及观念发生转变。

4. 人文环境的变化

社会老龄化、家庭小型化、受教育程度的提高等，使得对住宅的认识产生了巨大变化，老年人住宅、第二住宅和季节性住宅等概念应运而生。

5. 自然环境的变化

城市环境污染、农村人口大量涌入城市所产生的社会问题等导致住宅郊区化；环境问题和社会问题的解决、土地资源的约束，使交通相对方便的城区内住宅重新受到青睐。

6. 政治制度的变迁

住房问题的社会政治性特征，使得任何政府均将住房政策作为其施政纲领中的重要内容，如1997年香港回归祖国后，我国政府提出每年建设 8.5 万套住宅的计划，对香港房地产市场产生了深远的影响。

七、房地产市场运行的一般规律[1]

(一) 概述

由于房地产是一种耐用年限很长的商品，其生产的数量和价格受投资或资本市场的制约。在房地产投资市场上，拥有房地产资产的需求必须与其供给相等。因此住宅的价格在很大程度上取决于人们希望拥有多少住宅和有多少住宅可以被人们所拥有；零售商业中心物业的价格或价值取决于有多少投资者希望拥有这类物业以及有多少此类物业可以供人们投资拥有。在这两种情况中，拥有房地产资产需求的增加会导致其价格上升，而过多的房地产资产供给会导致价格下降。

房地产开发是房地产供给增量的主要来源，新增房地产供给取决于这些房地产资产的价格和其开发成本。从长远的角度看，房地产投资市场的运作能够使房地产市场价格和包括土地成本在内的房地产开发成本划上等号；然而，从短期的角度看，由于房地产开发过程的滞后和拖延常常使两者不可能相等。例如，如果拥有物业的需求突然增加，而房地产资产的供给短时间内又是固定的，这肯定会导致物业价格上升。当房地产价格高于房地产开发成本时，就会出现新的房地产开发项目。当这些新开发的房地产商品推向市场后，需求得到满足，价格又开始回落直至接近开发成本。

什么原因会导致拥有房地产资产的需求突然增加呢？或者更通俗地说，对物业的需求除了其价格外是否还有其他的决定因素？回答是肯定的，这些决定性因素中最重要的，就是标志房地产资产获取收益能力的租金水平。为了了解租金的形成过程，还有必要分析一下房地产使用市场。

在房地产使用市场，需求来源于房地产使用者，这些使用者可以是租客或业主，也可以是企业或家庭。对企业来说，房地产是众多生产要素中的一种，和其他要素一样，其使用的数量取决于企业的生产规模、生产水平及相应的房地产使用成本。一个家庭的支出要在许多种消费品中进行分配，住宅只是其中的一种，家庭对住宅的需求数量取决于其收入水平、住房支出的数量，以及这一数量与其他消费品，如食物、服装或文化娱乐等的成本之相对比较。对于企业或家庭来说，使用物业的成本即获取房屋使用权益的年支出——租金。

租金由房地产使用市场确定，而不是由房地产投资市场确定。在房地产使用市场上，供给量由房地产投资市场给定了，对房地产的需求取决于租金和当前的其他经济因素，如生产水平、收入水平或家庭的数量，房地产使用市场的作用就是确定一个租金水平，在这个水平上对房地产的使用需求等于房地产的供给。当房地产供给固定而家庭数量增加或企业生产规模扩大而造成需求增加时，租金就会上涨。

房地产是一种耐用商品，兼有投资品和消费品的特点。在房地产作为一种投资品时，资产（投资）市场决定其价格和生产；而作为一种消费品，物业（空间）市场决定了房地

---

❶ 丹尼斯·狄帕斯奎尔，威廉·惠顿. 城市经济学与房地产市场. 龙奋杰，等，译. 北京：经济科学出版社，2002：8-12.

产的租金水平。这两个市场是相互联系的。

房地产资产市场在英文中有很多种名称，如 asset market，capital market，the market for real estate assets 等。在这个市场中，需求方是希望能拥有住宅的家庭和希望拥有其他房地产的投资者，影响需求量的因素包括房地产价格和租金收入（因为从本质上讲，投资者购买房地产资产的目的就是获得当前和未来的一组现金流）；供给的来源是新建的建筑物量，供给量的大小取决于房地产价格与重置成本之间的关系。供给和需求相等时对应的价格即为房地产的市场价格。从长期来看，有效的资产市场应该使房地产价格等于重置成本和土地成本之和。但在短期内，由于建设时滞的影响，这两者之间可能会相差很远。

房地产物业市场决定了房地产租金的高低。房地产物业市场也有很多英文名称，如 space market，property market，the market for real estate use 等。在这个市场中，需求来源于空间的使用者，包括家庭和企业，租房者和自有住房者。对企业来说，空间是生产要素之一，企业对空间的需求取决于产出水平和租用空间的成本；对家庭来说，空间是其消费的商品之一，家庭对它的需求取决于家庭的收入和使用空间的成本；租房者支付的是租约中规定的租金；住房所有权成本的年金可以被视为自有住房者的租金。

在物业市场中，供给是给定的，由资产市场所决定。而需求则取决于租金和其他的一些外生经济变量，如企业的产出水平、家庭收入、家庭总数等。供给和需求相等时对应的租金即为物业市场的租金水平。

资产市场和物业市场在两个方面上存在联系。第一，在物业市场上被确定的租金水平决定资产市场的需求；第二，物业市场的供给由资产市场所决定。资产市场和物业市场中经济变量之间的联系可以在图 1-2 所示的四象限静态模型中得到体现。每一个象限对应着一个方程，反映的是在市场均衡状态下，房地产的租金、价格、新建量和存量之间互相依存的关系。

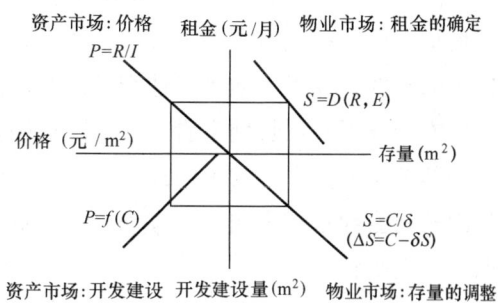

图 1-2　房地产资产市场与物业市场的互动关系
E—经济状况；D—需求；S—供给；I—资本化率；
δ—灭失率；C—新的房地产开发活动；R—租金水平；
P—房地产资产的价格

需要说明的是，这个模型只能表现在某一时点的市场均衡状态，而无法反映整个市场从不均衡逐渐调整到均衡的动态过程。

1. 第一象限（东北象限）

这条曲线描述的是在给定外部经济条件的情况下，对空间的需求如何随着租金而变化。从水平轴上可以看出租金变化时所对应的房地产需求的数量。如果不管租金如何变化，家庭或企业所需要的房地产数量不变（非弹性需求），那么曲线就会变成一条向上的直线；如果需求量对租金特别敏感（弹性需求），则曲线就会变得与水平轴平行。如果社会经济状况变化，则整个曲线就会移动。在平衡状态下，市场必须调整租金水平，使需求等于供给。因此本象限的作用是根据存量确定市场租金。如果外部经济条件发生变化，整个曲线的位置将发生变化，向外移或向内移。当经济增长时曲线向上平移，表明需求增加；当经济衰退时曲线向下平移，表明需求减少。为了达到需求量 D 和存量 S 的平衡，必须确定适当的租金水平，以使需求量和存量达到均衡。需求是租金 R 和经济状况的函数，所以当市场达到平衡时所对应的方程为

$$S = D(R,E) \qquad (1\text{-}1)$$

2. 第二象限（西北象限）

该象限代表了房地产投资市场的第一部分，这条曲线描述的是资产市场中租金和价格的关系，由租金价格比率（资本化率）来反映。资本化率主要受四个因素的影响：①整个经济体系中的长期利率（长期利率升高，则资本化率提高，反之亦然）；②租金的预期增长率（预期增长率越高，资本化率就越低，反之亦然）；③租金收入现金流的风险程度（风险越高，资本化率就越高，反之亦然）；④税法对房地产的优惠程度（优惠程度越高，资本化率就越高，反之亦然）。该象限的目的是通过租金水平 R 和资本化率 I 来确定房地产资产的价格 P。根据收益资本化的概念，所对应的方程为

$$P = R/I$$

3. 第三象限（西南象限）

这个象限是房地产投资市场的另一部分，这条曲线描述的是房地产价格同新建量之间的关系。曲线 $f(C)$ 代表房地产的开发成本。这里假设开发成本随着房地产开发活动 C 的增多而增加，所以曲线射向左下方向。如果开发成本不受开发数量的影响，则该曲线变成一条向下的直线；如果土地等房地产开发所需的要素供给是非弹性的，则该曲线向平行于水平轴的方向发展。从长期来看，房地产价格应同它的重置成本相等，因此也就描述了重置成本同新建量的关系。这里假设随着新建量的增加，重置成本将会增加。影响重置成本的其他因素将会导致整个曲线的移动——重置成本升高将使曲线向左平移，重置成本降低将使曲线向右平移。

当价格和开发成本相等时对应着一个平衡的开发数量，如房地产实际开发的数量小于此平衡数量，则开发商可获取超额利润，实际开发数量大于这个平衡数量则开发商会无利可图。所以新的房地产开发活动 C 应该保持在这样一个水平上，使物业价格等于房地产开发成本，所对应的方程为

$$P = f(C)$$

4. 第四象限（东南象限）

这条曲线描述的是新建量与存量的关系。年新开发房地产的数量（增量）C 转换成房地产资产的长期存量，导致房地产总存量的变化为 ΔS，ΔS 在一定期间内等于新开发房地产的数量减去由于房屋拆迁导致的存量损失。存量与新建量之间存在这样的关系：$\Delta S = C - \delta S$（δ 为灭失率）。但是，如果市场处于均衡状态，应有 $\Delta S = 0$，所以有以下的方程

$$S = C/\delta$$

图 1-2 中的方框表示使用市场和资产市场处于均衡状态。

利用四象限模型还可以解释外生经济变量对房地产市场的影响。如当经济增长时，第一象限的曲线外移，最终的均衡状态将使得存量、租金、价格和新建量均上升；当长期利率下调时，风险降低，税收优惠增加，于是资本化率降低，第二象限的曲线就会逆时针转动，从而使租金降低，价格、存量和新建量均上升；当短期利率上升时，建设融资困难，政府规划限制变得更严格，导致建设成本上升，第三象限的曲线向左平移，价格、租金均上升，存量和新建量下降。

（二）房地产市场运行过程分析

利用图 1-2，就可以分析宏观经济对房地产市场的各种影响。经济可能增加，也可能萎缩，长期利率或其他因素的变化可能会导致对房地产资产的需求发生变化，短期信贷能力或地区性房地产法规的出台可能会影响房地产新增供给的开发成本。这些变化对房地产市场的影响可以很容易地借助于四象限分析模型进行分析。不论是何种情况，都可以首先确认是哪一个象限首先受到影响，然后在其他象限分析追踪这些影响，最终达到一个长期的平衡。

1. 经济增长和房地产使用需求

当经济增长时，第一象限内的需求曲线将向右上方平移，这表明在当前或其他的租金水平上需求的上升。当生产增加、家庭收入和家庭数量增加时就会出现这种情况。此时如果房地产可供使用的量保持在一个不变的水平上，租金就会相应地提高。提高后的租金又会导致第二象限内物业价值的提高，这又会促使第三象限内新的房地产开发项目的增加，最后第四象限内房地产资产的存量增大。

如图 1-3 所示，新的市场平衡为虚线所示的矩形，处在原市场平衡线（实线所示矩形）的外侧。此时，房地产市场上的租金、价格、开发成本和存量都有不同程度的增加，当然这种增加并不一定是等比例的，新市场平衡线的形状取决于各条曲线的斜率。例如假如开发相对于价格来说弹性很大，那么第三象限内的曲线就会变得接近上下垂直，此时房地产市场的租金和价格可能只有少许的增长，但市场上的新开发量和存量可能会有很大的增加。如果经济不景气导致房地产租金下降，这种变化对房地产市场所带来的影响与经济景气时正好相反。

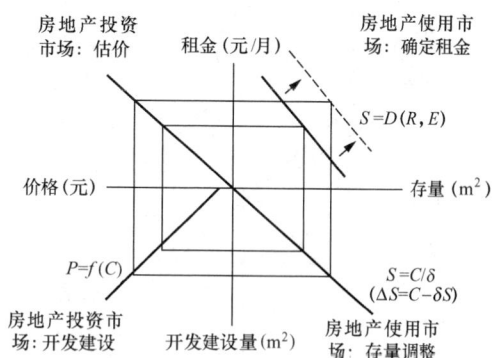

图 1-3　房地产使用和投资市场
（房地产使用需求增加）

2. 长期利率与房地产资产的需求

如果拥有房地产的需求变化，其对房地产市场的组合影响与房地产使用需求变化时对市场的组合影响有着很大的区别。导致拥有房地产的需求变化的因素很多，如果经济领域其他部门的利息率上升（或下降），则相对于拥有固定收入的债券投资来说，房地产投资的当前收益率就会降低（提高），这会使投资者将其投资撤出（进入）房地产市场。同样，如果房地产的风险特性预计变坏（变好），相对于其他投资来说，房地产投资当前的收益率就可能变得不足以（足以）补偿房地产投资所承担的风险。此外，政府对房地产投资收益的税收政策，如房地产折旧的计算方法、房地产税项的增减等也会极大地影响着对房地产的投资需求。

长期利率下调、预期房地产投资风险降低或政府税收上的优惠，会导致对房地产资产投资需求的上升和房地产投资收益率下降，如果租金固定不变，就会使房地产价格上升，价格上升又会引起新开发房地产项目数量增加，最终导致房地产存量增加和租金水平下降，从而达到新的平衡（图1-4），新平衡要求初始的租金水平与新平衡达到时的租金水平相等。

如果房地产投资需求减少或房地产投资收益率上升，则会带来反方向的变化，即新开发量减少、存量减少、租金增加。在正常的市场条件下，租金增加后会导致投资需求增加，从而又会带来相反方向的变化。

3. 短期信贷、开发成本和新增供给

影响房地产市场的最后一种可能变化是新开发供给计划的变动。这种变化可能有多方面的原因。短期信贷资金利率高，企业开发项目融资难度加大都会导致提供新建物业的成本加大，此时如果房地产价格不变，房地产新开发的量就会减少。同样，严格的城市规划或建筑条例控制、高昂的拆迁安置补偿费用或地价同样会导致开发成本的上升，降低新开发项目的获利能力。这种负面的影响会使第三象限内的曲线向左上方平移。相反开发成本降低所带来的正面影响会使该曲线向左下方平移，如图1-5所示。

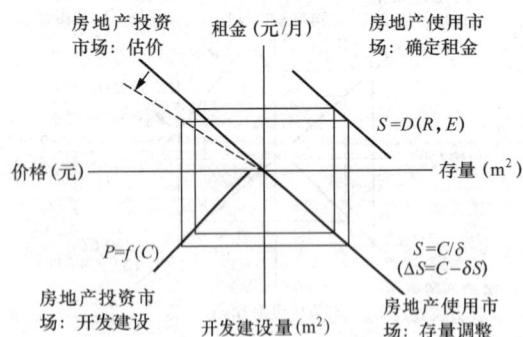

图1-4 房地产使用和投资市场
（投资需求变化）

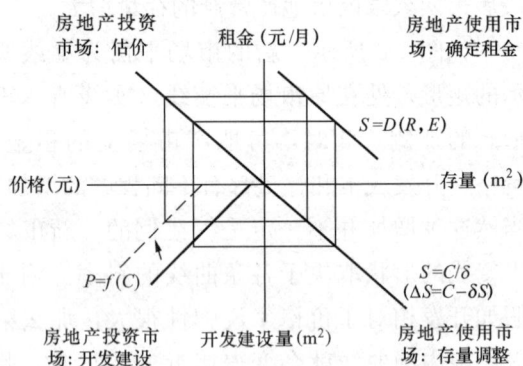

图1-5 房地产使用和投资市场
（开发成本变动）

从图1-5可以看出，开发成本上升在房地产价格不变时使新开发项目的数量减少，从而导致房地产存量减少，推动租金和价格上涨。当开始和结束的价格相等时，就达到了新的平衡。

房地产市场分析的四象限模型将房地产市场划分为房地产使用市场和房地产投资市场。这两个市场之间有两个重要的联系：第一是房地产使用市场上确定的租金影响着房地产投资市场上的房地产价格，第二是房地产投资市场上的房地产价格决定了新开发建设的房地产数量，进而影响到房地产使用市场上可使用的房地产存量及租金。

在进行分析时，均假设在其他市场因素不变的条件下，某单一因素的变化对房地产市场的影响。但由于社会经济体系的特殊性和复杂性，特别是国家宏观经济高速发展的时候，常有两个或两个以上的因素同时发生变化，此时对房地产市场影响的分析就变得比较复杂。例如在经济高速发展的时候，对房地产的使用需求就会大大增加（图1-3）；同时资金供给短缺使长期和短期贷款利率上调、其他投资市场收益率上升，使投资者对房地产投资需求减少（图1-4的反方向变动）；房地产开发成本增加使开发难度加大，开发获利能力降低，新开发项目减少（图1-5）。这众多因素的同时变化实际上已经不是单一因素变化的简单叠加，因此要找到房地产市场新的平衡点的难度大大增加了。同时，用四象限模型也不能把握房地产市场的瞬间调节与变化。为了解决这个难题，需要采用更为复杂的系统动力学分析模型。

（三）房地产市场的周期循环

经济的发展带动或产生了人们对商业、居住和服务设施的空间需求，从而带来房地产市场的兴起和繁荣。因此，从本质上讲，房地产业的发展是由社会整体经济的发展决定的。从一个较长的历史时期来看，社会经济的发展体现为周期性的运动。因此，房地产业的发展也存在周期循环的特性。

1. **房地产周期循环的定义**

房地产周期循环是指房地产业活动或其投入与产出有相当的波动现象，并且此现象是重复发生的。

2. **房地产周期循环的原因**

影响房地产周期循环的主要原因包括：

（1）影响供需的主要因素，其中以金融相关因素的变动最为关键；

（2）市场信息的不充分、从供需两方面调整不均衡的时间落差（time-lag，简称"时差"）；

（3）生产者与消费者的心理因素，如追涨不追跌、一窝蜂的投机或非理性预期；

（4）政策影响，如容积率控制、农地征用控制；

（5）政治冲击，如社会政治动荡；

（6）制度因素，如预售制度的期货效应、中介与估价制度的健全制度等；

（7）生产时间落差、季节性调整、总体经济形势等都是影响房地产周期循环的原因。

3. **传统房地产周期理论的主要内容**

传统房地产周期理论的主要内容包括：

（1）在市场供求平衡的前提下，房地产市场会正常运作，且这种平衡会持续一定的时期；

（2）在此时期内，投入房地产市场的资金所获得的利润预期保持不变，投资者具有自我调节投资量的能力。

根据传统房地产周期理论，房地产市场的发展呈现出一种自我修正的模式。在每一个运行周期中，均经过扩张、缓慢、萧条、调节、复苏和再次扩张的过程。具体包括的阶段是：①确认对新入住空间的需求，促使新建筑产生；②受到新建筑的刺激而导致经济扩张；③经济的持续扩张进一步刺激新建筑；④新建筑超过空间需求，导致超额建筑；⑤调整，因需求减少而导致新建筑活动剧烈减缓；⑥复苏，需求开始增加而消化已有超额建筑；⑦恢复到空间市场供需均衡状况；⑧经济的持续扩张导致对新建筑需求的增加；⑨确认对新入住空间的需求，促使新建筑产生。

4. 分析房地产周期运用的新观念

上述传统房地产周期理论在政治、经济状况基本稳定或预期稳定的情况下是有效的。但是，众所周知，均衡是瞬间的状态，不均衡才是真实的、永续的。因此，建立在市场均衡前提下的传统的房地产周期理论在实践中不可能得到广泛的应用。从现代房地产周期研究的结论来看，经济扩张与创造就业已不再是线性关系；就业机会与空间需求也不再同比增长；经济活动的扩张不再立即绝对导致新建筑增加（如经济复苏不再一定会导致新建筑产生）。在一个稳定可预测的经济环境中，了解房地产市场长期、未来力量及其内涵相对来说并不十分重要，但在不确定、不连续且正处于转变的经济环境中，必须强调要全盘了解房地产市场未来可能的变化，而不仅是利用过去预测房地产市场的发展。

5. 房地产市场的自然周期

不论房地产供给是否过剩，需求是超过还是少于现存的供给数量，市场机制的作用总能在市场周期运动中找到一个供需平衡点（从供给的角度来说，在这个平衡点上允许有一定数量的空置），尽管不能精确地确定平衡点的位置，但专家认为，从历史多个周期变化的资料中计算出的长期平均空置率（又称合理空置率或结构空置率），就是房地产市场自然周期中的平衡点。从供需相互作用的特性出发，房地产市场自然周期可分为四个阶段，如图 1-6 所示。

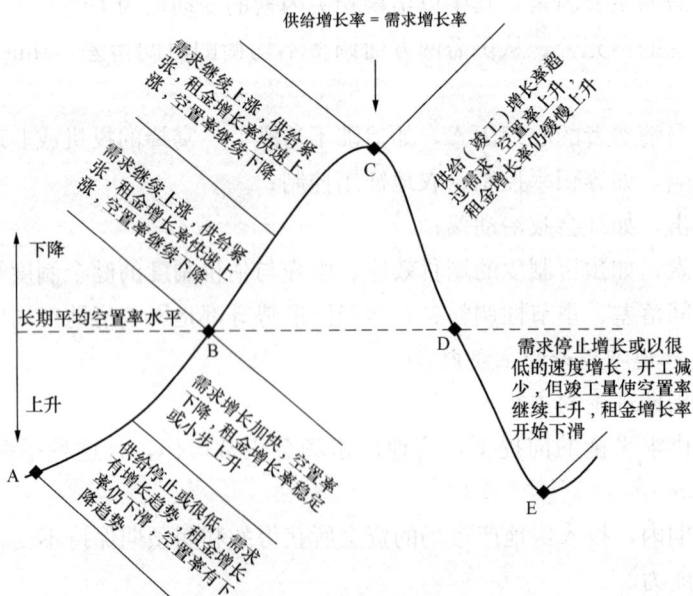

图 1-6　房地产景气循环的各个阶段

（1）自然周期的第一个阶段始于市场周期的谷底。由于前一时期新开发建设的数量过多或需求的负增长导致了房地产市场上的供给过剩，所以谷底的空置率达到了峰值。通常情况下，市场的谷底出现在前一个周期中过量建设停止的时候。在这个时期，净需求的增长将慢慢吸纳先前过剩的供给，推动市场逐渐走出谷底。这时供给基本保持静止不变，没有或很少有新的投机性开发建设项目出现。随着存量房地产被市场吸纳，空置率逐渐下降，房地产租金从稳定状态过渡到增长状态。随着这个市场复苏阶段的继续，对于市场复苏和增长的预期又会使业主小幅度地增加租金，使市场最后达到供需平衡。

（2）在自然周期的第二阶段（增长超过了平衡点）。需求继续以一定的速度增长，形成了对额外房屋空间的需求。由于空置率降到了合理空置率以下，表明市场上的供给紧张，租金开始迅速上涨，直至达到一个令开发商觉得开始建设新项目有利可图的水平。在这个阶段，如果能筹集到所需资金，会有一些开发商开始进行新项目的开发。此后，需求的增长和供给的增长将会以一个大致相同的速率保持相当长一段时间，令总体市场缓慢攀升，这个过程可能像爬山那样迟缓。当到达该周期的峰值点，即供求增长曲线上的"转折点"时，需求增长的速度开始低于供给增长的速度。

（3）自然周期的第三阶段始于供求转折点。此时由于房地产空置率低于合理空置率，所以看起来市场情况还不错。此时，房地产开发量增加，供给增长速度高于需求增长速度，空置率回升并逐渐接近合理空置率水平。由于在该过程中不存在过剩供给，新竣工的项目在市场上竞争租客，租金上涨趋势减缓甚至停滞。当市场参与者最终认识到市场开始转向时，新开工的开发建设项目将会减少甚至停滞。但竣工项目的大量增加所导致的供给高速增长，推动市场进入自然周期运动的第四阶段。

（4）自然周期的第四阶段始于市场运行到平衡点水平以下，此时供给高增长，需求低增长或负增长。市场下滑过程的时间长短，取决于市场供给超出市场需求数量的大小。在该阶段，如果物业租金缺乏竞争力或不及时下调租金的话，就可能很快失去市场份额，租金收入甚至会降到只能支付物业运营费用的水平。在这个阶段，物业的市场流动性很低甚至不会产生流动，存量房地产交易量很小或产生有价无市的局面。该阶段随着新开发项目的停止和在建项目的陆续竣工，而最后到达市场自然周期的谷底。

6.房地产市场的投资周期

在市场经济条件下，资本流动对房地产市场自然周期的许多外部因素有重大的影响。因此，如果没有资本流动的影响，就不可能产生房地产市场自然周期。由于房地产交易在很大程度上存在着私密性，所以房地产市场信息与资本市场信息相比非常不完全，致使典型的资本市场投资者很难及时准确地把握房地产市场。此外，单宗房地产投资往往数额巨大，房地产资产的流动性也相对较差。所以，对房地产投资者来说，既有获取巨额利润的机会，也有被"套牢"的风险。随着自然周期的运动，投资于房地产市场上的资金流也呈现出周期性变动，形成投资周期。

（1）当房地产市场自然周期处在谷底并开始向第一阶段运动的时候，很少有资本向存量房地产投资，更没有资本投入新项目的开发建设。在这段时间，市场上只有可以承受高风险的投资者。由于租金和经营现金流已经降到最低水平，存量房地产的价格达到或接近了最低点。承受不住财务压力的业主或开发商会忍痛割售，大量不能归还抵押贷款的物业会被抵押权人收回拍卖。

（2）随着自然周期运动通过第一阶段，投资者对投资回报的预期随着租金的回升而提高，部分投资者开始小心翼翼地回到市场当中来，寻找以低于重置成本的价格购买存量房地产的机会。这类资本的流入使房地产市场通过平衡点，并逐渐使租金达到投资者有利可图的水平。在自然周期第二阶段的后半段，由于投资者不断购买存量房地产和投入新项目开发，资本流量显著增加。

（3）当自然周期到达其峰值并进入第三阶段的时候，由于空置率低于平衡点水平，投资者继续购买存量房地产并继续开发新项目。由于资本不断流向存量房地产和新项目的开发，所以此时房地产市场的流动性很高。当投资者最终认识到市场转向下滑时，就会降低对新项目投资的回报预期，同时也降低购买存量房地产时的出价。而存量房地产的业主并没有像投资者那样快地看到未来市场会进一步下滑的风险，所以其叫价仍然很高，以致投资者难以接受，导致房地产市场流动性大大下降，自然周期进入第四阶段。

7. 房地产市场自然周期和投资周期之间的关系

房地产市场的自然周期和投资周期是相互联系和相互影响的，投资周期在第一阶段和第二阶段初期滞后于市场自然周期的变化，在其他阶段则超前于市场自然周期的变化。当资本市场投资可以获得满意的投资回报时，投资者拟投入房地产市场的资本就需要高于一般水平的投资回报，使资本流向房地产市场的时机滞后于房地产市场自然周期的变化，导致房地产市场价格下降，经过一段时间后，房地产市场上的空置率也开始下降。

如果可供选择的资本市场投资的收益率长期偏低，例如，投资者在股票和债券市场上无所作为时，有最低投资收益目标的投资者就会在并非合适的市场自然周期点上，不断地将资金（权益资本和借贷资本）投入房地产市场中的存量房地产和新开发建设项目，以寻找较高的投资收益。这样做的结果，使初期房地产市场价格上升，经过一段时间后，房地产市场上的空置率也开始上升。

八、房地产市场的空置与空置率[1]

空置一词来源于西方，是指建筑物的整体或部分未得到使用，处于等待出租或出售的状态。由此可见，空置一方面表明房屋未被使用，另一方面还意味着所有权人准备将房屋出租或出售，只有两方面条件都满足的房屋才是空置房屋。否则，不能称其为空置。房地产市场包括房地产资产市场和房地产物业市场，而空置完全是来源于房地产物业市场的统计指标，只表明房地产的使用状态。

从实质上说，空置也是一种供给。在某一特定的时间点上，有下列等式存在：

$$供给＝需求＋空置率$$

❶ 刘琳. 房地产市场互动机理与政策分析. 北京：中国经济出版社，2004：119-143.

空置率是指某一时刻空置房屋面积占房屋总面积的比率。按照所依据的房地产市场类型的不同，空置率可分为存量市场的空置率和增量市场的空置率。房地产存量市场的空置率是指某一时刻空置房屋面积占全部房屋总面积的比率。这时，空置并不区分房屋的新旧，无论是第一次进入市场的新房屋，还是由于当前房屋使用者迁移后留下的房屋，只要没有确定新的使用者时，都可被视为空置房屋。房地产增量市场的空置率是指某一时刻新建房屋的空置房屋面积占一段时期新建房屋总面积的比率。这时的空置房屋仅仅是指第一次进入市场的新房屋。

按照房屋交易方式的不同，空置率可以分为出租住宅空置率和自有住宅空置率。出租住宅空置率是指待出租的空置住宅单元数量与已出租和待出租住宅单元数量和的比率；自有住宅空置率是指待出售住宅单元数量与自住和待出售住宅单元数量之和的比率。

在存在空置的情况下，存量市场的均衡如图 1-7 所示。其中：K 为出租或出售房屋的价格；H 为一定时期存量的总量；S 为供给曲线，当经济高涨、租金上升时，业主愿意出租的房地产数量增加；D 为需求曲线。存量市场在 A 点达到均衡，H_0 为存量市场平衡时所需的房地产存量，此时的空置率为 $(H-H_0)/H_0$ [1]，亦即自然空置率。规范地说，自然空置率是长期房地产市场供求平衡下的空置率。

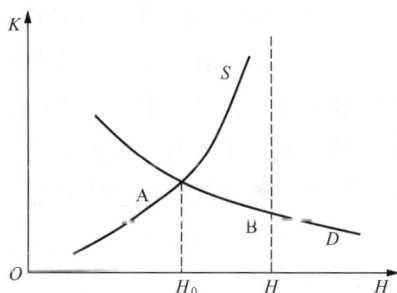

图 1-7　有空置的存量市场的均衡

1. 市场供求与自然空置率

空置率是表示市场状态的主要指标之一。不同空置率下的市场状态对投资者和使用者有不同的影响。通常，房地产市场不可能出现零空置率。零空置（或接近零空置）意味着使用者没有任何选择的余地。一般地，空置率过高对卖方意味着显而易见的利益损失；而空置率过低，则意味着买方没有或很少有选择的余地，很难在适当的租金水平下找到满意的物业。于是，在过高和过低的两个极端之间必然存在一个正常的空置率，即自然空置率，来维持市场的正常运转。在自然空置率下的市场既能保证买方充分的选择权利，又能保证卖方有足够的投资积极性。

自然空置率的形成与供求双方对市场走势的判断、心理承受力、持有或使用的边际成本（费用）的"较量"息息相关。

（1）需求方与自然空置率。在市场存在空置的情况下，需求者为寻找或调整合适的物业支付的搜寻费用比较低廉，但需要承担供给方因空置而可能提高的租金水平，当获得的利益和付出的代价相当的时候的空置率就是需求方认可的自然空置率。

（2）供给方与自然空置率。供给者因保持一定空置率而获得的主要利益是在需求上升时可以得到较高的租金收益，而其代价是空置期间有一定的租金损失。由于需求波动的变

❶　KT Rosen，L B Smith. The Price Adjustment Process for Rental Housing and the National Vacancy Rate. American Economic Review，1993，（3）：719-786.

化性，供给方几乎不可能获取准确的市场需求信息，或者说当有关需求的信息掌握到一定程度后，供给方若要得到更多的资料，需要花费更多的人力和财力。在这种情况下，供给方与其花费更大量的资金去做市场调查，还不如保持适量的空置，来等待租金水平的提高或个别需求方愿意支付高租金的机会。由此可见，由供给方愿意持有空置面积的边际费用大小所决定的空置率即为市场的自然空置率。

一般地，不同城市的房地产信息系统的效率、各类型物业的空置边际费用和市场需求弹性均不同，因此，不同城市、不同物业类型的市场自然空置率也各不相同❶。

2. 空置对租金和价格的影响

由于自然空置率是市场供求平衡的表现，所以，如果实际的空置率高于自然空置率，就意味着市场供过于求，租金自然会趋于下降；相反，如果实际空置率低于自然空置率，租金便会趋向于上升。也就是说，空置率的高低会影响租金的变化，对租金产生调节作用。然而，租金的变化总是需要一定的时间，因此，某一时期的空置率会使市场的租金逐渐发生变化，但直至下一刻才会完全反映出来。当然，以上所指的租金是扣除通货膨胀影响后的实质租金。

根据上述分析，再考虑到房地产经营费用变化的影响，可以建立如下的租金变化方程❷。

$$RI_t = \alpha(V_{t-1} - V_n) + \beta \times CI_t \tag{1-2}$$

式中　RI_t——时期 t 的实质租金增长率；

V_{t-1}——时期 $t-1$ 时的实际空置率；

V_n——自然空置率；

CI_t——时期 t 的经营费用上涨率；

α、β——常数系数。

在一般的市场条件下，如果 $V_{t-1} > V_n$，即表示供过于求，租金应趋向于下降，所以 $\alpha < 0$；在供求平衡的情况下，即 $V_{t-1} = V_n$，租金应与费用变化趋势一致，所以正常市场中应该有 $\beta \approx 1$。

由于一般情况下 V_n 基本保持稳定，变化较小，所以可假定为常数变量，不妨令

$$\alpha = -\alpha \times V_n > 0$$

即有

$$RI_t = \alpha + \alpha \times V_{t-1} + \beta \times CI_t \tag{1-3}$$

式中，各符号含义同前。另外，以 RI_t 代表名义租金的上涨率，并假设经营费用的变化与通货膨胀的变化一致，则可以分别将式（1-2）、式（1-3）修改为

$$RI_t = \alpha(V_{t-1} - V_n) + \beta \times CPI_t \tag{1-4}$$

$$RI_t = \alpha + \alpha \times V_{t-1} + \beta \times CPI_t \tag{1-5}$$

式中，CPI_t 代表时期 t 的通货膨胀率，其他符号含义同前。

❶ 刘洪玉，陈森林. 空置率及其对房地产市场的影响. 北京房地产，1996，(10)：27-29.
❷ 陈森林. 房地产市场供需变化规律的初步研究. 清华大学硕士学位论文. 1997.

当市场交易以买卖为主，且购买者就是房屋将来的实际使用者时，使用者注重的是房屋的服务功能，价格直接体现了使用者对房屋的支付意愿。

从卖方（既可能是投资开发商，也可能是因迁移而处置原有房屋的某些使用者）的角度来看，面临的主要问题是能否及时将房屋销售出去，因为销售时间越长，市场价格变化的可能性越大，即价格风险不断增加；同时，空置期越长，管理的费用就越高。因此，在预计销售时间较长时，卖方为了减少风险就有可能降低销售价格；相反，空置面积减少、购买者增加时，卖方就有可能提高价格。需要说明的是，影响价格的因素很多，尽管空置对价格有明显的影响，但它并不能完全决定价格的变化。如当卖方认为将来价格有可能上升时，即使存在空置，也可能不会降价出售，而是选择等待。

综上所述，自然空置率是房地产市场长期均衡时的空置率。实际空置率与自然空置率的差异可以作为未来增量房地产市场的指示器，来引导房地产投资者或开发商的投资开发行为[1]。自然空置率的指示器作用示例见表 1-1。

表 1-1　　　　　　　　　　　　　自然空置率的指示器作用

实际空置率（%）	自然空置率（%）	市场状态	开发商行为
12	12	市场处于均衡	以正常速度开发项目
15	12	市场供给有点过量	以稍慢于正常速度开发项目
24	12	市场供给过度过量	停止开发项目
10	12	市场需求稍大于供给	以稍快于正常速度开发项目
6	12	市场需求非常大	快速开发项目

3. 建立科学的空置与吸纳统计体系

中国自 1994 年开始将"空置"的概念引入房地产统计体系中，对政府及市场参与者了解房屋竣工后的出租、出售情况，引导房地产开发企业调整投资方向起到了积极作用。但是，该统计体系中的"空置"概念与国际惯例不一致，统计结果遭到多方质疑，影响了国内外投资者对中国房地产市场状况和投资机会的判断。同时，为了促进房地产业健康发展，降低投资置业者和消费者的风险和金融风险，各地自 2001 年起纷纷抬高了商品房预售条件，也将更多的房屋划入了"空置房"的范围，在一定程度上干扰了市场参与者的正常决策。因此，国内市场迫切需要明确和规范现有的房地产空置统计指标内涵，建立科学、合理的房地产市场指标体系。

本书参照国际惯例，提出三个分析房地产存量市场空置问题的指标：空置量、空置率、空置期（平均租售时间）。指标的含义分别阐述如下：

（1）空置量。空置量指调查时点无人入住且不是暂时无人入住的房屋单元数量。空置量可分为常年空置量和季节性空置量。常年空置量包括等待出租、等待出售、等待出租或出售、第二住所和偶尔使用等情况。

（2）空置率。空置率是指某一时刻空置房屋面积占全部房屋面积的比率，其中全部房

---

❶ 刘琳，刘长滨. 房地产市场的自然空置率研究. 城市开发，2002（2）55-56.

屋面积是指现有的、可供使用的全部房屋面积,包括已经被占用的面积和空置面积两大部分。空置率分为出租房屋空置率和自有房屋空置率,其计算式分别为

出租房屋空置率＝待出租的空置房屋单元数量/(已出租房屋单元数量＋待出租房屋单元数量)

自有房屋空置率＝待出售的房屋单元数量/(自住房屋单元数量＋待出售房屋单元数量)

(3)空置期。空置期又称平均租售时间,指房地产市场中空置房屋等待出租或出售所需时间的平均值,为上一个住户迁出本房屋至调查时点的时间长度(月)。对近期转换或合并的房屋,时间从转换或合并完成的日期算起。平均租售时间的计算式为

平均租售时间(年)＝年平均空置面积/年平均租售面积

在房地产增量市场中,吸纳统计指标可以反映房地产市场对空置房屋的消化能力及市场的景气情况,市场吸纳能力越强,市场越景气。有关的吸纳统计指标有:吸纳量、吸纳率、吸纳周期(出清时间),指标的含义如下:

吸纳量是指一定时期一定范围内现有的可供使用的房屋中被市场占用的部分。其计算式为

本期吸纳量＝本期销售量＋本期租赁量

吸纳率是指新建房屋中被市场消化或吸纳的程度。其计算式为

吸纳率＝(本期销售量＋本期租赁量)/(期初空置量＋本期可租售量)

吸纳周期(出清时间)指期末可供租售的房屋中,按当期吸纳速度,在不考虑新竣工量的情况下,全部租售完毕所需要的时间。其计算式为

吸纳周期＝期末可供租售量/当期吸纳量

复习思考题

1. 房地产市场的含义是什么?

2. 房地产市场是如何分类的?

3. 房地产市场的主要参与者有哪些?

4. 为什么说房地产市场分析所包括的地域范围越大,对房地产投资者的意义就越小?

5. 房地产的特性有哪些?

6. 房地产市场的特性有哪些?

7. 房地产市场的租金、价格、新开发数量和存量之间的关系是什么?

8. 除房地产投资外,其他方面投资的投资收益率下降(或上升)对房地产市场有何影响?

9. 从市场均衡的角度出发,开发成本变化对房地产的租金水平有何影响?

10. 当对房地产的使用需求变化时,会引起房地产投资、开发市场如何变化?

11. 房地产市场的功能有哪几个方面?

12. 房地产市场周期循环的含义是什么?

13. 导致房地产市场周期循环的原因是什么?

14. 房地产市场的自然周期及其阶段如何划分?

15. 新经济条件下,哪些因素可能会导致房地产市场发生较大的转变?

> 知己知彼，百战不殆；不知彼而知己，一胜一负；不知彼不知己，每战必败。
>
> ——《孙子兵法》

第二章 房地产开发经营、管理特点与程序

第一节 房地产开发经营与管理的概念

一、房地产开发经营与管理的概念

（一）房地产开发经营的含义

"开发"是指生产者或经营者为了实现一定的社会经济目的，对资源进行合理开发和利用的活动。房地产开发即是通过多种资源的组合利用而为人类提供生产与生活空间，并改变人类生存的物质环境的一种活动。这里的资源包括了土地、建筑材料、劳动力、资金和专业人员的智力等诸方面。具体说来，房地产开发主要是指在依法取得了国有土地使用权的土地上进行基础设施、房屋建设的行为，是在特定地段上进行的具体的房地产项目的规划、设计和建设、施工等开发活动。房地产开发是房地产企业的生产和再生产过程，也是房地产商品的生产建设过程。随着社会经济的发展，房地产开发活动变得越来越复杂，对开发商的要求也越来越高。一个成功的开发商必须具备多方面的能力，包括投资决策、项目融资、项目策划、项目管理、市场营销等能力，此外还要熟悉国家的法律法规、规章和政策，懂得城市规划等方面的知识。

"经营"是指经营者为了达到企业目标而有意识、有计划地进行活动的总称。房地产经营是指房地产开发商为实现预期目标，确定实现目标的战略和策略，并有意识、有计划地加以实施的经济活动。狭义的房地产经营仅指流通环节的营销活动和中介服务活动。广义的房地产经营则还包括房地产的开发环节和消费环节。房地产经营活动是以房地产市场为背景进行的，随着我国房地产市场的日益规范和不断完善，房地产经营将会发挥越来越重要的作用。在激烈的市场竞争中，房地产开发商只有制定出科学的经营战略和策略，并切实加以实施，才能立于不败之地。

房地产开发与经营是两项相互独立又相互联系的经济活动。一般情况下，可将两者视为一个整体，不加区分，即房地产开发、房地产经营与房地产开发经营具有同样的含义，均指房地产开发商对房地产项目的建造，并对其开展经营的活动。房地产开发经营过程中必须注意与本国、本地区各产业部门的发展相协调，并起到一定的先导作用，发展速度过快或过缓、规模过大或过小都会给经济及社会发展带来不良影响。

（二）房地产管理的含义

房地产管理有两层含义，一是指对房地产开发与经营活动的管理，即对房地产的生产过程和流通过程进行科学的预测、决策，并合理地组织、控制和协调的各项经济活动；二是指对房地产进行的物业管理活动。

房地产管理与房地产开发经营是相互联系，但又是相互区别的。开发经营主要确定房地产开发建设与出售、出租活动的方向和目标，以及确定如何建造、如何出售出租、如何以最小的投入获得最好的经济效益等。管理则是在开发经营活动中按照客观规律和经济规律的要求，进行计划、组织、指挥、控制和协调。管理不仅是对人的管理，也包括对项目、技术、设备、售价、租金、物资、成本、财务等各方面的管理。如果没有明确的开发经营目标和正确的开发经营决策，管理就会无所适从，但是没有科学的、有效的管理，再好的目标和决策也不能很好地付诸实施。因此，房地产开发经营与房地产管理是相辅相成的。一般来说，对两者不作严格区分，通常所说的房地产开发经营往往包含房地产管理。

二、房地产开发经营与管理学科的形成和发展

房地产开发经营与管理是一门应用学科，是运用现代经营管理原理讨论房地产运动规律，并探讨以较小代价取得较好房地产开发利用效益或效果的科学经营方法的学科，是经营管理学科的一个分支。

经营管理成为一门现代学科，起始于 20 世纪的美国。19 世纪以前，企业是凭经验和直觉管理，师傅凭经验带徒弟，企业主的着眼点是通过人工成本获取利润，缺乏企业管理思想。

随着科学技术的发展和企业生产的社会化、现代化，原始经验与直觉不断得到升华、提炼及发展，逐渐形成一套科学经营管理思想。

科学的经营管理学科是一门综合学科或边缘学科，涉及社会学、心理学、经济学、政治、法律等社会学科，也涉及工程技术、数学、计算机等多种自然科学和工程技术，是以信息形式表现其原则、原理、策略、计划、方案、程序等研究成果的软科学。科学的经营管理也离不开管理艺术，即在一定程度上要靠经理人员的直觉判断、素质、技巧、魄力等因素，要靠经理人员自身的反复实践和摸索，而不能单靠别人的传授，也不能单靠一些原则、原理、模型和程序去指导经营管理工作。

在我国，房地产开发经营与管理还是一门新兴的学科，是随着房地产业的复苏和振兴，以及房地产市场的建立和发展而产生的。现代化的经营意识、新型的管理思想是使房地产开发经营企业制定正确的战略和策略，进行高效优质房地产开发、经营销售，以及物业管理等经营管理活动的重要保证。现代经营理论经过长期的发展，已形成一个极有价值的理论宝库。

为了适应社会经济不断发展的要求，21 世纪的房地产业要不断更新观念，不断完善房地产开发经营与管理的理论和方法。可持续发展观念的提出，对传统意义上的房地产也提出了挑战，即要求房地产的开发与建设不仅能够最大限度地满足当前的需求，也要充分

考虑满足未来不断增长的需求。"绿色房地产业"正是适应这种要求提出的新观念，即强调在房地产的开发与经营过程中，要遵循节约资源和能源的原则，增加科技含量，降低对环境的负荷。这不仅有利于促进房地产可持续发展，也应是现代房地产业发展所要强调的基本观念。

中国加入世界贸易组织后，全面降低关税，扩大对外出口和进一步吸引外商直接投资，也直接对我国各大中城市特别是上海、广州等沿海中心城市的房地产业及房地产市场产生深远影响。这种影响除了表现在房地产的市场需求及价格的变化外，也会表现在房地产开发与经营观念的变化上，即在逐渐与国际接轨，在房地产开发、建设、营销，以及物业管理等全程服务过程中，不断借鉴国外的运作机制，实现房地产开发与经营国际化，以利于与外资机构抗衡，进行公平的市场竞争。

三、房地产开发经营与管理学科的研究方法

房地产开发经营与管理作为一门综合性应用学科，首先应注重以经济学理论和现代经营管理理论为基础和指导。在充分理解这些理论的基础上，将其灵活应用于房地产经营活动中。如现代经营管理社会系统学派强调在企业经营管理中要注重研究人与社会系统，也要研究技术系统，以保证两方面的协调，使经营决策更具整体性和社会性的思想，使传统的经营管理思想更为完善。同样，经营决策理论的研究对决策过程的分析，决策过程中个人与集体心理与社会反应的研究，以及对决策所需信息的开发及其价值、决策目标价值的分析研究，使得经营决策的科学性增强。经营权变理论强调在政治、经济、法律、技术环境变化多端的情况下，企业只有根据所处内部条件和外部环境随机应变或权宜应变才能成功，而不能一成不变地依靠某种普遍适用的管理理论和方法的经营管理思想也为经营管理开辟了新的途径。

其次，作为一门应用学科，房地产开发经营也应注重将理论应用于房地产实务中，分析研究房地产经营过程的特点和运动规律，并逐步建立一套完整的房地产经营理论和方法体系。可行性分析是为工程建设项目前期进行项目决策时提供决策依据的重要方法，房地产开发项目的可行性分析不仅要利用可行性分析的一般原理和方法，也要考虑房地产项目的特点，在指标选择上以及参数的确定上体现房地产项目的特殊要求，这样才能进行正确的分析，为决策提供准确的依据。同样，房地产广告与一般商品的广告也不完全相同，在媒体的选择、广告诉求等方面都要结合房地产的特点进行策划和运作，这样才能达到事半功倍的效果。

最后，在对房地产开发经营进行定性研究的同时，还要注重进行定量分析研究。现代经营管理数量派强调的管理科学的出发点是，可以用数学模型和程序来表示与解决经营管理中的计划、组织、决策、控制等职能和过程问题，并以经济效果最优为目的，求得答案。随着科学技术和管理水平的不断提高，谋求定量分析结论，无疑可使经营管理的技术含量相对增加，这是一个十分吸引人的发展方向。

第二节 房地产开发经营的主要特点、形式及基本程序

一、房地产开发经营的主要特点

由于房地产本身具有的位置固定性、独特性、生产周期长、投入资金多等特点，使得房地产开发经营与其他商品的经营相比也具有许多不同点。

1. 具有很强的综合性

首先，综合性表现在开发过程中工作关系的广泛性方面。房地产开发程序复杂，参与单位、利益相关者与涉及的行政管理部门很多，不仅包括勘察设计、监理、施工、融资机构等参与方，以及与开发项目相关的其他利益相关者，如被拆迁户、土地被征用人，还涉及规划、设计、建设、供电、供水、电信、交通、教育、卫生、消防、环境和园林等政府部门。

其次，综合性表现在项目操作的复杂性方面。房地产开发经营包括生产、流通和消费三个基本环节，每个环节都包含许多工作内容，如生产环节需要完成土地使用权的获取、规划设计、项目管理等工作，每项工作都具有较强的专业性，需要由专业人员完成。而且每一个开发项目的土地条件、建筑规划设计与施工技术的要求、市场竞争情况等可能都不一样，需要开发商针对具体情况，认真地进行综合分析，统筹安排，制定最佳开发方案。此外，房地产开发还必须坚持"全面规划、合理布局、综合开发、配套建设"的方针，也就是在开发过程中，不仅仅是对建筑地块或房屋建筑进行有目的的建设，而且要对被开发区的一些必要的公用设施、公共建筑进行全面规划、协调建设。尤其是住宅开发，更要以人为本，对居住用房、服务用房、文教卫生用房、福利娱乐用房等实行配套建设，并且注意营造良好的生活环境。

2. 具有长期性

房地产开发从投入资本到资本回收，从项目决策到销售完成，要经过投资决策阶段、前期工作阶段、建设阶段、租售阶段等四个阶段的工作，尤其是在建设阶段，需要集中大量的资金和劳动力，通过一砖一石、一管一线的建造才能最终形成产品，因此整个过程往往需要较长的时间。一般来说，普通的开发项目需要 2～3 年时间，规模稍大的综合性项目需要 4～5 年，而一些成片开发的大型项目需要的时间则更长。

3. 具有很强的地域性

房地产是不可移动的，因而房地产的使用、价值、市场等带有强烈的地域性特征，并且使房地产投资为地域所限制。从微观来看，开发项目受区位或者说是地段的影响非常大，因为地段决定了交通、购物、环境、升值潜力等很多重要因素，因此开发商对项目的选址尤须谨慎。从宏观上来看，房地产开发的地域性主要表现在投资地区的社会经济特征对项目的影响。每一个地区的投资开发政策、市场需求状况、消费者的支付能力都可能不一样，这就需要开发商认真研究当地市场，制定相应的开发方案。

4. 具有资金密集性

房地产本身具有价值量大的特点，因而其开发需要投入大量的资金，从获取土地使用权

到项目建设,都要花费相当多的资金。资金对房地产开发商来说,犹如人体中的血液,具有极其重要的地位。房地产开发商要想在众多竞争者中立于不败之地,除了取决于其技术能力、管理经验,以及其在以往的房地产投资中赢得的信誉外,还取决于其筹集资金的能力。

5. 具有较高的风险性

房地产开发经营的环节多、周期长,在开发经营过程中的不确定性因素也很多,市场环境变化、政策变化、通货膨胀等都可能会给开发商带来风险,特别是房地产开发投资巨大,一旦出现风险,就可能带来相当大的损失,因此房地产开发经营比一般商品具有更高的风险性。

6. 具有较高的投资回报率

由于人口的增加、经济的发展,对房地产的需求日益增加,而房地产供给受到土地资源有限性的约束,房地产供求矛盾日益加剧,房地产价格水平呈现长期上涨的趋势。因此,房地产投资往往具有较高的投资回报率。也正是由于这一特点,使得越来越多的企业和单位将战略目光投向房地产业,以通过房地产开发经营活动,获取企业更大的利润和发展空间。

7. 受政策性影响强

房地产业的特点、地位和作用决定了房地产开发经营受政策性影响强。房地产业是国民经济的龙头产业,房地产资源的分配使用及房地产商品的生产、流通与分配是直接关系到国计民生的重大问题,因此政府对房地产市场倍加关注,通过制定《土地管理法》、《城市房地产管理法》等一系列法律法规和政策,规范房地产开发商的开发经营行为,对房地产市场进行宏观调控,合理配置资源,避免盲目开发、重复建设。

近年来,为进一步规范房地产市场,促进房地产市场健康有序发展,国家出台了一系列的政策,如 2002 年 5 月国土资源部出台了《招标拍卖挂牌出让国有土地使用权规定》,规定自 2002 年 7 月 1 日起,全国所有的经营性土地都要公开交易;2004 年 3 月 30 日,国土资源部、监察部联合下发了《关于继续开展经营性土地使用权招标拍卖挂牌出让情况执法监察工作的通知》,规定 2004 年 8 月 31 日后,不得再以历史遗留问题为由采用协议方式出让经营性土地使用权,国有土地使用权必须以公开的招标、拍卖、挂牌出让方式进行;2003 年 6 月 13 日,为进一步落实房地产信贷政策,防范金融风险,促进房地产金融健康发展,中国人民银行发布了《关于进一步加强房地产信贷业务管理的通知》;2006 年建设部下发了《关于落实新建住房结构比例要求的若干意见》(下称《意见》),《意见》规定,自 2006 年 6 月 1 日起,各城市(包括县城)年度(从 6 月 1 日起计算)新审批、新开工的商品住房总面积中,套型建筑面积 90m² 以下住房(含经济适用住房)面积所占比重,必须达到 70% 以上。

2013 年以来,国家不断出台各种政策试图调控房地产市场,如 2008 年的"国 10条"、2010 年的"新国 10 条"、2011 年的"国八条"、2015 年的"3·30"房地产政策以及国家关于去库存调整、信贷政策放松、契税政策调整、推出房产税等,期间,各地政府也陆续出台各项政策和执行细则,对楼市进一步进行调控。

这些出台的新政策可能会给房地产开发商带来不同程度的影响,有时候甚至会是毁灭性的打击。因此，对于国家有关房地产业的政策动态，房地产开发商必须加以关注，在新政策下正确制定企业的战略目标和应对措施，如能对政策进行有效预测，则会使企业获得更大发展，赚取更多利润。

二、房地产开发经营的形式

1. 按开发经营对象分类

按开发经营对象划分，可分为地产经营和房产经营。

狭义的地产经营主要指流通过程的经营活动，即地产的出让、转让、出租、抵押等有偿流转过程，其实质是土地产权经营。广义的地产经营是指发生在土地开发过程、流通过程与消费过程中的所有经济活动的总称，包括土地开发活动。土地开发是指人们通过一定的技术经济手段，扩大对土地的有效利用范围，提高对土地的利用程度，使之由"生地"变为"熟地"，以提供城市建设的投资环境并获取一定经济效益的活动。土地开发包括新城区的土地开发和旧城区的土地开发。新城区的土地开发是经过征用土地和城市基础设施建设来实现的，也就是变农业用地为城市工商业、交通和住宅用地。

由于房地的不可分离性，房产地产交易通常是作为整体发生交易的。这里强调房产经营，是针对房地产权的特性及在实际经营处理方式上的差别而提出的。房产经营是指从事规划设计、施工到房屋建成交付使用，并从中获取一定经济效益的活动。房产经营的主要形式有出售、出租及抵押等。

2. 按开发经营规模分类

按开发经营规模划分，可分为单项开发、小区开发和成片开发。

单项开发所开发的是规模小、功能单一、配套开发设施简单的相对独立的项目。小区开发的规模比单项开发大，在开发小区内应做到基础设施和配套项目齐全、功能完善，目前很多开发商都是采用小区开发的形式开发项目。成片开发是指范围广、项目类型多、投资巨大、建设周期长的综合性开发，如经济开发区、高新技术开发区的建设即为成片开发。

3. 按活动发生的不同过程分类

按活动发生的不同过程划分，可以分为房地产开发经营、房地产流通经营和房地产消费与使用经营。

房地产开发经营是指发生在房地产开发过程的所有经济活动的总称，包括对土地的开发和再开发、房屋和配套设施的开发与再开发。房地产流通经营主要指土地使用权出让、转让、租赁、抵押及房屋的买卖、租赁、交换和抵押等经济活动。房地产消费与使用经营主要指物业管理服务。

三、房地产开发经营的基本程序

房地产开发经营是一项复杂的系统工程。在这一复杂活动过程中，涉及很多环节与工作内容，这些工作不是杂乱无章的，而是按一定的先后顺序展开的。房地产开发经营的基本程序是项目开发的客观规律，是项目从设想、选择、评估、决策、设计、施工到竣工验收、市场销售、物业管理整个开发经营过程中，各项工作必须遵循的先后顺序。各项工作不可任意颠倒，但可以合理交叉，如市场销售往往是在项目的建设过程中就已开始，而不必等到项目竣工完成以后。开发商必须遵循项目开发的基本程序，遵循这一程序是确保房地产开发取得成功的关键之一。在房地产开发的实际工作中出现的事故和失败，许多就是由于违背了基本程序而导致的。一般说来，房地产开发的基本程序包括五个阶段，即投资决策阶段、前期工作阶段、建设阶段、租售阶段和物业管理阶段。这几个阶段在后面的章节中都有介绍，这里不再详述（其中前四个阶段在第八章中详述，第五个阶段在第五篇中详述）。

复习思考题

1. 什么是房地产开发经营管理？
2. 房地产开发经营与其他产品的开发经营相比，有何异同？
3. 简述房地产开发经营基本程序的概念。
4. 房地产开发经营包括哪几个阶段？每个阶段又有哪些工作？

夫君子之行，静以修身，俭以养德。非淡泊无以明志，非宁静无以致远。

——《戒子篇》

第三章　政府及房地产开发相关利益主体介绍

房地产业作为国民经济发展中的重要支柱产业，具有关联度大、带动力强的特点，在工业化、城市化和现代化的进程中，已逐步成为国民经济发展中的主要经济增长点，关系到经济的快速发展、土地资源的合理配置和人民生活水平的改善。房地产的开发经营，从土地购置开始，到房地产的开发建设，到进入消费和服务等各个环节中，涉及多方主体的利益，如提供房地产开发贷款和住房按揭贷款的商业银行、提供建房用地的地方政府、对房地产业进行宏观调控的中央政府、在房地产二级市场上提供中介服务的房屋中介公司、在房地产开发经营中发挥重要作用的设计师、建筑承包商等。本章将主要介绍这些利益相关者在房地产开发经营中发挥的作用、产生的影响，以及各自的利益。

第一节　政　　府

一、政府的概念

关于政府的定义，向来众说纷纭，难有一个统一的说法。但大致上可以分为广义说和狭义说。广义说的政府，泛指一切国家政权机关，如立法机关、司法机关、行政机关及一切公共机关。有代表性的如英国《大众百科全书》的定义："由政治单元在其管辖的范围内制定规则和进行资源分配的机构。政府的功能：①立法；②司法；③执行，行政管理。"

狭义说的政府，专指一个国家中分别管理国家各方面具体行政事务的中央和地方的行政机关。《美国百科全书》是这样界定的："政府一词适应于管理团体和国家的机构及其活动，是一个国家或社会的代理机构。"

我国一般把政府界定为执行国家权力，进行政治统治并管理社会公共事务的机关，是一个国家的中央和地方行政机关的总和。我国宪法规定，国务院即中央人民政府，是最高国家行政机关；地方各级人民政府是地方各级国家权力机关的执行机关，是地方各级行政机关。中央人民政府和地方各级人民政府共同构成了我国的政府。

二、政府在房地产市场中的作用

政府在房地产市场运行的过程中，既有制定规则的权力，又有监督、管理、服务的职能，具体地说，主要表现在以下三个方面。

（一）对房地产业进行宏观调控

政府对房地产业进行宏观调控是指政府为使房地产业与国民经济协调发展，以经济手段、法律手段和行政手段，从宏观上对房地产业进行指导、监督、调节和控制，以实现房地产市场总供给和总需求的基本平衡，使供给结构和需求结构整体优化的管理活动。

房地产业作为城市经济发展的基础产业，能带动一大批相关产业的繁荣，其发展状况对整个国民经济影响较大，因此政府需要对房地产业进行宏观调控来保证经济的持续发展。

政府宏观调控房地产业的主要目标，可以归结为三点：一是保持房地产业发展的适度规模和速度，以利于与国民经济的协调发展。二是优化结构，使产品适销对路，实现有效供给。当前优化结构主要是根据社会消费水平和市场需求，合理确定各种类型的房地产、不同档次商品房之间的供应数量，实现供给结构和需求结构的基本吻合。三是保持房地产业供求总量的大体均衡。

政府宏观调控房地产业遵循的是反周期原则。如果房地产业发展过热，政府则采取限制的政策，以利于房地产业恢复常温。如1992年、1993年时，我国出现了房地产过热现象，政府采取了紧缩银根、压缩投资规模等措施，避免了房地产业更大的周期性震荡；如果房地产业发展处于低迷，政府将采取扶持的政策，以促进房地产业的尽快繁荣。

为了实现对房地产业的宏观调控，政府采取的手段主要有经济手段、法律手段和行政手段。

1. 经济手段

政府对房地产业宏观调控的经济手段是指政府在依据和运用价值规律的基础上，借助于经济杠杆的调节作用，对房地产业进行宏观调控。其具体的手段主要包括金融手段和财税手段。

金融手段是指主要通过信贷和利率调整，控制资金投放房地产业的数量和结构，从而影响房地产的发展。如为了刺激消费和投资，银行会调低银行利率，并逐步发展和完善以房地产信贷为主的金融业务。

财税手段是指主要根据房地产业发展的状况，通过财政预算支出的调整、税率的调整、税种的废立等措施，影响房地产的各种经济活动。如政府可以设立或废止房地产的税种，提高或降低与房地产开发、流通相关的税率，来抑制或刺激房地产的投资开发；利用国家信用，发行房地产债券，从社会筹集资金，向房地产企业提供低息、无息贷款，以控制房地产的投资规模和引导投资方向。同时，政府还可以通过财政补贴、税率和税种调整的方式，来调控房地产的消费需求。

2. 法律手段

政府对房地产业宏观调控的法律手段是指政府通过立法和司法，运用法律和法规来规范和约束各利益主体的方法。从一定意义上讲，市场经济就是法制经济。法制建设对于维护良好的市场秩序，发挥市场的资源配置作用极为重要。

随着我国法律体系的逐渐完善，法律环境已成为投资环境的一个十分重要的构成部分。房地产的投资和开发不仅会给开发商或者投资商带来收益，同时也会给周边环境带来正面的社会效益或负面的社会成本。正面的社会效益，如小区绿地的建设会使周围住宅区的空气质量变好，或者是新道路的开通，给附近的居民提供方便等；负面的社会成本，如建筑物在施工过程中造成噪声污染或垃圾污染，影响附近居民的生活等。因此政府非常重视对房地产业的管理，并为此颁布了一系列的法律法规，如《中华人民共和国土地管理法》、《中华人民共和国城市规划法》、《中华人民共和国城镇国有土地使用权出让和转让暂行条例》、《外商投资开发成片土地暂行管理办法》、《中华人民共和国城镇土地使用税暂行条例》、《中华人民共和国土地管理法实施细则》、《中华人民共和国土地增值税征收条例》、《中华人民共和国城市房地产管理法》及相关条例、《城市拆迁管理条例》等。此外，各级地方政府也根据中央有关法律、法令和行政法规等，颁布了一系列有关房地产开发、经营、税收、管理的具体规定。这些法律法规不仅规范了房地产业的发展，也为开发商的开发经营活动提供了依据。

3. 行政手段

政府对房地产业宏观调控的行政手段是指政府通过制定和实施有关房地产的方针、政策、计划、规划，采取行政命令和指令等形式，按照行政隶属关系管理房地产经济活动的方法。行政手段主要通过政策手段来体现，通过出台各种政策，政府可以刺激或限制消费和投资来调控房地产市场的需求，可以控制土地投放量来影响房地产市场的供给总量，保障房地产市场的有序发展。

实际上，投资者和开发商十分关注国家的经济政策和产业政策，包括国民经济发展的政策、引进外资的政策、对外开放的政策、税收政策及土地政策。同时政策的稳定性也是房地产开发商考虑的重点。如果政策不连续、不稳定，将会挫伤房地产投资者和开发商的积极性。对于政府有关房地产开发的态度，房地产开发商更是十分重视，并对有关政策的出台产生的影响相当敏感。如果国家宏观经济政策向某地区倾斜，在税收、管理等方面实行优惠政策，将会吸引投资者和开发商，促进该地区房地产市场的繁荣。

（二）为房地产市场供应土地

土地是房地产的基础和最主要的生产资料，是房地产发展和房价波动的决定性因素。我国现行的土地制度明确规定，城市市区的土地属于国家所有；农村和城市郊区的土地，除法律规定由国家所有的以外，属于农民集体所有；国家为了公共利益的需要，可以按照法律规定对土地实行征收或者征用并给予补偿。城市规划区内集体所有的土地，经依法征用转为国有土地后，方可用于房地产开发经营。在《土地管理法》第二条第二款中规定："全民所有，即国家所有土地的所有权，由国务院代表国家行使"。在《城市土地管理法》第十四条中规定："土地使用权出让合同由市、县级人民政府土地管理部门与土地使用者签订"。据此，中央政府，即国务院代表国家行使所有者权利，但实际上土地所有权的行使是通过中央政府委托各级地方政府来完成的。

在我国现有的土地产权制度下，房地产开发商想要取得土地只能在土地出让市场即房地产一级市场中取得。房地产一级市场是指国家以土地所有者和管理者的身份，将土地使用权出让给房地产经营者与使用者的交易市场。其具体途径为：政府代表国家以土地所有者的身份管理土地，通过征收农民集体所有土地（表现在城市扩张和外延反面）或收储原使用功能已不符合城市规划的已划拨或出让的国有土地使用权（表现在城市再开发方面），再按照"五统一"的原则，即统一规划、统一征用、统一开发、统一转让、统一管理，对收储的城市国有土地或征收的农村集体土地进行统一征地拆迁和市政基础设施建设，使该区域范围内的土地达到"三通一平"，或"五通一平"，或"七通一平"的建设条件后，将"生地"或"毛地"整理成熟地，达到出让标准，再采取招标、拍卖或挂牌的方式将土地出让给开发商进行商品房开发。因此在房地产一级市场上，只有一个供应者——政府，是完全垄断市场。在此市场中，政府有计划、主动地进行土地一级开发并提供土地。但政府凭借垄断地位控制一级市场，其目的不是利润最大化，而是利用市场机制，有效配置土地资源，提高土地使用的社会效益与环境效益，通过国家对土地掌握处于主动地位，来限定土地的用途和房地产开发的产品类型、开发地点及具体坐落位置，从而实现城市规划的合理化，以及城市综合开发与土地使用的集约化，引导开发商的开发经营行为及房地产业的发展。

（三）对房地产开发经营活动的监督管理

一个房地产开发项目的顺利实施，离不开政府相关管理部门的支持和配合。开发商从购买土地使用权开始，就不断地和政府的土地管理、城市规划、建设管理、市政管理、房地产管理等部门打交道，以获取土地使用权证、规划许可证、投资许可证、开工许可证、市政设施和配套设施使用许可证、销售许可证和房地产产权证书等。在整个房地产项目开发经营过程中，政府发挥着重要的监督管理作用。目前，我国的房地产行政管理实行职能部门管理，各部门相互配合、相互衔接。国家建设行政主管机关是建设部，统一管理国内房地产经济领域的活动。在省、市、县各级行政范围内则以建设委员会为主管机关。相关部门分管各项专业活动，彼此配合，共同完成对房地产经济活动的管理。下面将以市人民政府为例，分别阐述各管理部门在房地产开发经营过程中的职权和管理内容，见图3-1。

1. 国土局

国土局是统一管理全市土地的职能部门。其主要职责为：贯彻执行国家有关土地的法律、法规和政策；主管全市土地的调整登记和统计工作，组织有关部门编制土地利用总体规划；主管土地的征用、划拨和出让工作；负责征收土地使用费，负责检查、监督土地的利用情况；会同有关部门解决土地纠纷等。

2. 规划局

规划局是城市规划的编制和具体监督实施的职能部门，其主要职责为：编制、调整、实施城市整体规划；制定片区详细规划和地块规划；负责城市规划设计行业管理和城市规划设计单位资质管理；负责建设定点、选址工作；编制或审批新区开发、旧城改造的规划；受理建设项目用地规划申请；审批规划设计方案和城市基础设施、建筑工程的报建等。

3. 发展与改革委员会

发展与改革委员会对全社会投资活动实行统一管理，其职责是根据经济增长速度确定投资规模，再根据各产业的增长比例来确定投资结构，由此决定什么项目可建，什么项目不能获得批准。房地产开发属于国家固定投资中的重要部分，受到国家客观经济计划的制

```
┌─────────────────────────────────┐
│     市政府确定年度建设用地计划      │
└─────────────────┬───────────────┘
                  │
                  ▼
┌───────────────────────┐        ┌───────────────────────┐
│   国土局确定土地出让方案   │───────▶│   规划局确定土地规划方案   │
└───────────┬───────────┘        └───────────┬───────────┘
       开发商参加投标                          │
┌───────────────────────────┐    ┌───────────▼───────────────┐
│  国土局主持招标、拍卖、挂牌    │◀───│   国土局发布土地招拍卖公告     │
└───────────────┬───────────┘    └───────────────────────────┘
                │
                ▼
┌─────────────────────────────────────────────┐
│  国土局与开发商签订土地出让合同，取得国有土地使用权证  │
└──────────────────┬──────────────────────────┘
                   ▼
┌──────────────────────────────────────────────────────────┐
│ 开发商向规划局申报项目选址定点书、规划总图审批、建设用地规划许可证、方案设计审批 │
└──────────────────┬───────────────────────────────────────┘
                   ▼
┌──────────────────────────────────────────┐
│  开发商向发改委申报投资计划，申办投资许可证       │
└──────────────────┬───────────────────────┘
                   ▼
┌──────────────────────────────────────────┐
│     开发商向规划局申报施工图审查               │
└──────────────────┬───────────────────────┘
                   ▼
┌──────────────────────────────────────────┐
│   开发商向规划局申请建设工程规划许可证           │
└──────────────────┬───────────────────────┘
                   ▼
┌──────────────────────────────────────────┐
│  开发商向消防、人防、绿化、防雷部门申请审批        │
└──────────────────┬───────────────────────┘
```

办理质监手续（质监站）	办理工程监管证（建管科）	办理招投标手续（招投标办）

```
              ┌────────────────────────┐
              │   办理施工许可证（建委）    │
              └────────────────────────┘
```

申办预售许可证（房管局）	申请综合验收（建委、规划局、市政、消防等）
办理商品房买卖合同登记（房管局）	办理商品房初始权属登记（房管局）

```
          ┌────────────────────────────────┐
          │   办理客户房屋所有权登记（房管局）    │
          └────────────────┬───────────────┘
                           ▼
          ┌────────────────────────────────┐
          │   办理客户国土使用权证（国土局）      │
          └────────────────────────────────┘
```

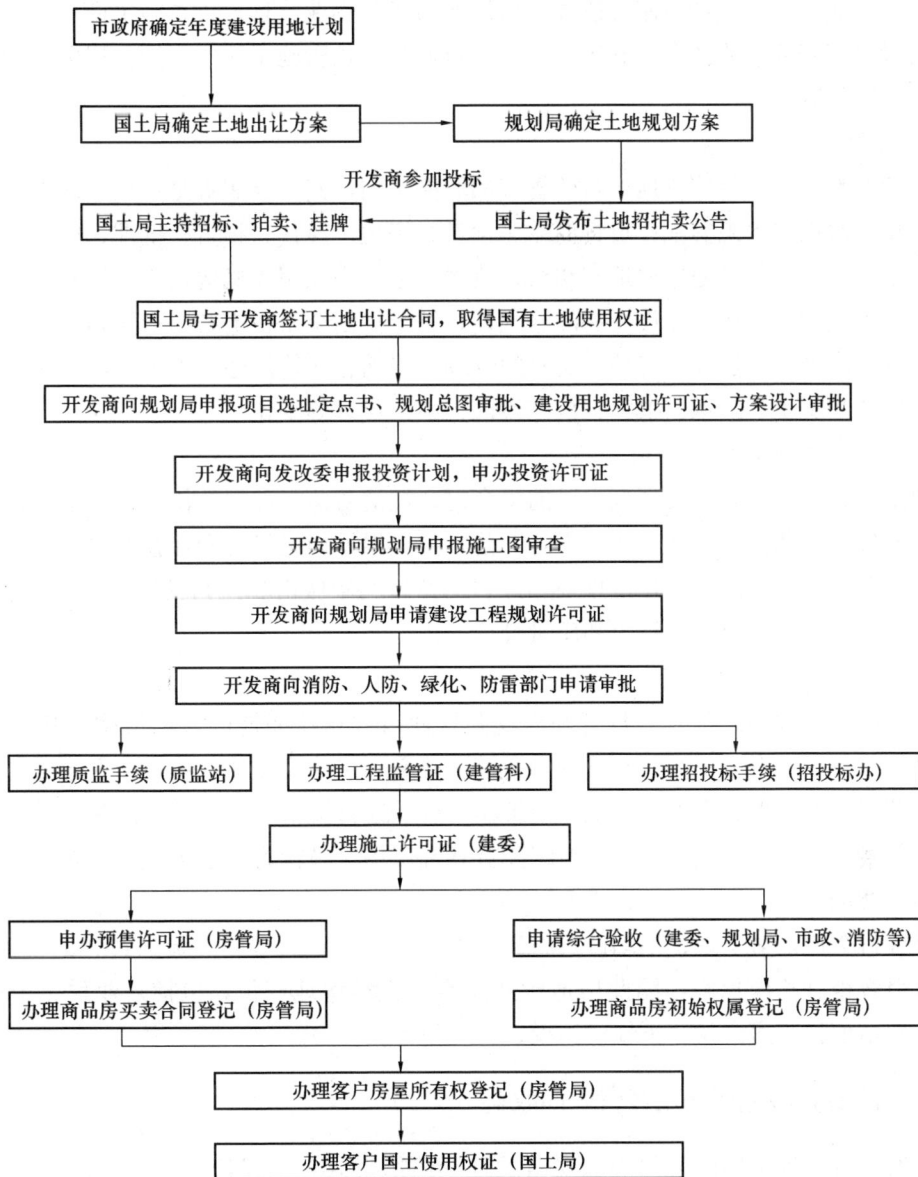

图 3-1 政府有关部门在房地产开发经营中的职能

约，其开发项目的投资许可必须要向发改委申请批准。发改委首先要审查项目是否符合经济计划，然后考虑项目是否在政府的投资规模范围以内，最后审查项目的资金是否有保障。符合以上三个条件的项目才有可能得到批准。

4. 建设委员会

建设委员会是在城市政府领导下，实现城市规划、建设和管理的综合部。其主要职责为：组织领导全市规划、建设工作；研究制定规划、建设业法规并组织实施；编制年度建设与开发计划，统一负责城建资金的使用范围，计划下达；负责审批或项目立项，可行性研究；领导全市建设的改革；负责对建设业的管理；主管城市建设综合开发，指导住址建设和住宅产业化工作、住房制度改革、房地产市场与物业管理；负责施工许可证的发放工作；负责建筑安装企业技术、施工管理、质量监督；负责施工队伍管理；招标投标管理和工程质量监督等。

5. 房管局

房管局是市政府行使房地产行政管理的职能部门，其主要职责是：拟定地方性房地产管理法规、政策并组织实施；负责商品房预售、房地产转让、租赁、抵押、房屋调换及房地产评估的管理，负责处理房地产纠纷；负责房地产中介服务机构资质及从业人员资格的核准；负责编制全市住宅建设发展战略规划；领导规划全市住宅布局指导和参与住宅小区规划、物业管理。为加强对房地产交易的管理，当前各房管局还设置了房地产交易所，负责各类房地产买卖、继承、抵押、信息咨询、中介代理等工作。

6. 消防管理和人防办公室

建筑防火、消防安全关系到人民的生命财产，消防监督部门的作用日益重要，主要负责消防设计审核和消防验收工作。人防办公室主要根据国民经济和社会发展计划，以及国防建设需要，编制人民防空建设规划和计划；参与编制城市建设与人防建设相结合规划，并组织人民防空工程建设、技术和质量管理。

7. 工商与税收管理部门

工商行政管理局是政府监督管理市场并行使行政执法职能的直属机构，其主要职责是：贯彻执行国家有关工商行政管理的方针、政策和法律、法规、规章；主管工商企业和从事经营活动的单位、个人的登记注册工作，确认经营资格，核发营业执照，对其登记注册事项及经营活动进行监督管理；组织监督管理市场交易行为；依法监督管理广告发布与广告经营活动。

税务机关通过对土地、不动产及附属财产，以及生产、经营、流通过程的税收征管，使国家财政得到相应保障，因此房地产开发需要交纳房地产税，包括营业税、企业所得税、土地增值税、房产税、土地使用税、印花税等。

三、政府在房地产开发经营中的收益

政府作为一种掌握巨大权力和财富的社会组织形式，不仅仅是社会公众利益的代言人，它也有自身独有的利益。政府的各种行动除了回应民意，满足民众的各种需求外，也有相当的部分是从自身利益考虑。在房地产开发经营活动中，中央和地方政府考虑的利益侧重点不同。中央政府主要从市场和长期的角度出发，强调房地产交易市场的规范，房地产价格的稳定，通过宏观调控措施来促进市场持续健康的发展，从而实现居者有其屋。地方政府在推动房地产市场发展的过程中，考虑的因素主要有以下几方面。

（一）财政收入

财政收入是市场经济条件下地方政府最重要的利益。在房地产开发经营活动中，地方政府最直接的财政收入来源于土地出让金和房地产税收。一方面，土地是城市最重要、最有价值的资产，同时也是地方政府可支配的最大的一份国有资产。地方政府通过对土地进行经营，可以极大地促进城市社会财富的增长，为城市建设筹措大量资金，有效解决城市发展起始阶段的建设资金不足的瓶颈因素。另一方面，通过支持和鼓励房地产业的发展，促进房地产市场的繁荣，地方政府能取得较高的税收收入。而较高的财政收入意味着地方政府在区域经济格局中占有重要地位，可以转化为政府的政治资本，除了能为其公务员提供更好的薪金和福利，还更有能力改善城市的基础设施等城市公共产品，改善投资硬环境。

（二）社会声望

社会舆论对地方政府在办事效率、政务透明度、廉洁程度、管理能力等方面的评价，已经成为中央对地方政府政绩考核的一个重要参考指标。地方政府的良好社会声望也使城市更容易吸引外资及国内资本的进入，吸引人才的移居。近年来，随着政府行政职能的进一步转化，政府管理服务功能进一步加强，从而诞生了另一项评价房地产投资环境好坏的标准——政府管理服务水平。换句话说，如果一个城市房地产开发繁荣兴旺，投资者众多，这意味着高效、廉洁的政府形象。

（三）经济发展

房地产业能带动地方经济增长，在国民经济发展中扮演着越来越重要的角色。以上海市为例，统计数据表明，2004 年上海房地产业对 GDP 的直接贡献率超过 18％[1]。此外，房地产业也是促进经济发展和推动其他产业发展的支柱产业，能促进建材工业、建筑设备工业、建筑机械工业、冶金、化工、家具、家电等产业的发展。房地产开发建设中所需建筑材料共计 23 大类，1800 多个品种，涉及 50 多个生产部门，这一切成为促进城市经济发展的基本构成要素。在房地产业发展的同时，促进了这些企业的振兴与发展，同时也推动城市国民经济的协调发展。因此地方政府在资源约束的条件下，选择资金、技术、劳动力密集的房地产业作为主导产业，希望能带动 GDP 的增长，同时增加就业机会。

（四）新区开发

房地产的开发，能使城市空间的结构发生变化，特别是城市新区的开发，使城市的空间发展突破了旧有的结构形态，达到城市空间结构的重组和优化。然而城市新区的形成需要足够的资本投入作为基础。作为以土地开发和基础设施建设为先导的房地产开发，能直接为城市提供很大一部分公共产品，如道路、桥梁、公园、绿地等，并通过开发各种住宅和商业地产使城市新区的发展有了物质上的依托，才有条件使人口、资金、文化等资源向新区聚集，为经济活动的发展提供先期的基础。此外开发商的广告宣传和概念炒作在一定程度上也促进了新区的开发，能不断提高新区在市民中的知名度和认可度。

第二节 金融机构

房地产项目开发属于资金密集型投资，投资额少则几百万，多则上亿元。因此房地产开发经营需要金融机构的资金支持，而金融机构也需要在房地产业中拓展业务，二者紧密

---

❶ 揭密西湖第一爆的幕后 中国经济房地产化预警，http：//bj. house. sina. com. cn/news/2007-04-07/0946184177. html.

配合、相互促进。

一、金融机构与房地产业的关系

（一）房地产业需要金融机构的资金支持

金融机构在房地产的发展过程当中起着相当重要的作用。金融机构通过向房地产开发商提供贷款，支持了房地产的开发建设；通过向消费者提供贷款，支持了房地产的流通。在房地产开发建设和流通的全过程，正是有了金融机构的参与和支持，房地产的供给和需求才能不断增加，从而促进了房地产业的兴旺发达。

1. 房地产的开发经营需要金融机构的配合

房地产开发建设需要大量资金，建设周期长，资金回收期长，大的开发建设项目往往需要上亿元甚至几十亿元的资金，因此仅靠房地产开发商和投资者的自有资金的投入而没有金融机构的支持和配合，房地产开发经营企业将面临着投入资金回收期长和再生产连续性要求的矛盾，使房地产开发经营企业的运作难以为继，无法实现房地产投资的良性循环。为解决这一难题，房地产开发商可通过多种途径筹资（包括发行股票和债券，向金融机构借款等）。在金融机构的融资支持下，房地产开发经营企业能够利用金融信贷资金的杠杆作用，较好地发挥资金的使用效益，促进房地产的开发。

2. 房地产的流通和消费需要金融机构的帮助

当房地产进入流通领域后，消费者需要花大量的资金购置房地产，满足投资和居住需要。如果仅仅依靠消费者自身积累的资金实现购置房地产的目的，往往需要较长的时间，特别是对于对广大个人购房者来说，更是很难在较短的时间内备齐这笔资金。但是，如果有金融机构的介入，提供融资支持，则可缩短购房者资金积累时间，提前购得房屋，使房地产的流通和消费得以正常进行。

3. 房地产的发展过程需要融资以外的其他金融手段的服务

金融机构除了在房地产的开发、流通和消费过程给予开发商和消费者融资支持外，还能运用多种金融工具，通过办理结算、信托、保险、代理发行有价证券等业务，支持房地产的开发，促进房地产的流通和消费。

（二）金融机构的发展需要在房地产业拓展业务

1. 金融机构的发展需要在房地产领域安排资产业务

金融业的稳步发展需要实行多元化的资产战略，体现金融业经营管理的资产分散化原则的要求。为了保证金融资产的安全性，无论从总体上安排资产结构，还是在某类资产业务中落实具体项目，都必须保证资产的分散化。就商业银行的金融资产而言，在贷款资产中，由于房地产财产的物质特征和经济特征，使得房地产抵押贷款成为商业银行重要的贷款资产之一。其他金融机构（如信托公司、保险公司等）投资房地产也是作为一项重要的资产安排。

2. 金融结算工具在房地产流通和消费领域可得到进一步的应用与推广

随着房地产业逐渐成为国民经济的支柱后，金融机构介入房地产领域的范围扩大，个人购房、个人抵押贷款购房得到进一步推行。为了方便房款结算，个人采用支票、银行本票办理房款结算已经成为一种趋势，为支票、银行本票的推广应用提供了外部条件。有的银行已经利用信用卡办理房地产抵押贷款手续，建立分期付款、分期还款的自动转账支付系统，也促进了信用卡的推广，为银行拓展了结算服务领域。

3. 金融机构需要在房地产业拓展金融服务内容

顺应房地产业的发展，金融机构除了在上述领域提供服务、安排资产以外，还将在房地产领域发展新的金融服务。这包括保险机构开办房屋质量保险、自购公用住房保险、商品住房保险、购房保值保险、住房抵押贷款保险等新品种；信托机构承办房地产经租管理，代理房地产投资或买卖，从事房地产咨询业务等。

二、房地产金融机构

可以从事房地产金融业务的金融机构分成四大类：银行类、保险公司类、信托投资公司类、证券公司类，见表3-1。

表3-1　　　　　　　　　　房地产金融机构分类图

房地产金融机构	银行	中国建设银行
		中国工商银行
		中国农业银行
		中国银行
		其他银行
	保险公司	中国人民保险公司
		中国人寿保险公司
		中国太平洋财产保险股份有限公司
		华泰财产保险股份有限公司
		其他保险公司
	信托投资公司	中国国际信托投资公司
		中煤信托投资有限责任公司
		上海国际信托投资有限公司
		上海爱建信托投资有限责任公司
		其他信托公司
	证券公司	海通证券股份有限公司
		中国银河证券有限责任公司
		申银万国证券有限公司
		国泰君安证券股份有限公司
		其他证券公司

（一）银行类

1. 中资银行（包含外资部分参股的银行）

（1）国有独资商业银行，包括中国建设银行、中国工商银行、中国银行和中国农业银行。

（2）全国性股份制商业银行，包括交通银行、中信实业银行、招商银行、中国光大银行、中国民生银行、华夏银行。

（3）区域性或地方性股份制商业银行，包括深圳发展银行、上海浦东发展银行、广东发展银行、福建兴业银行、上海银行和其他城市商业银行。

这些商业银行的房地产金融业务主要有：

（1）办理房地产开发经营企业、房屋管理部门的流动资金贷款与存款业务。

（2）办理企事业单位和个人购买商品房抵押贷款业务。

（3）办理居民住房储蓄存款和住房贷款业务。

（4）受托办理城镇住房基金存款、企事业单位住房基金存款和个人住房基金存款（含住房公积金存款）。

（5）受托对缴纳公积金的职工发放购、建、大修自住住房抵押贷款，对实行房改的单位购买、建造职工住房发放抵押贷款。

（6）对合作建房、集资建房提供贷款。

（7）办理住房建设债券存款、合作建房存款、集资建房存款。

（8）办理开户企事业单位以房地产为抵押的其他各类贷款。

（9）办理房地产业务的银行结算工作。

（10）对于房地产贷款尤其是个人住房抵押贷款实施证券化。

商业银行除了主要承担房地产存贷款和结算业务外，还积极从事与房地产有关的咨询、房地产保险代理等业务。

2. 外资银行

（1）合资银行。合资银行是指外国的金融机构同中国的金融机构在中国境内合资经营的银行，如厦门国际银行、上海巴黎国际银行。

（2）外国银行分行。外国银行分行是指外国银行在中国境内的分行，如花旗银行、标准渣打（麦加利）银行等在中国设有分行。

（3）独资银行。独资银行是指总行在中国境内的外国资本的银行，如泰华国际银行。

这些外资银行也可在其业务经营范围内从事房地产金融业务，如提供购买外销商品房的抵押贷款、住房储蓄与住房贷款等。

（二）保险公司类

1. 中资保险公司（包含外资部分参股的保险公司）

（1）国有独资保险公司，包括从事财产保险的中国人民保险公司和从事人寿保险的中国人寿保险公司等。

（2）全国性股份制保险公司，包括从事财产保险的中国太平洋财产保险股份有限公司、华泰财产保险股份有限公司、中国平安保险股份有限公司（产险）等和从事人寿保险的中国平安保险股份有限公司（寿险）、新华人寿保险公司、泰康人寿保险股份有限公司和中国太平洋人寿保险公司等。

（3）区域性股份制保险公司，主要包括从事财产保险的天安保险股份有限公司、大众保险股份有限公司、华安财产保险股份有限公司等保险公司。

中资保险公司目前是我国房地产领域保险业务的主要承担者，从事房屋财产保险、建筑工程一切险、商品住宅综合保险、自购公有住房保险、房屋质量与责任保险、住房抵押贷款还款保证保险、住房抵押贷款人寿保险和房地产业人身保险等。

2. 外资保险公司

（1）合资保险公司，如中宏人寿保险有限公司、中保康联人寿保险有限公司等。

（2）外国保险公司分公司，如美亚保险公司、美国友邦保险有限公司等在中国境内设有分公司。

（三）信托投资公司类

信托投资公司包括中国国际信托投资公司、中煤信托投资有限责任公司、上海国际信托投资有限公司、华宝信托投资有限公司、上海爱建信托投资有限责任公司、中海信托投资有限责任公司、北京国际信托投资公司、济南英大国际信托投资有限责任公司、陕西省国际信托投资股份有限公司、中泰信托投资有限公司、西部信托投资有限公司等数十家。随着中国信托业的发展和中国金融业的进一步对外开放，外资也有望进入信托业。

信托投资公司的业务范围比较广，与房地产有关的业务主要有受托经营房地产资金信托业务，受托经营房地产财产的信托业务，受托经营房地产投资基金业务，作为投资基金或者基金管理公司的发起人从事房地产投资基金业务，经营房地产企业资产的重组、购并及项目融资、公司理财、财务顾问等中介业务，受托经营房地产企业债券等债券的承销业务等。

（四）证券公司类

证券公司主要有海通证券股份有限公司、中国银河证券有限责任公司、申银万国证券股份有限公司、国泰君安证券股份有限公司、湘财证券有限责任公司、国通证券股份有限公司、渤海证券有限责任公司、华泰证券有限公司、中信证券股份有限公司、天同证券有限责任公司等百余家证券公司，它们承担着房地产证券的承销、房地产投资基金管理、房地产股票上市公司的改制辅导等工作。随着中国证券业的发展和《外资参股证券公司设立规则》的发布，中国证券业将进一步对外开放，外资也有望加快进入中国证券业。

三、房地产金融机构的任务

房地产金融机构的任务是为房地产业筹集、融通资金，并提供结算和其他金融服务。

（一）房地产金融机构的筹资任务

房地产开发、流通和消费各环节都需要大量的资金投入，房地产金融机构发挥金融机构的筹资职能，广泛筹集各类资金，支持房地产开发、流通和消费。房地产金融机构以有效的方式、方法及工具，向社会筹集资金，或者代理房地产开发经营企业向社会直接筹资。房地产金融机构的筹资任务具体包括以下几个方面。

1. 吸收企业、事业单位和个人等的闲置未用资金

房地产金融机构将国民经济各部门、各企业、机关、团体和居民个人的暂时闲置未用的资金聚集起来，尤其是把这些单位和个人与房地产开发、流通和消费有关的资金集中起来，作为房地产金融机构筹资的主要来源。

2. 积极归集住房公积金、旧公房出售资金和房屋维修基金等各项房改资金

房地产金融机构，尤其是政策性房地产金融机构要承担起归集住房公积金、旧公房出售资金和房屋维修基金等各项房改资金的职责，积极支持住房制度改革，将个人的一部分消费资金引入住房消费上来。

3. 代理房地产开发经营企业向社会直接筹集资金

房地产金融机构承担证券筹资媒介职能，代理房地产开发经营企业向社会发行公司股票、债券，归集股票、债券资金，代理发行政府有关机构发行的住宅建设债券，帮助房地产开发经营企业归集房产销售预收款等。

4. 利用其他筹资工具归集资金

房地产金融机构通过发行金融债券、吸存保险费、办理转贴现、再贴现等业务，归集资金。

（二）房地产金融机构的投融资任务

筹集资金是投融资业务的基础，投融资业务是资金筹集的归宿。房地产金融机构投融资任务主要包括以下几个方面。

1. 房地产投资活动

房地产金融机构，尤其是房地产信托投资机构、证券经营机构运用所筹资金及自有资金，从事房地产股票、债券的买卖，一些房地产信托投资机构等会直接投资于房地产开发建设。

2. 房地产开发与经营贷款

房地产金融机构利用所筹资金及自有资金，对房地产开发经营企业在开发与经营活动中需要的生产性周转资金提供贷款。

3. 房屋抵押贷款

房地产金融机构利用所筹资金及自有资金，对购房的单位和个人提供以房地产作抵押的贷款。此类贷款包括购买商品房抵押贷款、购买公有住房抵押贷款等，帮助购房者提前享用住房，从而缩短购房需求与资金筹集之间的时间差，支持居民住房消费。

4. 其他资金运用任务

房地产金融机构的其他资金运用包括信托贷款、信托投资、委托贷款、保险资金的营运等。

（三）房地产资金结算任务

房地产金融机构发挥支付中介职能，为房地产经济活动提供结算服务，其服务包括如下几个方面。

1. 住房公积金结算

公积金是为推行住房商品化，实施房改政策而推行的一种带有强制性的政策性储蓄。

实行公积金办法的职工个人按月缴交占工资一定比例的公积金，单位亦按月为职工交缴按职工工资一定比例的公积金，两者均归职工个人所有。住房公积金由房地产金融机构按月定期为交缴者办理交缴结算，并日常办理支取、移转等结算业务。

2. 房租和物业管理费结算

租住公房的职工每月缴纳的房租和住在私房的房主按期缴纳的物业管理费等，都可利用支票、现金或自动转账系统等通过房地产金融机构办理结算。

3. 购售房资金结算

购房者购买房屋，包括分期付款方式和通过贷款按期还本付息方式购房，购房者都可利用支票、银行本票、现金或自动转账系统，通过房地产金融机构定期办理结算。

4. 其他资金结算

房地产开发经营企业日常经营活动中除上述有关结算业务以外，如取得土地使用权支付的价款、购买办公设备的付款等都可通过房地产金融机构办理结算。

（四）其他金融服务任务

房地产金融机构的任务除了筹资、投融资和结算服务之外，还包括其他金融服务，如房地产保险服务、房地产投资咨询、代编代审房地产项目预决算、代编房地产开发建设项目招标标底、提供抵押房地产价值估算、代理房地产买卖和代理房地产租赁等。通过提供全面的金融服务，房地产金融机构一方面可拓宽房地产金融机构服务领域，扩大社会影响，吸引客户，提高房地产金融机构的信誉；另一方面，还可增加房地产金融机构的收益，增强房地产金融机构的实力，降低房地产金融机构投融资活动的风险。

目前我国的金融机构正处于改革和发展的阶段，一些机构的经营业务种类较少，业务制度也不太完善。在以上四类金融机构中，商业银行与房地产业关系最为密切，房地产企业对商业银行的依赖性也最强。究其原因：一是我国房地产企业资金实力普遍较差，资产负债率普遍较高，而且大多以项目公司投资运作房地产项目，自有资金能达到30%的企业极少，因此只能靠融资以满足项目资金需要；二是融资渠道较为单一，除银行信贷资金外，股票融资门槛太高、股权融资成本较高、信托资金规模较小等；三是商业银行大多把房地产信贷定位为新的业务增长点，在资金规模和资源配置上给予倾斜。因此商业银行和房地产企业的市场选择行为促成了目前房地产业与金融业的高依存度，二者高度融合，荣辱共担。下面将以商业银行为例，介绍商业银行经营的房地产贷款业务，以及商业银行在房地产业所面临的风险。

四、商业银行开展的房地产信贷业务

（一）房地产开发类贷款业务

房地产开发类贷款是商业银行开展房地产信贷中最主要的业务种类之一，是指银行向房地产企业发放的用于房屋建造、土地开发过程中所需建设资金的贷款。该项贷款的具体使用范围是开发项目的土地征用及拆迁补偿、工程前期、基础设施建设、房屋建筑安装，以及公共配套设施等发生的费用支出。房地产开发类贷款一般包括房地产开发企业流动资金贷款和房地产开发贷款两种。

1. 房地产开发企业流动资金贷款

房地产开发企业流动资金贷款是指银行向从事房地产开发的企业发放的用于房地产项目开发建设所需流动资金周转的贷款。这种贷款不与具体项目联系，但最终是用来支持房地产开发建设的。

2. 房地产开发贷款

房地产开发贷款是指银行向从事房地产开发的企业发放的用于其所开发的房地产项目所需建设资金的贷款，包括住房开发贷款、商业用房开发贷款、经济适用房贷款、科教文卫单位住房开发贷款、高等院校学生公寓贷款和其他房地产开发贷款等。

凡经批准经营城镇土地开发及商品房建设的企业，拥有一定的自有资金，具有健全的管理机构和财务管理制度，能够独立承担民事责任，经主管机关批准登记，取得了法人资格并按规定办理年检手续，可向商业银行申请房地产开发企业流动资金贷款或（和）房地产开发贷款。

（二）个人住房贷款业务

个人住房贷款是指银行向借款人发放的用于购买、建造和大修理各类型住房的贷款，是商业银行房地产信贷另一种最主要的业务种类。其主要包括政策性个人住房抵押贷款、自营性个人住房抵押贷款和个人住房组合贷款三种。

1. 政策性个人住房抵押贷款

政策性个人住房抵押贷款业务是为推进城镇住房制度改革，运用住房公积金、住房售房款和住房补贴存款，为房改单位的职工购买、建造、翻建和修葺自住住房而发放的贷款。政策性个人住房贷款的资金由专门机构负责运营并承担风险损失，银行担当中介角色，负责归集和发放，所以对银行来说属于无风险业务。

2. 自营性个人住房抵押贷款

自营性个人住房抵押贷款也称住房按揭贷款，是银行运用自身的本外币存款，自主发放的住房抵押贷款。这种贷款方式涉及到业主（借款人）和银行（贷款人）两个方面。其特点是：业主先向开发企业支付房产的首期款，剩余款项由银行贷款垫付并直划给开发企业；贷款期间，业主所购房产的权益抵押给放款银行，并按月分期向银行还本付息。

3. 个人住房组合贷款

个人住房组合贷款是一种政策性和自营性贷款相结合的贷款方式，指银行在为房改单位的职工发放政策性个人住房贷款时，如果这笔贷款不足以支付购房款，银行向借款人同时发放部分自营性贷款来弥补购房款的不足。

五、银行在房地产开发经营中所面临的风险

商业银行作为金融主体，在执行国家政策的前提下，主要目标是为了获取优质的资产。在目前的房地产市场资金链中，银行基本参与了房地产开发的全过程。一方面，商业银行给房地产开发商、建筑商提供贷款以确保房地产项目的完成；另一方面，商业银行又给消费者提供中长期按揭贷款，用于购买商品房。通过住房消费贷款、房地产开发贷款、建筑企业流动性贷款与土地储备贷款等，银行实际上直接或间接地承受了房地产市场运行中各个环节的市场风险和信用风险。一旦房地产业衰退、房地产市场下滑，首先受到冲击的将是银行，银行将成为最终的损失承担者。目前银行在房地产开发经营中面临的风险主要有：

（一）信用风险

信用风险，也称违约风险，它是指借款人不能或不愿履行还贷付息协议致使银行遭受损失的可能性。长期以来，信用风险一直是银行业，乃至整个金融业最古老、最重要的风险形式，也一直是金融机构和监管部门风险管理的主要对象和核心内容。由于借款者到期不能或不愿偿还借款而形成的逾期、呆滞或呆账贷款是影响银行经营业绩的重要因素。如果商业银行面临较大的信用风险，不能按期收回贷款本息，除影响商业银行贷款业务的正常发展以外，其更严重的后果是一旦现金不足，银行不能应付提款，将会激发挤兑，威胁银行的正常经营，甚至使银行面临破产。而房地产贷款是商业银行贷款的主要组成部分，房地产企业的信用风险和消费者的个人信用风险也就成为商业银行信用风险的主要组成部分。

房地产企业的信用风险实质上是欺诈风险，即在目前房地产市场信息不充分、监督管理欠严密的情况下，一些开发商的开发行为与销售行为不规范，有的甚至为其经济利益恶意欺诈银行。如有的开发商以流动资金贷款来顶替开发贷款，有的开发商会高估地产项目价值，以获得尽可能多的开发贷款，甚至会为了解决资金困难而采取假按揭的方式。

消费者的个人信贷风险主要是由于借款人不遵守合同约定导致银行的利益受损，主要表现在有些人把一套住房重复抵押骗取银行贷款，或者借款人由于家庭、工作、收入、健康等因素的变化，导致不能按期或无力偿还银行贷款，被迫违约，从而给银行利益带来损失。

（二）房地产商的经营风险

经营风险是指由于房地产投资经营失误，造成实际经营成果偏离期望值，并最终产生难以归还商业银行贷款的风险。这种风险主要与房地产投资开发企业内在因素有关，包括经营决策失误，经营管理不善，使经营成本增加，营业净收益低于预期值。外在因素的影响也可能导致经营的失败，如周围的经济环境的变动导致出售率或出租率降低，或者价格、租金下降等，这些都可能造成经营风险。

房地产开发从获得土地、前期开发、项目投标、施工、验收到销售，涉及的环节多、周期长，期间的风险可能来自筹资方式、地段选择、设计定位、项目组织、施工质量、建筑材料、总体估算、行政干预等各个环节，而一旦某一个环节出现风险，则整个项目就会产生连锁反应。目前房地产开发资金主要来自于银行贷款，一旦房地产开发企业面临经营风险，在开发过程中出现由于决策失误或资金链中断而停工，就会造成"烂尾楼"和"半拉子工程"，直接造成银行受损，形成不良贷款。事实上，我国已经发生过因为房地产经营风险造成商业银行房地产不良贷款比重过高而导致银行支付危机的情况。历史和现实都表明，房地产商的经营风险是当前我国金融机构面临的巨大风险。

（三）市场风险

市场风险是指商业房地产市场价格变动，并给投资者带来损失的可能性，进而给房地产贷款带来的风险。由于房地产业发展具有明显的周期性，与宏观经济周期密切相关。在经济高涨时期，房地产投资收益明显较高，居民支付能力的提高加大了对改善居住条件的需求，需求的扩大带来房价的看涨，从而出现房地产开发商由于对市场的乐观预期和高额利润而大量开发房地产，商业银行为争夺市场而将信贷资金大量投向房地产业的现象。一旦国家房地产业景气指数下降，市场供给过剩或是需求不足，致使房价大跌，巨额的本金和利息损失使房地产企业出现经营困难甚至破产倒闭，继而导致银行大量坏账产生。此外，房地产业的不景气也会使得抵押物难以变现，更加增大了商业银行不良资产的清收难度。

在我国，银行贷款是房地产融资的主要渠道。一旦房价出现大跌，将使很多房地产企业和个人等借款人无法如期偿还本金和利息，再加上抵押物大幅度贬值，将使整个银行业出现大量的不良贷款，直接影响到我国金融体系及经济社会秩序的稳定。

（四）流动性风险

流动性风险是指金融机构资产变现的风险。它是指由于金融机构缺乏足够的现金和随时能转换为现金的其他资产，以致不能清偿到期债务、满足客户提取存款要求的风险。商业银行的流动性风险主要来自于两方面，一是由于资产结构中的中长期贷款比重过高，现金和国库券等不足以应付提款需要，导致流动性不足；二是由于信用风险引起的流动风险，房地产贷款中大多以房地产作为借款的抵押物，当借款人不能按期还款时，贷款银行要处分抵押房地产从中求偿，如果卖不掉房地产而使银行缺乏现金来应付提款需要时，就会形成流动性风险。

（五）政策法规风险

政策法律法规的风险是指由于国家或地方政府有关房地产业的各种政策、法律、法规和制度的变化给投资者造成损失导致还款能力下降，或由于法律法规的不完善使得贷款者权益受损的风险。房地产投资是一项政策性非常强的业务，受到多种政策的影响和制约，例如投资政策、金融政策、产业政策、房地产管理政策和税费政策等。这些对实现房地产开发投资的收益目标产生巨大影响，从而给投资者带来风险，并有可能形成银行的不良资产。例如，我国 1993 年对房地产投资的宏观调控政策，中央银行收紧银根，调高基础利率，建设部确定控制 1500 亿元的房地产开发规模，限制豪华别墅、宾馆、写字楼及高档住宅用地的批地和开工等措施，使得当时大批房地开发企业资金欠缺、开工不足，造成银行不良贷款大幅增加。除政策因素外，由于房地产金融的法制不健全，使房地产贷款过程中的抵押、担保、保险、估价、拍卖行为不规范，都可能导致房地产金融风险的发生，致使商业银行房地产贷款的不良资产大幅增加。

第三节 开 发 商 与 购 房 者

作为一种完整的行业市场，在房地产市场的参与者中，有购房自住或购房投资的需求者，也有向市场提供房地产商品的开发商。这是在房地产市场上进行房地产商品交易的主要双方，一起构成了市场的主体，离开了两者的任何一方，房地产开发经营活动就难以进行，房地产市场将失去发展的动力。

一、开发商的概念

房地产开发是一个十分复杂的过程，其中包括市场调查、选址、买地、报建、规划、建设、宣传、销售、物业管理等一系列活动，其中涉及法律法规，筹措资金、专业技术等问题。上述这些大量的工作，仅靠金融机构或建筑承包商本身是无法完成的，因此开发商应运而生，通过提供集成服务，整合资源，协调各方，生产能为市场所接受的商住产品，主要体现在开发商从购买土地使用权开始，通过在土地上进行进一步的投资活动，即经过项目策划、规划设计和施工建设等过程，建成可以满足人们某种需求的房地产，在房地产市场上销售或租赁转让给其他投资者或使用者，并通过这个转让过程收回投资，实现自己的预期收益目标。

二、开发商的作用

（一）促进城市规划的形成

城市规划的目的是维护国家利益、社会公众利益，它的编制、修订和实施都需要公众更多的参与和监督。开发商作为在城市建设中发挥重要作用的参与者和社会公众的一员，积极配合政府对城市规划的工作，从专业和行业角度提出建议。此外，对于自身开发的社区，在项目进行规划、设计时，开发商也会通过与政府的沟通和合作，实现自身社区建设的设想。

（二）促进住宅产业的发展

由于历史原因，与发达国家相比，不论理论还是实践，我国的房地产行业整体水平较低，仍以传统的劳动密集型作为主要生产方式，科技含量低。开发商由于在资本、人力资源、技术、信息等方面的绝对优势，有能力在国内率先建立起相应的制度创新和技术创新，推进住宅建筑标准的建立和改进，实现住宅的工业化生产，从而能够在取得市场竞争优势的同时，推动我国住宅产业化的进步。

（二）推动城市开发建设

作为开发商，开发建设是最基本的角色。开发商通过购买合适的地块，规划设计合适的产品，严格按照标准建设合格的产品，提供完善的配套设施及物业管理服务，推动城市的建设。自改革开放以来，中国城市迅速发展，城市化进程的速度达到同期世界城市化进程速度的两倍。这其中，房地产业成为城市化进程的主要载体。无论是旧城改造，还是新区扩张，在整个中国的城镇化进程中，房地产开发商的身影越来越活跃，是城镇化最主要的推动者和责任承担者。

（四）引导消费

开发商在对物业进行营销策划的时候，往往会在"广而告之"的过程中，改变着人们的思想和价值观念，引导着人们的消费行为和生活方式，使消费者接受自己的产品和产品理念。开发商通过对城市功能进行研究、对居民生活习惯进行了解、对消费者潜在需求进行分析后，更注重住宅的"以人为本"，强调住宅的舒适性和自然环境的和谐，在销售楼盘的时候，纷纷打造自己楼盘所推崇的生活方式、文化品位，开创一种独具特色的生活风尚，使楼盘除了具有可供人类生存的基本物质功能外，还能满足人类的高层次精神需求。通过新闻传播媒体、各种宣传活动，开发商让消费者了解楼盘的品牌、服务、文化等，最终与消费者在某个方面达成共识，引导消费者的消费行为。

三、开发商的利益

开发商从事房地产开发的主要动力来源于通过实施开发经营过程来获取直接的经济利益。房地产开发商与其他任何行业的商人本质上是没有差别的，经营的目的是利益最大化。因此许多开发商愿意对楼盘进行分期开发，获取土地增值价值。目前房地产开发商的收益主要有：销售收益、现金流量收益等。

（一）销售收益

房地产开发经营的销售收益是指房地产销售收入减去房地产开发经营成本后的差额，是房地产开发商在出售房地产时所获得的投资利润，是房地产开发经营收益的主要部分。房地产的销售收入由销售量和销售价格构成，房地产开发经营成本包括购买土地的成本、建筑工程费用、贷款利息、管理销售费用及税务费用等。因此为了增加销售收益，房地产开发商对投资时机、地段、工程质量给予充分重视，以减少投入成本，增加销售收入。

（二）现金流量收益

现金流量收益是指房地产开发商直接经营房地产而获取的经营收入中扣除各种支出后的余额。如开发商自行开发建设或者直接购买物业的所有权后，通过宣传推广、招商谈判、租约签订等环节，最终以租赁方式获取房地产投资收益。采用物业租赁收益模式，能保留开发商对物业的所有权，但物业价值是在长期内实现，资金周转速度相对较慢。

四、开发商的风险

（一）政策风险

在房地产投资过程中，政府的土地供给政策、地价政策、税费政策、住房政策、价格政策、金融政策、环境保护政策等，均对房地产开发商收益目标的实现产生巨大的影响，从而给开发商带来风险。由于房地产投资周期长，开发商容易在开发经营过程中经历国家的政策法规、宏观经济变动，再加上房地产变现能力较弱，开发商更容易因为政策的变化而遭受经济损失。开发商避免这种风险最有效的方法是选择政府鼓励的、有收益保证的或有税收优惠政策的项目进行投资。

（二）政治风险

房地产的不可移动性，使房地产企业要承担相当程度的政治风险。政治风险主要由政变、战争、外来侵略、经济制裁、恐怖袭击、罢工、骚乱等因素造成。政治风险是一种概率小而后果大的风险因素，一旦发生，不仅会直接给建筑物造成损害，而且会引起其他一系列风险的发生，是房地产投资中危害最大的一种。例如海湾战争，不仅给各国承包商造成巨大的损失，而且给房地产开发商造成更为严重的损失。美国"911事件"发生后对世界经济产生很大的冲击，美国股市一周之内就蒸发了14000亿美元的市值，美国房地产股票也直线下跌。据仲量联行估计，在纽约世界贸易中心遇袭事件中，纽约房地产市场的直接损失可能达到100亿美元❶。

（三）自然风险

自然风险指地震、洪水、风暴等自然界突发灾难给开发过程及物业本身带来的危害。这些灾害一旦发生，都会对物业造成巨大损失，但此类风险往往可以通过投保将损失转嫁给保险公司。

（四）社会风险

社会风险是由于人文社会环境因素等的变化给开发商带来损失的可能性。社会风险主要有城市规划、近邻地区发展风险、公众干预噪声污染、住户干预阻止拆迁等。如房地产开发项目在征地拆迁过程中，有的住户态度强硬，拒绝拆迁，阻碍房地产建设项目计划的顺利进行，甚至会造成工程的停工。以2007年重庆钉子户事件为例，因住户拒绝搬迁，迫使已经投入3亿的工程不得不停工，每天仅利息损失多达6万元，开发商的总共损失高达3000万元❷。

（五）技术风险

技术风险是指由于行业技术方面的不确定性，如科学技术的进步给开发商带来的风险。技术的不确定性会给房屋的适用性带来风险，使开发商追加投资进行更新、翻修；由于科技进步使材料、施工、建筑功能等不断更新进化，加速房屋的折旧。

（六）国际风险

国际风险包括国家负债率、国际投资环境、货币汇率、国际经营条件等变化产生的风险，如外汇风险主要是汇率变动影响企业的效益，特别是涉外企业，有可能会使企业由赢利转为亏损。

（七）经济风险

经济风险是指由于一系列与经济环境和经济发展有关的不确定因素的影响造成的房地产企业风险。如市场供求、购买力、地价区位、融资利率管理、国民经济等变化造成的风险。经济风险主要包括通货膨胀风险、市场供求风险、周期风险、变现风险、利率风险等。

通货膨胀风险也称购买力风险，是指投资完成后所收回的资金与投入的资金相比，购买力降低给企业带来的风险。房地产项目投资周期长，面临通货膨胀风险的可能性相当大。如果房地产开发商是通过预售的方式获取收益，将会面临由于商品或服务价格上涨带来的风险。通货膨胀既刺激需求，又会引起建材、劳动力价格上升，增大开

---

❶ 张宏．"9·11事件"对房地产行业的影响．中国经济时报，2001（11）．

❷ 新闻中心__网易新闻，http：//news.163.com.

发成本。

市场供求风险指开发商所在地区的房地产市场供求关系的变化给投资者所带来的风险。房地产市场上的供给与需求是不断变化的，而这会造成房地产价格的波动，表现为租金收入的变化和房地产本身价值的变化。在一定区域范围内，如果某种房地产的供给大于需求发生时，将会造成房地产积压增加，空置率增大的局面，这样资金占压严重，还贷压力增大，终将导致房地产企业遭受严重损失。

周期风险指房地产市场的周期性波动给开发商带来的风险。房地产市场的周期可分为复苏与发展、繁荣、危机与衰退、萧条四个阶段。当房地产市场从繁荣阶段进入衰退和萧条阶段时，房地产市场将出现房地产价格下跌，交易量锐减，给房地产开发商造成损失，甚至使一些抗风险能力弱的开发商因债务危机而破产。

房地产企业变现风险主要是指在交易过程中可能因变现的时间和方式变化，而导致房地产商品不能变成货币或延迟变成货币，从而给房地产开发商带来的损失。

利率风险指利率的变化对房地产市场的影响和可能给开发商带来的损失。当利率上升时，会对房地产投资产生三方面影响，一是房地产实际价值的折减，利用升高的利率对现金流折现，会使投资项目的财务净现值减小，甚至出现负值；二是利率升高会造成资金成本增加，加大企业债务负担，导致还贷困难；三是利率提高会使消费者购买欲望降低，房地产市场需求降低，从而导致房屋价格下降，房地产企业资金压力加大。

五、购房者

个人和机构都是房地产市场上现实的或潜在的消费者。每个人都需要住房作为生活和生存空间，每一个机构都需要建筑空间从事其生产经营活动。消费者在房地产市场交易中按照"物有所值"的原则，用适当的货币资金，换取使用或拥有房地产的满足感或效用。从购房者的角度来看，主要包括自用型购买者和投资型购买者两种。

（一）购房自用者

自用型消费者的购房是为了满足日常起居、改善居住条件等，主要由需要改善生活条件的城市居民和城市改造、建设中的拆迁户组成。他们是房地产产品真正的使用者，也是房地产产品价格的直接承担者，所以支付能力是对购房自用者的主要约束条件。购房自用者对房地产产品价值的使用来自于对场所的需求，或用来居住，或用来工作，因此更看重场所使用中的安全性、便利性、舒适性及低居住成本因素。他们对房地产的需求是房地产市场中真实的需求，也是支持房地产市场健康发展的基本动力。

（二）购房投资者

购房投资者将房地产商品作为股票、债券、黄金等其他投资产品的替代资产。他们购入房产并短期或长期持有，其目的在于将所购房产出租以获取持续的租金收入，或者经过较长时间在房产升值之后，将房产售出。因此购房投资者拥有物业后所能获取的预期收益大小，决定了其愿意支付的价格水平。

六、购房者对房地产市场的影响

购房者对未来经济形势的预期，会直接影响对房地产的需求。如果对未来经济形势的预期是悲观的，消费者即使有购买能力，也不会花掉大部分甚至全部积蓄去买房子，开发商就会减少投资，对土地的需求也将减少；如果对未来经济形势的预期是乐观的，开发商会扩大投资规模，对土地的需求将增加，消费者改善居住条件的愿望变得强烈，对住房的需求就会增加。此外购房者对房地产消费的需求在不断升级，直接影响了整个房地产市场的需求导向，从满足数量转为追求品质，从注重地段到户型结构再到小区配套、景观设计，从追求实体性产品扩展到追求生活方式的产品，从而促进了房地产市场的发展，房地产企业的创新和进步。

七、购房者的风险

（一）中介风险

随着房地产业的快速发展，房地产中介机构也迅速兴起。目前有许多消费者因为工作和时间的关系，委托房地产中介机构帮助购房。然而购房者和中介公司的信息是不对称的，购房者有可能面对着如下的中介风险：中介参与炒楼，扮演买卖双方角色，让客户和开发商蒙受损失，中介赚取差价，隐瞒房屋真实价格；中介公司的实力太小，如出现操作失误，无法承担应有的责任；黑中介，专门对准客户大额钱款，携款潜逃。因此购房者在选择中介公司的时候应认清正规的、规模大、品牌好的中介公司，详细询问中介公司的操作流程，避免因中介公司的不诚信而带来的经济损失。

（二）开发商经营风险

商品房预售是我国目前房地产转让的一种最主要的买卖方式。虽然国家近来出台了一些规范商品房销售的条例、规定及司法解释，但因为在建工程的建设工期长，交易标的有许多不确定因素，使得购房者买期房面临的风险比一般买现房面临的风险大得多，其中最主要的风险来自于开发商的经营风险。在商品房预售中，一些开发商由于实力不足，资金周转困难，往往希望通过预收的房款维持资金链，而一旦销售受阻，资金链断裂，就会造成项目停工，形成"烂尾楼"，给购房人造成巨大损失。有时因为种种原因，个别开发商未能按期竣工或如期交付房屋，也会影响到购房人的按时进住或出租。

（三）利率风险

按揭贷款圆了许多购房者的住房梦，但按揭贷款也潜藏着利率风险。当政府提高贷款利率时，就会加大购房者的月供，增加其付款压力。从2004年来我国已连续多次加息。未来二三十年内，利率上涨的可能性还很大。而现在我国绝大多数银行采取的都是一年一定贷款利率，利率的变化都是由消费者来承担的。因此购房者面临着承担由于利率上涨而增加的利息。

（四）质量风险

质量风险是指开发商由于市场信誉和资金实力等方面的原因，对房屋的建筑结构、设施配套、建筑装饰材料等进行了与购房协议内容不符的调换或延迟使用，使购房人蒙受损失。

1. 建筑质量

由于近年来房价持续上涨，购房者在购房时往往把更多的目光投向房价，而忽视了更为重要的房屋建筑质量。在这样一种市场环境下，有的开发商对建筑质量的重视程度也有所下降，片面追求工期和效益的情况也频频出现，导致一些建筑产品在使用不久后出现，如外墙剥落、墙体塌陷、屋面漏水等问题。在遇到建筑质量纠纷时，虽然购房者可以选择退房，但在退房后想再买到合适的住房并不容易，关键是房价持续上涨后，购房者很难再用原先购房时的价格买到新的商品房。

2. 装修质量

购房者青睐精装修物业，主要图省心，认为开发商通过招投标选购装修材料，一定物美价廉。可是在精装修物业中却隐藏着较大的风险，如精装修房的装修质量严重不过关，装修标准不符合规定、装修材料以次充好、装修风格和家具款式与约定的大相径庭等。

3. 居住质量

居住质量风险主要指由于开发商变更小区规划、变更物业管理公司、减少小区绿地等行为影响到业主生活质量和居住环境，如原本承诺的公园绿地被高楼所代替、周围配套设施落后、物业管理公司服务水平低等。

（五）法律风险

在商品房预售中，购房者除了要面临开发商的经营风险外，还要面对法律风险，主要表现在以下方面：

（1）购房者签订商品房预售合同后，只是取得一种期待权，并未真正获得房屋所有权，因此有可能存在开发商将一房多售，或将已售出的房屋再行抵押等合同欺诈行为。

（2）商品房预售协议除法定标准合同之外，还有补充协议和合同附件，均由开发商事先拟定，并在售房现场签订，因此有的开发商会利用这个机会，在补充协议和合同附件中约定不公平、不平等条款，以免除其责任、加重购房者责任、排除或限制购房者主要权利等。

（3）由于多方面的原因，有可能使开发商无法按期获得整个项目的房屋权属证件，购房的业主也就无法按期获得房屋产权证件，由此可能导致购房人蒙受产权再转换无法实现或抵押融资受阻的风险。

第四节 其他利益主体

由于房地产开发投资及交易管理过程相当复杂，开发商不可能有足够的经验和技能来处理房地产生产、交易、使用过程中遇到的各种问题，因此，开发商很有必要在不同阶段聘请专业顾问或公司提供咨询顾问服务。

一、建筑设计师

规划设计是项目建设前期的重要工作。在房地产产品的生产过程中，建筑设计师要对住宅的功能、整体空间、总体布局、技术层面、物理性能、新材料和智能技术、室内外环境等进行整合设计，根据开发区域的地形地貌特征，确定项目用地各用途分配比例和建筑物的布局，使开发建设用地发挥其最大价值，创造出适合良好的居住环境。一般情况下，建筑师还要定期组织技术工作会议、签发与合同有关的各项任务书、提供施工所需图纸资料、协助解决施工中的技术问题等。

建筑设计师在房地产开发经营中发挥着十分重要的作用。规划设计在整个房地产开发活动中，处于上游环节，是项目施工、销售、物业管理的基础，因此从经营销售层面上说，规划设计对项目的成败有直接影响，是项目取得市场认可的首要因素，也是开发商取得优秀营销业绩的基础。

二、景观建筑师

现在景观建筑师已经成为开发队伍中的一员，并发挥着越来越重要的作用。在传统的项目规划过程中，开发建设项目的景观设计是由规划师甚至建筑设计师完成。然而，随着社会经济的发展和人居环境意识的加强，人们对建筑景观的要求已经远远超出了种草种树以提高绿化覆盖率的要求，因此，景观建筑师作为一个独立的专业也就应运而生。景观建筑师的工作，主要是在现有环境条件的基础上，通过各种道路、灯光、符号、水流、室外公共活动区域、小品、绿地、花园等的景观设计与布置，强化自然环境的特征，创造一个适合人类居住或工作的建筑环境，形成开发项目固有的特色。

三、工程师

房地产开发中需要结构工程师、建筑设备工程师、电气工程师等提供的服务。这些不同专业的工程师除进行结构、供暖、给排水、照明，以及空调或高级电气设备等设计外，还负责合同签订、建筑材料和建筑设备采购、施工监理、协助解决工程施工中的技术问题等项工作。

四、承包商

在工程建设市场中，房地产开发商向承包商购买工程建设服务，承包商完成工程项目建设获取收益。承包商通过精心施工、采购设备及安装调试、分包、提供劳务等工作来保证房地产项目按期按质完成，为房地产业提供建筑物等具体的产品，其建筑产品成本的高低，绿色建材、施工工艺的科学化和现代化等高新技术的应用程度，都直接影响到房地产开发商的经济效益和社会效益。

五、建造师

建造师（Constructor）是指从事建设工程项目总承包和施工管理关键岗位的执业注册人员。建造师执业资格制度起源于1834年的英国，迄今已有180余年历史。世界上许多发达国家已经建立了该项制度，具有执业资格的建造师已有了国际性的组织——国际建造师协会。建造师是懂管理、懂技术、懂经济、懂法规，综合素质较高的综合型人员，既要有理论水平，又要有丰富的实践经验和较强的组织能力。建造师分为一级注册建造师和二级注册建造师，英文分别译为 Constructor 和 Associate Constructor。注册受聘后，可以建造师的名义担任建设工程项目施工的项目经理，从事其他施工活动的管理，从事法律、行政法规或国务院建设行政主管部门规定的其他业务。建造师的职责是根据企业法定代表人的授权，对工程项目自开工准备至竣工验收，实施全面的组织管理。《中华人民共和国建筑法》第14条规定："从事建筑活动的专业技术人员，应当依法取得相应的执业资格证书，并在执业证书许可的范围内从事建筑活动。"2003年2月27日《国务院关于取消第二批行政审批项目和改变一批行政审批项目管理方式的决定》（国发〔2003〕5号）规定："取消建筑施工企业项目经理资质核准，由注册建造师代替，并设立过渡期"。

2002年12月5日，人事部、建设部联合印发了《建造师执业资格制度暂行规定》（人发〔2002〕111号），规定必须取得建造师资格并经注册，方能担任建设工程项目总承包及施工管理的项目施工负责人。这标志着中国建立建造师执业资格制度的工作正式建立。建造师执业资格制度建立以后，承担建设工程项目施工的项目经理仍是施工企业所承包某一具体工程的主要负责人。大中型工程项目的项目经理必须由取得建造师执业资格的建造师担任，即建造师在所承担的具体工程项目中行使项目经理职权。

六、交通顾问

交通顾问主要负责估算项目建成后不同时段的交通流量，评估项目当前的交通通行能力，就项目内部交通流组织、项目与市政道路交通体系的连接、停车位的数量与布局等进行规划设计。在许多大城市，政府要求规模较大的项目必须进行交通影响研究，以防止新项目落成后，形成新的交通瓶颈。因此开发商需要交通顾问的专业方案来解决项目的交通问题。

七、房地产估价师

房地产估价师可以在开发过程的每一个阶段为开发商提供服务。在项目开发的前期，估价师可以提供市场研究、可行性研究和土地估价等服务；在项目建设阶段和竣工后的资产管理阶段，估价师可以为开发商的短期或长期抵押融资提供估价服务；在房地产项目的租售过程中，估价师还可以协助开发商确定其最可能实现的租金或售价水平。

八、房地产咨询师

房地产咨询师主要根据房地产市场供求双方的需求，就投资环境、市场供求、项目评估、质量鉴定、建筑测量、购买手续、法律政策等方面的信息提供咨询服务。

九、房地产代理

房地产经纪人或房地产代理通常受开发商的委托，代理物业租售事宜。一方面，由于房地产经济师与消费者联系密切，通过市场研究，熟悉市场当前的需求特征和未来的变化趋势，因此可以帮助开发商进行项目的市场定位和产品定位，协助开发商制定并执行营销计划与策略。另一方面，地产代理在市场推广、租金方案、租约谈判等方面具有专业优势，能为开发商减少营销成本，降低风险。

十、会计师

会计师从事开发投资企业的经济核算等多方面工作，从全局的角度为项目投资提出财务安排或税收方面的建议，包括财政预算、工程预算、付税与清账、合同监督、提供付款方式等，并及时向开发商通报财务状况。

十一、物业管理经理

一般地，项目竣工投入使用时才会聘请物业经理负责项目运营期间的管理。但现在很多开发商常常在项目的设计阶段就聘请物业管理参与，尤其是对运营管理依赖程度比较高的酒店、老年人住宅、娱乐中心等项目，避免功能设计上的缺陷给后期的物业管理带来巨大困难，提高物业的市场表现。

十二．造价工程师

造价工程师在房地产开发经营中是开发项目造价工作的重要组织者和负责人，具有工程计量审核权、支付工程进度款审核权和工程造价审核权，对维护开发商和承包商的利益有着不可替代的作用。其主要负责工程建设前的开发成本估算、工程成本预算，在工程招标阶段编制工程标底，在工程施工过程中负责成本控制、成本管理和合同管理，在工程竣工后进行工程结算。

十三、律师

在房地产产品的生产、交易和使用过程中，均需要律师的参与，为有关委托方提供法律支持和服务。例如，开发商在获得土地使用权时，必须签订土地使用权出让或转让合同，在进行融资安排和发包建设工程时需要签署贷款协议和工程发包合同，出租或出售物业时须签订租赁契约，在经营活动中还要缴纳各种税费，因此律师的参与能为开发商提供法律咨询服务，有助于维护开发商的合法权益。

案例 3-1　121 号文件对房地产市场的影响

背景：2003 年 6 月 13 日，中国人民银行发布的《关于进一步加强房地产信贷业务管理的通知》，其主要内容包括：地产开发商申请银行贷款，其自有资金不低于开发项目总投资的 30%；商业银行发放的房地产贷款，严禁跨地区使用；商业银行不得向地产开发商发放用于缴纳土地出让金的贷款；对土地储备机构发放的贷款为抵押贷款，贷款额度不得超过所收购土地评估价值的 70%，贷款期限不得超过两年；承建地产建设项目的建筑施工企业所获贷款只能购买施工设备，严格防止使用银行贷款垫资地产开发项目。在个人房贷方面，通知规定：商业银行只能对购买主体结构已封顶的个人发放个人住房贷款；借款人申请个人商业用房贷款的抵借不得超过60%，贷款期限最长不得超过10年，所购商业用房为竣工验收的房屋；购买第二套以上住房的，应适当提高首付款比例，并不再执行个人住房贷款利率，而按央行公布的同期档次贷款利率执行。

121号文件对房地产市场的影响：

(1) 121号文件对开发商来说，意味着银行对开发贷款门槛的提高，开发商取得银行资金支持的难度会越来越大，造成中小房地产开发企业濒临困境，直接导致开发企业资金链绷紧，部分房地产项目停止，烂尾楼的出现。

(2) 对个人购房者来说，个人购房贷款门槛也被提高，房地产消费势头受抑制，高档住房和商业用房消费受限制，部分住房消费者可能形成价格下降预期，持币观望，延迟购房。

(3) 从长期看，措施的实行，会有利于夯实房地产开发企业的业绩，起到优胜劣汰的作用，经营不佳的地产公司很可能会重新考虑调整业务，而品牌房地产公司会在竞争中胜出，业绩大幅提升。

案例 3-2　土地增值税对房地产开发商的影响

背景：国家税务总局日前要求，从2月1日起，包括房地产开发项目全部竣工、完成销售，整体转让未竣工决算房地产开发项目的，直接转让土地使用权等三种情况内的房地产企业土地增值税的交纳，视增值率的大小共分为四级超率累进税率，即增值额未超过扣除项目金额50%的部分，税率为30%；增值额超过扣除项目金额50%、未超过扣除项目金额100%的部分，税率为40%；增值额超过扣除项目金额100%、未超过扣除项目金额200%的部分，税率为50%；增值额超过扣除项目金额200%的部分，税率为60%。建造普通标准住宅出售，增值额未超过扣除项目金额20%的，将免征土地增值税。

土地增值税对房地产开发商的影响：

(1) 降低房地产公司的利润率。按规定，纳税人转让房地产所取得的收入减除规定扣除金额后的余额，为增值额。这将在一定程度上降低房地产公司的利润率，其中对高档房和非住宅类项目影响较大。以汤臣一品为例，土地增值税清算通知出台对汤臣一品影响巨大。由于土地增值税采用累进税制的计算标准，房价和增值幅度越大，税收就越高，汤臣一品每平方米高达十多万元的天价首当其冲成为增值税清算目标。曾有媒体按照不同的算法，得出汤臣一品需要交33.24亿或50.82亿元的土地增值税。汤臣集团在年报中坦承，2006年业绩下降的主要原因是土地增值税清算通知的出台。根据媒体此前依据《中华人民共和国土地增值税暂行条例实施细则》的计算，目前已售出的三套房，需要缴纳土地增值税1.084亿元❶。

(2) 有助于开发商建设普通住宅，提高住宅品质。"建造普通标准住宅出售，增值额未超过扣除项目金额20%的，将免征土地增值税"。对开发商而言，通过增加公共设施建设投入，提高建筑质量部分的成本，可减少税金的支出，同时也提高了住宅品质，提升了项目市场竞争优势。因此土地增值税的清算有助于开发商建普通住宅。

---

❶ 土地增值税重创汤臣一品　集团利润去年大跌4成，http://finance.sina.com.cn/g/20070425/09443538522.shtml.

　　（3）整顿房地产市场。土地增值税的清算有可能导致部分临近盈亏平衡点的企业退出开发行业，并降低今后进入房地产开发行业的投资增长率，对投资过热能起到一定的抑制作用。在土地大幅度升值的市场情况下，土地增值税的清算无疑会给大量开发商带来现金流压力。一些中小开发企业在前期土地增值税预留的准备金不足的情况下，将会面临资金周转压力，甚至可能会由于资金周转不畅，而退出开发舞台。而对于一些中大型开发企业，由于资金实力雄厚，他们可以及时调动土地增值税的准备金，不至于资金周转受挫。同时一些大型开发企业具有多种业务经营，可以互相调配资金，互相弥补，相对而言对他们影响不会太大，所以土地增值税的清算可能会导致开发企业的优胜劣汰——强者越强、弱者越弱。

案例 3-3　房地产加息对房地产利益主体的影响

　　背景：中国人民银行决定，自 2007 年 3 月 18 日起上调金融机构人民币存贷款基准利率。金融机构一年期存款基准利率上调 0.27 个百分点，由现行的 2.52% 提高到 2.79%；一年期贷款基准利率上调 0.27 个百分点，由现行的 6.12% 提高到 6.39%；其他各档次存贷款基准利率也相应调整。调整后金融机构人民币存贷款基准利率见表 3-2。

表 3-2　　　　　　　　　金融机构人民币存贷款基准利率调整表

项　　目	调整前利率（%）	调整后利率（%）	项　　目	调整前利率（%）	调整后利率（%）
一、城乡居民和单位存款			五　年	4.14	4.41
（一）活期存款	0.72	0.72	二、各项贷款		
（二）整存整取定期存款			六个月	5.58	5.67
三个月	1.80	1.98	一　年	6.12	6.39
半　年	2.25	2.43	一至三年	6.30	6.57
一　年	2.52	2.79	三至五年	6.48	6.75
二　年	3.06	3.33	五年以上	6.84	7.11
三　年	3.69	3.96			

　　注　本表摘自中国人民银行网站（2007 年 03 月 17 日）。

　　房地产加息对房地产利益主体的影响：

　　1. 对房地产开发企业的影响

　　开发贷款是房地产项目重要的资金来源，所以加息对房地产开发企业影响巨大。央行五次加息，五年以上的贷款，其利率的上升幅度达 1.35 个百分点，对于资金密集型的房地产业来说，所增加的利息总量相当可观。加息除了增加开发企业的财务成本外，更主要的是影响其资金周转速度和周转率，从而加重开发商的资金压力。因此加息会加速房地产行业的优胜劣汰，资金雄厚、实力强、信誉好的开发企业，容易获得银行贷款，发展会加速；实力较弱，依靠银行贷款的企业，则会因生存困难而逐渐被淘汰，从而促使房地产市场重新洗牌。

　　2. 加息对消费者、投资者和投机者的影响

　　（1）对已购房者：加大月供，增加付款压力。

　　我国一年期以上个人住房贷款实行可调整利率政策，当人民银行调整贷款利率时，已签订的住房抵押贷款合同，自下一年的 1 月 1 日起将执行新的利率。因此加息会使贷款购房人的利息支出增加，提高购房者的还贷成本。以贷款总额 50 万，期限 20 年的住房按揭贷款为例，按等额本息的还款方式算，加息前利率为 6.84%，每月需要还款 3828.62 元；20 年总利息支出 418868.91 元；加息后利率提高到 7.11%，每月需还款 3909.58 元，总利息支出为 438298.53 元。每月多支出 80.96 元，总计需多支付利息 19429.62 元。

　　(2) 对持币待购者：造成相对支付能力下降，持币观望者增多。

　　加息后，除月供增大外，许多开发商都提高了购房首付的比例，致使许多持币待购者对先前已看好的房子望而却步，造成相对购买能力下降。另外，专家预测连续五次加息只是一个加息过程的开始，央行在未来一段时间内可能还会有新动作。这也加剧了购房人对未来支出不确定性的担心，从而延迟购房，持币观望。

　　(3) 对投资者：提高了融资成本，降低投资利润。

　　对"以租养房"的投资者和炒房族来说，加息会拉长投资者的投资回收期，造成融资成本提高，投资利润下降。假设投资者的资本构成是 6 成银行贷款，4 成自有资金，投资物业的市场回报率为 10%，其他条件不变，利率每上升 1%，则自有资金的投资回报率下降 1.5%。同时，这些投资者还面临因存贷款利率上调并带动其他投资收益率上升后机会成本增加的问题。因此加息能在一定程度上打击投资购房的积极性。

　　3. 对银行的影响

　　由于加息会延缓开发资金回笼，增加开发商经营风险，这将影响到房地产开发贷款的安全，同时，对于个人住房贷款者而言，由于利息的增加，部分借款人会因无力偿还贷款而被迫违约，另有部分借款进行其他投资的借款人会因贷款成本的增加而压缩其他投资，选择提前还款。

复习思考题

1. 房地产开发经营中的利益主体有哪些？
2. 试分析政府对房地产进行宏观调控的目的和手段。
3. 试论政府在房地产开发经营中的监管职能。
4. 试论金融机构与房地产的关系。
5. 商业银行开展的房地产信贷业务有哪些？
6. 试分析商业银行在房地产开发经营中的风险和利益。
7. 试论开发商的作用和利益。
8. 试分析购房者对房地产市场的影响及其面临的购房风险。
9. 分析在房地产开发经营中其他利益相关者的作用。

第二篇 房地产开发前期工作

本篇内容提要

1. 土地使用权的获取，主要介绍了在目前我国现阶段获取土地的方式，对招标、拍卖、挂牌进行了阐述和比较，并介绍了我国主流房地产企业的主要拿地策略。

2. 对房地产开发前期非常重要的工作——报建，按照实践中的操作步骤和程序进行了详细的阐述，以期让读者对报建工作有所了解。

3. 房地产产品的研发，主要介绍了房地产产品整体研发、建筑风格/户型的研发、建筑景观与公共设施的研发，并从风水学的角度对产品研发进行了说明。

4. 房地产前期定位策划，主要介绍了房地产前期定位策划的基本概念；房地产前期定位策划的特征、地位和作用；房地产策划的原则和内容，以及房地产前期定位策划的流程。

三人行，必有吾师焉。择其善者而从之，其不善者而改之。

——《论语·述而》

第四章 土地使用权的获取

一、获取土地的方式

房地产开发的第一个步骤是获取土地。中国的土地政策是国家所有和集体所有两种制度。所谓土地使用权的获取，是指开发商通过出让、转让或其他合法方式，有偿有期限地取得国有土地使用权的行为。土地使用权出让，可以采取拍卖、招标或者双方协议的方式。商业、旅游、娱乐和豪华住宅用地，有条件的，必须采取拍卖、招标方式；没有条件，不能采取拍卖、招标方式的，可以采取双方协议的方式。采取双方协议方式出让土地使用权的出让金不得低于按国家规定所确定的最低价。当一个房地产开发项目完成项目策划分析后，就要进入实施阶段，而实施过程中的第一步就是获取土地使用权。要根据建设项目和土地的不同性质、不同情况，通过不同途径获得土地使用权。现将有关途径与方式分述如下。

(一) 土地使用权划拨

土地使用权划拨，是指县级以上人民政府依法批准，在土地使用者缴纳补偿、安置等费用后，将该幅土地交付其使用，或者将土地使用权无偿交付给使用者使用的行为。在传统计划经济的体制下，土地资源的使用和分配，主要是由政府无偿拨给。

根据土地管理法和城市房地产管理法的有关规定，以划拨方式获得土地使用权的用地类型包括：

(1) 国家机关用地和军事用地；

(2) 城市基础设施用地和公益事业用地；

(3) 国家重点扶持的能源、交通、水利等项目用地；

(4) 法律、行政法规规定的其他用地。对开发商来说，可以通过划拨方式取得的开发用地，主要是经济适用房项目建设用地。

(二) 土地使用权的出让

国有土地使用权出让，是指国家将国有土地使用权在一定年限内出让给土地使用者，由土地使用者向国家支付土地使用权出让金的行为。

1. 协议出让

协议出让是指出让方与受让方经过协商，就土地使用条件及双方的权利义务达成一致意见的一种出让方式。协议出让一般有以下步骤：申请、协商、签约。在实践中，这种方式容易产生土地条件相当而出让金差别较大的情况，因此，2002 年 4 月颁布的《招标拍卖挂牌出让国有土地使用权规定》中已明确用于房地产开发的土地禁止采用此种方式获取土地使用权。该规定自 2002 年 7 月 1 日起执行。

2001 年 3 月 30 日，国土资源部、国家监察部联合下发了《关于继续开展经营性土地使用权招标拍卖挂牌出让情况执法监察工作的通知》（国土资发〔2004〕71 号），要求各省市在 2004 年 8 月 31 日之前将历史遗留问题加以界定并处理完毕，8 月 31 日之后，不得再以历史遗留问题为由采用协议方式出让经营性国有土地使用权。8 月 31 日，即是协议出让经营性国有土地使用权的最后期限。这意味着：仅凭政府一纸批文就协议取得土地使用权的日子将成为过去，取而代之的是以招投标方式为主。该通知规定，2004 年 8 月 31 日是协议出让经营性土地使用权的最后期限，之后所有土地不得再协议出让。同时规定，已经获得土地的开发商，如果尚未付足土地出让金的，必须在 2004 年 8 月 31 日前补交齐全。补交后方能办理土地证或再行转让，否则国家收回土地。土地使用权交易可采用如下方式获得：

（1）挂牌交易，即在一定期限内将土地交易条件（含最低交易价）在土地交易机构进行公告，并接受交易申请的行为；

（2）拍卖，即通过发布拍卖公告，由竞买人在指定时间、地点进行公开竞价，由出价最高者获得土地使用权的行为；

（3）招标，即通过发布招标公告，进行公开招标，由投标人进行投标，经评标后确定中标人的行为。

2. 招标

招标指市、县人民政府土地行政主管部门（以下简称出让人）发布招标公告，邀请特定或者不特定的公民、法人和其他组织参加国有土地使用权投标，根据投标结果确定土地使用者的行为。

招标出让的一般程序为：招标、投标、定标、签约、履约五个阶段。目前，招标是土地使用权出让方式中最常用的一种，一般由各级土地储备中心负责办理招标的相关事宜。投标人中标后获得其土地使用权。

3. 拍卖

拍卖，又称竞投，指出让人发布拍卖公告，由竞买人在指定时间、地点进行公开竞价，根据出价结果确定土地使用者的行为。

拍卖的一般程序是：出让人发出拍卖公告，将土地使用权拍卖事宜向社会公布；竞买，即在拍卖场所，竞投人以拍卖方式向拍卖人作出应价；签约，应价高者与出让人签订土地使用权出让合同；履约，受让人交付土地使用权出让金，出让人向受让人交付土地，并领取土地使用权证书，获得其土地使用权。

4. 挂牌

挂牌指出让人发布挂牌公告，按公告规定的期限将拟出让宗地的交易条件在指定的土地交易场所挂牌公布，接受竞买人的报价申请并更新挂牌价格，根据挂牌期限截止时的出价结果确定土地使用者的行为。

国家实行土地登记制度。属于国有土地的，核发《国有土地使用证》；属于集体土地的，核发《集体土地所有证》；使用集体土地的，核发《集体土地使用证》。

国家实行国有土地有偿有期限使用制度。除国家核准的划拨土地以外，凡新增土地和原使用的土地改变用途或使用条件、进行市场交易等，均实行有偿有期限使用制度。国家实行土地用途管制制度。根据土地利用总体规划，将土地用途分为农用地、建设用地和未利用土地。土地用途变更须经有批准权的人民政府核准。

目前，开发商常用的获取土地的方式有三种：招标、拍卖、挂牌出让，即通常所说的"招"、"拍"、"挂"。土地获取方式招、拍、挂，是目前较为常见的土地获取方式，但不是唯一，与政府合作、企业并购也是获取土地的途径之一。

近几年以来，政府对房地产行业的规范化力度逐渐加大，动用了金融、税收、行政等一系列手段。2006年"国六条"后，限价、限户型面积土地供应的出现，给开发商在拿地时提出了诸多的要求，尽管新政大军压境，但土地市场活跃依旧，全国各地"地王"频生。

自1987年，中国出现第一例土地使用权拍卖以来，中国的土地市场开始迈入市场化，而中国房地产企业的拿地方式也随之千变万化。19年来，在房地产企业拿地这个渠道上，不变的是什么？改变的又是哪些？从土地市场化的历程到获取土地方式的多样化，可以看到开发商拿地的策略虽有不同，但目的和关注点却大同小异。

二、中国式土地供应❶

（一）土地市场化中的里程碑

1987年12月1日，深圳首先引入我国香港地区的土地出让模式，拍卖了 $8588m^2$ 的土地使用权，成为了在中国土地使用权转让上第一个试吃螃蟹的城市。

1988年，宪法修正案将"土地使用权可以依照法律的规定转让"纳入宪法中，于是在中国开始出现了全国性规模的土地使用权转让。

同年2月11日，福建福州市第一次国有土地使用权拍卖成功，而上海则通过招标的方式成功出让了土地使用权。

1990年，国务院第55号令发布实施了《中华人民共和国城镇国有土地使用权出让和转让暂行条例》，其中对《宪法》中的土地条款进行了修改，土地转让规则得以更加完善。这是我国土地制度改革的第一个里程碑。

2001年4月30日，国务院发布了15号文件，其中明确了关于土地经营管理的规定。15号文件可以称之为新的土地出让改革制度的开端，真正的土地市场建设也是从21世纪开始走向规范化、市场化，并形成制度。

2002年4月3日，国土资源部通过《招标拍卖挂牌出让国有土地使用权规定》，对国有土地使用权的招标、拍卖或者挂牌方式作了明确规定，并要求自2002年7月1日起施行。

政策的出台，在于引导和培育市场，不断完善土地供应方式及监管机制，推行土地市场化运作，避免土地供应的暗箱操作和开发商囤地等不良行为，为企业提供一个相对公平竞争的市场环境，并通过调控手段来调整开发商通过土地增值的获利空间。

---

❶ 中国地产企业拿地策略. http://www.ytfdcw.com/bbs/showtopic-3967.aspx. 烟台地产综合论坛。

在此环境下，要求开发商根据自身情况采取不同的拿地策略，如与政府合作、企业并购和招拍挂相结合，以应对政策的调整，实现预期利润目标。

（二）招标、拍卖、挂牌

1. 招标

招标的基本规则是价低者得，更多适用于政府工程建筑项目、集中采购招标、装饰装修工程等。

在 2007 年的调控新政之后，各主要城市土地的出让方式不约而同地使用清一色的招标取代之前的拍卖或挂牌。这是为了在一定程度上避免拍卖场上企业竞争过于激烈，导致太多的"天价"地块出现。而且，在招标文件中加入了企业资质、规划方案等评分要求，也能够有效平衡单一的地价标准，从而降低实际出让地价。

2. 拍卖

拍卖显示了市场的透明度，而且交易迅速。通过拍卖，真正使开发商站在同一条起跑线上。而且拍卖竞价轮流递增，有一个公平的平台让开发商定价。

从现实的土地市场情况来看，挂牌和拍卖显而易见是房地产企业在拿地时使用得最多的两种方式。挂牌和拍卖，究竟孰优孰劣，无法一言以蔽之。招标的目的是为了控制地价飙升，进而在一定程度上抑制今后的房价。而拍卖是一种完全市场竞争的行为，是一种透明化的市场运作行为。

在中国房地产市场发展的初级阶段，招拍挂同时并存、和谐共生，以适应市场发展阶段的实际情况，并促进房地产市场朝着良性健康的方向发展。在此条件下，开发商的土地储备及资金渠道将成为房地产企业竞争的核心要素。

3. 挂牌

土地挂牌，即在一定期限内将土地交易条件在土地交易机构进行公告，并接受交易申请的行为。

挂牌是介于招标和拍卖之间的一种弥补型方式，是一种调剂方式，是对各方关系的一种协调。它有以下三个优势：

（1）挂牌时间长，且允许多次报价，有利于投资者理性决策和竞争；

（2）操作简便，便于开展；

（3）有利于土地有形市场的形成和运作。

案例 4-1 业界声音 拍卖 VS 挂牌：究竟哪种方式更有利？

正方代表：

陈少湘："对于开发商来说，通过招标拍卖挂牌的方式获得土地，大家都在同一个起跑线上，是公平的交易，而且以这种方式拿到的地，政府已经做好了前期工作，如规划、拆迁等，是可以直接建设的，不需要开发商一个部门一个部门地跑，缩短了建设周期。"

> 对于"拍卖抬升地价"的说法，国土资源部副部长李元认为：房价上涨过快，主要是土地供应量过少。
>
> 土地的招标拍卖抬升地价并不符合市场经济学原理。
>
> 反方代表：
>
> 王石："客观而言，现阶段采用挂牌公示的方式最符合我国国情，既有历史性进步，又具备相当伸缩性。就我国现状看，土地全部拍卖会给目前楼市发展留有一定后遗症。"
>
> 部分业内人士认为，土地拍卖的结果之一是致使房价快速上升，因为土地拍卖方式在一定程度上会忽视民用住宅土地的特殊性和公益性，导致房地产的高价成本最终转嫁到消费者身上。
>
> 土地拍卖中的非理性倾向将会拉高房价。

三、房地产企业的土地储备 ❶

(一) 开发商拿地时的关注点

1. 土地供应判断

(1) 土地有效存量。土地有效存量是指在建项目量、企业的土地储备量；

(2) 土地潜在供应量。土地潜在供应量是指可转性质的工业用地、可拆迁的土地。

2. 市场需求研究

(1) 市场现状。市场现状指每年的销售量、增长速度；

(2) 市场潜力。市场潜力是指潜在消费有多少、区域产品的同质化状况。

3. 资金解决方案

(1) 当地融资渠道有哪些？

(2) 基金偏好。

从开发商拿地时的关注点来看，已经开始全面关注城市、市场、客户及资金等与土地发展方向等息息相关的因素，拿地前期的研究工作也日趋缜密，将问题聚焦于土地价值判断，理性地根据土地价值进行决策。

(二) 拿地方式

不同类型的房地产开发商，拿地的方式也各不相同，根据拿地方式可以把房地产开发商主要分为4种类型：品牌主导型、资金实力型、土地储备型和政府补偿型。

1. 品牌主导型

这种方式一般不以投标和竞买的方式"硬碰硬"获得土地，而是采取联合战略，和有钱有地的开发商进行强强联合，以企业管理和项目运作等智力输出为前提，如万科地产与华远地产的联合就是这种战略。还有一种是具备一般企业品牌，但不具备地产品牌的公司。再有就是境外的地产巨头，常利用外商形象，向政府争取低成本用地。

2. 资金实力型

这种类型的拿地方式有两种，一种是通过少量资金认购或控制拥有土地资源的企业，

---

❶ 中国地产企业拿地策略. http://www.ytfdcw.com/bbs/showtopic-3967.aspx. 烟台地产综合论坛.

以获得成本低廉、产权清晰的土地。如深圳振业集团，1998—1999 年获得的 100 万 m² 的土地；还有一种情况是企业资金非常充裕，便先通过招标拿下黄金地段，这样既可及时占据有利的地段和位置，又有希望通过资金换品牌，取得先声夺人的效果，如深圳的泰华公司。

3. 土地储备型

这种类型采取的主要战略是应对中央政府或地方政府土地政策的变化，尽快消化所控制的土地，如招商地产、华侨城地产，为了防止政府回收土地，采取大面积圈地的方式，大规模地立项造房。

4. 政府补偿型

有人也称其为行政命令式，即以带资开发的方式得到政府土地补偿的企业。

政府在危改及基础设施建设中的建设用地分配，一般通过行政划拨方式，比如危改拆迁、工商企业改造、经济适用房、基础设施等。

除了上述 4 种方式外，还有其他拿地方式，如：

（1）投资参股，用资金入股或用土地入股，通过土地与资金的互换共同组成项目开发公司，以解决有钱没地的形式。这种形式多见于海外基金进入中国市场，比如摩根士丹利，2003 年与上海永业集团联合投资"锦麟天地雅苑"，2004 年与天津顺驰公司合作，共同投资开发。

（2）收购有土地的公司，为了避免缴纳契税与营业税，一般都通过直接收购公司的股权，这种收购公司的形式不用缴纳契税。这是近年来比较红火的一种方式，比如万科公司收购浙江南都公司，香港路劲公司收购顺驰公司。

（3）通过在土地市场进行招标、拍卖、挂牌公开获得土地，这也是自 2002 年 7 月以来，曝光率较多、最为常见的一种拿地方式。

回望中国式的土地供应，随着房地产市场的日趋规范化、市场化，政策的引导将土地推向市场，以往依靠政府资源拿地的时代已经过去，市场化的"招拍挂"将成为未来获取土地的主要方式，能在市场站稳脚跟的则主要是品牌主导型和资金实力型的开发企业。

（三）土地的价值判断

在拍卖土地时对土地的价值一定要进行判断：拍卖前，一定要去考察拍卖的地块。因为每一宗土地都有不同的特点、不同的规划、不同的价值，这样更有助于掌握开发商的利益点和政府的投资回报要求。还要细致了解周边的楼盘价格、城市规划等，根据政府评估的地价估算出可能的成交价范围，将这一区间内所有的成交价格和相应的地价，以及开发商获得的利润空间熟稔于心。在进行土地价值判断时，要明确以下问题：

（1）开发商很大程度赚的是土地增值带来的利润；

（2）土地价值的升值空间有必要描绘出来；

（3）土地使用计划决定了项目的发展定位；

（4）对土地的优势要放大，劣势要找出解决办法；

（5）开发商关心的是能否推动政府的政绩；

（6）如何结合城市规划来看土地的升值空间；

（7）结合市场、客户的研究来提供产品的建议；

（8）对土地价格导致的产品的梯次变化进行说明。

目前中国房地产的利润关键在于土地的增值，而作为土地的开发者，首先需要明确的目的便是使土地价值增值，并从城市的高度上审视项目，以获得政府的支持或是整合政府资源加以利用，从利益上占据有利地位。

其次需要对土地价值进行清晰的判断，包括对区域规划、周边环境、土地自身条件等，明确土地价值的优势、劣势，进而放大优势，弥补或改善不足，并根据现实条件和资金状况对土地的使用进行规划，对土地的使用进行方案设想。

最后则需对市场、客户进行深入研究，从市场竞争风险和客户需求容量的角度明确项目产品的发展方向，并通过客观条件及未来可能的提升空间对不同产品进行有梯次的价格设定，对项目可能实现的经济效益和社会效益进行预判，为拿地提供科学合理的依据。

从国内主流的开发企业拿地前期的准备工作可以看出，在实现土地价值这一环节中，对前期的设计和终端客户的投入正逐步加大，中海、万科集团中有上百名的建筑师服务于整个集团的前期设计，而万科集团的客户细分，对产品生命周期的研究，都无不显示出中国的房地产开发企业正朝着专业化运作的方向发展，对于区域和城市，则更多根据企业自身战略和可持续发展的要求进行选择。

（四）主流开发商土地储备状况

1. 区域三分

一分：以长三角、珠三角、环渤海区域为主。比如万科地产，2006 年的全国战略布局是"3＋X"，即除上述三大区域中心外，加上成都、武汉。又比如招商地产，其全国版图也是"3＋X"，除了相似的三大区域中心，还包括重庆、苏州、南京、天津、漳州等城市。

二分：一线城市做商业，二线城市做住宅。比如香港恒基等。

三分：以省域为战略，纵深发展。比如河南建业房地产公司，其公司定位就是专业化领袖型区域品牌地产开发商。

2. 二线城市的繁荣

从以上主流开发商的战略版图可以看出，像武汉、成都、重庆、天津等这样的二线城市正越来越受到各方的青睐。究其原因，大概有以下 4 个：

（1）这些城市经济充满活力，居民购买力迅速提高；

（2）城市发展快，市场空间及前景广阔；

（3）都在加大基础设施建设，招商引资环境良好；

（4）本地房地产业起步晚，市场具有基数低、增长快、容量大、发展可持续性强、竞争相对较弱、土地资源相对充足等一系列优势。

四、地块勘查

拿到土地之后要考虑几个问题：这块土地是否适合进行房地产开发？如适合，最适合哪种物业的开发？应该说地块环境勘查是解决这些问题的第一步。

地块环境勘查是项目组为了获取有关地块的第一手数据资料，而针对项目所在地块环境进行的实地调查过程，并通过后期对数据的汇总分析整理得出项目开发的资源优势和机会点。地块勘查的内容主要包括：区域气候环境；区位交通条件；土地性质；资源现状；周边配套设施调查等。

（一）区域气候环境

常用的调查方式有：文献资料收集法和亲身体验法。主要调查内容包括该区域的温度、日照、风向、降雨量等。要了解区域温度、降水的峰值大小及变化区间，这对项目类型选择有基础指导作用。尤其是做旅游度假类的项目开发，一定要了解当地的气候环境，弄清楚旅游淡旺季的特点，有针对性地进行物业规划。还要了解区域风向、风速、频率的基本情况，有利于指导未来物业类型排布。风向、风速及频率主要通过风向玫瑰图来表现。风速较集中的地带不适宜作高端物业，同时了解风向、风速、频率，还可以指导户型朝向的设计。同时要了解日照强度和分布，有利于指导未来物业类型的排布。

（二）区位交通条件

常常采用结合交通图实地察看的调查方式。主要调查：区域位置、距特定中心的距离、外部交通通达性、内部交通进入性、车流人流方向及密度。要明确项目所处主要区域与周边城市的距离，能够客观判断地块的价值。如珠海某一地块距离澳门较近，交通非常方便，那么它就有可能建设成为澳门博彩业的配套服务设施。还要明确外部交通的可进入性，主要进入手段，重大交通设施的修建情况等，这是解决项目出入口的关键所在，也能够最大化地挖掘项目卖点，提升物业价值。同时要明确内部交通进入性、车流人流方向及密度，是解决小区内交通的前提。

（三）土地性质

了解土地的性质常用的调查方式有实地调查、拍摄现状代表图片法。主要调查：现有建筑附着物、土地权属情况、地质、地貌、水系、景观视觉影响、动植物分布等。明确现有建筑附着物是否有特殊规定和要求，如地块现有建筑是古建筑群，政府可能会有相关保护要求，在规划设计中就要考虑。并要针对具有代表性的建筑、景观进行如实记录。掌握地形坡度分布状况，为进一步选择可建设用地提供科学的依据。明确水体分布、水量、面积大小、年度变化强度，可以指导项目规划布局。

（四）资源现状

了解资源现状常用的调查方式为资料查找、实地调查、拍摄现状代表图片等。主要是调查地块四至（东、南、西、北四个边界的状况）、周边在建及拟建项目、景观资源、市政设施、污染来源等。项目实施过程中存在许多不确定的因素，这些因素会影响项目的开发设计，如地块本身或周边是否有景观资源？视线是否受阻？是否存在影响居民生活的游乐场所等。除此之外，如果地块周边存在以下情况，会影响到房地产的开发，如：

（1）高压线、变电站；

（2）污水河、垃圾填埋场；

（3）墓地、火葬场；

（4）动植物保护区、饲养基地；

（5）生态保护控制线；

（6）山脊线对高度控制范围；

（7）快速交通的噪声污染范围；

（8）其他。

（五）周边配套设施调查

周边配套设施的调查方式主要有资料查找法和实地调查法两种方法。主要调查其周边的配套设施情况。

市政配套意味着区域发展的健全程度，实地查勘过程中要尽可能地了解，确定区域承载容量及对未来发展的限制，并提出合理发展意见。影响项目发展的市政配套设施有：

（1）医院数量及其等级；

（2）学校数量及其等级；

（3）中转交通设施数量及其等级；

（4）垃圾污水处理设施数量及其等级；

（5）周边重大商业配套设施数量及其等级；

（6）其他。

复习思考题

1. 获取土地的方式有哪些？

2. 简述土地使用权出让、转让、划拨的基本概念。

3. 拿地时都是要做哪些工作？要遵循什么原则？

4. 土地使用权转让应当具备哪些条件？其转让方式有哪几种？

5. 如果你是某开发公司负责拿地的工作人员，你会采取什么样的方法和策略保证所拿到的土地价值最大化？

这个世界上只要有人参与的事情基本上都是难以预测的。

——舒马赫

第五章　建设项目报建

项目的报建工作所涉及的程序和手续繁多，各地个别手续的办理程序和要交资料有所不同，也没有一个统一的范本可供读者借鉴，而且随着政府办公制度的改革，相应的报建流程也会调整。在此，仅以重庆市现阶段为例，说明建设项目的报建报验工作，让读者对报建工作有所了解。其他地区的报建程序和手续此处不涉及，如有不同，请读者自行了解。

一、项目立项选址阶段

该阶段的工作包括以下内容。

（一）立项或备案

其受理单位为发改委。开发商需报送的资料有：

（1）《土地中标通知书》；

（2）《立项申请报告》1份（正规红头文件）；

（3）《项目建议书》或《项目可行性研究报告》1份；

（4）土地权属证明（国土使用权证或与国土部门签订的土地意向性协议原件及复印件）1份。

有的地区还要求提供法人营业执照、开发资质、资信证明等。开发商可在5个工作日内领取批复文件。

（二）规划选址

受理单位为规划局规划管理办公室。按属地原则，在拟建项目所在区、县的规划管理办公室报建厅报建；属地不明确的项目、市政、管线工程及其附属工程在市规划局报建厅报建。开发商需报送的资料包括：

（1）《建设工程选址意见书申请表》1份；

（2）1/500实测现状地形图3份（电子地形图1份，含地下管网）；

（3）开发资格证书原件及复印件1份；

（4）合作联建有效合同1份；

（5）项目立项批复文复印件1份。报建厅工作人员登录后送交经办人员办理，在25个工作日内提出处理意见，对符合城市规划要求的，开发商可在25个工作日内领取以下文件：

（1）《建设工程选址意见通知书》及其附件《建设工程设计条件、要求通知书》；

（2）规划设计红线图，对不符合城市规划要求的以《函复意见书》告知。

（三）国有土地有偿使用批复

其主管部门是国土局。在该阶段，开发商要领取用地红线图。

（四）建设项目环境保护申报登记

其主管部门是环保局。在该阶段，开发商领取建设项目环境影响评价要求通知书，这个阶段一般延后到工程阶段办理。该阶段是项目建议书阶段，开发商需提交：

（1）开发商填报《重庆市建设项目环境保护申报登记表》。

（2）市环保局自收表之日起7个工作日内（需要踏勘选址的，从踏勘之日算起），确定环境影响评价形式，完成审批，获取《建设项目环境保护申报登记表》批复。

（五）建设项目环境影响审批

该阶段是项目可行性研究阶段，开发商需提交：

（1）开发商委托持有环境影响评价证书的单位编制《重庆市建设项目环境影响报告书》或《重庆市建设项目环境影响报告表》。

（2）凡提交《重庆市建设项目环境影响报告表》的项目，市环保局自收表之日起10个工作日内审批；凡提交《环境影响大纲》或《环境影响报告书》的项目，自收到之日起，15个工作日内组织审查，材料完备的，即行审批；材料不完备的，应提出补充修改材料，并自收到补充修改材料之日起，7个工作日内完成审批，获取《建设项目环境影响报告书》。

（六）《建设工程选址意见书》的审批

《建设工程选址意见书》的审批按以下条件实施：

（1）通过招标拍卖挂牌方式取得国有土地使用权的建设项目，无并联审批项目，申请人持规划部门所需的下列申请材料直接领取《建设工程选址意见书》和《建设用地规划许可证》。之后，即可申请《建设工程规划设计方案》审查。

1）书面申请（原件1份）；

2）《国有土地使用权出让合同》（复印件1份，需核对原件）；

3）1∶500现状地形图（原件2份，附电子文档）。

（2）非招标拍卖挂牌方式取得国有土地使用权的建设项目，《建设工程选址意见书》的审批，申请人需向规划部门提交下列申请材料：

1）书面申请（原件1份）；

2）土地权属证明（复印件1份，限在自有土地权属范围内申请建设的工程项目）；

3）1∶500现状地形图（原件2份，附电子文档）；

4）项目建议书批复文件或书面意见（原件1份，限政府投资项目。书面意见仅用于投资行政主管部门同意合并审批项目建议书与项目可行性研究报告的建设项目）；

5）相关协议（原件1份，限联建的建设项目）；

6）开发办批文及相关协议（原件1份，限转让的建设项目）；

7）开发资质证书（复印件1份）。

（3）非招标拍卖挂牌方式取得国有土地使用权的建设项目，《建设工程选址意见书》的审批，申请人需向协办部门提交下列申请材料：

1）消防安全审查（限经批准的规划中未明确的易燃易爆建设项目）。

a.《建筑工程消防设计申报表》（原件 1 份）。

b. 1：500 现状地形图（原件 1 份，火工生产及储存项目，还需提交反映周边 2000m 范围现状的 1：2000 地形图 1 份）。

2）地质灾害危险性评估审查（限经批准的规划中未作场地地质灾害评估的区域内的建设项目和已作区域性评估中属地质灾害易发区的建设项目）。

a. 地质灾害危险性评估报告（原件 1 份）。

b. 地质灾害危险性评估登记申请表或报告备案登记表（原件 1 份）。

3）建设用地预审（限需新征集体土地的建设项目）。

a.《建设项目用地预审表》（原件 1 份）。

b. 建设项目用地预审申请报告（原件 1 份，内容包括建设项目基本情况、选址情况、拟用地总规模和拟用地类型，项目需使用土地利用总体规划确定的城市建设用地范围外的农用地的，还应包括补充耕地初步方案）。

c. 项目建议书批复文件或书面意见（1 份，限政府投资项目。书面意见仅用于投资行政主管部门同意合并审批项目建议书与项目可行性研究报告的建设项目）。

d. 标注有项目拟用地范围的 1：1 万乡镇土地利用总体规划图（1 份，建设项目跨乡镇的，申请人应分别在建设项目所涉及各乡镇 1：1 万土地利用总体规划图上标注拟用地范围。都市区范围内各区国土资源部门应无偿向申请人提供 1：1 万乡镇土地利用总体规划图底图供申请人复印）。

4）国家安全审查［限位于市委、市政府、部队副军级以上机关、重要军事设施和要害部门周边 500m 范围内的下列建设项目：①外国政府驻渝机构；②外商投资的建设项目（包括外商独资、中外合资两种情况）］。

a.《涉及国家安全事项的建设项目申报表（规划选址）》（原件 1 份）。

b. 1：2000 地形图（原件 1 份，能反映建设项目及其周边 500m 内现状）。

二、方案设计审查阶段

该阶段在申领《建设用地规划许可证》和《建设工程方案设计审查意见书》前，开发商需报送：

（1）填写申请表 1 份；

（2）建设工程规划设计方案图及说明书 2 份；

（3）彩色效果图 1 份；

（4）设计模型 1 份，在 35 个工作日内领取。

该阶段包括：

（一）建设工程规划设计方案审查

该阶段申领《建设用地规划许可证》，申请人需向协办部门提交下列申请材料：

1. 涉及消防事项的审查

（1）《建筑工程消防设计申报表》（原件 1 份，须加盖申请单位印章）；

（2）建设工程规划设计方案（2份）；

（3）设计单位消防自审小组自审意见书（原件1份）。

2．涉及园林绿地指标事项的审查

（1）建设工程规划设计方案（1份，附电子文档）；

（2）1∶500绿化现状图（1份）；

（3）建设工程项目配套绿地布置总平面图及说明（2份，附电子文档）。

3．涉及防空地下室设置事项的审查（涉及民用建筑配套建设防空地下室的建设项目）

（1）《民用建筑配套建设防空地下室申请书》（1份）；

（2）建设工程规划设计方案（1份，附电子文档）。

4．涉及市政公用设施安全事项的审查（涉及危及市政公用设施安全的建设项目）

（1）建设工程规划设计方案（2份，附电子文档）；

（2）建设项目对市政设施安全影响技术报告（1份，由申请人自行编制或由工程的设计单位编制，无固定格式）。

5．涉及国家安全事项的审查

限两类建设项目：①选址阶段进行了国家安全审查的建设项目；②机场、出入境口岸、码头、邮政枢纽、电信枢纽、海关。

（1）《涉及国家安全事项的建设项目申报表（规划设计方案审查）》（原件1份）；

（2）建设工程规划设计方案（1份，附电子文档）；

（3）建设工程弱电系统设计图说（1份，附电子文档）。

6．涉及河道管理事项的审查

限河道管理范围内的建设项目。

（1）建设工程规划设计方案（2份）；

（2）建设工程涉及河道部分工程设计方案（2份）；

（3）具有水利水电勘察设计或研究资质的单位编制的防洪评价报告（原件1份，限长江、嘉陵江两岸50年—遇洪水位以下区域内修建的建设项目、涉及封盖、改造次级河流及其他自然水域的建设项目，同时附专家评审意见）。

7．涉及机场空域安全管理事项的审查

限机场规划用地范围内的建设项目及机场净空保护范围内危及飞行安全的建设项目。

（1）机场规划用地范围的建设项目。

建设工程规划设计方案（2份，含建设项目最高点坐标及其海拔高度）。

（2）机场净空保护范围内危及飞行安全的建设项目。

建设工程规划设计方案（1份，含建设项目室外地坪海拔高度、建、构筑物净高度和无线电发射设备，有线传输设备，高压供电线路及工业高频炉等电磁辐射设备的情况）。

8．涉及无线电管理事项的审查

限涉及总体规划确定的微波通廊的建设项目；大型地球站、大型无线电收发信台站、广播电视发射塔等建设项目。

（1）涉及总体规划确定的微波通廊的建设项目。

建设工程规划设计方案（2份，含经纬度、最高点海拔高度）。

（2）大型地球站、大型无线电收发信台站、广播电视发射塔等建设项目。

1)《设置无线电台站申请表》（2份）；

2）建设工程规划设计方案（2份，含经纬度、最高点海拔高度）；

3）无线电台（网）设计方案（2份）。

9. 涉及电力保护事项的审查

限在已建、在建电力设施保护范围和保护区内的建设项目；法律、法规规定与电力设施应保持足够距离范围内建设易燃易爆、通信设施、军事设施、机场、领导（导）航台、污染源等建设项目。

开发商需提供建设工程规划设计方案（1份）。

10. 环境影响评价文件审查

限投资行政主管部门审批、核准之外的建设项目。

(1)《建设项目环境影响评价文件审批申请表》（原件2份）；

（2）环境影响登记表或由有资质的单位编制的环境影响报告表或环境影响报告书（原件2份，附电子文档）；

（3）评估机构关于环境影响报告书或环境影响报告表的技术评估报告（原件1份，建设项目填报环境影响登记表的，申请人不提供技术评估报告）。

11. 建设行政主管部门的规划设计方案审查

限重大市政公用设施工程项目。

开发商需提供建设工程规划设计方案（2份）。

12. 涉及文物保护事项的审查

限需原址保护的建设项目、在文物保护单位保护范围和建设控制地带内进行的建设项目。

开发商需提供建设工程规划设计方案（2份）。

13. 使用港口岸线的审批

限需使用港口岸线的建设项目。

（1）设置港口设施（趸船）的所有权证、船检证书（复印件各1份）；

（2）建设工程规划设计方案（2份，只需总平面图）。

（二）建设工程建筑方案设计审查

（1）项目的《选址意见通知书》、《建设工程规划设计方案审查意见通知书》及附图。

（2）《建设用地规划许可证》及附图。

（3）建筑方案设计图文本2套（如有多套方案均按此要求），重要及大型项目并需报送彩色渲染图（或其他效果图、模型等）。

（4）如涉及教育配套、文物保护、高压电力走廊、防洪控制、净空保护、国家安全保护、易燃易爆安全保护、地下及地上交通、河道、岸线保护、绿化禁建控制和保护等问题，则必须具备相关行政主管部门的书面审查意见。

（三）申领《建设用地规划许可证》流程

（1）开发商或个人按《建筑管理条例》（以下简称《条例》）和《建设工程选址意见

书》及其附件、附图的要求，委托具有相应资质的设计单位设计，在《条例》规定的期限内报送建设工程规划设计方案。

（2）报建厅窗口工作人员登记后送交经办人员办理，在25个工作日内提出处理意见：对符合《条例》和《建设工程选址意见书》的，核发《建设工程规划设计方案审查意见通知书》；对不符合上述要求的以《函复意见书》告知。

（3）获得《建设工程规划设计方案审查意见通知书》后，在报建厅填报《建设用地规划许可证申请表》，报建厅窗口工作人员登录后交经办人员办理，核发《建设用地规划许可证》。

以上程序需在规划局领取下列文件：①建设工程规划设计方案审查意见通知书；②建设工程方案设计审查意见通知书（注意：政府报批手续管理规定要求两个程序，取得以上两个文件，实际操作一般只有第2个文件）。此阶段领取《中华人民共和国建设用地规划许可证》。

（四）建设工程消防设计审查

（1）开发商在网上下载《建筑工程消防设计防火审核申报表》，按要求填写，封面加盖开发商印章。

（2）建筑方案由具有相应资质的设计单位设计，并在总平面图纸上加盖图说专用章、注册建筑师执业章、设计单位行政印章。

（3）在进行建设工程消防设计审查时，要附上下列建筑方案设计图纸资料：

1）建设项目立项批文和《选址意见通知书》；

2）规划设计红线图；

3）实测1：500现状地形图（蓝图）上布置的总平面图（图上应标明地坪标高、道路宽度、坡度、转弯半径及建筑物间的间距）；

4）建筑物各层平面图，主要立面图，剖面图；

5）设计说明（用地面积、总建筑面积、各层平面功能及面积、建筑高度、地下车库车位等）。

（4）提供消防设计说明专篇。

此阶段要提供以下资料：

1）总图（防火间距、消防车道、扑救场地或扑救平台的宽度和承载能力，加油站含周边50m范围的建筑情况）；

2）建筑防火（防火分区、耐火构造、安全疏散）；

3）消防给排水（消防用水量、室内外消防给水、消防排水、气体消防、消防水池容积）；

4）电源（消防用电、自备发电机组、报警系统、事故照明及诱导指示标志、通信设备、电气设备防火等）；

5）防排烟；

6）灭火器配置并附设计单位消防自审小组自审意见。

（5）需开审查会会审的项目，应在开会前一周将上述资料、图纸及会议通知送达消防局。

以上手续办完以后领取《建筑工程消防设计的审核意见书（建方）》。

在该阶段开发商还需在园林局提交以下资料以领取建设工程园林绿化设计方案审查意见（涵盖园林审查章的绿地总平面图）：

1）书面申请1份。

2）《选址意见通知书》、《建设工程设计条件、要求通知书》、规划设计红线图复印件各1份。

3）基地内《城市园林绿化修剪、移植、砍伐树木、临时占用城市园林绿地许可证》（复印件）。

4）绿地设计方案及设计说明（可在方案文本中体现）。

5）绿化现状图蓝图4份。

6）拟建绿地平面布置图蓝图4份。

7）方案设计文本（建筑全套）1套。

8）电子文档（总平面、绿地平面布置图、绿地设计文件、DWG文件）。

还要在环保局领取环境保护三同时（同时开工、同时建设、同时使用）审查意见。根据管理规定，环保局应参与方案设计审查，但由于方案设计无法统计污水、垃圾排放量，一般情况下，环保局在方案设计审查时，只提出相应的环保要求，在初设阶段完善有关环保手续。注意，该项工作一般延后到工程阶段办理。

（五）建设项目方案设计征求防空地下室设置意见

该阶段由人防办负责，分就地建设和异地建设两种情况。

1. 就地建设

（1）防空地下室方案设计依据及说明；

（2）建设项目总平面图及地面建筑平、立、剖面图；

（3）防空地下室建筑平、剖面图；

（4）防空地下室平时、战时使用方案设计。

资料提交并经审核后，领取《建设项目防空地下室方案审查意见通知书》。

2. 异地建设

（1）提交异地建设申请报告；

（2）按总建筑面积交纳相关费用。

如果就地建设，要获取建设项目防空地下室设置意见通知书，如果是异地建设，要领取建设项目防空地下室异地建设意见书。注意，在取得《建设工程方案设计审查意见通知书》后，才能到人防办联系此项工作。

（六）高切坡、深开挖、高回填项目专项勘察设计及评估

此项工作由市建委办理，有高切坡、深开挖、高回填的建设项目，应在初设前进行专项勘察设计，并由市建委委托有资格的单位进行可行性评估，作为初步设计审查必备的资料。开发商领取勘查设计资料及评估意见。

注意：并非所有项目都要做此项工作，只有高切坡、深开挖、高回填的项目才需要做此项工作，有关成果随初步设计进行报建。

（七）环境影响评价审批

该项工作由环保局负责。在该阶段，开发商要获取《建设项目环境影响评价审批意见》和《环境保护批准书》。

（八）水土保持方案批复

该项工作由区农林水利局或市水利局负责。

（九）综合管网规划方案审查

该项工作由规划局主管。在此阶段，开发商获取《综合管网规划方案审查意见通知书》。

注意：需要开初设审查会会审的项目，应在开会前取得《综合管网规划方案审查意见通知书》。

三、初步设计审查阶段

申领《建设工程初步设计审查意见书》前开发商需报送：

（1）建设工程初步设计审查审批申请书1份；

（2）初步设计图纸及说明书2份；

（3）综合管网设计图及说明书2份；

（4）土地管理部门核发的土地红线和国有土地使用证1份；

（5）彩色渲染图1份。在15个工作日内领取。

（一）建设工程初步设计审查

在该阶段开发商领取《建筑工程消防设计的审核意见书（建扩）》。

1. 开发商需向消防局提交的资料

（1）开发商填写《建筑工程消防设计防火审核申报表》。

（2）公安消防机构对该工程的方案消防设计审核意见书（复印件）。

（3）还需提供一些图纸资料，包括：

1）全套初步设计说明书（包括消防设计说明专篇）1套；

2）初步设计总平面图1套；

3）各层建筑平面图、主要立面剖面图各1套；

4）水、电、暖通等平面图、系统图和室外综合管网图各1套。

所送图纸应加盖设计单位的图说专用章、注册建筑师执业章、设计单位行政印章。

（4）建筑设计单位消防自审小组提出自审意见。

注意：需开初设审查会会审的项目，应在开会前一周将市公安局消防局建筑工程消防设计的审查意见书送达规划局。环保局参加建设项目初步设计审查会并提出意见。

2. 开发商需向环保局提交的资料

（1）开发商填写《建设项目环境保护设计审查申请表》。

（2）立项批复。

（3）建设项目拟建地点地形图。

（4）规划部门的选址意见书。

（5）建设项目设计文本及总平面图、管网总图。

开发商要向园林局提交以下资料，领取《关于城市建设项目（设计方案）配套绿地的意见》。

（1）开发商书面申请1份。

（2）建设项目配套绿地布置平面图（蓝图4份，留存3份，签还1份）；该平面图必须在1∶500实测地形图上编制，绿地与建筑、道路铺装、其他设施界限要分明，绿地地块须标明面积。

（3）初步设计建筑设计部分全套图说资料1套（其中留存建设项目初步设计总平面图蓝图1份，其余核对后返还）。

（二）建设工程初步设计审批（初设上会）

该阶段的主管部门为市建委勘察设计处。

（1）开发商需提交一些资料以领取《初步设计审查意见通知书》/《初步设计批复》，提交的资料如下：

1）申请初步设计审查、审批的文件（公文格式）。

2）建设工程初步设计审批申报表（到市建委勘察设计处领取或从相关建设网上下载）。

3）初步设计文件。

4）立项、可行性研究报告批复文件。

5）国土使用手续。

6）项目规划设计方案及综合管网规划方案审查意见通知书及附图（大于10万 m^2 的项目还需附市政府对项目规划方案的批复）。

7）方案设计消防审核意见及附图。

8）工程地质勘察（初勘）报告及其审查意见。

9）工程勘察、设计委托书及合同。

10）特殊原因需要提供的其他资料。

（2）审批程序及时限。

1）资料经初审，合格的进入下一程序，不合格的发给开发商初审意见（时限为：受理报件之日起，一般项目3个工作日，如是特殊或重要项目需5个工作日）。

2）项目现场踏勘，组织初步设计会审（时限为：一般项目15个工作日，如果是特殊或重要项目需20个工作日）。

3）审查合格的工程，下达初步设计批文；审查不合格的工程，发给开发商《初步设计审查意见通知书》（时限为5个工作日内）。

（三）申领《投资备案证》

在该阶段，开发商需提交：

（1）基本建设年度投资计划申请书1份；

（2）初步设计审查审批批复复印件1份；

（3）资料经审查后，领取基本建设年度投资计划批文和《投资备案证》。

四、施工图审查备案及报建阶段

施工图审查备案及报建阶段流程见表 5-1。

表 5-1　　　　　　　　　　施工图审查备案及报建阶段流程

工作名称	政府主管部门	提交资料及政府主管部门要求	获取文件
申领《建设工程规划许可证》	规划局	一、开发商应提供的资料 （1）书面申请。 （2）初设图说（加盖设计资质印章，房屋建筑工程限于建施图）及其电子文档，各 2 份。 （3）土地批准文件。 （4）初步设计批准文件（原件 1 份，限政府投资项目，以及非政府投资项目中的大、中型建设项目）。 （5）投资许可文件（国家或市政府规定须投资许可的工程）（原件）。 （6）高切坡、深开挖、高回填评估意见（涉及高切坡、深开挖、高回填的项目）（原件）。 （7）年度计划文件。 （8）初步设计批复文件。 （9）建设工程地质详勘报告及其质量审查意见书。 （10）土地权属证明（复印件）。 （11）消防、环保、人防、教委、防雷、市政、园林等部门的书面审查意见或批准文件。 （12）建设工程施工图文本 2 套。 （13）建筑外立面设计及环境设计审查意见。 （14）综合管网初设审查意见。 二、办理程序 1. 申请与受理 （1）申请人按窗口公示的《建设工程规划许可证》办理要求，持申请材料到规定窗口申请。 （2）窗口负责对申请材料核对、登录，履行交接手续。 （3）主管部门在 5 个工作日内做出受理、不予受理或要求补正的决定，并在窗口公布。同意受理的，向申请人核发《市规划局建设工程规划许可申请受理复函》；不同意受理的，向申请人核发《市规划局建设工程规划许可申请不予受理复函》；需要补正申请材料的，向申请人核发《市规划局建设工程规划许可申请补正材料复函》。 2. 审查与决定 自主管部门同意受理后 20 个工作日内，审查完结，做出准予或不准予建设工程规划许可、提交市局局长办公会的决定。准予的，办理《建设工程规划许可证》及其附图；不准予的，办理《建设工程施工图设计规划审查复函》。 3. 公布与颁发 公布与颁发窗口负责自作出准予建设工程规划许可决定之日起 10 个工作日内，公布决定内容，颁发《建设工程规划许可证》；其他行政决定，自作出之日起 3 个工作日内公布并发出	《建设工程规划许可证》

续表

工作名称	政府主管部门	提交资料及政府主管部门要求	获取文件
施工图审查备案	市建委勘察设计处	一、开发商申报施工图审查备案须提交的资料 （1）申请施工图设计审查备案的文件（公文格式）。 （2）建设工程施工图设计审查备案申报表。 （3）初步设计批文及附图复印件（装饰装修工程提供主体工程初步设计批复）。 （4）工程地质详细勘察成果质量审查报告及附图（装饰装修工程可不提交此项）。 （5）施工图总平面图（1∶500，原件，3张）。 （6）施工图设计消防审核意见及附图。 （7）工程勘察、设计合同及勘察、设计单位分别出具的收费证明。 二、施工图审查备案范围 （1）由市建设行政主管部门批准初步设计的建设工程。 （2）主体工程由市建设行政主管部门批准初步设计，且装修面积在1000m² 以上或造价在250万元以上的室内外装饰装修工程。 三、施工图审查备案程序及时限 （1）资料经初审，合格的进入下一程序；不合格的发给初审意见（报件受理之日起3个工作日），报件退回开发商。 （2）施工图行政审查，合格的进入下一程序，发给技术性审查委托书；不合格的发给行政审查意见（3个工作日），报件退回开发商。 （3）技术审查，提交审查报告（一般项目20个工作日，特级和一级项目30个工作日）。 （4）依据审查报告，合格的发给《重庆市建筑工程施工图设计文件审查备案书》（5个工作日）；不合格的，报件退回开发商。 注意：有些地区已按建设部第134号令对施工图审查备案实行了新的管理办法，如重庆市的经开区要求：施工图审查单位完成施工图审查后，需提交： 1）施工图设计文件审查合格书； 2）施工图设计文件审查报告； 3）施工图设计文件审查合同至经开区建设局，即完成项目的施工图审查备案	《建设工程施工图设计文件审查备案书》
建筑工程消防设计施工图设计审核	消防局	（1）开发商按要求填写《建筑工程消防设计防火审核申报表》，封面加盖开发商印章。 （2）公安消防机构对该工程的初步设计审核意见书（复印件）。 （3）提供施工图蓝图： 1）总平面图4套（其中3套盖消防审核及消防局公章）； 2）建筑平面图2套； 3）消防水、电、暖通通风各2套。 其中1套应按城市建设档案标准装入城市建设档案盒，并在总图上加盖设计单位图说专用章、注册建筑师执业章、设计单位行政印章。 （4）建筑设计单位消防自审小组自审意见。 （5）城市建设档案盒是由城乡建设档案馆统一的标准档案盒	《建筑工程消防设计审查意见书（建）》

续表

工作名称	政府主管部门	提交资料及政府主管部门要求	获取文件
环境影响评价审批	环保局	(1) 与有资质进行环境测评的单位谈判，签订环境评价合同。 (2) 项目环境评价报告	《建设项目环境影响评价审批意见》
现场放线	市规划勘测院	总平面图	《工程放线回单》
建设项目防空地下室初步设计审查	人防办	(1) 防空地下室初步设计依据及说明。 (2) 建设项目总平面布置图及地面建筑平、立、剖面图。 (3) 防空地下室建筑平、剖面图。 (4) 防空地下室主体结构形式、断面和防护系统图。 (5) 防空地下室通风（空调）、给排水、电气专业平时和战时系统原理图及布置图。 (6) 防空地下室建筑、结构、通风（空调）、给水排水、电气平战功能转换措施图。 (7) 防空地下室主要设备、材料表。 注意：以上资料均为2套	《建设项目防空地下室初步设计审查意见通知书》
建设项目防空地下室施工图设计审查	人防办	(1)《建设项目初步设计批复》。 (2) 防空地下室施工图设计依据及说明。 (3) 防空地下室建筑施工设计图。 (4) 防空地下室主体结构、防护结构施工设计图。 (5) 防空地下室通风（空调）、给水排水、电气专业平时和战时施工设计图。 (6) 防空地下室建筑、结构、通风（空调）、给水排水、电气平战功能转换措施施工设计图。 (7) 防空地下室主要设备、材料明细表。 (8) 防空地下室施工图审查机构的审查意见和相关资料。 注意：以上资料均为3套	《建设项目防空地下室施工图设计审查意见通知书》
建设项目防雷工程设计审核	防雷办	(1) 项目立项批复复印件。 (2) 建设工程初步设计批复文件复印件。 (3) 设计单位资质证复印件。 (4) 承包商资质证复印件	《建设项目防雷工程设计审核书》

注 此表中《建设工程规划许可证》的审批无并联审批项目，由规划部门单独审批。

五、施工准备阶段

（一）施工招投标

1. 开发商应向主管部门提交的资料

（1）招标公告或投标邀请书。

（2）招标代理机构资格备案表或自行招标备案表。

（3）资格预/后审资料及招标文件。

（4）招标投标情况报告（含中标施工单位资质证书）。

（5）中标通知书及施工合同。

2. 招标程序及时限

（1）招标人向市（高新区、经开区）建设工程招标投标办公室提出施工招标和确认招标方式的申请，对于符合施工招标条件的公开招标项目，立即确认；对于符合施工招标条件拟采用邀请招标发包方式的，招标人应当按要求填报备案表并提交相关资料。对资料齐全并符合条件的项目，于15个工作日内办理完备案手续。

（2）招标人自行办理或者委托招标代理机构办理施工招标事宜的向市（高新区、经开区）招标办备案。

（3）招标人发布招标公告或者发出投标邀请书。

（4）招标人通过资格预审确定投标人。

（5）招标人编制招标文件并送市或相关区域招标办备案，如在重庆还包括高新区和经开区招标办，招标办于5个工作日内办理完备案手续。

（6）招标人向投标人发出招标文件、施工图纸和有关资料。

（7）招标人组织所有投标人踏勘现场，召开答疑会。

（8）投标人编制投标文件，并按招标文件要求向招标人提交投标文件。

（9）设有标底的，招标人编制标底；需要经审定标底的项目，由招标办组织审定。

（10）招标人依法组建评标委员会。

（11）招标人组织开标。

（12）招标人组织评标并确定中标人。

（13）招标人将施工招标投标情况报告送市或相关区域招标办备案，并将中标结果公示，如在重庆还包括高新区和经开区招标办，对符合条件的，招标办5个工作日内办理完备案手续。

（14）招标人向中标人发出中标通知书。

（二）质量报监

1. 开发商应向建设工程质量监督总站提交的资料

（1）工程质量监督登记表。

（2）监理单位资质证书。

（3）项目监理人员岗位证书。

（4）监理合同和预拌混凝土供应合同。

（5）施工图设计文件及审查报告。

2. 办理程序及时限

（1）开发商持中标通知书在交易所建筑管理厅质监站窗口处领取质量监督登记表并填写，同时办理相关事项。

（2）开发商携附表资料到交易所建筑管理厅质监站窗口办理质量监督手续。

（3）开发商资料送达后，市建设工程质量监督总站立即进行相关审查，符合要求的，当即发给工程质量监督手续办理通知单。

（4）开发商持质量监督手续办理通知单到市建管站办理施工许可证。

（5）市质量监督总站收到项目施工许可证办理证明后5个工作日内，将《建设工程质量监督书》送达开发商并开展质量监督工作。

（三）安全报监

此项工作的主管部门为建设工程施工安全管理总站。

1. 应提交的资料

（1）承包商安全信誉等级证书和安全生产责任书。

（2）承包商为从事危险作业职工办理的意外伤害保险凭证。

（3）安全生产文明施工的组织设计方案和技术措施。

（4）大中型施工机具和设备安全性能状况资料。

以上资料经审核后，领取《安全报监通知单》。

2. 办理程序及时限

（1）承包商持中标通知书，在建筑管理厅安全报监窗口领取《建设工程安全管理报监书》一式两份，并按要求认真填写相关内容。

（2）承包商携《建设工程安全管理报监书》和应提交的资料，到建筑管理厅安全报监窗口办理安全报监手续资料，符合要求的，市建设工程施工安全管理总站立即发给《建设工程施工项目开工前提条件告知书》。

（3）承包商按《建设工程施工项目开工前提条件审查告知书》的要求准备就绪后，安全监督人员2个工作日内到达施工现场审查，审查合格后发给安全报监通知单，凭安全报监通知单办理施工许可证手续。

（四）申领《建设工程施工许可证》

此项工作的主管部门为建筑管理站。

1. 开发商应提交的资料

（1）《施工许可证申请表》。

（2）已经取得的《建设工程规划许可证》。

（3）已经办理的建设用地批准手续。

（4）已经取得的《固定资产投资许可证》。

（5）按照国家有关规定应当纳入年度投资计划，建设资金已经落实的相关证明文件。

（6）已经取得的《环境影响评价报告》。

（7）已经取得的《建筑工程消防审核意见书》。

（8）需要拆迁时，已经办理的拆迁手续相关文件。

（9）有满足施工需要的施工图纸及其他技术资料。

（10）已经按规定办理了招标手续，与施工企业签订的合同文件。

（11）已经办理的工程质量报监和安全报监手续。

（12）缴纳前期工程有关税费的凭据。

（13）已经取得的《抗震审查合格通知书》。

（14）项目经理资质等级证书原件。

（15）法律、法规和规章规定的其他条件。

2. 办理程序及时限

市建筑管理站的办理程序为：

（1）开发商向发证机关领取《建筑工程施工许可证申请表》。

（2）开发商持加盖单位及法人代表印鉴的《建筑工程施工许可证申请表》（一式两份），并附"应当具备的条件（开发商应提交的资料）"所规定的证明文件，向发证机关提出申请。

（3）发证机关在收到开发商报送的《建筑工程施工许可证申请表》和所附证明文件后，应当自收到之日起 15 个工作日内对符合条件的单位颁发《建筑工程施工许可证》。

开发商应当自领取《建筑工程施工许可证》之日起 3 个月内开工。因故不能按期开工的，应当向原发证部门申请延期；延期以 2 次为限，每次不超过 3 个月。既不开工又不申请延期的，建筑工程施工许可证自行失效。

在建工程因故中止施工 6 个月以上的，开发商应当自中止施工之日起 1 个月内，向原发证部门报告，并按照规定做好建筑工程的维护管理工作。

建筑工程恢复施工时，应当向原发证部门报告；中止施工满 1 年的，原发证部门应当核验《建筑工程施工许可证》。

六、项目验收及备案阶段

项目验收是指单位（子单位）工程的验收，包括各专项验收和项目竣工验收。

（一）验收内容

（1）专项验收，其中包括：

1）工程质量初步验收。

2）档案验收。

3）环保验收。

4）防雷验收。

5）消防验收。

6）规划验收。

7）市政验收（是否进行，按各区具体规定进行）。

8）绿化验收（是否进行，按各区具体规定进行）。

9）人防验收（有人防工程者，进行此项验收）。

（2）竣工验收。

在所有专项验收完成后，由开发商组织项目竣工验收。

（二）专项验收分类

（1）由建委进行并联验收审批部分包括：

1）消防验收。

2）规划验收。

3）环保预验收。

（2）由开发商或承包商直接向主管部门申报的验收部分包括：

1）工程质量初步验收。

2）档案验收。

3）防雷验收。

4）市政验收。

5）绿化验收。

6）人防验收。

（三）各专项验收实施步骤

1. 消防验收

（1）单调及联动调试。

1）单调。各种消防设备安装完成后，由监理公司督促承包商进行单机调试（自检）。调试（自检）主要内容有：消火栓系统、喷淋系统、气体灭火系统、防排烟系统、柴油发电机、防火卷帘、防火门、防火窗、应急照明、消防电梯、疏散指示、灭火器配置、土建部分的复核等。

单调（自检）依据为：设计图纸、《建筑工程消防验收规范》、《自动喷水灭火系统施工及验收规范》（GB 50261—2017）、《消防安全标志设计、施工及验收规范》。

2）联动调试。由开发商组织，监理监督、自动消防系统承包商和总承包商为辅，进行自动消防系统的联动调试。各家承包商的工作界面为：自动消防系统单位负责整个系统的联动、总承包商负责总包范围内的各种设备及末端的调试配合。

联动调试组织重点为：

a. 成立消防验收临时工作指挥部，其组织架构一般为：由开发商电气工程师任指挥长，总监任副指挥长，按土建（含总图）、电气、通风、给排水分专业设置工作组，开发商各专业工程师任组长。

b. 开发商在自动消防单位编制的调试方案基础上，编制联动调试实施方案，明确各专业联调时间、技术要求、工具及人员准备、调试中的应急方案等。方案完成后，向所有参加联调的单位进行方案交底。

c. 联调前，由指挥长牵头对各专业组进行全面单调结果的检查，以保证单调全部达到消防要求。同时，再一次组织参加联调单位调试准备会，让参会承包商按调试方案要求，自己讲述在联调时的工作及注意事项，以保证所有单位理解方案并能在调试过程中步调一致。

d. 联调时每个岗位备有一部同频道的对讲机，随时保证联络通畅。

（2）消防验收申报。

1）消防自检验收。联调合格后，开发商应组织设计单位、监理单位、承包商对消防系统进行自检验收，验收按调试时的专业分组进行，重点是现场联动及现场安装土建等状况与设计图纸的复核。自检验收结束，应有是否同意向消防局申报消防验收的结论，并由监理督促在规定时间内对自检验收提出的问题进行整改。

2）验收申报。消防验收的申报按"验收环节并联审批试行办法"的相关要求向主办部门申报验收。对于比较复杂的综合性项目，最好在申报前将消防局验收人员约到现场提前进行一次检查。

（3）消防验收组织。

1）验收准备工作。

a. 现场准备。清洁完成、通道上无障碍物、无自然采光的通道必须照明、室内外消防标识标牌完整清晰醒目、与消防有关的设备房由专人值守、同频道对讲机每组至少一个。

b. 资料准备。施工图消防审查意见书、消防申报图纸（各专业）、各单位汇报材料汇总、承包商设计消防部分的自检资料、各种消防材料设备的合格证等，分类装订成册放置在资料台上。

c. 会场准备。条幅、签到表、瓶装矿泉水、资料台、明确会议记录人、座排、简单水果等。

2）验收。

a. 现场验收。按各专业分组（设计人员也并入专业组），陪同消防局验收人员对现场实物进行逐点验收及联动试验，过程中注意准确回答消防局的提问并专人对问题进行记录。

b. 资料验收。由验收人员检查所有消防资料，注意准确回答问题。

c. 验收会议程。验收会由现场验收、各方汇报、资料验收几大部分组成，主持人一般为开发商项目经理，开发商调试指挥长，设计院设总、监理公司总监、承包商项目经理负责各方情况汇报。

会议结束前，消防局要按验收规范的要求得出评定意见，并明确整改后是否进行现场复查等。

（4）验收结论的取得。验收结束后，消防局将验收结论回复建委主办部门，由主办部门进行下一步的工作。

2. 规划验收

（1）验收准备。

1）委托营销部，向勘测院申请进行房屋建筑面积测量，出具《房屋建筑面积测量计算报告书》。

2）向勘测院申请进行竣工地形测量，出具《1∶500竣工实测地形图》。

3）填写规划验收申报表并按表内要求准备其余资料。

（2）验收申报及验收。

1）规划验收的申报按"验收环节并联审批试行办法"的相关要求向主办部门申报验收。

2）规划局进行现场复核并出具竣工验线回单。

（3）验收结论。验收结束后，规划局将验收结论回复建委主办部门，由主办部门进行下一步的工作。

3. 环保预验收

（1）验收准备。

1）现场生化池、油烟处理设施、噪声处理设施、垃圾收集站等施工完成。

2）生化池、室外污水管网竣工图。

3）验收申报表要求的其余资料准备完成。

（2）验收申报及验收。

1）填写《环保预验收申请表》，环保验收的申报按"验收环节并联审批试行办法"的相关要求向主办部门申报验收。

2）环保局现场验收。

（3）验收结论。验收结束后，环保局将验收意见批复在预验收申请表相关部位，回复建委主办部门，由主办部门进行下一步的工作。

4. 档案验收

（1）竣工资料装订组卷完成。

（2）向城建档案馆提交《档案验收申请表》。

（3）总监组织档案验收会，由档案馆当场进行竣工档案的评定。

（4）验收合格后，承包商向城建档案馆进行档案的移交，档案馆出具《建设工程档案移交书》，开发公司存档。

5. 防雷验收

（1）验收检测申请。

（2）现场检测。

（3）验收合格证取得：

1）向防雷中心办公室交纳防雷验收检测等费用。

2）从防雷中心获得防雷工程检测报告和防雷工程验收合格证，原件交公司资料室存档。

6. 市政验收

主要是对雨污接口的验收，以验收时各区具体要求进行。

7. 绿化验收

主要是对绿化指标的验收，以验收时各区具体要求进行。

8. 人防验收

按人防办具体要求进行。

9. 工程质量初步验收

工程质量初步验收从严格意义上说不属于专项验收的范畴，但它是竣工验收的基础和保证，质检站监督小组对工程质量的一个评判。

（1）验收准备。总包合同内工作全部完成，各功能系统调试检测合格，承包商自检合格，竣工资料准备齐全，承包商方可申请初步验收。

1）承包商向监理公司提交《竣工验收申请表》。

2）监理公司接到验收申请表后，按验收标准的要求，对现场质量、质量控制资料、观感质量、竣工图等进行逐一检查。

3）经监理检查认为达到初步验收标准后，开发公司进行抽查。

4）由开发商通知设计、地勘、施工、监理、质检在约定时间进行初步验收。

（2）验收组织。

1）初步验收的人为总监。

2）要求承包商进行常规的会场布置，如资料台、座次牌、签到表、相机、茶水等。

3）检测工具的准备，如卷尺、靠尺、线锤等。

4）会议纪要由监理公司完成。

（3）验收重点。

1）现场验收，重在观感质量的验收。

2）质量控制资料、安全和功能检验资料核查。

3）竣工图绘制的抽查。

（4）验收结论。现场和资料检查完成后，由与会各方发表初步验收意见，由质检站综合各方意见提出整改要求，监理公司形成会议纪要。监理和开发商在会后应立即督促承包商拿出整改计划并大力度监督实施。

（四）竣工验收

初步验收整改完成后，承包商向质检站提交整改回执。质检站认可后，由质检站确定竣工验收时间，方可进行竣工验收。

1．资料准备

（1）竣工验收阶段开发商需准备的资料包括：承包商整改回执（验收前提交主监审查）、竣工验收通知书（验收前送达各参会单位）、参建各方质量检查评估报告、施工许可证原件、施工图审查报告原件、各专项验收意见书原件、竣工验收汇报材料等。

（2）竣工验收时承包商须准备的资料为：全套竣工资料（各种质保资料为原件）、竣工验收汇报材料。

（3）竣工验收时监理、设计、地勘等单位主要准备竣工验收汇报材料。

2．验收

此项工作的重点为：

（1）竣工验收的主持人为开发商项目经理。

（2）竣工验收时，质检站会派监督组以外的监督员参与验收。

（3）验收小组得出验收合格的结论后，主持人应当场宣读并要求参验单位负责人在竣工验收意见书上签字，会后补盖公章。

（五）工程备案

（1）竣工验收意见书取得后，按《建设工程验收环节并联审批试行办法》的要求，备齐相关资料，建委进行备案工作。

（2）备案完成，取得《竣工备案等级证》。

项目验收阶段流程、政府主办部门及提交资料详见表5-2。

表 5-2 项目验收阶段流程

工程名称	政府主办部门	提交资料及政府主管部门要求	获取文件
电梯验收	技术质量监督局	注意：由电梯安装单位负责	《安全检验合格证》
项目环保预验收	环保局	一、开发商应提供的资料 《市建设项目试生产（预验收）环保报审表》1 份。 二、项目环保预验收程序 （1）项目竣工后，开发商向环保局提交环保预验收申请报告。 （2）环保局自收到申请报告之日起，10 个工作日内完成现场检查并予以批复。	《建设项目试生产（预验收）环保审批意见书》
建设项目环境保护竣工验收	环保局	（1）项目投入使用后，污水处理能力达到设计能力的 75% 时，开发商可委托法定的环境监测部门按"三同时"审批确定的监测项目进行监测；监测合格者，得到由该环境监测部门出具的《验收监测报告》（1 份）。 （2）开发商根据监测报告，填报《建设项目环境保护竣工验收申请表》（3 份）申请验收；并同时报送污染防治措施的操作规程、岗位责任制及维修保养制度各 1 份。 （3）环保局自收到申请验收表之日起，15 个工作日内到现场检查验收并完成审批	《建设项目环境保护竣工验收合格证》
建设项目防雷工程竣工验收	防雷安全工作委员会	（1）《防雷工程设计审核书》。 （2）《防雷工程设计审核意见书》。 （3）防雷工程竣工图。 （4）《市新建建（构）筑物防雷设施隐蔽工程分段检测验收手册》。 （5）《防雷接地隐蔽检查及测试记录》	《建设项目防雷工程竣工验收合格证》
建设项目竣工档案验收	城建档案馆	（1）建设项目（工程）初步验收前，开发商组织承包商、监理单位、设计单位及其他有关单位，进行档案的自检工作，并做出档案自检报告。 （2）初步验收时，在验收主管单位组织下，档案部门着重抽查项目档案的归档情况。评价档案资料的完整、准确、系统性情况以后，写出初验意见，对存在的问题提出改进要求，限期解决。开发商、承包商、监理单位、设计单位按初步验收的意见在竣工验收前加以整改完善。 （3）竣工验收时，项目规模较大、较复杂的工程，应有档案情况的专题验收报告。项目规模较小的工程，则应在验收报告中写明档案的情况。在竣工验收鉴定书中要有关于档案情况的评价	《竣工档案验收报告》

工程名称	政府主办部门	提交资料及政府主管部门要求	获取文件
建设项目防空地下室工程竣工验收	人防办	（1）电话咨询市人防办，答复针对人防的竣工验收，无具体的流程文件。在办理人防竣工验收之前需进行初步验收。 （2）从网上查阅其他省市的人防竣工验收，综合后，列出如下仅供参考。 1）验收申请表； 2）人防设备订货明细表、合格证件及检验、试运转记录； 3）工程批准文件及设计变更资料； 4）隐蔽工程验收签证单； 5）竣工图纸	《人防验收合格证》
建设项目消防竣工验收	消防局	一、建设项目消防竣工验收程序 （1）《建筑工程消防验收申报表》（开发商、承包商、监理单位、设计单位加盖公章）。 （2）《建筑工程消防安全质量验收报告表》（开发商、承包商、监理单位、设计单位加盖公章）。 （3）建筑防火审核意见书（施工图阶段）复印件（2份）。 （4）消防安装单位的资质等级（加盖鲜章）。 （5）消防工程承包商出具的《各消防系统调试报告》（加盖施工单位公章）。 （6）消防产品选用清单有消火栓（包括水枪水带）、报警系统、水喷淋系统、水喷雾系统、防火卷帘、防火门（包括钢质防火门和木质防火门）、应急照明（包括疏散指示标志）、风管等消防产品要提供订货合同复印件，如属现场制作的风管应提供制作说明，并加盖制作单位公章。 （7）竣工图，提供原消防部门审核的施工设计图纸： 1）建筑总平面图（必须是盖有消防局公章的施工图总平面）； 2）建筑标准层平面图； 3）建筑非标准层平面图； 4）建筑剖面图； 5）水系统图； 6）防排烟系统图； 7）有管网气体灭火系统图。 （8）除裙楼和主楼可分开进行验收外，其余部分不予单独验收。 二、装饰装修工程消防竣工验收程序 （1）《建筑工程消防验收申报表》（开发商、承包商、监理单位、设计单位加盖公章）。	《消防装饰竣工意见书》

续表

工程名称	政府主办部门	提交资料及政府主管部门要求	获取文件
建设项目消防竣工验收	消防局	(2)《建筑工程消防安全质量验收报告表》(开发商、承包商、监理单位、设计单位加盖公章)。 (3)《建筑工程装修防火审核意见书》(复印件)(2份)。 (4) 所在大楼《主体消防验收合格意见书》(复印件)。 (5) 有现代消防设施的应提供消防安装单位的资质等级证书(加盖鲜章)。 (6) 有现代消防设施的工程承包商应出具的《各消防系统调试结果》(加盖承包商公章)。 (7) 装饰材料选用报告及阻燃处理隐蔽工程施工记录(加盖装饰单位公章)。 (8) 消防产品选用清单新增的消防设施、产品要提供订货合同复印件;有可燃材料做阻燃处理的需报处理的方法、施工记录及订货合同复印件。 (9) 竣工图(提供原消防部门审核的施工设计图纸):装修各层平面图	《消防装饰竣工意见书》
建设工程规划验收	规划局	一、开发商应提供的资料 (1)《建设工程规划验收合格证》申请表。 (2)《建设工程规划许可证及通知书》。 (3) 经批准的规划方案审定图。 (4) 经批准的建筑施工图。 (5) 竣工图。 (6) 竣工测量地形图。 二、竣工验收程序 (1) 填报《建设工程规划验收合格证申请表》。 (2) 工程实物符合《建设工程规划许可证》及核准的附图、图说要求的,核发《建设工程规划验收合格证》;对不符合上述要求的,按《条例》的适用条款处理,经整改后能达到要求的核发《建设工程规划验收合格证》	《建设工程规划验收合格证》
建设工程竣工验收	质量监督机构	建设工程竣工验收条件 (1) 完成工程设计和合同约定的各项内容。 (2) 施工单位在工程完工后对工程质量进行检查,确认工程质量符合有关法律、法规和工程建设强制性标准,符合设计文件及合同要求,并提出工程竣工报告。工程竣工报告应经项目经理和承包商有关负责人审核签字。 (3) 对于委托监理的工程项目,监理单位对工程进行质量评估,具有完整的监理资料,并提出工程质量评估报告。工程质量评估报告应经项目总监理工程师和监理单位有关负责人审核签字。 (4) 勘察、设计单位对勘察、设计文件及施工过程中由设计单位签署的《设计变更通知书》进行检查,并提出《质量检查报告》。《质量检查报告》应经该项目勘察、设计负责人和勘察、设计单位有关负责人审核签字。 (5) 有完整的技术档案和施工管理资料。 (6) 有工程使用的主要建筑材料、建筑构配件和设备的进场试验报告。 (7) 开发商已按合同约定支付工程款。	《建设工程竣工验收意见书》

工程名称	政府主办部门	提交资料及政府主管部门要求	获取文件
建设工程竣工验收	质量监督机构	(8) 有承包商签署的《工程质量保修书》。 (9) 规划行政主管部门对工程是否符合规划设计要求进行检查，并出具认可文件。 (10) 消防、环保等部门出具认可文件或者准许使用文件。 (11) 工程质量监督机构等有关部门责令整改的问题全部整改完毕	《建设工程竣工验收意见书》
建设工程竣工验收备案	建设工程竣工验收备案管理办公室	一、开发商应提交的资料 (1)《建设工程竣工验收备案申请书》（原件，一式2份）。 (2)《重庆市建设工程竣工验收意见书》（原件，1份）。 (3) 承包商提供的《工程竣工报告》（原件，1份）。 (4) 监理单位提供的《工程质量评价报告》（原件，1份）。 (5)《勘察报告审查意见书》（复印件，1份）。 (6) 勘察单位提供的《勘察质量检查报告》（原件，1份）。 (7)《施工图设计文件审查备案书》（复印件，1份）。 (8) 设计单位提供的《设计质量检查报告》（原件，1份）。 (9) 市政基础设施工程有关质量检测和功能性试验资料（复印件，1份）。 (10)《建筑工程施工许可证》（复印件，1份）。 (11) 规划部门出具的认可文件或准许使用文件（复印件，1份）。 (12) 公安消防部门出具的认可文件或准许使用文件（复印件，1份）。 (13) 环保部门出具的认可文件或准许使用文件（复印件，1份）。 (14) 建设工程档案验收意见（复印件，1份）。 (15) 承包商提供的建设单位已按合同约定支付工程款的有关证明（原件，1份）。 (16)《建设工程质量保修书》（复印件，1份）。 (17)《商品住宅质量保证书》和《商品住宅使用说明书》（复印件，1份）。 (18) 法律、规章等规定必须提供的其他文件（如防雷、人防、高切坡、航道、港监等复印件，1份）。 (19) 建设、施工、监理单位有关人员签署的质量责任书（原件，1份）。 二、办理程序及时限 (1) 开发商应当在工程竣工验收会召开的7个工作日前，到备案管理部门领取竣工验收备案申请书。 (2) 开发商应当自工程竣工验收合格之日起15日内，到备案管理部门提交备案文件（按上述要求提供）。 (3) 工程质量监督机构在工程竣工验收之日起5个工作日内，向备案管理部门提交工程质量监督报告。 (4) 备案管理部门对开发商提交的备案文件初审合格后，于1个工作日内在《建设工程竣工验收备案申请书》上加盖备案文件收讫章，返回开发商1份。 (5) 备案管理部门在收讫质量监督报告和竣工验收备案文件后，15个工作日内对符合备案要求者发给开发商《建设工程竣工验收备案登记证》	《建设工程竣工验收备案登记证》

注 如果是精装修工程，还需进行精装修工程消防竣工验收、精装修工程竣工验收等。

复习思考题

1. 建设项目的报建工作分为几个阶段? 每个阶段的工作是什么?
2. 建设项目的报建工作各阶段需要提交哪些资料? 要领取哪些证件?
3. 规划部门的职责是什么?
4. 协办部门的职责是什么?

天下难事，必作于易；天下大事，必作于细。

———《老子》

第六章　房地产产品研发

随着我国经济的持续、快速、稳定增长，人们消费水平的极大提高，消费者对住宅的要求正逐步提高，从满足最基本的居住提高到了舒适、安全、享受的高度。为了满足顾客的需求，房地产的开发正逐步提高到相应的高度，产品研发所起的作用也越发重要。

第一节　房地产产品研发概述

一、房地产产品研发概述

房地产产品研发，是指以满足用户的需要及社会的总体利益为出发点，以产品的整体概念为指引，根据宏观经济环境和企业自身的条件和特点，将房地产开发企业内外的资源进行有效整合和利用，研究、开发出具有核心、形式、延伸诸要素有机结合的房地产产品的全过程。它包括研发前的调查、研发、信息反馈评价三个阶段。就具体项目而言，涉及项目整体规划（包括建筑规划与园林规划）、街区功能规划、建筑立面、户型创新设计、配套等方面。

房地产产品相对于其他产品来说具有一些独特的特性，比如固定性、一次性、价值巨大性等。这些特性决定了房地产产品开发需要消耗较多的自然资源，需要整合大量的社会资源，其研发工作也不同于其他产品。房地产产品在地域上是独一无二的，是不可复制的，房地产产品研发设计工作必须依赖方案设计商，施工图设计商，专业设计商等外部技术力量的支持，按照企业的投资决策、项目定位、成本要求、客户需求等来设计出既定的房地产产品。

房地产产品的一次性也决定了产品研发是一个专业性、创造性很强的工作，要求研发者在扎实的专业基础上，利用自己的创造性来提升研发的价值。一般说来有五个创意来源。第一，模仿跟进：如果竞争对手推出市场的产品取得了好效果，或者说竞争对手的产品经过判断，市场前景乐观，就模仿竞争对手研发这种产品。第二，糅合产品：把市场上两个或两个以上常见的或者比较受欢迎的产品品类，糅合成一个产品，从而创造出一个新产品。第三，替代转换：从相似行业中寻找替代品，也可以是从相异行业中寻找替代品。目前这种替代转换的创意方法比较常见，而且实践也证明确实具有旺盛的生命力，与新建品类的方法相比，它分流了原有的市场需求，而新建品类则是构建全新的市场需求。第四，增值挖掘：基于之前一个主要产品相似或相关的需求，通过提供更多功能或者挖掘其潜在的价值来提高企业对平均单个消费者的销售额。第五，创新产品：这是很多企业的产品策划人员最想采用的方法，也是成功率最差的一个方法，一般需要企业对市场及消费者进行长期的研究，要求研发人员应具备对市场的敏感性，有创造的灵感，还应该时刻保持研发设计理念上的先进性和前瞻性，创造出竞争对手还没有的新产品，能最大满足顾客需求的产品，从而抢占空白市场。

房地产开发一定要做到总体规划，分步实施，项目规划一步到位、建设分步进行的思路。但由于项目具有开发周期长、投资大的特点，一定要注意合理安排开发的节奏，确保资金链的安全，要短线开发与长线开发相结合。要尽快变现，从而降低投资风险。另外，房地产开发还要注意保护环境。

二、房地产产品研发与各职能部门的关系

在实际工作当中，房地产产品研发与各职能部门的关系主要是技术方面的配合、辅助，为各部门提供专业技术支持，做好技术服务工作。

（一）产品研发与项目拓展

项目拓展主要是通过开发新的项目，充分挖掘项目潜在的客户或者吸引新类型客户的眼球。它与产品研发的技术配合体现为：分析政府对城市的总体规划，为企业的战略提供技术支持；对项目及产品的市场定位提出指导性意见；对宗地的价值进行评估；进行土地成本的预算；根据宗地条件及项目的特点，对施工难点和施工成本进行预测；对宗地所在区域的地质条件、自然气候条件、市政配套条件、景观特点、周边设施条件、交通通信条件进行评价等。

（二）产品研发与产品实施

产品实施是在研发之后，利用人力、物力、财力制造出产品的过程。产品研发主要是为产品实施提供项目成本方面的技术支持，并根据成本控制要求、利润目标要求对技术方案进行优化，实现最大化的项目价值，主要体现为：为前期成本概算提供相关经济技术指标；为多方案经济效果评价提供技术支持；根据成本利润限值、利用价值工程等技术对选定方案进行具体衡量，尽量创造出最佳性价比的产品；为招投标、设计概预算、设计变更、施工变更、销售变更等提供技术支持；签订缜密的委托设计合同，推行限额设计，减少设计成本。

（三）产品研发与产品开发

产品研发主要为开发能顺利办理各项建设手续提供技术支持，使开发手续办理更快捷、更有效，主要表现在：为办理建设投资计划手续提供各项经济技术指标；提供规划设计条件，单体建设工程规划所需要的各种技术文件及图纸；配合组织专业设计院进行施工图设计，并组织设计交底；为施工许可手续的办理提供技术支持；为办理房产销售手续、房屋产权证书等提供技术支持。

（四）产品研发与工程

工程施工阶段是项目实施的主要阶段，研发与工程的衔接可能是最紧密的两个环节。

研发对工程的有效支持关系到施工进度、施工成本、工程质量等各个方面，也是确保产品各项目标得以实现的重要保证。它为研发提供的技术支持体现为：在方案及施工图设计阶段，充分考虑项目本身的要求及特点，在保证质量的前提下，从方便施工、减小施工难度、优化建设成本角度出发，细致认真地设计图纸，杜绝重大方案失误和施工图设计失误，减少图纸变更；做好设计文件的技术交底工作；密切关注工程过程中出现的施工难点，为图纸中可能出现的问题预先进行处理，对施工过程中可能出现的技术问题及时采取对策；及时组织设计单位进行现场技术服务；为设备选型、材料选用提供技术支持；配合工程完成相关技术文件、图纸的归档整理工作。

（五）产品研发与产品销售

一个产品是否取得成功关键是看销售业绩及利润如何。研发具有对销售提供技术支持的职能。主要体现在：为产品定位提供专业意见，增加产品附加值；在项目实施过程中及时根据市场情况完善产品；配合销售深入理解产品特征；总结售后产品，完善后续产品。具体是在项目及产品定位阶段，配合销售细化产品，做到准确定位；在方案及施工图组织设计阶段，保证产品按照既定定位进行设计，并在各专业进行细化完善；在销售过程中的各个阶段，帮助销售深入理解产品在技术、经济、适用性等各方面的特征，促进销售实施；在项目实施阶段，及时听取销售对市场的反馈意见，综合分析，对可以实现的部分进行修正；为销售提供各种设计文件及图纸，用于制作各种销售文书；根据销售阶段性要求，及时完备所需技术资料及图纸，配合工程完成销售节点任务；根据销售要求对规划及景观的细部进行合理布置，促进销售实施；及时对售后产品进行总结分析，以利于后续产品的销售实施。

三、房地产产品研发的原则和流程

房地产产品也是商品，其功能被人们使用了才能体现价值。研发工作的一个重心是围绕顾客的需求去研究和开发产品，注重产品的使用价值。另一个重心是产品定位和产品设计，产品定位先于产品设计。一般说来，房地产产品研发的原则如下：

（一）因时因地因人制宜

由于房地产产品自身的特点，每一个地区的发展状况不同，市场也不同，产品需求和产品特色也不尽相同。因此只能根据不同时期当地的实际情况，消费群体的需求，充分利用当地的各种优势资源、因时因地因人制宜地进行房地产产品研发，不能只进行简单的复制，应因势利导、扬长避短、与时俱进，用变化、发展的眼光进行产品研究与开发。

（二）充分挖掘潜在价值

房地产产品研发的最终目标是取得良好的社会效益和经济效益。挖掘产品的价值最基本的就是挖掘地段的价值。地段的价值是动态的、相对的，不同的地段有不同的地产因素，即使同样的地段，随着时间的变迁、外界环境的变化，其价值也在动态的变化当中。挖掘地段的价值不仅要考虑到地段的现状价值，更要考虑到地段未来的价值。

（三）先总后分的原则

坚持先总后分的原则就是正确把握产品研发整体与局部的关系。首先要明确产品的总体形象，包括产品的档次形象和主题形象，是经济适用房、中档住宅、高档公寓还是别墅，是健康住宅、文化住宅、绿色住宅、生态住宅还是智能化住宅，是商务公寓、酒店式服务公寓、白领公寓、单身公寓还是产权式休闲公寓等。只有明确了这个大的方向，才可以进行细部的组合与配置，包括交通组织、环境规划、建筑布局、配套安排、建筑风格、户型设计。

（四）先外后内的原则

建筑的整体外观怎么样，在一定程度上影响着人们的购买欲望，包括建筑的外立面风格、颜色、材质以及天际线处理，在一定意义上它代表着一个产品的品质，具有很强的识别性。不管产品是高档中档还是低档，都存在外部的重要元素表现，任何人都不可能一下子看到事物的所有，只有外在的东西吸引了他，他才有可能继续了解其内在。强调先外后内更重要的是要注意把握好内在的处理，包括户型设计、园林景观、社区物管、会所配套等。强调先外后内，也符合人们购房消费的一般心理：需求——寻找——吸引——了解——认知——购买。

（五）先分后合的原则

房地产不同于其他产品，不仅其市场的变化快速且明显，更由于其具有自用、投资及保值等性质，产品本身也常随景气状况及购买力强弱而变化。另外，现在商品房大都是预售，也就是说先卖后建，在兴建的过程中，如果市场变化了，产品就面临调整的问题。如果不提前考虑这些因素，就无法应对这一市场的变化。在实现产品的先分后合方面大致有两种方法：

（1）区别楼层市场的先分后合，也就是先就整栋楼各楼层市场，如顶部市场、中间层市场、底商、地下室，个别评估其供需状况及规划条件，再考虑楼层之间的关联性或合并的可能性，如顶楼可否与次一楼层合并做成楼中楼？一楼底商可否与二楼或地下室合并成楼中楼或商业空间？跃层户型在设计上可不可以考虑楼上楼下的双入户设计等。

（2）调整平面单元面积大小的先分后合。也就是说先确定最小可能销售单元的平面功能，再合并数个小单元成为较大面积的单元，以使消费者调整平面的弹性空间最大化。

（六）先专后普的原则

一些开发商在拿到地以后，不知道为什么样的客户群做产品，总是错误地认为，把所有市场上好的东西全部搬进来，面向所有买房的人就能赢得市场。实则不然，这种眉毛胡子一把抓的结果往往造成项目品质不高，富人不愿来，穷人不敢进的局面。一般而言，产品的专门化程度越高，越容易给人纯粹与信赖的感觉，间接地发挥了特殊化的效果，同质客户群也愿意扎堆。而这种专门化的产品是分散化项目无法比的。专门化的产品，通常附加值较大，也容易创造较高的价值。比如，当前流行的小户型，就提供了与之相对应的酒店式管理，但因为是单一的客户群，吸引了众多白领，其销售价格不降反升。当然，任何一种专门化产品都有一定的风险，这是由于客户群较为单一所决定的。这就需要把握好以下两个问题：一是产品的专门化的程度必须考虑到项目所在地的市场情况、供需情况和各种目标客户群的相对规模和购买力。二是先尝试并评估各种专门化的可能性及市场接受度，以创造产品的附加值及利润空间，除非市场机会有限，或项目地块条件受限制，一般应首先考虑专门化产品，至少是主流产品。

对于房地产产品研发来说，研发者应当根据研发的原则，结合项目经济性、适用性与美观性要求，从住宅建筑规划布局、风格、户型、景观的研发等几个方面来开展工作，一般流程如下：

1. 产品调查

对区域竞争产品的调查和对购房者消费倾向的调查，目的是了解需求和供应状况，为产品定位做好准备。

2. 项目定位

在产品调查的前提下，确定产品的定位。包括目标客户定位，这是最重要的。还有产品品质定位、产品功能定位、产品地段定位、产品规模定位、产品形象定位等。

3. 产品规划设计

根据对目标客户的特性分析，为他们量身定做产品。包括规划设计、建筑设计、环境设计、户型设计、配套设计、物业服务等。

4. 产品细节设计

采用新技术、新材料、新设备、先进的生产工艺，以保证产品质量。

第二节　产品整体研发

一、整体研发概述

随着经济的发展、社会整体文化和人们综合素质的不断提高，人们对生活环境不再仅仅满足于宽敞的住房、良好的配套设备和充足的绿化，而是提出了更高层次的追求，包括住宅小区应具备独特的风格、具备时代特征、布局和谐、高品位的享受等。这要求房地产产品的整体研发也不再一切从畅销、从高利润出发，而是需要把经济效益、环境效益、社会效益相结合，以营造最佳居住环境、最好居住条件为中心，树立"以人为本"的设计理念，因地制宜，与周围环境协调融合，最大限度地满足其目标功能、环境功能、社会功能的要求，建造出富有个性、特色突出、最适合人居住的住宅。

根据《2000年小康型城乡住宅科技产业工程城市示范小区规划设计导则》，整体规划设计主要包括以下几方面：

（一）规划结构

城市示范小区的规划布局应做到用地配置得当，功能组织合理，布局结构清晰，设施配套齐全，整体协调有序。小区组织结构应按照其规模，方便居民生活，有利邻里交往与物业管理的需要，统筹考虑，灵活确定小区规划结构的分级，合理规划小区结构层次。设计中要重视小区的空间环境组织及其建筑文化内涵，主体设计应考虑地区特征及个性。小区内非居住性城市设施的布局，要保证小区结构的完整和居住环境质量，避免不利影响。

（二）道路与交通

小区内道路系统应构架清楚，分级明确，并与城市公交系统有机衔接，方便与外界的联系。小区道路应通畅，主要出入口应合理及避免区外交通穿越。同时须满足消防、救护、抗灾、避灾等要求。组织好小区的人流、自行车及汽车的流向，选择交通合流或分流的方式，减少人车的相互干扰，保证区内人车安全和居住的安宁。小区内的小汽车停车位，应按照不低于总住户数的20％设置，并留有较大的发展可能性。经济发达地区应按总住户的30％以上要求设置。停车场地应保证必要的用地和安全停放，减少对住宅环境的影响。自行车停放场应方便而隐蔽，不得占用庭院、绿地。另外，小区内道路设计应符合残疾人无障碍通行的规定。

（三）住宅群体

小区的住宅应结合我国经济发展与地区经济条件、家庭人口构成、现代居住生活行为及住宅市场的需求，按照小康居住水平，确定住宅类型与标准，小区住宅宜以多层为主。为有利于提高土地利用率，丰富建筑空间环境，可采取多层、高层、中高层，低层相结合等不同构成方式。高层住宅集中的地域，住宅容积率应符合规定并保证良好的居住环境和配套设施。住宅群体布置与空间组织应与住宅建筑设计相结合，进行一体化设计，成为有机整体。应提高住宅群落或院落的功能与环境质量，注意住宅群体形态的标识，住宅间距必须满足日照通风等要求，保证室内外环境质量，同时应做到节地、节能。

（四）绿地与室外环境

小区绿地按不低于30％的要求布置，并尽可能地增大绿地率。应充分利用空间，扩大绿化覆盖，并提高绿化的质量。绿地的分布可采取集中与分散结合的方式，住宅群落内应安排休闲、健身与交往的场所，为老人休闲、儿童游戏设置活动场地，绿地以绿为主，也可适当安排部分铺装地面及活动设施用地。小区环境绿化应结合住宅及其群体布置，绿地与住区环境需进行专门规划和设计。

（五）公共服务设施

小区的公共服务设施应适应家务劳动社会化趋向进行合理配置，其设置应符合居民的活动规律，方便居民日常使用。布置上应避免对居住生活的干扰，按不同功能要求进行恰当安排。应结合社区建设的需求，配置居民的文化教育、体育健身、娱乐休闲设施，以及居民集会（交往）场所，并配有完备的环卫设施系统、集运设施系统，实现垃圾袋装化或分类收集。

（六）工程管线布置

示范小区的供水、雨水、污水，电力、电信、燃气及供热（北方地区）等管线应配套齐全。各种工程管线应地下敷设，敷设前要进行管线综合规划设计，合理安排，相对集中，一次建成，并应便于管理和维修。

（七）环境质量保障

示范小区的大气环境、水环境和声光热环境应符合规定，并应组织好居住小区环境。小区采取集中供热或积极发展和推广应用家用燃气小型锅炉，以利节能及减少空气污染；保证饮用水质量，污水排放要经处理合格；充分利用改造地面水为景观水，对非流动水应采取措施，防止水质恶化；减少交通、广场、学校等噪声对小区环境的干扰，建设无裸土小区等，保障居民身心健康。

二、整体研发内容

（一）住宅建筑造型的选择

住宅建筑造型是居住区规划设计的一个重要环节，合理的住宅建筑造型可以满足居民的多种需求，方便生活，美化城市景观，节省建设投资，节约城市用地，因而必须予以重视。选择住宅的造型一般应考虑以下因素：

1. 住宅标准

住宅的面积指标和设计标准，应符合现行国家标准《住宅建筑设计规范》的规定，为了适应社会主义市场经济形势下百姓住宅建设的新需求，住宅建筑宜采用多种户型和多种面积标准，以一般面积标准为主，并应有利于住宅商品化。

2. 住宅层数

住宅建筑层数的确定，要综合考虑用地的经济、建筑造价、施工条件、建筑材料的供应、市政工程设施、居民生活水平、居住方便的程度等因素。就住宅建筑本身而言，低层住宅一般比多层住宅造价经济，而多层住宅又比高层住宅经济，但低层住宅占地面积大，较适宜规模较小的城市或用于较高标准住宅小区建设。对于多层住宅，提高层数能降低住宅建筑的造价，但6层以上，这一效果将明显下降。从用地经济的角度，提高层数能节约用地，因此高层住宅是解决城市用地紧张的途径之一。目前许多大城市都采用建高层住宅以节约城市用地的方式，但高层住宅并非层数越多越好，层数越多一般造价越高，这主要由于结构形式的改变，增加了电梯、供水加压设备、防水设施、建材费用和施工成本等原因，造价并不随层数增加而均匀上升，而是跳跃性的，因此对于高层住宅中较经济的层数是一个需要好好研究的问题。总之住宅层数的选择应根据城市规划的总体要求和综合经济效益来考虑。

3. 满足户室比的要求

住宅小区规划设计应满足不同人口组成的家庭对住宅的需要，也就是要满足户室比的要求。户室比的确定，在新建住宅小区主要应参照当地的人口结构，在改建区要考虑改建区拆迁户人口的组成。确定户室比前要做好市场需求方面的调查研究，以使小区住宅更好地适应社会需求，满足不同人口组成的家庭的需要。

4. 因地制宜的原则

我国幅员辽阔，东西南北自然气候条件差异很大，居民生活习惯也大不相同，因而住宅的类型也存在着很大的差别。因此在住宅小区规划设计中，住宅造型要本着因地制宜的原则，充分考虑住宅小区所在城市的特点及当地居民的生活习惯，以更好地满足居民需求。

5. 结合地形利于节约用地

一般说来，住宅进深加大，外墙相应缩短，对于采暖地区外墙需要加厚的情况下经济效果更好。此外，住宅类型选择要善于结合地形创造良好的城市景观环境，比如对坡地的处理可以结合地形对建筑进行错层、跌落、掉层、分层入口、错造等局部处理。

（二）住宅群体平面的组合

住宅群体平面组合的基本形式有四种：行列式、周边式、点群式，此外还有混合式。

1. 行列式

条式单元住宅或联排式住宅按一定朝向和合理间距成排布置的方式。这种布置方式可使每户都能获得良好的日照和通风条件，便于布置道路、管网，方便工业化施工。但如果处理不好形成的空间往往会有单调、呆板的感觉，并且产生穿越交通的干扰。如果能在住宅排列组合中，注意避免"兵营式"的布置，多考虑住宅群体空间的变化，如采用山墙错落、单元错落拼接，以及用矮墙分隔等手法仍可达到良好的景观效果。基本形式的变化形式有交错排列、变化间距、单元错接几种。

2. 周边式

住宅建筑沿街坊或院落周边布置的形式，这种布置形式形成封闭或半封闭的内院空间，院内较安静、安全，有利于布置室外活动场地、小块公共绿地和小型公建等居民交往场所。这种形式组成的院落较完整，一般较适用于寒冷多风沙地区，可阻挡风沙及减少院内积雪。周边布置的形式有利于节约用地，提高居住建筑面积密度。但这种布置方式部分住宅朝向较差，对于炎热地区较难适应。另外对地形起伏较大的地区会造成较大的土石方工程。周边式基本形式的变化有 3 种，即单周边式、双周边式和自由周边式。

3. 点群式

住宅布局包括低层独院式住宅，多层点式及高层塔式住宅布局，点式住宅自成组团或围绕住宅组团中心建筑、公共绿地、水面等有规律或自由地布置，运用得当可丰富建筑群体空间。点式住宅布置灵活，便于利用地形，但在寒冷地区因外墙太多而对节能不利。

4. 混合式

混合式指三种基本形式的结合或变形的组合形式，常见的往往以行列式为主，结合周边式布置。

住宅群体平面组合方式与自然通风存在较大关系：行列式组合，调整住宅朝向引导气流进入住宅群内，使气流从斜方向进入建筑群体内部，从而可减小阻力，改善通风效果。周边式组合，在群体内部和背风区及转角处会出现气流停滞区，旋涡范围较大，但在严寒地区则可阻止冷风的侵袭。点群式组合，由于单体挡风面较小，比较有利于通风，但当建筑密度较高时也会影响群体内部的通风效果。混合式组合，自然气流较难到达中心部位，要采用增加或扩大缺口的办法，适当加进一些点式单元或塔式单元，不仅可提高用地的利用率，而且能够改善建筑群体的通风效果。

（三）住宅群体空间的组合

住宅空间领域是指居民进行户外活动的空间范围，是进行室外空间布局时的一个重要依据。空间领域的使用性质一般分为私有空间、半私有空间、半公共空间和公共空间四个层次。其中，私有空间指住宅私有庭院、阳台或露台；半私有空间指住宅单元入口周围的空间；半公共空间指住宅组团内的公共绿地和住宅之间的空间；公共空间指小区级集中公共绿地、公共建筑活动场地。其构成要素分硬质空间和软质空间两类，由建筑物的墙面、围墙、过街豁口、铺地等要素围蔽的空间为硬质空间，而由大树、行道树、树群、灌木丛、草地等围蔽的空间为软质空间。

住宅群体的空间组合就是运用建筑空间构图的规律，以及建筑空间构图的手段将住宅、公共建筑、绿化种植、道路和建筑小品等有机地组成完整统一的建筑群体。建筑群体空间构图最基本的规律就是对立统一的原则，应力求建筑的功能、工程技术、经济和美观等的统一。

1. 住宅群体的主要空间构图手段

（1）利用对比。指同一性质物质的差别，例如大与小、简单与复杂、高与低、长与短、宽与窄、硬与软、虚与实、色彩的冷与暖或明与暗对比等。对比的手法是建筑群体空间构图的一个重要手段，通过对比来丰富建筑群体景观，打破单调、呆板的感觉。空间对比的手法主要有空间围合要素的对比、建筑高度的对比、住宅建筑类型的对比、空间形状及空间类型的对比等。

（2）注重节奏与韵律。指同一形体有规律地重复或交替使用所产生的空间效果。节奏与韵律在形式上都遵循着间距的规律性，并以一定的几何对位为前提，这种构图手法常用于沿街或沿河线状布置的建筑群的空间组合。运用简单的重复手段，如果处理不当会造成单调、呆板和枯燥的感觉。

此外，建筑空间构图还包括色彩、绿化、道路、建筑小品等辅助手段。

2. 住宅群体空间的组合方式

住宅群体空间的组合方式包括成组成团的组合方式和成街成坊的组合方式。

（1）成组成团的组合方式。可由一定规模和数量的住宅成组成团组合，作为居住区或居住小区的基本组合单元。这种基本组合单元可以由若干同一类型、同一层数或不同类型、不同层数的住宅组合而成。组团的规模主要受建筑层数、公共建筑配置方式、自然地形和现状及物业管理等条件的影响。成组成团的组合方式功能分区明确，组团用地有明确范围，有些地区组团可进行封闭，便于物业管理。组团之间可用绿地、道路公共建筑或自然地形进行分隔。这种组合方式也较有利于分期建设，较容易使建筑组群在短期内建成而达到面貌较统一的效果。

（2）成街成坊的组合方式。成街的组合方式是住宅沿街组成带形的空间；成坊的组合方式是住宅以街坊作为一个整体的布置方式。成街的组合方式一般用于城市和居住区主要道路的沿线和带形地段的规划；成坊的组合方式一般用于规模不太大的街坊或保留房屋较多的旧居住宅地段的改建。成街组合是成坊组合中的部分，两者相辅相成，密切结合。

合理的住宅建筑群体组合可以有效地节约用地、满足大多数住户对日照的要求，可以起到防治和削弱城市噪声的作用。

（四）综合布置管线工程

城市管线工程的综合布置在城市规划、城市建设与管理方面都是很重要的。城市管线工程种类很多，如何使这些管线工程在空间的安排上、在建造的时间上很好地配合而不发生矛盾，需要城市规划部门加以全面的综合解决。综合布置管线工程就是搜集城市规划地区各单项工程的现状资料、规划的设计资料，加以综合分析研究，解决它们在规划设计中的矛盾。其任务是分析现状和规划的各类管线工程资料，发现并解决它们相互之间，以及与道路、铁路、建筑设施之间在平面、立面位置与相互交叉布置时存在的矛盾，做出综合调整规划设计，使它们各得其所，以指导和修正各类工程管线的设计。在布置管线工程时要遵从以下的原则：

（1）区界、道路管线的位置都要采用统一的城市坐标系统及标高系统。小区内的管线也可以采用自己定出的坐标系统，但小区界、管线进出口应与城市管线的坐标一致。

（2）安排管线位置时，应考虑到发展的需要，应当为可能建设的管线预留用地范围。

（3）尽量使管线线路短捷，缩短管线以节约投资，但应注意管线尽量埋在城市道路或小区内道路红线以内，不要乱穿空地，以免造成以后对其他设施修建的不利。

（4）管线应尽量在道路红线内埋设，也要避免过分集中在交通频繁的城市干道下面埋设，以免施工及抢修时，开挖路面或影响城市干道。

（5）埋设在城市道路下面的管线，一般应和道路中心线（或建筑线）平行，同一管线不宜从道路一侧转到另一侧，以免多占地和增加与其他管线的交叉。

（6）在道路横断面中安排管线时，首先应考虑安排在人行道及非机动车道下面，其次将那些检修次数少的管线布置在机动车道下面，也可以预先规定，哪些管线在道路中心线的左侧，哪些管线在道路中心线的右侧。

（7）各种管线由道路线向道路中心线方向平行布置的次序，要根据管线的性质、埋设深度等决定，可燃、易燃及损坏时对建筑物有危害的管道，应该离建筑物远一些，埋设深度大的也要远一些。

（8）综合布置时，应尽量使交叉口的管线交叉点越少越好，可减少交叉点标高的矛盾。应尽量与铁路的管线平行，如交叉时，尽可能直角相交。

（9）管线冲突时，要按具体情况处理，一般是：还没修建的管线让已建成的管线；临时管线让永久管线；小管道让大管道；压力管道让重力自流管道；可弯曲的管线让不易弯曲的管线。

（10）可燃易燃管道一般不允许在交通桥梁上跨越，如果需要敷设，应符合有关的技术规定。管线如跨越通航河流时，不论架空或在河道下通过，均需符合航运部门的规定。

（11）电力线路与电信线路，通常不合杆架设；特殊情况时，应经有关部门同意，并采取技术措施。高压输电与电信线平行架设时，要考虑干扰的影响。

（12）管线之间，管线与建筑物之间的水平间距，要满足技术、卫生、安全等要求，还要符合备战的要求。管线与地下人防通道要在规划中互相协调配合。

（13）要充分利用现状管线，不要轻易废弃及拆迁现状管线，基建施工的临时管线尽可能与永久管线结合起来。

（五）用地规划

住宅小区规划用地包括住宅用地、公共建筑用地、道路用地及公共绿地。在进行规划时要充分考虑国家、行业的相关政策及各种指标。

居住区用地指标见表 6-1。

表 6-1   **居住区用地指标表**

项　目	平均每居民用地（m²）	项　目	平均每居民用地（m²）
小区用地	14.5~22.0	居住区级公共绿地	1.0~2.0
居住区级公共建筑用地	1.5~2.0	其他用地	1.0
居住区级道路用地	1.5~2.0	合计	19.5~29.0

居住小区用地指标见表 6-2。

表 6-2   **居住小区用地指标表**

项　目	平均每居民用地（m²）	项　目	平均每居民用地（m²）
住宅用地（住宅层数按 4～6 层计）	8.0～11.0	小区级公共绿地	1.0～2.0
小区级公共建筑用地	3.5～5.0	其他用地	1.0
小区级道路用地	1.0～3.0	合计	14.5～22.0

居住区用地平衡控制指标见表 6-3。

表 6-3   **居住区用地平衡控制指标**   %

用地构成	居住区	小区	组团
住宅用地	45～60	55～56	60～75
公共建筑用地	20～32	18～27	6～18
道路用地	8～15	7～13	5～12
公共用地	7.5～15	5～12	3～8
居住区用地	100	100	100

人均居住区用地控制指标见表 6-4。

表 6-4   **人均居住面积控制指标**   m²/人

居住规模	层　数	大城市	中等城市	小城市
居住区	多层	16～21	16～22	16～25
	多层、中高层	14～18	15～20	15～20
	多层、中高层、高层	12.5～17	13～17	13～17
	多层、高层	12.5～16	13～16	13～16
小区	低层	20～25	20～25	20～30
	多层	15～19	15～20	15～22
	多层、中高层	14～18	14～20	14～20
	中高层	13～14	13～15	13～15
	多层、高层	11～14	12.5～15	—
	高层	10～12	10～13	—
组团	低层	18～20	20～23	20～25
	多层	14～15	14～16	14～20
	多层、中高层	12.5～15	12.5～15	12.5～15
	中高层	12.5～14	12.5～14	12.5～15
	多层、高层	10～13	10～13	—
	高层	7～10	8～10	—

在规划时对项目的功能分区、交通组织等要有前瞻性，做到 30 年不落后，尽可能避免建设性浪费的发生，如深圳华侨城的经验与教训很值得借鉴。一般来说，通往项目红线的主干道的建设标准应不低于城市标准主干道，辅道不低于二级公路标准，道路还要有统

一的景观设计。

(六) 住宅区用地竖向设计

如何在居住区规划工作中利用地形，是达到工程合理，造价经济，景观美好目标的重要途径。在设计时常有这样的情况，在纸面上制定规划方案时，完全没有考虑实际地形的起伏变化，为了追求某种形式的构图，开山填沟，既破坏自然地形的景观，又浪费大量的土石方工程费用。有时单项工程的设计规划各自进行，互不配合，结果造成标高不统一、互不衔接、桥梁的净空不够，或一些地区的地面水无出路，道路标高与居住区标高不配合等。因此需要在详细规划阶段，按照各设计阶段的工作深度，将规划用地一些主要的控制点的标高加以综合考虑，使建筑、道路、排水的标高相互协调。要配合城市用地的选择，对一些不利于城市建设的自然地区加以适当的改造，或提出一些工程措施，使土石方工程量尽量减少。还要根据环境规划的观点，注意对城市地形地貌、建筑物高度和形成城市大空间的美观要求加以研究。

要充分利用地形，设计应尽量结合自然地形，减少土石方工程量。填方、挖方一般应考虑就地平衡、缩短运距。附近有土源或余方有用处时，可不必过分强调填、挖方平衡，一般情况下土方宁多勿缺，多挖少填，石方则以少挖为宜，尽量使管道和地形很好配合而不增加埋深，尽量保留原有地形做绿化表土。

要保证良好的排水，力求使设计地形和坡度适合污水、雨水的排水组织和坡度要求，避免出现凹地。道路纵坡不小于 0.3%，地形条件限制难以达到时应做锯齿形街沟排水。建筑室内地坪标高应保证在沉降后仍高于室外地坪 15～30cm；室外地坪纵坡不得小于 0.3%，并且不得坡向建筑墙脚。

要考虑建筑群体空间景观设计的要求，尽可能保留原有地形和植被。建筑标高的确定应考虑建筑群体高低起伏富有韵律感而不杂乱，必须重视空间的连续、鸟瞰、仰视及对景的景观效果。斜坡、台地、踏级、挡土墙等细部处理的形式、尺度、材料应细致，亲切宜人。而且应该便于施工，符合工程技术经济要求。挖土地段宜做建筑基地，填方地段做绿地、场地、道路较合适。岩石、砾石地段应避免或减少挖方，垃圾、淤泥需挖除。人工平整场地，竖向设计应尽量结合地形，减少土方工程量。采用大型机械施工平整场地时，地形设计不宜起伏多变，以免施工不便。建筑和场地的标高要满足防洪的要求，地下水位高的地段应少挖。

1. 住宅区的竖向设计步骤

一般来说，住宅区的竖向设计包含如下步骤：

(1) 竖向设计应贯穿在规划设计的全过程。规划设计工作开始，首先对基地进行地形和环境分析，研究其利用和改造的可能性，用地的竖向处理和排水组织方案，结合居住区或小区规划结构，用地布局，道路和绿地系统组织，建筑群体布置及公共设施的安排等统一考虑。

(2) 详细规划。总平面方案初步确定后，再深入进行用地的竖向高程设计。通常先根据四周道路的纵、横断面设计所提供的高程资料，进行居住区内道路的竖向设计。在地形比较平缓简单的情况下，小区道路可以不必按城市道路纵断面设计的深度进行设计，只需按地形、排水及交通要求，确定其合适的坡度、坡长，定出主要控制点（交叉点、转折点、变坡点）的设计标高，并注意与四周城市道路高程的衔接。地形起伏变化较大的小区主要道路，则以深入做出纵断面设计为宜。

（3）根据建筑群体布置及区内排水组织要求，考虑地形具体的竖向处理方案，可以用设计等高线或者设计标高点来表达设计地形。

（4）根据地形的竖向设计方案和建筑的使用，以及排水、防洪、美观等要求，确定室内地坪及室外场地的设计标高。

（5）计算土方工程量，如土方量过大，或者填挖方不平衡，而土源或弃土困难，则应调整修改竖向设计。

（6）进行细部处理，包括边坡、挡土墙、台阶、排水明沟等的设计。

（7）竖向设计往往需要反复修改、调整，尤其是地形复杂起伏的基地，测量的地形图往往与实际地形有相当大的出入，需要在设计之前仔细核对，而在施工中需要进行修改竖向设计的情况也是常有的事。

竖向设计图的内容及表现可因地形复杂程度及设计要求的不同而异。如坐标若施工总平面图上已标示，则可忽略。

2. 竖向设计图在表达室外设计地形的方法

竖向设计图在表达室外设计地形一般有几种方法：

（1）设计等高线法。用设计标高和等高线分别表示建筑道路、场地、绿地的设计标高和地形。此法便于土方量计算和选择建筑场地的设计标高，容易表达设计地形和原地形的关系及检查设计标高的正误，适合在地形起伏的丘陵地段应用。但设计等高线法表示的竖向设计图，图上设计等高线密布，施工时应用读图不够方便。为此，也可以用设计等高线进行设计，在完成地形设计、确定建筑标高后，根据设计等高线确定室外场地道路的主要控制点标高，在图上略去设计等高线而改用高程箭头法的表示方法。

（2）高程箭头法。根据竖向规划设计原则，确定出区内各种建筑、构筑物的地面标高，道路交叉点，变坡点的标高，以及区内地形控制点的标高，将这些点的标高注在居住区竖向规划图上，并以箭头表示区内各类用地的排水方向。高程箭头法规划设计工作量较小，图纸制作较快，且易于变动、修改，是居住区竖向设计一般常用的方法。缺点是比较粗略，确定标高要有充分经验，有些部位的标高不明确，准确性差。为弥补上述不足，在实际工作中也有采用高程箭头法和局部布面的方法，进行居住区的竖向设计。

（3）纵横断面法。多用于地形比较复杂的地区。先在所需规划的居住区平面图上根据需要的精度给出方格网，在方格网的每一交点上注明原地面标高和设计地面标高。沿方格网长轴方向者称为纵断面，沿短轴方向者称为横断面。这种方法的优点是：对规划设计地区的原有地形有一个立体的形象概念，容易着手考虑地形和改造。缺点是：工作量大，花费时间多。

三、整体研发实例

本实例选的是顺德碧桂园物业发展有限公司的碧桂凤凰城。它以体现全新创意与超前意识人工生态型休闲度假居住概念为目标，力求创造 21 世纪中国最优秀的居住地。山水交融的山形地貌激发了研发人员的灵感，精心构筑的总体蓝图，形象兼备，体现了凤凰起舞的优美姿态，谱写着凤凰的传奇。居住分区结构图如图 6-1 所示。

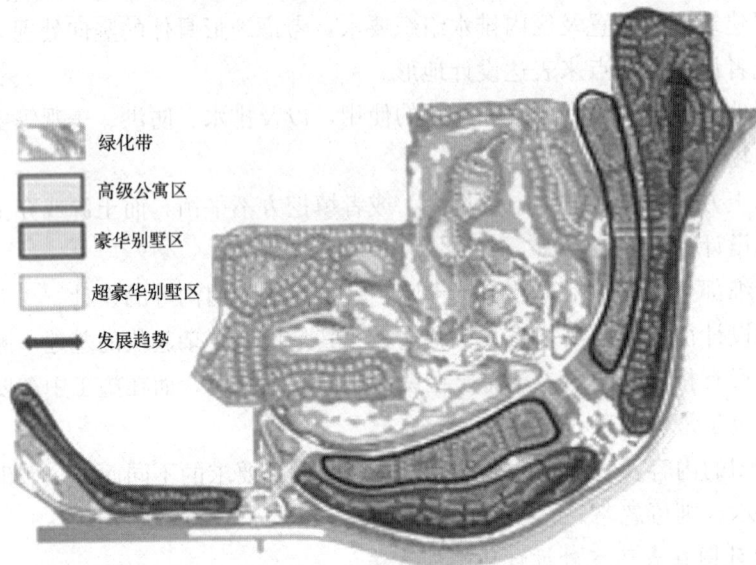

图 6-1　居住分区结构图

　　碧桂凤凰城核心规划理念是以人为本、体现科技、文化和生态的可持续发展，创造中国最佳的休闲、度假、居住区和适应未来需求的生活方式，构建具有五星级标准的理想家园。在整体规划过程中，从社区内外部空间环境的整体考虑，努力探讨规划空间结构与自然环境及地域文化特征的关系，达到人与自然的和谐；创造积极多样的空间，满足新时代的生活方式和个性化发展的需要，同时注重传统文化的传承；合理布局以获得良好的声环境，最大限度降低噪声污染；创造出完美的人车分流系统，考虑当地的气候条件因素，鼓励蔽日设计，设计成遮藏式步行环境；富于动感的景观水系，满足人的亲水本性；提供充足的室外体育休憩综合设施和崎山区缓跑径，把居民带往健康锻炼之路；无障碍设计是生活型休闲、度假居住社区的基点；完美的通话系统，使使用者可以方便、快捷地与外界沟通；合理布局服务设施，使居民能获取内心的安宁和精神上的愉悦，同时能拥有物质上的享受；提供现代、超前、以人性需要为中心的建筑外观和户型设计，强调住室的通透和与自然景观环境的融合，室内设计尽量个性化、舒适化。

　　总体布局规划是建立在土地适宜性综合评价和道路交通分析的基础上，确定各分区用地的功能布局，努力创造科学、合理、灵活、多变的土地使用规划。规划把总体用地划分为南北两大发展区域，如图 6-2 所示。南部发展区是一期建设用地，以五星级酒店、高尔夫球场和公建中心形成区域公建配套和景观配套。围绕该核心往东依次布置高级公寓、豪华别墅和超豪华别墅等居住群体；在西侧条形用地端部设置一所包含中小学的大型国际学校，在该区北部设置一所标准小学，在南入口之侧设置一所医疗保健中心。各功能分区之间以连贯的绿带分隔，形成相对独立又各具特色的功能区域。北部发展区是二期建设用

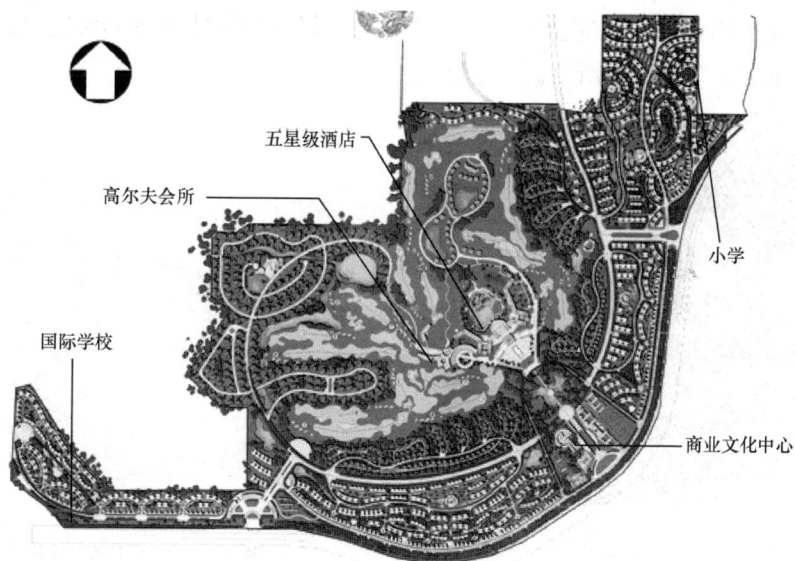

图 6-2 总体规划平面图

地，其用地形态不规则，由处在核心地位的公建中心和南、北、西侧三块居住地组群构成，由外向内、由东向西布置高级公寓、豪华别墅和超豪华别墅，并以宽阔的绿带和区域性干道分隔。公建中心集中设置北部发展区需要的商业、文化、教育、体育和交通转换设施，如图 6-3 所示。

在竖向设计方面（图 6-4），由于项目所处地势东北高、西南低，西北靠近大山，多丘陵、土丘，在保护生态自然景观和满足各项建设用地要求的前提下，提出了如下设计措施：总体用地向西南排水，规划水系周边用地向湖面和河道排水；自然山体尽量保持，结合总体地

图 6-3 公建中心区

势进行控制；道路坡度一般不小于 3%，山体道路控制在 15% 以下；山体防护尽量考虑景观设计要求，设计成绿化斜坡形式，减少硬质挡土墙设计；建筑室内地坪标高一般比室外地坪标高高出 30cm。管线工程规划图如图 6-5 所示。

在组团结构上，超豪华别墅分布于五星级酒店和高尔夫会所组成的景观核心周围，且周边都被自然山体和人工绿化水系围绕，景观条件好，别墅顺应地势灵活多变布置，支路网多以自由线形为主，尽量使每栋别墅都有良好的景观朝向；豪华别墅组团内部形成小型的环路，在道路两侧布置别墅，保持景观的视线通畅，又能使较大面积的别墅拥有较好的

景观；高级公寓组团内部实现完全的步行化，并与主绿化带保持便捷的快速通道，也具备了良好的景观效果，如图 6-6 所示。

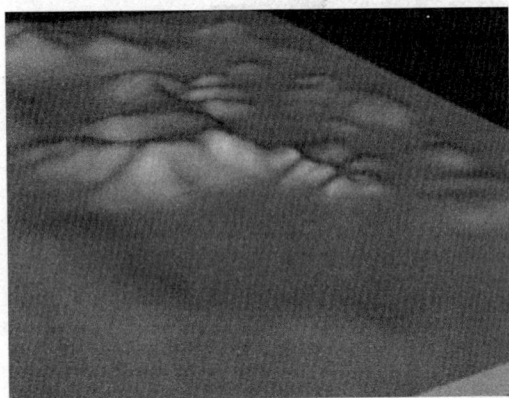

图 6-4 竖向设计规划图

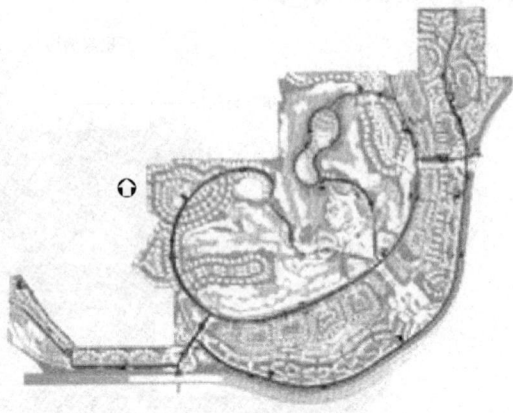

图 6-5 管线工程规划图

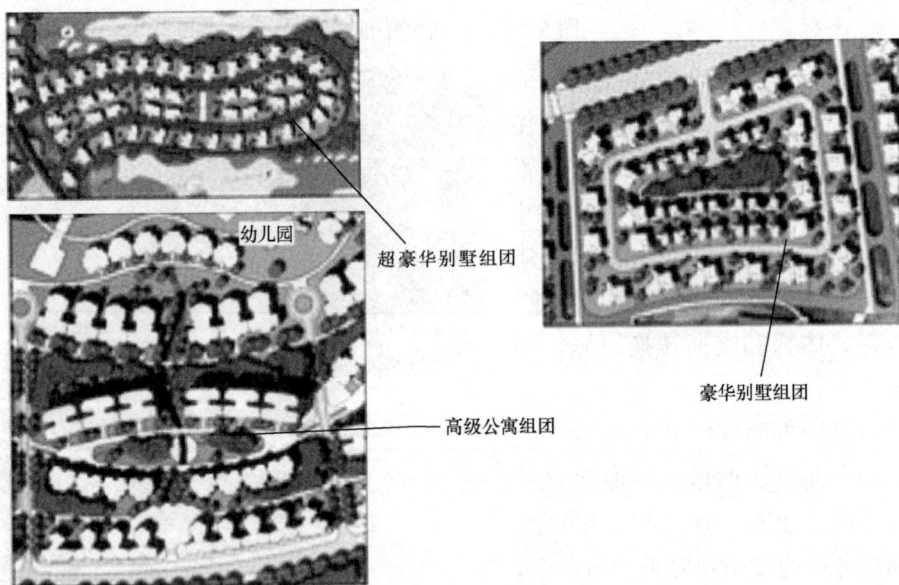

幼儿园

超豪华别墅组团

豪华别墅组团

高级公寓组团

图 6-6 组团结构图

第三节 建筑风格的研发

一、建筑风格概述

建筑风格是一代人文思想的重要组成部分，作为凝固的社会思潮深刻地体现出人类的价值和美学观；曾几何时，城市对于我们来讲，除了青砖就是绿瓦，一眼望去，满目皆是低矮的平房，然而短短十几年，我们眼中的世界就发生了天翻地覆的变化。不是因为高楼，不是因为大厦，而是因为拥有了丰富多彩的城市，各种各样风格的建筑交相辉映，姿态万千。

风格对房地产的研发来说具有重要意义，主要体现在三个层面：从建筑本身来说，是通过风格来取得美观和识别两重效果；从开发商的角度来说，良好的建筑风格对楼盘的成功有着积极的意义；对消费者来说，有风格的建筑能获得认同，引致精神上的愉悦，特别是针对特定消费对象的楼盘，在风格设计上与目标客户的心理特征相符更能引起购买欲。

随着人们对居住舒适度、居住文化品位要求的不断提高，消费者对建筑外观造型、风格取向的理解及要求，也进一步加深和加强，从而形成了房地产建筑设计风格多元化、新产品倍出的局面，同样，不同建筑文化、建筑风格也体现出不同生活方式。一般说来，建筑风格具备如下特征。

（一）地域性

建筑创作风格的形成和发展首先离不开"地域性"的制约和影响；不同的地域存在不同的"主体"和"客体"，这里的"主体"指特定的审美意象，其主要包括文化传统、宗教信仰和人情风俗等；"客体"则指特定的自然环境，其主要包括具体的气候、地段环境、地形地貌等。正是由于"地域性"的存在，引起主、客体属性的不一致，反映在建筑形式上就会形成风格迥异的建筑风格；在特定的地域环境中，相应的建筑风格所创造或保存的场所空间，可以使人产生一种特有的归属感、在场感。如不同的民族由于其主体的审美意象不同，采用了不同的"造型"和"色彩"，表现为"民族风格派"、"地方主义"等建筑风格；再如南方和北方由于客体的不同，而形成南方地区的通透、轻快的造型，北方地区则倾向厚重、端庄的风格。

（二）时域性

建筑本身是一种时空的产物，是人类生活在特定世界里重要的时空坐标。不同的"时域"，有着不同的社会历史形态，都有其特定的物质和精神追求。反映在建筑创作上，由于创作主体所面临的社会使命不同，创作对象所处的社会环境的差异，同时由于审美意象不断更新与纳构，技术条件的不断提高与变化，导致建筑风格上也在不断变化；其都体现某特定时域的脉搏和特点。如历史上出现的"古典主义"、"国际风格"，以及"后现代主义"等。

（三）对象性

这里所说的"对象"，是指不同的建筑类型。不同的建筑对象，从内容到形式，由于其使用的主体不同，建筑物的功能要求和建筑个性特征不同，因而在创作中其风格的表现都应当体现某种质的区别；同时建筑个性的多样化，也带来了建筑造型与风格的多样化。如交通建筑，其功能及风格应体现快捷、高效、简略的效果，文化教育建筑则应体现端庄、沉稳、典雅、宁静的建筑风格。

（四）多元共融性

由于社会存在方式的不断变化，信息交流及人员往来的不断加强，审美意象的不断交融和纳构，世界建筑文化的总趋势是不断从封闭走向开放，从静止状态走向动态交流，从一元走向多元共融。建筑文化在一定条件下是可以转化的，地域、民族性的建筑文化在一定条件下可以转化为国际性建筑文化，国际性建筑文化也可以吸收、融合新的地区和民族性建筑文化，因而建筑风格的"地域性"、"时域性"常常能发生交融迁移，它可以跨越地区、民族甚至国度，这体现了世界建筑文化的新潮流，反映在建筑风格上则表现为多样共融的特点。

以上建筑风格的四种特性，体现出一种"恒"与"变"的关系；建筑风格的"地域性、时域性、对象性"体现出一种"恒"的特性，而"多元共融性"则体现出一种"变"的特性。建筑风格的研发离不开处理好"恒"与"变"的辨证关系，如何把握"恒"与"变"的尺度，能动地掌握"恒"与"变"的建筑发展规律，在处理不同的建筑对象时，显得尤其重要。在新世纪，面对全球建筑思潮的挑战，这一问题已成为摆在中国设计师面前的一大课题。

二、建筑风格分类及其特点

时代造就英雄，时代也造就建筑。建筑风格和建筑文化也能反映时代的需求。建筑风格研发的基础是社会生活，它总是与时代、社会密不可分的。什么样的时代，就会有什么样的思维环境，体现其相对应的建筑文化，不仅体现在建筑的表象（形式、类型）上，更应体现在建筑的内涵（精神文化）上，意念重于形式，内涵重于表象；从内涵的集中表现形式中可探寻到建筑风格演变的基本规律。就当前市场来说，有以下几种风格比较流行：

（一）欧陆风格

欧陆风格主要是地中海风格，包括西班牙风格、意大利风格、法国风格和希腊风格。欧陆风格建筑艺术装饰气势恢宏，集华丽、高贵、典雅于一体，但宏大与华贵之余，也同样注重建筑细部的装饰。无论是户外的屋顶、门楼、窗套、阳台栏杆，气势磅礴的罗马柱，还是室内精细的天花、角线、壁炉、扶梯装饰，每一个细节都追求精致，完美而考究。"粉红色外墙，白色线条，通花栏杆，外飘窗台，绿色玻璃窗"，这种所谓欧陆风格的建筑类型，主要以粘贴古希腊古罗马艺术符号为特征，反映在建筑外形上，较多地出现山花尖顶、饰花柱式、宝瓶或通花栏杆、石膏线脚饰窗等处理，具有强烈的装饰效果，在色彩上多以沉闷的暗粉色及灰色线脚相结合。另外，这一类建筑继承了古典三段式的表象特征，结合裙楼、标准层及顶层、女儿墙加以不同的装饰处理，如图6-7所示。

我国"欧陆风格"的流行源于广州锦城花园多层住宅，如图6-8所示。1997年，锦城花园掀起排队争购的热潮，至今仍被人津津乐道。而模仿其风格者随之而起，形成"欧陆风"。锦城花园在建筑外观上，每个单元平面凸出部分在女儿墙部分做起了类似古罗马古希腊神庙山墙的山花尖顶，不过只是个二维的板，除了阳台栏杆用了装饰主义的铸铁通花构件外，其余栏杆无一例外统统是宝瓶栏杆的天下，在女儿墙、阳台底部用上了繁多的线脚，在地层及售楼部的柱子中用了一些古罗马或古希腊柱式的符号。

欧美风格中的各种风格虽然有很多的相同，但具体到每种风格，还是有一定的区别的。

西班牙风格中最突出的是庭院建筑，西班牙文叫Patio（帕提欧）。"帕提欧"是西班牙语对建筑物之内柱廊四围的露天庭院的称呼。屋顶多为红色筒瓦；墙体厚重，多为白色、米色、异型墙面；屋檐朝两侧平缓外伸，门廊和窗多呈拱形，窗洞略小，有阳光、鲜花的陪衬，室内和室外相呼应；外立面设计着重突出整体的层次感和空间表情；对文化石外墙、圆弧檐口等符号进行抽象化利用，如从红筒瓦到手抹灰，从弧形墙到一步阳台，还

图 6-7 厦门未来海岸

图 6-8 广州锦城花园

有铁艺、陶艺的挂件等，都表达出西班牙风格特点；采用的建筑材料一般都会给人斑驳的、手工的、比较旧的感觉，但却有非常亲和的视觉感和生态性，像陶瓦，泥土烧制、环保吸水，可以保持屋内温度；产品完全手工化、精细化，从地形处理到铁艺、门窗及外墙施工工艺，每一个细节都精雕细琢，使之具有手工打造的质感；采用柔和的特殊涂料，不产生反射光，不会晃眼，给人以踏实的感觉；墙角抹圆，圆角厚墙给人安全柔和的感觉，提高了居住的舒适度；以功能区为标准将室内空间划区，充分体现主人优先的原则；尊重个人的生活空间的私密性，主卧室内有宽大的步入式储衣间，双卫生间，双面台，单独的浴室，私人空间充足而不受干扰，舒适而自得其乐；强调家庭厅，一般在房屋的最好位置，采光效果也最好，淘汰了大客厅，增加了满足主人饮食起居、交流礼仪等各方面的家庭生活需要的有效空间，如图 6-9、图 6-10 所示。

图 6-9 西班牙风格之同润加洲

图 6-10 典型西班牙风格力作之万科城

意大利风格采用天然材质如木头、石头和灰泥表现光与影的关系，在入口设戏剧性的塔或是圆形大厅，喷泉，壁饰，壁炉和庭院，铁艺，百叶窗和阳台；对自然空气、阳光的延伸设计，突出多重式中庭和进门前庭，以增加别墅庭院绿色植物的多样性，如图 6-11 所示。

图 6-11 意大利风格示例

法国风格采用高大陡峭的四坡屋顶或侧山墙屋顶，别墅常常是一层；大门和窗户细而长，门和窗上都有沿垂直方向的小网格，成排排列；周围有一系列柱子支撑形成围廊，给居住者提供了360°的全景视野；装饰较简单，三角屋顶高而陡，有时也有山墙；屋檐与墙体接触处装饰仅为一个台阶；砖墙结构或涂外墙层，有时也用墙外布置装饰手法；窗边仅有一个石条装饰，如图 6-12 所示。

希腊风格的屋顶为低坡度的山墙或四坡顶；在三角形屋檐下及正门廊的屋顶下有宽长的上楣带；古典式门廊（有时与屋檐等高）的顶通常是平的，由若干根圆形或方形的立柱支撑；正大门上有横向装饰条，与精制的大理石装饰融于一体，如图 6-13 所示。

图 6-12 法国风格示例

美国建筑的风格主要从欧洲风格发展继承而来，但由于美国人的文化、生活习惯及气候等众多因素，其建筑文化亦形成了自己的一套体系，体现了美国人及美国本土文化的特征，即自由、惬意、奔放和随性，不过欧美现代风格最讲究的还是生活的舒适性和情趣性。譬如窗外的一大片茵茵绿草地，小桥、流水、红花，还有藤萝架下的牛排和咖啡等，如图 6-14、图 6-15 所示。

图 6-13 希腊风格示例

图 6-14　欧美风情之鼓浪屿

图 6-15　美国风格之纳帕溪谷

（二）新古典主义风格

新古典主义风格的建筑外观吸取了类似"欧陆风格"的一些元素处理手法，但加以简化或局部适用，配以大面积墙及玻璃或简单线脚构架，在色彩上以大面积线色为主，装饰味相对简化，追求一种轻松、清新、典雅的气氛，可算是"后欧陆式"，较之前者则又进一步理性。目前国内这种建筑风格较多，属于主导型的建筑风格。以东海花园为例，它由 7 栋 18 层蛙式塔楼和会所围合而成，格局精细、设计新颖，蔚然成观，高层建筑分三段处理，面砖和矿物喷涂结合的外墙釉饰面与比利时淡绿色玻璃相互映衬，充满新古典主义色彩，如图 6-16 所示。

（三）现代主义风格

现代主义风格的作品大都以体现时代特征为主，没有过分的装饰，一切从功能出发，讲究造型比例适度、空间结构图明确美观，强调外观的明快、简洁。体现了现代生活快节奏、简约和实用，但又富有朝气的生活气息。

凯旋新世界是珠江新城里占地面积较大的豪宅盘，其建筑风格采用了现代主义的建筑手法，外墙参考了香港豪宅常用的颜色，以橙色为主调，楼体的转角部采用了具有灯箱效果的透明飘窗，通过色彩和形体的对比，成功塑造了其在珠江新城里的豪宅形象，突破了豪宅的建筑风格一定是要欧陆式的习惯思维模式，如图 6-17 所示。

（四）后现代主义风格

后现代主义风格强调建筑的复杂性和矛盾性，反对简单化、模式化，讲求文脉，追求人情味，崇尚隐喻与象征的手法，大胆地运用装饰和色彩，提倡多样化和多元化。在造型

图 6-16　新古典主义风格之东海花园

设计的构图理论中吸取其他艺术或自然科学概念，如片断、反射、折射、裂变、变形等。用非传统的方法来运用传统，以不熟悉的方式来组合熟悉的东西，用各种刻意制造矛盾，如断裂、错位、扭曲、矛盾共处等手法，把传统的构件组合在新的情景之中，让人产生复杂的联想。

图 6-17　现代主义风格之凯旋新世界

同济大学中法中心的建筑是由该校建筑设计研究院致正建筑工作室的张斌老师所设计，为迎接 2007 年同济百年校庆而建。设计首先从对基地的分析入手，进行项目的策划，得出二元统一、和而不同的设计理念，从建筑的布局、形态、流线、材质、景观各方面营造场所特征，达到空间的多重整合，如图 6-18 所示。

杭州六合天寓采用自由、开放、动感的 X 型几何规划布局，五幢 32～33 层高建筑配以超大间距、超长跨度，使社区融入城市，又从城市环境中脱颖而出。建筑设计语言节奏有序、简洁而富有线性美感。色彩、形体、光影变幻和谐。环境设计摒弃了传统组团式，以一种更理性更全面的思想来对待景观，追求自然、生态的"大森林气质"，如图 6-19 所示。

（五）异域风格

这类建筑大多是境外设计师所设计，其特点是将国外建筑"原版移植"过来，植入了现代生活理念，同时又带有种种异域情调空间。与欧美风格的区别是，它并没有与中国本土的建筑特色相融合，仅仅是"生搬硬套"其建筑样式及整体规划。

图 6-18　后现代主义风格之中法中心

松江泰晤士小镇设计引入英国泰晤士河边小镇风情和住宅特征，追求人与自然的最佳和谐，并将自然流畅的道路系统与优美的河道有机地结合在一起，作为整个区域开发的骨架。其中一条连续的多功能步行街，以及湖畔英式广场成为总体规划的主轴线，成为居民及游人进行集会、表演、休闲、交往的好去处，如图6-20所示。

珊瑚湾畔规划以澳洲风格为蓝本，小区园林以水景为主，小区内设有人工河道将各组团加以分割，在塑造景观的同时增加豪宅的私密性。独立别墅和叠加式别墅与各具特色的澳洲

图 6-19 后现代主义风格之六合天寓

园林融为一体。别墅外墙呈深咖啡色调，衬上人幅同色系的玻璃窗和阳台栏杆。江边第一排别墅和第二排别墅的布局错开，令两排别墅均可看江景，别墅间楼距较宽。

图 6-20 异域风格之松江泰晤士小镇

珊瑚湾畔是广州最大型带电梯别墅豪宅项目，所有独立别墅均附设独立私人电梯，规模庞大堪称广州之最，也是广州首创立体式三空间花园的独立别墅，住户享有地面花园、花园式大阳台及天台空中花园的澳大利亚豪宅精粹，如图6-21所示。

（六）中式风格

中国国内的建筑风格按地域可分为以下几类：

1. 西北风格

西北风格集中在黄河以西至甘肃、宁夏的黄土高原地区。院落的封闭性很强，屋身低矮，屋顶坡度低缓，还有相当多的建筑使用平顶；很少使用砖瓦，多用土坯或夯土墙，木装修更简单，这个地区还常有窑洞建筑，除靠崖凿窑外，还有地坑窑、平地发券窑，总的风格是质朴敦厚。

2. 北方风格

北方风格集中在淮河以北至黑龙江以南的广大平原地区。组群方整规则，庭院较大，

图 6-21　异域风格之珊瑚湾畔

但尺度合宜；建筑造型起伏不大，屋身低平，屋顶曲线平缓；多用砖瓦、木结构，用料较大，装修比较简单，总的风格是开朗大度，如图 6-22 所示。

3. 江南风格

江南风格集中在长江中下游的河网地区。组群比较密集，庭院比较狭窄；城镇中大型组群（大住宅、会馆、店铺、寺庙、祠堂等）很多，而且带有楼房；小型建筑（一般住宅、店铺）自由灵活；屋顶坡度陡峻，翼角高翘，装修精致富丽，雕刻彩绘很多，总的风格是秀丽灵巧，如图 6-23 所示。

图 6-22　北京四合院

图 6-23　江南水乡

4. 岭南风格

岭南风格集中在珠江流域山岳丘陵地区。建筑平面比较规整，庭院很小，房屋高大，门窗狭窄，多有封火山墙，屋顶坡度陡峻，翼角起翘更大；城镇村落中建筑密集，封闭性很强；装修、雕刻、彩绘富丽繁复，手法精细，总的风格是轻盈细腻，如图 6-24 所示。

5. 西南风格

西南风格集中在西南山区，有相当一部分是壮、傣、瑶、苗等民族聚居的地区。多利用山坡建房，为下层架空的干栏式建筑。平面和外形相当自由，很少成组群出现。梁柱等结构构件外露，只用板壁或编席作为维护屏障。屋面曲线柔和，拖出很长，出檐深远，上

图 6-24　广州陈家祠

铺木瓦或草秸，不太讲究装饰，总的风格是自由灵活，其中云南南部傣族佛寺空间巨大，装饰富丽，佛塔造型与缅甸类似，民族风格非常鲜明。

图 6-25　云南朱家花园

6. 藏族风格

藏族风格集中在西藏、青海、甘南、川北等藏族聚居的广大草原山区，如图 6-26 所示。牧民多居褐色长方形帐篷。村落居民住碉房，多为 2～3 层小天井式木结构建筑，外面包砌石墙，墙壁收分很大，上面为平屋顶。石墙上的门窗狭小，窗外刷黑色梯形窗套，顶部檐端加装饰线条，极富表现力，总的风格是坚实厚重。

图 6-26　藏族民宅

图 6-27　直径 12m 的蒙古包

7. 蒙古族风格

蒙古族风格集中在蒙古族聚居的草原地区。牧民居住圆形毡包，如图6-27所示，贵族的大毡包直径可达10余米，内有立柱，装饰华丽，刺嘛庙集中体现了蒙古族建筑的风格，它来源于藏族喇嘛庙原型，又吸收了临近地区回族、汉族建筑艺术手法，既厚重又华丽。

8. 维吾尔族风格

维吾尔族风格集中在新疆维吾尔族居住区。建筑外部完全封闭，全用平屋顶，内部庭院尺度亲切，平面布局自由，并有绿化点缀。房间前有宽敞的外廊，室内外有细致的彩色木雕和石膏花饰。总的风格是外部朴素单调，内部灵活精致。维吾尔族的清真寺和教长陵园是建筑艺术最集中的地方，体量巨大，塔楼高耸，砖雕、木雕、石膏花饰富丽精致。还多用拱券结构，富有曲线韵律，如图6-28所示。

图6-28 维吾尔寨

（七）普通风格

这类建筑很难就其建筑外观在风格上下定义，其出现大概与商品房开发所处的经济发展阶段、环境或开发商的认识水平、审美能力与开发实力有关。建筑形象平淡，建筑外立面朴素，无过多的装饰，外墙面的材料亦无细致考虑，显得普通化。

三、建筑风格竞争力的提升

新中国成立以来，尤其是改革开放以后，我国的建筑事业得到前所未有的发展。当前我国建筑创作有喜有忧，喜的是中国建筑师建筑风格的品位在不断地提高，各地的城市面貌和建筑环境质量正在得到不断改善，建筑创作的理念、风格、技术手段得到不断更新与发展；忧的是一些风格、品位低下的设计作品正伴随着建筑市场的巨大洪流应运而生，建筑创作中的"商业行为"有愈演愈盛之势，"商业化"带来的是成批量的仿制品，这些仿制品既不尊重本土文化，也不尊重外来文化，往往粗制滥造，假装通俗易懂，假装有气势，自我意识很强地揉搓出所谓的"风格"，实际上是没有特色的作品。目前，房地产风格研发设计上还存在以下问题：

（1）"没风格"。这是不少业界人士对市场的批评之语。环顾在售楼盘，多数确实没有一个明确的风格。至于一些普通楼盘，或福利、微利房，就更无风格可言了。

（2）抄袭、跟风现象严重。例如一个楼盘的西班牙式风格受欢迎，那么很多楼盘都争相采用。跟风现象存在，说明市场不成熟。

（3）简单化处理。一些开发商对风格内容的理解太过简单、很不完整，因此难免断章取义，或照搬照抄，例如欧陆风格显然并不是做几个浮雕、立几根圆头柱子就能完事的，园林式住宅也不是多种几棵树就能解决问题的。处理风格要把握一定的原则，按照几大样式作精心全面的安排，才有可能做出有风格有个性的"产品"来。

（4）风格设计上局限性大。现在多集中在现代主义风格上，视野比较狭窄。其实，从古至今，中外建筑风格流派众多，住宅建筑风格也是多种多样，因此在以现代主义风格为主流的同时，也要探索古典风格的定义，同时探索和尝试各种当代"概念式"建筑风格，从而突破各种限制。

（5）在风格运用上较少考虑到本地的自然特征和文化特征。以深圳为例，从气候来说，深圳是高温多雨，因此温带地区那种以大红大紫色彩表现出来的风格在这里不适用。从文化特征来说，这里是移民城市，人们来自五湖四海，同时也是现代化城市，人们标新立异、崇尚自由、简洁、讲究实用、效率，因在风格设计上也要适应这一文化心理。

为了提升房地产自身的价值，研发人员应该解决上述问题，具体说来要从以下几方面入手，不断提升其建筑风格的竞争力。

（一）把握好建筑风格的未来走势

研发出与当地文化相吻合，满足市场需求的产品。对于建筑风格来说，有以下几种趋势。

1. 追求个性化

现代生活丰富多彩，现代风格推崇个性主义，张扬人的个性。人们在对住宅的需求上，同样要求有更多内容风格、形式多样的楼盘供顾客选择，这其中尤其对楼盘外立面的新颖与否有着更强烈的要求，鲜明突出的楼盘至今还留给人们深刻的印象。如以亲近自然山水、尽览田园风情、融合现代建筑风格的曦龙山庄；整合了中国古典主义、自然风格又自成一派的百仕达花园；标榜"人文主义"理念，秉承"以人为本"规划思想的香榭里花园凭借其舒畅的环境傲视群楼；再如欧陆风格的万科四季花城和现代岭南派风格的碧云天，以其色调鲜明、建筑活泼、造型独特吸引了众多年轻人的眼球，并一举成功。不管哪种风格，都应能在平实之中体现出建筑的品位和质感，小区的外在形象一定要能体现目标客户在内的身份要求，建筑外立面和建筑风格能满足目标客户的个性心理和社会心理需求，这就要求开发商在楼盘策划时不但要融入超前的开发设计理念和文化理念，而且还要融入人们追求成功事业、美好生活的人生理念，能让客户有归属感、自豪感和荣誉感的楼盘，将具备强大的生命力和号召力。风格化不仅仅是开发商或者操盘者本人对地块属性的一种追求和理解，更多的是消费者个性的要求。追求个性，满足特定消费群体的需求已经成为房地产产品市场细分的一种趋势。市场潮流只是一种表面现象，开发商与建筑师可以创造和运用任何一种建筑形式和风格，唯有被市场接受和追捧才会形成潮流。

2. 设计理念的理性、成熟

开发商所希望的种种风格，也不过是取代一些专业人士难以名状的建筑形式，这终究是为了美的愉悦，所以研发者有义务主动引导社会的审美，走出"某某风格"的误区，用本质的创造去取代风格的模仿。事过境迁，没有"放之四海而皆准"的建筑形式，建筑的本质是超越风格和类型的，例如真正的欧洲古典形式与传统的中国营造法式一样，都是追求节奏和韵律、比例与尺度、对比与协调等基本的法则，二者可以用秩序来衡量。深圳的百仕达花园、万科城市花园、东方玫瑰花园、番禺康裕花园之所以在房地产市场成功，是因为在建筑风格的设计上达到了较高的水平，体现了研发者高品位的修养和扎实的设计根底、丰富的实践经验及对建筑美学的把握能力，很好地引导了市场的消费观念及审美观，成为雅俗共赏的好作品。这几个楼盘的建筑风格，在其之前，均无类似作品，它们以不同的建筑外观及造型，各自创造了自己的特色，充分体现了其设计理念的成熟和理性。

3. 风格杂糅化

随着经济的发展、建筑科技的进步及消费需求的多元化，住宅风格也日益多样化，很多都是几种风格的糅合，结合地域文化特征，研发出适合目标客户的产品。如位于天河板块的"汇景新城"，其"新亚洲建筑"的理念打破了东、西方的地域界限，融合了东、西方建筑的精髓，充分体现了以人为本的精神，展现了国际豪宅社区的形象，成为广州豪宅的新典范。又如万科东丽湖北欧墅，吸收了美国著名建筑师赖特的"有机建筑"的理论思想，强调建筑与大自然的和谐共生；着眼于建筑自身的内部空间，最大限度地考虑建筑空间内的舒适性、丰富性和人性化；充分运用和发挥木材、石材、涂料、钢、铝、玻璃、混凝土及砖等材料的表现力，创造出不同以往的趣味空间感觉，如图6-29、图6-30所示。

图 6-29　万科东丽湖之一

图 6-30　万科东丽湖之二

4. 风格精致化

随着消费者品位的提高，建筑风格将更为完美、精致，那种粗制滥造、名不符实的风格将无市场而被淘汰。

房地产产品的研发者在工作过程中，应很好地把握住建筑风格的发展趋势，把握住市场的需求，研发出成功的产品。

(二) 促进研发设计市场的规范

长期以来，我国的建筑设计单位被列入"事业单位"类，建筑设计人员的灵感和创造性长期被埋没，其创作空间长期没有拓展的机会，客观上形成了"星光暗淡"的局面，再加上不规范的竞争，业主和开发商对建筑设计的挑剔，使整个行业陷入萧条。在这样的夹击下，建筑研发设计单位的生存和发展遇到了极大的威胁。改变这一现象的出路在于加强业内自律，促进公平竞争、优胜劣汰机制的形成，并尽快与国际接轨，发展私人建筑研发设计业务，进一步给整个行业增添活力。

（三）提高研发设计人员的素质

设计住宅就是设计生活。建筑创造需要灵感、天赋的同时，还需要对生活有深刻的感悟和认识。当前，很多的房地产开发商都聘请国外的建筑师对风格、户型、景观等进行设计研发，这说明我国房地产缺乏优秀的设计师，尤其是缺乏大师级的建筑师。作为一个设计研发人员，应当具备扎实的专业知识，并深入了解市场、了解生活，同时深入研究人们的需求，不断提高自身的素质，提高业务水平。

（四）更新房地产开发商的观念

开发商是住宅的投资主体。开发商的水平和偏好在很大程度上左右了住宅设计的水平。当前，在房地产市场流行一句话：开发商水平高，住宅研发设计水平就高；开发商水平不高，住宅研发设计水平就不高。为此，开发商应不断提高自身的建筑审美能力，并提高对住宅研发设计的重视程度，在时间、费用、空间等方面给予足够多的支援，促进各部门之间的配合。

事物是不断变化、发展的，建筑风格也一样。回顾楼市发展十几年，楼市发生并将继续发生的一个深刻变化是：单一的、一成不变的楼盘已经失去了市场。由于人们生活水平的提高，以及在世界观念的影响下，对于美以及如何审美都产生了新的变化，不再一成不变，不再单调一致，以各种风格为特征的楼盘以前所未有的热度畅行于市，人们在惊叹的同时，悄然地接受着这种变化。应该看到，近年来建筑创作中存在的风格、品位问题，是在市场经济的发展进程中出现的，固然有社会变革带来观念大激荡的原因，有东西文化碰撞的原因，有其社会性、客观性及其必然性的一面，但归根到底，还是创作主体没有正确理解好建筑风格、品位的问题，没有正确处理好建筑风格的"恒"与"变"的关系。基于这种认识，提出以下思路与对策：

1. 强化设计风格的"品位"意识

建筑作为一种物质和精神的存在，既是实用性、技术性的"物品"，又是艺术性、审美性的"作品"；风格可以多样，主义可以争辩，但对设计风格的品位追求却是始终如一的。"品位"意识要求"品"与"位"的统一，即要求建筑功能与形式的统一，建筑技术与艺术的统一，建筑物质文化与精神文化的统一。

2. 正确处理建筑风格的"恒"与"变"的关系

中国建筑师应走"恒"与"变"的辩证统一之路，"恒"与"变"是相对的；建筑文化首先是一种意识观念，在特定的环境下进行建筑创作，首先要考虑"恒"的要素，"恒"是"变"的基础，"变"是一种"内涵"的延伸，而不是纯"外表"的再现；当然"恒"也不是一成不变的，"恒"的内涵也是随社会进步在动态发展的，不能墨守陈规，而应顺应社会，趋向多元化，在"恒"的表达上，贵在体现抽象，可以乃至必须融进一些"变"的要素。

3. 努力实现"高品质"的设计运作

建筑风格的运作过程是"高品质"的设计运作过程；在具体运作中用"高品质"去衡量它，应注意以下两方面：

（1）加强建筑风格创作中的意念设计和概念设计，即"意念"与"概念"，在建筑风格创作中即"立意"与"思想"；它是解决建筑风格、建筑艺术和审美等精神品位方面问题的起码保证，是多出"高品质"的具有文化内涵和艺术趣味的设计杰出作品的关键。

（2）正确处理设计运作中的"群体性"和"个体性"问题。建筑创作是一种集体创作，是包括设计者群体在内的集体智慧和共同劳动的结晶；但是建筑创作又是一种个体创作、个性创作，是个体想象力和创造力的外化和物化；"高品质"的建筑创作不仅要尊重"群体性"，同时更应重视"个体性"问题，它们始终贯穿在各类建筑创作之中；"高品质"的设计运作必须是这两部分运用的巧妙结合，没有个体作用的充分发挥，没有个体和群体在设计过程中的协同运作，就很难实现"高品质"。

总之，放眼未来，作为中国的房地产研发设计人员，在世界的多元化和动态发展的今天，面对建筑文化的多元化和动态发展的新潮流，首先尊重本土文化是前提，同时还应有足够的气量来接纳各种建筑文化，灵活掌握建筑风格"恒"与"变"的发展规律，提倡建筑风格因时、因地、因物制宜的多样性；在深刻领悟"恒"的基础上，走具有中国地域文化特色的现代建筑的创作之路，创作出更多更好符合时代潮流的设计作品。

第四节 户型的研发

一、户型研发概述

户型研发是否准确，是否科学合理事关项目的成败。表面上看，户型即建筑的室内空间间隔，需要考虑整体建筑结构、建筑承重及水、电、气、热、光纤等管网线路布置，因而是一个建筑技术问题，完全是建筑设计师的事。其实不然，户型是实现消费者居家生活的基本要素，是满足"舒适性"的首要前提，只有满足了消费者需求的技术才有意义，只有满足了消费者的户型才能确保项目销售畅旺，因此户型研发首先是市场问题，其次才是技术问题。

为了要让户型能恰到好处地满足目标客户的需求，不仅需要研究这一部分消费者的生活背景、消费心理、消费特征，而且需要充分考量项目所处的地理特征、景观环境、人文环境、项目的规划布局、小区内环境营造等一系列因素，让户型定位切合项目整体定位。一般说来，户型研发的内容主要有以下几点：

（一）户型类别配置

户型研发的首要工作就是根据项目所处区位及周边总体环境，结合目标消费者定位，确定项目是以立体户型为主还是以平面户型为主，是以三房二厅二卫以上大户型为主还是以二房二厅一卫以下小户型为主，一房、二房、三房、复（跃层）式等分别应占的比例。

（二）户型面积设定

从目前的市场实况看，由于生活习惯、居住观念的不同，我国南北之间、东西之间消费者对户型面积的要求存在巨大差异；就是同一城市，不同类别的消费者对面积的要求也大相径庭：有的认为三房应在 100m² 左右，有的希望三房能做到 130m² 以上甚至 170m²；有的喜欢 70m² 的二房，有的中意二房要超过 90m² 等。具体到某一楼盘，每种户型类别的面积到底以多少为宜，显然需要精心研发。

（三）户型类别分布

并不是每个楼盘都能赚钱。单纯从设计角度看，很多优秀户型的楼盘不幸沦为库存，其原因在于开发商将它们放在了错误的位置：面积大、总价高的户型却被放在临近路边噪声相当大的地方、或景观较差的地方、或朝北的方向、或南北向楼体中、或有西晒、或是底层。位置最好的地方设置总价最高的户型、位置最差的地方设置总价最低的户型，是决定各类户型在项目中位置分布的基本原则，背离这一点，收获的就可能是积压或低价低利润。

（四）户型功能配置

要设计几个卫生间？几个阳台？厨房是开放式还是传统的封闭式？要不要工人（保姆）房？要不要设置一个杂物间？要不要设飘（凸）窗等问题也应站在市场角度、从项目整体定位的高度来审视，而不应由设计师站在技术角度、单纯从建筑结构出发。

选择一种户型，选择一个生活空间。不同的生活经历、生活状态、生活习惯会带来对户型的不同理解，而户型则不管人们过去如何，只是以它难以更改的刚性改变、重塑人们的生活方式。因此，所谓好户型，就是能充分尊重人们居家生活天伦本质、亲情本质的户型；是能带给人们身体的、心理的舒适享受的户型；是能满足现在与未来生活变化的需要的户型；是与室外自然、人文环境协调且将好环境引入室内的户型；是能最充分考虑建筑材料与环保的户型。

一套好的户型，首先必须是每一个房间都间隔方正，少点"金角银边"，谨防多边多角的"钻石房"的出现，如此不仅利于家具摆放，提高使用面积，也符合中国人的消费心理。在户型研发过程中，要注意以下几点：

1. 动静分开

客厅、餐厅、厨房、音乐房、麻将室需要人来人往，活动频繁，如此一个家才有生气、有活力，而主要为休息睡觉之用的卧室显然需要最大程度的静谧，因此应将它们严格分开，确保休息的人能安心休息，要走动娱乐的人可以放心活动。

2. 公私分开

家庭生活的私密性必须得到充分的尊重与保护，不能让访客在进门后将业主家庭生活的方方面面一览无余。这就要求不仅需要将卧室（主卧、父母房、儿童房）与客厅、餐厅、音乐房、麻将室（娱乐室）进行区位分离，而且应注意各房间门的方向。

3. 主次分开

买房通常是人们事业奋斗有成，生活质量迈上台阶的体现。为了彰显业主的成功，也为了家庭成员之间的起居互不干扰，主人房不仅应朝向好（向南或向景观）、宽敞、大气，而且应单独设立卫生间，应与父母房略有距离分隔。如设有工人（保姆）房，则又应与主要家庭成员的房间有所分离。

4．干湿分开

厨房、卫生间等带水、带脏的房间应与精心装修怕水怕脏的卧室等分开。

5．通透明确

如果客、餐厅相连，最好能有开放式阳台与大玻璃窗遥相呼应，既能保证客厅的采光充分，春、夏天的"穿堂风"更是一种极为舒服的享受。厨房当然也应有良好的采光、通风条件，闷在一角的厨房将时不时降低下厨人的工作热情，影响一家人的食欲。卫生间不应脏兮兮、臭哄哄，不应成为天然的藏污纳垢、繁殖细菌的场所，它也应该有良好的通风透光条件，应该窗明几净，无异味，不长霉。卧室，自然更不能成为黑屋暗房了。

6．朝向分明

一套好的户型，应安排尽可能多的房间朝向南面，以确保灿烂的阳光能照耀房间，如有不便之处，则首先满足的应是客厅与主卧。当小区周边有着极为突出的景观时，户型设计可能会打破传统朝向布局而以景观为中心，这时首要的也是安排客厅与主卧朝向景观。

另外，好的户型中厨房应远离卧室，以杜绝油烟污染。而卫生间则应靠近卧室以方便使用；供水、排污、电、煤气、供热、光纤等管网布线应尽量集中，既方便业主装修，又方便维修检查，还节省材料。

二、户型概念集合

(一) 迷你一居

一居室一直是小户型的代表，也是市场追捧的热点，在很多楼盘中往往位置并不算好，但因总价较低而最先售罄。除去市场上为缩小面积而将厅室合一的"合体一居"（居室除厨卫外，只拥有一个窗户或阳台的采光面）外，标准的一居室应为一室一厅，即卧室和起居室各有窗户和阳台，这样才能保证居住的品质。一居室的精巧性在于：小面积仍要满足多功能，除去基本的就餐、洗浴、就寝和会客外，在寸土寸金的面积中，适时增加读书、休闲等功能，达到"麻雀虽小，五脏俱全"。

一般说来，迷你一居的户型有点像宾馆的标准客房，一个卫生间与一个卧室和起居室共用的厅。当然，居家过日子少不了烹饪，为了节省面积，厨房很多时候是安排在户门旁，装上一个无污染的电磁炉。这样既好安排需要采光的厅，也不至于烹饪时穿堂越室。算下来，迷你一居的面积上限是 $30m^2$：一个 $5m^2$ 的卫生间，一个 $5m^2$ 的玄关兼厨务区，剩下的就是卧室和起居室共用的厅了，如图 6-31 所示。

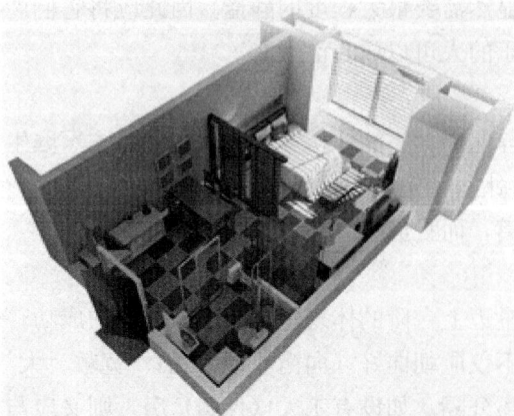

建筑本身由于追逐时尚，容易过时。户型本身由于面积过小，功能过于简单，容易被生活不断变化的年轻人所淘汰。但

图 6-31　精装一居室鸟瞰示例图

作为居住的过渡产品很受年轻人的青睐。

（二）合体一居

为了缩小面积，扩大空间，降低总价，市场上适时出现了将卧室和起居室合二为一的"合体一居"。这种户型介于迷你一居和标准一居之间，面积大致为 30～60m²。合体一居与迷你一居两者相似之处是卧室和起居室共用一个厅，只是面积有大小之分。合体一居采用的是厅室"合体"，功能分区的方式，即将卧室和起居室合二为一，划分出不同区域；而一居是卧室与起居和就餐分别设在不同的带有采光、通风面的空间里，具体而言，就是卧室、起居室和厨房各自拥有窗户，并且用墙体进行分隔，如图 6-32 所示。

图 6-32 精装合体一居鸟瞰示例图

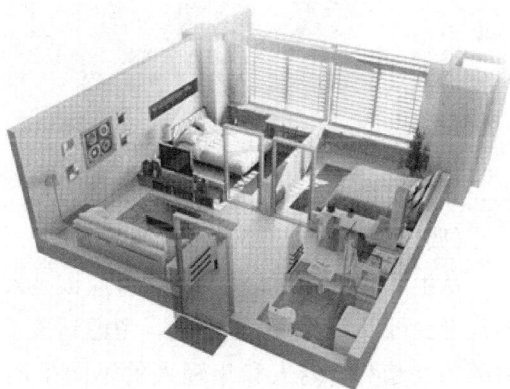

图 6-33 精装二居室鸟瞰示例图

（三）二居室

二居室是目前需求比较多的一种户型，是一种承上启下、灵活多变的户型，如图 6-33 所示。单身、三口可住，两代也能凑合；投资时比一居租户群宽，比三居易于转让。特别是对于投资型用户，精巧两居有着总价相对低一些的优势，而租房者一般讲求实用，对于宽敞和气派，往往放在了次要的位置。

精巧二居室的面积一般为 80m²，如果变成双卫生间和增加一些功能空间，可以适当放大 10～20m²。那么，室内各空间的面积究竟"精"到什么程度才算合适？一般来说，卧室 10～12m²，能满足"卧"的基本需要，14m² 以上，就可以摆放电视了；儿童房 8～10m² 已经够用，书房 6～8m² 也能说得过去；卫生间 3～5m²、厨房 5～7m² 就能使用，当然宽大一点会增加舒适度，至于再大一些面积，无非是进行"洁污分区"、"中西分厨"，或者放进洗衣机、冰箱等。通常卫生间设置淋浴器、洗手盆和坐便器，最小 2.5m²，若改成小浴缸，3m² 都不富裕。而厨房面积不应小于 5m²，低于这个数值，室内热量聚集就会过大，同时单排操作净宽不小于 1.5m，双排操作不小于 1.9m，并且操作面长不小于 2.1m。至于阳台、储藏间、玄关等功能空间，在保证主要居室面积的前提下增设，会使户型的品质有所提高。

在卫生间的配置上，有双有单，因此面积和品质也会产生差异。对于自住型用户，单身或者两人，单卫已能满足需要；而三口之家或两代老少，最好还是选择双卫。至于投资型用户，则要看所购楼盘未来的租户定位于哪个层面：如若租给一般白领，选单卫户型可

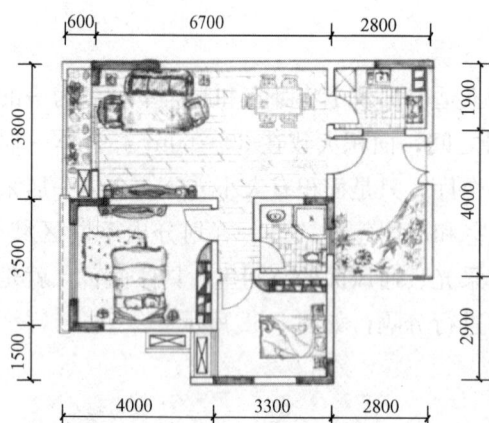

图 6-34　骏逸蓝山经典之二居室

学，体现出对居住者细微的人文关怀。

（四）三居室

从生活的实用性上讲，三居室应该是未来发展的主力户型：三口之家可以拥有书房，两代老少可以互不相扰，当然，考虑到孩子长大后的独立趋势、老人和年轻人的不同生活习惯等，两个卫生间及阳台必不可少，同时至少应有一间向阳的卧室，并且将总面积控制在 $100\sim130m^2$。骏逸蓝山经典之三居室如图 6-35 所示。

现在，随着"动静分区"、"洁污分离"、"干湿分开"、"主客分卫"、"中西分厨"等标志生活品质和习惯的样式，以及储藏间、衣帽间、休闲阳台、家政阳台、玄关等空间的设置逐渐地渗透到各种户型中，居住的舒适度较之从前大为提高，但面积也相应地加大。因此，精巧户型中各

以降低投资成本；如若吸引高层人士甚至外国人，选双卫则是提高品质的重要指标。而在阳台和储藏间等次要空间的配置上，可有可无，定位不同则选择也会不同。对于自住型用户，有阳台和储藏间，会给生活带来方便，但面积不宜太大，否则过多地占用居住空间不见得划算。至于投资型用户，面对的租户对于次要空间的需求往往会少许多，这样，减少面积以降低投资总价，有利于提高回报。

骏逸蓝山经典之二居室如图 6-34 所示，本户型有两室两厅单卫，带入户花园，套内面积为 $68.16m^2$，动静分区、功能分区、设计科

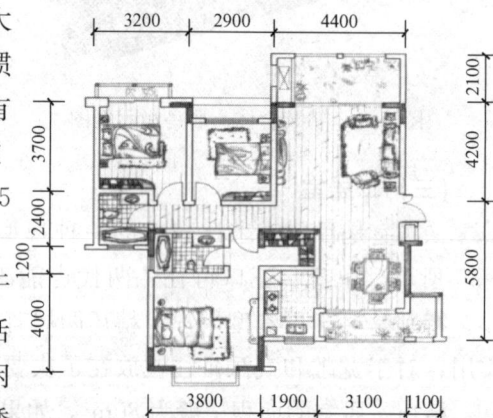

图 6-35　骏逸蓝山经典之三居室

类分区的样式及功能空间的设置应首先服从于居室面积的需要，也就是说，在起居室、卧室及厨卫面积达标的基础上，再适时加以考虑。为了更好地在有限的空间中容纳人们无限的需求，兼容方方面面，如功能复合化、空间模糊化是住宅发展的重要趋势。另外，使用率的大小也是一个不容忽视的问题。

功能细化带来了舒适度的提高，但同时也需要以分隔有限的空间作为代价，使宽敞可能变得局促，反而降低了舒适度。因此，既保证套型中具备细分的功能空间，使生活有条不紊，又避免过多的隔墙，将宽敞的空间划分得支离破碎，就成了选择三居室的关键。通风和采光是衡量户型优劣的重要指标。对于至少拥有三个卧室、一个起居室，以及厨房和卫生间等六七个功能空间的三居室来说，应该占据两个以上方向的采光面，如东面和南面、东面和北面、西面和北面、西面和南面等，以构成顺畅的通风回路。在选择上，南北

方由于日照纬度和气候的差异，侧重点会有所不同。南方气候炎热、潮湿，重通风甚于重日照，尤其是卫生间和工人房，具备明窗是品质的基本保证，而日照则放到了次要位置。北方正好相反，重日照甚于重通风，卫生间等可以是暗卫，但一套三居室拥有至少一个朝阳居室就成了选择的底线。

另外，居室的舒适度还体现在各空间的均好性上。均好性是户型匀称的标志，这一点，对于功能空间相对齐备的三居室来说，显得非常重要。动静分离是住宅舒适度的标志之一，像客厅、餐厅、厨房、次卫生间等都属于动区，人们出入、活动比较频繁，而卧室、书房、主卫生间等属于静区，相对比较安静。国内住宅在面积的均好性上有个简单的算法：动区与静区的比例大致五五开；动区中的客厅和阳台与餐厅、玄关、厨房、次卫等的比例大致四六开；静区中的主卧、主卫和阳台与两个次卧或书房的比例大致五五开。

（五）复式

对于那些既想住在市区，又想体会别墅上下层感觉的购房者来说，复式户型是一种比较好的选择。一些面积稍小的精致小复式（图6-36、图6-37），满足了一部分人，尤其是年轻人既希望空间多重的变化，又不至于有过高总价的需求。小复式上下层的户型通常会有三种类型：重叠式、交错式和挑空式。在进行研发时，要注意控制总价、注重性能、提高层次、注意平衡各种功能。

复式户型最大的优点就是私密性好，公共空间和私人空间分类明晰，能够动静分区，

图6-36　精装复式住宅鸟瞰示例图

活动和休息互不干扰，并且具有良好的视觉效果。但同时也容易受原房型结构的制约，如单层时厨房占有一定的面积，变成两层后可能仍只有这点面积，显得比例不当，原因是受结构和管道的限制，厨房面积难以扩大。小复式的挑空看起来会比较大气一些，当厅的高度达到4～6m时，感觉十分宽敞，能够提升居住档次，但也要注意空间的比例关系，面积不大的厅如果偏高会感觉像个天井。还要注意空间的合理性，像居室的开间和进深是否合适，楼梯的走向是否方便、美观，上、下层是否都有卫生间，楼道占用空间

图6-37　复式住宅分层示例图

是否过大等，这些在平层不会成为问题的问题，在小复式中，由于设计难度的增加，可能会变得突出。

（六）大户型

住宅户型大到了一定程度，就不单单是满足面积和功能的需要，因为购买大户型的人更多地是把住宅作为精神需求的物质载体，以显现人生的追求和业绩。

户型体现居住者的身份要表现在几个方面：第一要大气，在面积尺度、视觉尺度上尽量追求宽敞、明亮、开阔；第二要充分与自然景观、人文景观结合，采用引景入室等设计手法，比如落地窗、弧形窗、飘窗、大露台甚至空中花园等，与周围自然环境完美结合；第三要舒适，在功能配置上尽量完善，从人们生活的各种流线、尺度着手。因此，大户型研发很重要的一点，就是寻求住宅的高品位。

大户型的空间加大，其间的物品摆设相对宽松、随意，一定程度上可以增加居室的舒适度，同时也可以细分出不同的空间以满足不同的需要。

大户型的购买者，一般是具备一定的经济实力，或在某个领域获得了一定成功的人士，对居住的地域、环境、档次会比较挑剔，比一般的购买者更强调居住的氛围，舒适的程度，这样才能在相对宽裕的空间里获得某种感觉。因而，追求公寓中的豪宅、都市里的村庄，也是很多成功人士的必然选择。

平层里的大户型，往往会被放在社区景观较好的区域，安置在楼体的各端，这样可以使整个户型拥有两至三个采光面，尽可能地将各个居室的观景、采光、通风设计得完美，以提高整体品位。同时，除了基本户型所具有的功能外，还应有一些特殊功能，具备某种特色，这一点，是很多设计师和开发商潜心追求的目标，因为宽大的空间和较高的单价，给他们提供了精心打造的条件。

户型满足私密性的要求。能够多加一道门，就不要少加一道门；能够一梯一户，就不要一梯两户；能够独占门厅，就不要与其他户共享。这一切，都是为了让用户更有领地感、安全感，也是获得私密性的必要条件。东方新城经典之大户型如图6-38所示。

（七）别墅

别墅作为个人财富的象征，越来越受到社会上层人士的青睐。别墅是有天有地的低层住宅，大面积、多功能、追求高质量居住品质是其区别于一般住宅的主要特点，一般可分为独立别墅、联排别墅、叠加式别墅和空中别墅等。其入口、起居室、餐厅组成礼仪交往区，早餐室、厨房、家庭室构成家人交往区，主卧、主卫、次卧、次卫组成私密区，车库、地下室、储藏室组成功能区，前院、后院、观景平台组成室外区，如图6-39所示。

三、户型研发要点

随着人们需求的不断精细化，户型研发也越发重要。作为研发者，应该了解国家的有关政策和法规，楼盘所在地的气候、地形地貌，当地的社会经济状况、生活科技发展情况、政府相关职能部门对开发商的要求，当地居民的家庭规模和结构、生活习惯、风俗、文化背景等。就具体楼盘来说，在注重舒适性、客户对应性的同时，应该注意以下几点：

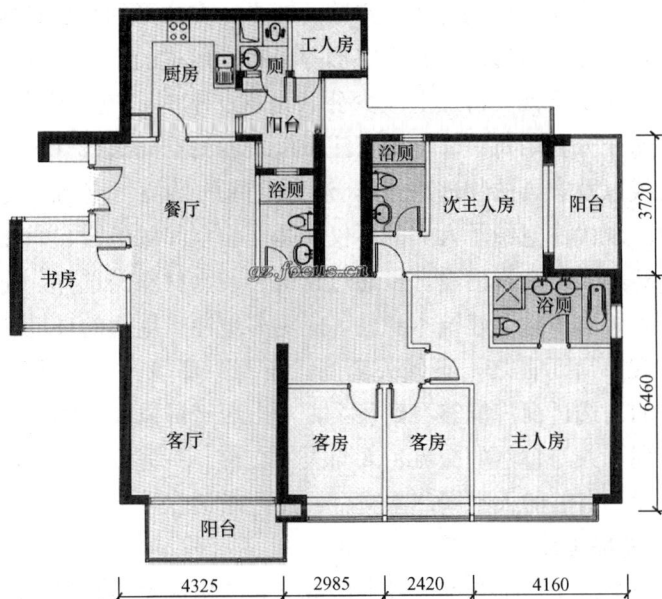

图 6-38 东方新城经典之大户型

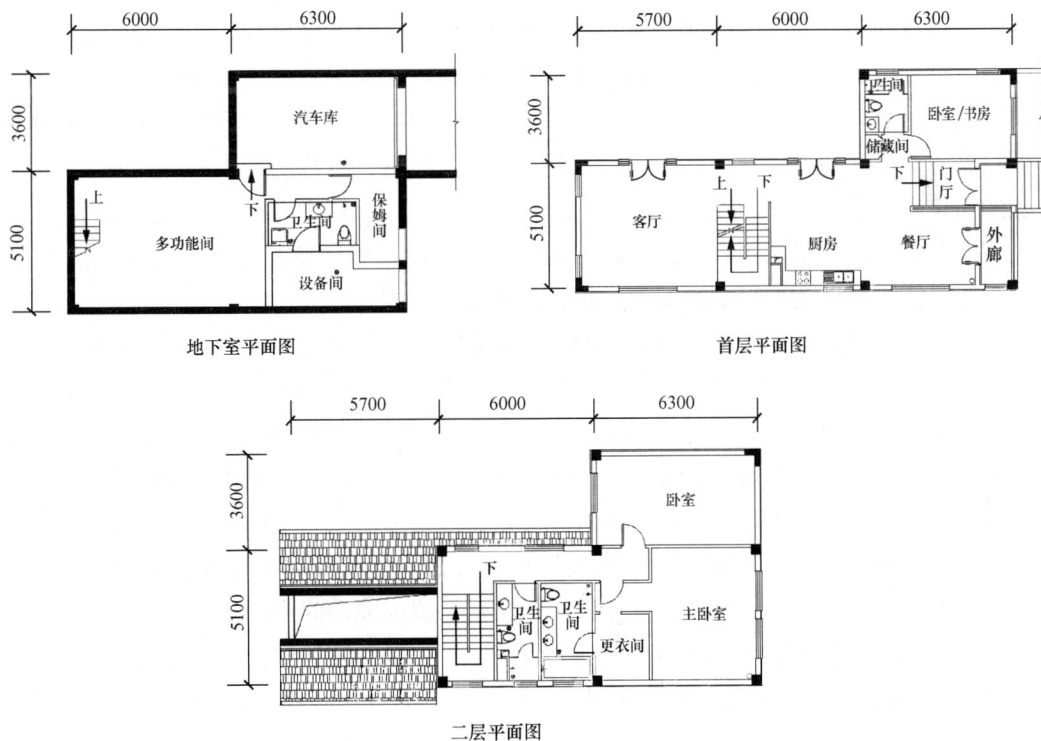

图 6-39 香江别墅户型

（一）户型面积的实用化

传统的一梯多户受到挑战，尤其是高层住宅的一梯八户的井字形格局，由于使用效率低，功能质量差，愈来愈受到市场冷淡。户数的减少，多边形的平面布局使得户型设计更趋合理。三角形、钻石形、六边形、斜十字形等新布局形式的不断涌现，每一户的居住质量都得到了相应的关注及重视。再加上减少公共走道、室内走道、楼宇边角等公共面积，户型设计更讲究如何充分利用每一寸空间，注重消费者的空间底线（包括人对空间需求的生理底线、心理底线以及家具的物理底线），注重空间的品位、流动、交错、跳跃，以及空间的对话和释放。现代住宅给予人类的不仅仅是居住空间的组合，六面墙体的堆砌，更重要的是要通过自然和人工光影的设计，通过建筑和装饰材料的选择，使死板而生硬的空间能跳跃起来。顾客买房子除了建筑本身外，应更多地注重周边的环境和所处的区域，尤其是优越的自然景观。简而言之，不仅买套型，还要买环境。除了社区内外的花园、景观、设施外，重要的是透过窗户能够看到什么，步出居室可以通向哪里，相邻套型如何融会贯通。这其中体现了人与自然的交流，人与人的交流。一言以蔽之，你所居住的小空间如何与他人的小空间、自然的大空间产生交融，产生对话。

（二）功能配置的完美化

户型的配置有两个含义：①套型内各个居室空间的构成关系；②小区内各种户型的比例关系。前者关联着生活的操作，后者则影响着生活的感觉。

在进行户型研发时应选择弹性设计，包括户型内部的弹性设计、户型与户型间的弹性设计。弹性设计是将原本固定的空间变成可变的空间，留出改动余地，以满足购房者的不同需求。户型内部的弹性设计是将套型内的某些居室设计成无隔墙的大空间，让购房者自己决定如何分隔，以提高利用率。比如厨房和餐厅的相互敞开，客厅和书房的不做隔墙等。户型与户型间的弹性设计是指，一套大一点的居室可以拆成两套小居室，或者两套小一点的居室可以合并成大居室，像1+2户型或1+3户型，平层的两个套型共用一个户门，变成大套型；而跃层的套型两层各开各的户门，保留楼梯联系上下。这样灵活多变，可分可合，使购房者的选择余地加大，扩大市场定位范围。

对理性的购房者而言，在选择户型的功能配置时，会尽量注重前瞻性，使户型不至于很快被淘汰，达到可持续发展的目的。比如卫生间，单卫生间局限于一居的小户型，两居以上的户型至少要两个，若有老人同住，设置次主卧时，还要再增加一个。比如阳台，小一点的户型可以没有，也可以设置一个，而大一点的户型则要将休闲阳台和服务阳台分开。当然，阳台达到三个以上时就要慎重考虑，过多地占用室内空间不见得划算。再比如带保姆间的小户型，购买者多是结婚不久的年轻夫妇，这些家庭的小孩很小或者即将诞生，正是需要保姆的时候，因此应重点选择两居带保姆间或两间半的户型。

从整栋楼甚至整个社区来说，户型的配置决定了社区的整体定位。一般来说，户型单一容易"人以群分"，带来客户基本素质面的同一，可大大提高物业形象档次，但会使客源比较单一，销售相对迟缓，进而使入住期加长。有些项目从单身公寓到两居、三居，甚至$200m^2$以上的跃层，试图将不同消费者一网打尽。这样看起来不同购房者的需求均能得到满足，但实际上由于定位混杂，各种层次的购房者均难找到感觉，就像开宝马的不愿与蹬三轮的为邻，蹬三轮的看着邻居宝马进进出出也非常别扭一样。

大小户型的配置一方面决定了未来社区人群的定位，另一方面也决定了不同设施的使用程度，如电梯、会所、运动场所，以及园林等。如大户型集中的社区，邻居一般是成功人士，居住会比较稳定；而小户型集中的社区，邻居多是年轻人和投资客，人员流动性大，各种设施使用也会频繁等，这些或多或少地影响着购房者的生活感受。

（三）人性化

现在的户型设计更应该贴近人性，在居家细节方面充分设身处地为住户考虑，特别是健康性因素的合理运用，成为辨别户型优劣的重要标准。这些因素包括：朝向合理，日照充分，光线充足，通风良好，温度适宜，安静舒适。因此，实现居住健康，既要保证最大限度地选择能满足健康要求的户型，也要学会对其正确的使用，生理健康、心理健康和物理健康，三位一体，不可或缺，这样才能达到居住的最佳效果。

首先是生理健康。人大概会有一半时间在住宅内度过，日照、通风、采光，甚至景观都会对人的健康产生至关重要的影响。比如在上海，主要居室的朝向应该在南偏东45°至南偏西45°之间才符合规定，否则就不是好户型；比如日照，应该满足冬至日不小于1h的满窗连续日照，才合乎要求；再比如窗户面积，开窗的大小不能小于地板面积的1/7，以保证采光的充分。另外，厨房、卫生间的宽度也有相应的规定，如果宽度不够，使用起来不仅感到别扭，还会影响甚至危及健康。

其次是心理健康。实际上是户型对人心理的影响。如一些住宅风水方面的议论，有些是有科学道理，有些就是主观臆测。像"住宅深度长于宽度，则福泽得以延绵"，实际上，若反过来宽度长于深度，对采光、通风变得有利，反而利于健康。而"将主卧设在本宅的北方位，风水术语称'伏位辅弼方'，对身体健康、思考能力有增强的作用"的说法，对于塔楼南向户型、板楼南北向户型，不将主卧放在最好的朝阳面，似乎未见得能够增强身体健康。当然，"房子的四边都设门，住宅中的人灾难不断"无论是对于户型，还是对于居室，确实都不太好用，这主要是功能分区和交通动线都易于混乱，并且也不好放置物品。至于"灾难"是否不断，那就是"见仁见智"的事了。另外，像调整家具方向、摆设养殖若干条鱼的水族箱等，用以逢凶化吉的做法，更是值得商榷的，前提是应遵从户型合理的摆放规矩，否则不仅影响心理健康，还会影响生理健康。

最后就是物理健康。有时，一些设计不到位的户型，虽然不会直接危害身体健康，但却对日常生活产生影响：如客厅大而不当，置身其间空荡荡，总感觉没着落；如对着客厅的门多，出入其他居室都要穿行而过，使坐在其间的人感到不自在；再如，跃层户型室内楼梯位置不当，不但占用宝贵的面积，使用起来也会非常蹩脚，直接干扰了日常生活；还有，各功能空间面积比例不当，使用起来一定程度上降低了舒适度等，久而久之也会间接波及健康。

（四）挖掘户型的附加值

近年来，"赠送面积"成了最受深圳、北京等一线城市房地产市场欢迎的商品住宅的最大卖点之一。这样的产品能够使购买者以同样或略微增加的价钱购得相对较大的使用空间、获得更好的居住舒适度。对于开发商而言，增加赠送面积，一方面可以说成是产品创新，作为项目的卖点吸引消费者，提高项目的竞争力；另一方面，赠送面积较多的项目，其售价也会高于同地段的其他没有赠送面积的项目，为开发商带来更多的利润。

开发商正是充分利用规范的建筑面积计算规则，进行创新设计，增加户型的附加值。这些增加户型附加值的方法通常有以下三类：①利用测量规范中不计面积的规定增加面积；②利用测量规范中计一半面积的规定增加面积；③其他增加附加值的办法。

1. 露台设计

露台承担了室内与户外过渡空间的作用，扩大了人们与室外自然环境空间的交流，在多层或高层住宅建筑中，对改善居家环境功不可没。露台设计如图 6-40 所示。

图 6-40　露台设计

2. 飘窗设计

新规范对飘窗的定义"为房间采光和美化造型而设置的突出外墙的窗"，强调了飘窗"突出外墙"的特性。从外部看，飘窗美化了建筑造型；就内部而言，飘窗能够扩大房间的采光和景观面，还可起到扩大室内空间的视觉感受的作用。飘窗设计如图 6-41 所示。

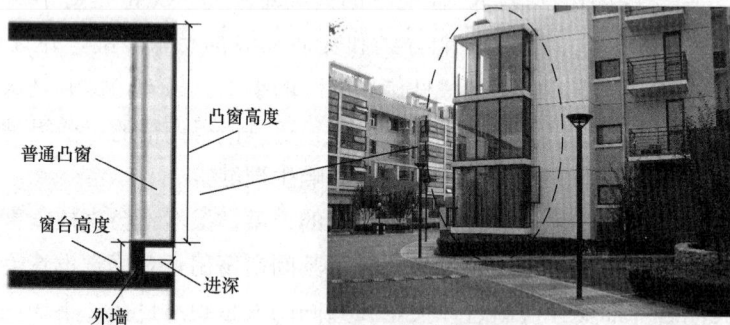

图 6-41　飘窗设计

3. 无永久顶盖阳台设计

交房后，业主可将不计面积的无永久顶盖阳台加设维护结构，并可去除室内与阳台之间的隔离设施，大大增加室内的使用空间，如图 6-42 所示。

4. 无顶盖或无永久顶盖楼梯设计

该设计使得建筑不仅更好地满足功能要求，而且降低了公摊建筑面积、提高了得房率，间接为住户增加使用空间，如图 6-43 所示。

另外还可以采取增大层高小于 2.20m 的空间，可二次深挖的半地下室或地下室，采用有盖室外楼梯，增大阳台面积或增多阳台个数等方法来增加产品户型的价值。

不计算面积的无永久顶盖阳台　　　　　　经业主改造后的阳台

图 6-42　阳台设计

无顶盖室外楼梯　　　　　　　　　　无永久顶盖室外楼梯

图 6-43　楼梯设计

第五节　景观的研发

一、景观研发概述

近年来，中国房地产市场在发展中很快由卖方市场走向买方市场。商品房供应量过多，空置积压房增加，竞争空前激烈，迫使房地产开发商提高楼盘素质，营造舒适宜人的居住环境，以提高楼盘的竞争力。于是，开发商不断研发出景观优美的住宅小区，以楼盘与众不同的特色，打动消费者。

（一）居住区环境景观设计应遵循的原则

居住区环境景观设计应坚持以下原则：

1. 坚持社会性原则

赋予环境景观亲切宜人的艺术感召力，通过美化生活环境，体现社区文化，促进人际交往和精神文明建设，并提倡公共参与设计、建设和管理。

2. 坚持经济性原则

顺应市场发展需求及地方经济状况，注重节能、节材，注重合理使用土地资源。提倡朴实简约，反对浮华铺张，并尽可能采用新技术、新材料、新设备，达到优良的性价比。

3. 坚持生态原则

应尽量保持现存的良好生态环境，改善原有的不良生态环境。提倡将先进的生态技术运用到环境景观的塑造中去，利于人类的可持续发展。

4. 坚持地域性原则

应体现所在地域的自然环境特征，因地制宜地创造出具有时代特点和地域特征的空间环境，避免盲目移植。

5. 坚持历史性原则

要尊重历史，保护和利用历史性景观，对于历史保护地区的住区景观设计，更要注重整体的协调统一，做到保留在先，改造在后。

（二）房地产景观应具备的功能

房地产景观应该具备以下三个方面的功能：

1. 园林景观功能

这是基于园林景观专业范畴的基本功能，其中又包括三个方面。

（1）绿化生态功能。要满足人们对绿色环境的要求，达到景观环境在视觉效果上的清新、优雅、舒适、宜人，调节小区的气候环境，改善小区的空气质量，维持小区内环境的生态平衡；满足小区布局各层次对绿化的要求，从中心花园到宅间绿地，层次分明、步步有景；保证长年见绿，力求四季有花。以绿色植物为主，适当点缀部分落叶植物和秋冬季有色彩、林相变化的植物，使人在小区能充分感受到季节的变化，表现出不同季节的园林美；要将绿色生态的理念融合到居民生活的每一个方面，做到推窗见绿、户户有景。

（2）休闲活动功能。应注重园林景观的可参与性，在小区内设置一定的硬质景观、共享空间，为小区居民提供足够的休闲、交往、活动的场地，营造和谐、友善、温馨的人际关系氛围；要满足无障碍要求，具体包括：

1）残疾人无障碍，如有台阶的地方同时设置坡道，使轮椅可通达。

2）老人无障碍，如台阶高度适宜，方便老人行走。

3）儿童无障碍，提供大量的儿童游乐设施和活动场所，并考虑儿童活动的安全性，如游乐设施增加保护装置，防止儿童摔伤、撞伤、夹伤、刺伤；水景深度适宜，可供儿童嬉戏，又可防止儿童溺水。

4）运动无障碍，提供大量的运动场地，所有设施都考虑方便运动，如路肩做成园弧形，方便溜冰、滑板、单车等运动。

（3）景观文化功能。应着力提升园林景观的文化品位和内涵。例如结合"曲水流觞"等有关水的典故，在小区园林中设置景点，使其具备观赏性、参与性、和艺术性，同时富于文化内涵；在小区内设置一些有教育意义的雕塑、小品，寓观赏性、游乐性与教育性为一体，让儿童能在游戏中接受教育，寓教于乐。

2. 营销推广功能

在目前的房地产市场中，园林景观范畴的基本功能得到了较为充分的重视，绝大多数园林景观设计公司也一直不断地在提升设计品质，以在竞争日趋激烈的园林景观设计市场中获得更强的竞争力。

但目前的市场状况是，大家也都局限于为园林景观在做园林景观。高格调的艺术品位，关系到设计的品质，但如果设计方案与楼盘其他环节，如建筑、规划等不相协调，与楼盘的目标客户需求不相吻合，消费者不接受，那么再高艺术格调的方案，也只能说是失败的，最多只是设计师留在家里孤芳自赏而已。

高品质的居住环境，这是房地产园林的终极目标，但如果缺乏良好的表达方式和准确有效的操作与传播，对销售没有促进，楼盘卖不出去，那么，所谓高品质的居住环境将成为无本之木，无根之水，只能是一句空话。

因此，在房地产园林景观设计实践中，一直努力强调设计方案的客户导向，做园林，先从策划做起，结合项目特点，找到目标客户的特点和潜在需求，以决定园林景观设计的主题思路，并进一步延伸到设计和施工的操作中。

3. 品牌形象功能

品牌形象功能有两个层面的意义：一是项目品牌形象；二是公司品牌形象。园林是房地产开发的重要一环，对项目的品牌形象影响至深。因此，楼盘园林在挖掘目标客户特点、满足目标客户需求的前提下，应该结合目标客户的需求塑造独树一帜的品牌个性形象，以在众多的竞争者中脱颖而出，鹤立鸡群，从而产生相应的市场效益。房地产已进入品牌营销的时代，竞争激烈、鱼龙混杂的房地产市场，面临新一轮洗牌，只有实力雄厚、理念超前、品牌形象鲜明的企业，才能在竞争中胜出，成为消费者买单的选择。独特的品牌个性形象有很多方面，我们认为园林是重要的一环，作为有实力的房地产开发企业，应该在不同项目的开发中，有统一的经营理念，从而塑造为消费者记住并认可的品牌。如公认的房地产优秀品牌企业万科，走进万科的任何一个楼盘，看看周围的环境，在没有看到任何标牌标志的情况下，一定知道是万科的楼盘，为什么？因为其品牌个性。

品牌个性形象需要长期不懈的打造和积累，一个房地产企业，消费者只要听说是这个企业的楼盘，就有信心；只要是这个企业的楼盘，就愿意买单，那就是真正的成功，能做到这一点，企业将无往而不胜。

二、景观研发分类

随着近年来房地产行业的如火如荼，与之相应的房地产景观行业也取得了快速发展，景观行业得到了前所未有的重视，一个典型的标志是没有景观的楼盘，根本无法参与市场竞争，在规划、建筑等产品环节发展已非常成熟、竞争十分充分的情况下，楼盘的竞争，主要就是环境的竞争。一般来说，住宅景观主要有水景、山景和海景住宅三大块。

（一）水景住宅的研发

提到水景的研发，自然想到古代中国人的豪宅——山水园林，预示着水对中国人的号召力。目前，楼市正处于竞争加剧时期，对开发商来说，对提高产品品质、不断进行产品创新提出了更高的要求。对许多购房者来说，决定买房的基本要素中最重要的往往是地段，而大家共同瞄准的"地段"概念中，一是指向交通便捷顺畅；二是注重环境的赏心悦目。尤其是后者，在人们的选择标准已从基本的居住功能发展到满足精神层面，以及生活氛围的需求时，推窗见绿、临水而居就成为购房者心中衡量一个理想楼盘品质的重要尺度。

开发商按水的形成，可将水景住宅分为三类。

1. 自然水景住宅

这类小区附近有天然水系，业主走出小区不远就可以到达水域，或者在小区内登高远眺，便有水景映入眼帘。自然水景住宅因其得天独厚的地理优势、楼盘布局或以高层和超高层为主，或从滨水侧依多层——小高层——高层层次变化，以获取最佳观景效果，使尽可能多的住宅单元能够推窗见水。

2. 人工水景住宅

这类楼盘并没有真正自然临水，而是通过在小区内兴建较大面积的水景，使水景成为小区配套的有机组成部分。通常情况下，此类小区规模较大，建筑密度相对较低，配套设施齐全，水景以"面"（人工湖泊、水池或水景广场）为主、"点"（喷泉）、"线"（瀑布或小溪）结合。这类小区景观的建造成本，以及水景的运转和维护费用偏高，后期管理较难，一般只有少数几个实力派开发商能做得到。

3. 水景小品点缀型住宅

这类楼盘严格意义上不能称为水景住宅，其楼盘内的水实际上只是开发商从小区整体环境规划出发，丰富配套内涵而营建的微型景观，因此，所谓水景充其量只是水景小品。从总体上看，这类楼盘的规模较小，水景一般以喷泉为主，偶有水瀑布、线型或小水池，通常也是起到点缀作用。这类楼盘比较普遍，景观的营造成本相对较低，但对小区环境能起到"点睛之笔"，前景比较乐观。

水景住宅优势：面水一侧单位单价高，朝南向高价的定律被打破；有促销作用，起码做到使顾客在下定金时不因无水而退缩；有利于提升项目形象，易于推广；使业主的生活质量提高，有益于身心健康。

水景住宅劣势：有自然水景住宅的土地成本高；无自然水景而做人工水景的不仅设计成本增加，而且日后物业管理难度加大；人工水景住宅要做节水处理，或建立中水处理系统；水景设计要适宜，注意噪声、气味、深度、流向等可能对业主造成的影响；广告中有些过于夸大不切实际的水景，使顾客亲临现场后失望，对开发商产生不信任感，起到反作用。

在水景研发中，要注意与城市规划相结合；与项目的定位、目标客户的消费能力相对应，与建筑风格相协调；因地制宜，根据地域环境和风俗习惯，创造出独特的水景，充分发挥其魅力所在；发展休闲水景，贴近自然；做好"土"的文章；注意前期成本和后期费用的控制。

以金碧花园·水世界为例，中央喷水景观与周边小型喷水雕塑相连接，水景造型丰富多彩，与植物景观有机结合，疏密得当，动静皆宜。古老的木水车与现代的不锈钢造型喷水雕塑，传承着水文化的发展历程，现代化造型的会所四周由涓涓细流环绕，与水世界相映成趣，为居住者营造了一个舒适宜人、休闲的观景和生活空间，如图 6-44 所示。

（二）山景住宅的研发

山景住宅一般都出现在城乡结合地带，接近自然，贴近红尘。其卖点在于风景和空气，景观比较分散，主要考虑均好性，而且配套设施中体育设施占很大比例。在研发过程中，景观、交通、配套、规划、价格等都是考虑的重点。由于密度低、环境好、楼盘供应量有限，山景住宅要么不值一文，要么就是豪宅，是顶级豪宅最合理的所在。

山景住宅优势：空气好、景观好、噪声低；城市周边的山景住宅离市区不远，又离自然很近；会给人带来度假的感觉；对老人和孩子的身心有利；爬山能锻炼身体；有山，则一般有泉水或湖泊，有利于营造山水结合的优质楼盘。

图6-44 金碧花园·水世界

山景住宅劣势：通往住宅的道路，一般两边景观比较差，道路不好走，交通是制约山景楼盘的首要问题；保安和防火对住宅更为重要；山地高低不平，会增加前期规划和平整土地的成本，建议住宅依山而建，错落有致，且要做好山坡的挡土墙工作；多层、小高层或第二、第三层不仅远望景观不太好，而且会受潮湿和蚊虫的侵扰；配套成本比较高，如学校、市场、餐厅、医疗甚至是公交车也要开发商去联系或者自己做起来。

现代山景建筑的发展趋势主要为：从生态系统观来认识人类聚居社区与其周边自然环境之间的关系，树立生态平衡观和适应与共生、循环与再生的原则，追求人与自然整体和谐发展。

在山景研发过程中，首先要注重山景的本土化与主题化相结合，注意挖掘山景本身的地段特色，充分利用山地良好的自然景观，创造具有"绿化"、"生态"、"田园"等内涵定位的当代人居住环境主题和现代"天人合一"的意境。充分挖掘山的内涵，充分利用特殊地形地貌和自然资源，与小区规划和建筑风格相一致，提升项目的附加值和市场价值。要注重以人为本，体现对人性的关怀，强调居住区的舒适化、便捷性和配套化，使居住社区道路通顺便捷，居民生活、外出更容易、更方便。小区内配套设施齐全，功能多样化，丰富居民文化、娱乐活动。

其次，强调社区的归属性、标志性、延续性。重视小区总体布局、空间围合、园林绿洲的设计，以增进邻里的感情。设置小区独特的亲和广场，增强小区的可识别性和居民的社区自豪感。同时，注意与周边环境相结合，将自然景观引入小区空间，形成山水共融的绿色生态社区。

最后，在山地建筑空间处理和地形结合上，对于陡坡、缓坡等不同地形，主要方法有提勒、筑台、阶台、悬挑、架空和吊脚式手法，对于阶台的处理，可分为错层式、跌落式、掉层式和附岩式等，以顺应地势起伏变化，使建筑群体与山水有机结合。

山水庭院注重环境保护，凸显环境优势，巧妙利用自然景观，采用坡地建筑组群依山错落分布，依地势为组渐变，形成有节奏的起伏，很好地保持了原有的自然植被、水土。庭院总体布局上巧妙地将内外景观完美地结合起来，以最大限度满足每个单元观山、面湖的两种视觉空间，充分利用空间艺术处理内外景观和居住功能的关系，使每户居民都享有良好的景观面，如图 6-45 所示。

图 6-45 山水庭院

（三）海景住宅的研发

海，几乎每个人都会有所向往。海景住宅属稀缺且需求量大的住宅类型，但并不适合于所有沿海的城市，进行房地产产品研发时主要抓住地块的配套是否成熟，该地区人们的消费取向是否接受，所看到的环境是否优良等。而这需要研发人员必须全心投入、细致分析，主要是目标客户的需求与产品营造和营销推广紧密结合，形成联动，海景住宅才能为开发商带来丰厚利润，积累下较强的开发实力和良好的品牌形象。

海景住宅包含三大营养成分：整体性、调节性、休闲性。整体性是指好的住宅环境与大海是一体的，建筑物融入到海景里，建筑因水体衬托而富有灵气，水体因建筑点缀而更显秀美，并与大自然无限接近，符合社会潮流的趋势。调节性是因为大海本身是个大的调温机，可以调节气候。休闲性是指大海从来都是跟浪漫联系在一起，大海时而有婉约派的"晓风残月"，时而有豪放派的"惊涛骇浪"，它能随着人心情的变化而不断变化，有着诗一般的境界。

海景住宅市场潜力是巨大的。人们选择海景住宅，往往取决于三个因素：

（1）背山面海而居是一种理想的居住模式，是我国人居文化中极为重要的价值取向。

（2）都市生活的忙碌使人们渴求亲近自然生态，"心如止水"、"柔情似水"，大海更容易满足人们这种居住心理需要。

（3）城市人口的扩张使居住用地变得越来越珍贵，自然景观资源成为衡量住宅品位的重要因素，海景住宅意味着相当体面的生活品质。

海景住宅优势：需求明显，无论是住在海边的人还是住在内地的人都有一种亲近海的渴望；视野开阔，空气污染比较少，通风好，温度比较适中，对人身心有益；海面、海涛、海岛、船舶、沙滩、海岸，甚至海声都是海景的内涵，都可成为打动购房者的因素；海景住宅的稀缺性使得其保值性、增值性更好。

海景住宅劣势：周围配套一般不成熟，离市中心较远，交通可能不方便，需要加大交通投入；地价较高，一般面向中上等消费者，要做到让顾客满意必须要有深厚的开发功底；定位较难，需要更为全面的分析才能作出决策；受地域限制比较严重。

海景住宅在研发过程中首先要贯彻由低到高的空间走向和整体观念。其规划要尽量遵循"滨海跌落"的原则——由低到高的空间走向，让更多的人可以看到大海。在空间上要充分考虑到临海、近海和远海在视觉上的差异，在海岸边建立城市公共生活线。临海地区规划别墅等低层住宅，近海地区规划中低层住宅，远海地区兴建高层住宅，充分保证整个区域都能享受海洋资源。特别注意要以海景为中心主题，合理使用人工植被及配套设施，让整个楼盘都有一种浓浓的海滨风情。其次要提升整个区域楼盘的含金量，提炼"海洋文化"的内涵。最后要注意与外部环境保持和谐共存。

深圳蔚蓝海岸位于南山区东部，海滨路以北、后海路以东、后海滨路以西、创业路南侧，紧临深圳湾，主要由填海而成。深圳蔚蓝海岸居住区整个项目规划细致唯美。卓越集团在经过长时间周密的前期市场定位和规划后，将项目定位为追求生活品位人士的大型生活社区，力求创造和表现出设计规划超前、精致、完善、富有生活气息、体现个性、有品位的项目特色，如图6-46所示。

三、景观研发要点

这几年来国内的景观设计之初大多由所谓的欧陆风格主导，中轴线布置两边对称，呈几何造型的绿化裁剪，可以说与西方古典建筑遵循的构图原理基本一致。之后以 BELT-COLLIINS（贝氏）为代表的境外景观公司以其近乎标准化的产品大举占领中国的景观设计市场。不可否认，贝氏之所以成功的确有其可取之处，如①良好的平面构图；②高密度种植；③多用热带植物，且名贵树种不少；④良好的通达性：任何地方都可以无障碍通达；⑤水（泳池）的基本处理手法：碧水银滩；⑥硬地铺装：彩色砖，卵石；⑦精致的细部处理。

现在再看看长久以来居于世界三大园林体系中的中国古典园林，"土"、"呆"、"跟不上时代"之类的声音不绝于开发商的口中，好像高档的项目就是境外的建筑设计加境外的景观设计加高档的装修品牌设备，最后再冠以某个不知何时才能实现的概念。其实，当今因为"住区在园林，园林是我家"的设计理念已被许多人所接受，所以一些项目的规划布

图 6-46 蔚蓝海岸

局或景观设计中有许多已经或多或少地借用了园林设计的一些手法，在景观研发过程中要注意以下几点：

（一）主从分明、重点突出

主从分明，重点突出是达到统一所必须遵循的原则。从园林的整体结构看，除少数仅由单一空间组成的小园林外，凡由若干空间组成的园林，无论规模大小，为突出主题，必使其中的一个空间或面积大于其他空间；或由于位置比较突出，或由于景观内容丰富，或由于布局上的向心作用，从而成为全园林的高潮部分。平时所接触的项目，大多的景观设计不外乎"四角建筑括弧路，十字轴线中央水"，这种中央大面积水的运用，也正是整个环境中的主要空间能起到控制全局的作用。

（二）空间的对比

园林设计中，以空间对比的手法运用得最多，形式也最多样。具有明显差异的两个比邻空间安排在一起，可借两者的对比作用而突出各自的空间特点。例如大小两个空间相连，当由小空间进入大空间时，由于小空间的对比衬托，将会使大空间给人以更大的幻觉。日常的项目中对比的手法比比皆是，入口广场与随后的景观道的对比，如上段所提到的，大规模的中央水面与到达前的小空间如曲折道路的对比，住宅门前的休闲空间与大规模的中央绿地对比等都是使用了对比手法，这样不仅区分了各功能空间的不同，也让人在进入住区后随着进程的不同而会产生不同的心理变化。

（三）藏与露的结合

有句话叫"藏是为了更好地露"。园林设计中不论规模大小，都极力避免开门见山，一览无余，并总把景部分遮挡起来，而使其忽隐忽现，若有若无。许多园林进入园门后常常以影壁、山石为屏障以阻隔视线，使人不能一眼看到全园的景色。还有在许多园林建筑中人多遮挡两翼或次要部分，这样虽不能一览无余，但景和意却异常深远。在所接触的日常项目中，许多入口都以喷水广场来形成，入口在一起一落间若隐若现，给人以想一探究竟的感觉。另外此手法更多运用在别墅项目中，因为独户居住建筑更容易形成私密性。

（四）引导与暗示的使用

引导与暗示主要借助于空间的组织与导向性。园林中的游廊（一种狭长的空间形式）通常具有极强的导向性，它总是向人们暗示，沿着它所延伸方向走下去必有所发现，把人不知不觉引导到某个确定的目标——景观所在地。例如住区中的中心广场或会所，即采用对景的手法使人在入口处瞥见，而深入就需通过景观道的引导，或曲或直再配以沿线的小品休闲设施及铺地的导向，使人不知不觉地到达；还有踏步、折墙、小桥等也都具有引导暗示作用。另外需注意的是，园林景观中的路是忌直求曲，忌宽求窄，但在设计住区内道路时，需视具体情况使用。

（五）注意蜿蜒曲折

园林为求小中见大，意境深远，在布局上无不极尽蜿蜒曲折。而曲折性的形成主要通过各种要素相互作用形成，尤其是廊的运用。廊的曲折不仅意味着流线的转折也意味着空间的曲折，这是因为廊本身作为一种狭长的带状空间，既引导人流又可分割空间。还有园林中常见的云墙，不仅平面随弯就直，而且里面也具起伏变化，用它来分割空间，同时还有强烈的动感。回到项目中路即起到此作用，蜿蜒的道路不仅可限制车辆的过境更可形成流动空间的作用，随着步移景换做到引人入胜。另外蜿蜒道路也可活跃住区的构图，便于建筑的摆放。

（六）空间渗透、层次变化

"庭院深深，深几许"所描绘的正是诗人对这种意境发自内心的感受。所谓园林空间的渗透与层次变化，主要通过对空间的分割与联系关系处理所形成。如一个大空间只有在分割之后又使之有适当的连通，才能使人的视线从一个空间穿透至另一空间。园林中一重又一重门洞的运用，云墙上设置一排连续的窗口等都是具体手法的运用。试想在延廊或云墙的行进中，透过一列门窗不仅有明显的韵律节奏感，更使人有种框景的效果，忽隐忽现使人想一探究竟。在住区中空间层次的运用更显重要，私密、半私密空间，开放、半开放空间可把整个小区划分得井络有致，而各空间之间运用绿化町步小桥隔栏等又使空间产生渗透连续效果，特别对基地面积较小住区更为适用。

（七）空间序列的组织

空间序列组织是关系到园林的整体结构和布局的全局性问题。要形成整体必须要把孤立的点（景）连接成片断的线（观赏路线），进而把若干线组织成完整的序列。最简单使呈闭合、环形的观赏路线，一般规模小的园林均按此组织，建筑沿周边布置，从而形成一个较大集中的空间。平时接触的项目大多都是环状道路，这就是原因之一。另一种是贯穿形式的观赏路线组织，这种空间呈串联形式。在进入后建筑呈对称或不对称排列，在某一点突出其主题，以达到高潮。许多项目在规划中设置景观轴线等，入口后直接是景观道，随后向前直达中央广场即是此手法。当然针对某些大型园林（大型住区）可以把它划分为几个互相联系的子序列，如入口部分是轴线的形式，中央部分呈环形排列。再下入口，设计时除满足交通开口外，如何引导人们进入，进而沿路线观赏，最后从另一入口而出，也需投入更多的注意。

在现实的房地产产品研发过程中，建筑风格的研发、户型的研发、景观的研发并不是相互独立的，而是相互联系的，需要整体考虑，以项目所在地城市规划为基础，充分考虑人们的教育文化背景、消费水平、生活水平，深刻理解当地的人文风俗，对项目进行定位，再进行产品研发工作。在考虑户型和景观的研发时，充分发挥其建筑风格的特点，充分发挥研发者的创造能力，不断提升项目的价值，开发出顾客满意的产品。

第六节　公建设施的研发

一、公共服务设施概述

住宅小区中需要设置各类相应的公共服务设施来满足城市居民日常生活中购物、教育、娱乐、健身、游憩、社交等活动的需要。但随着人们生活水平的不断提高，对公共服务设施的要求也越来越高，一般说来应包括教育、医疗卫生、文化体育、商业服务、金融邮电、市政公用、行政管理和其他等八类设施。居住区公共服务设施的内容与项目的设置不是固定不变的，它取决于居民的生活水平，各地的生活习惯，居住区周围的公共服务设施的完善程度，以及人们社会生活组织的变化等因素。居住区公共服务设施具有规模小、项目多、与居民生活关系密切、服务范围相对固定等特征。居住区公共服务设施主要为本居住区居民服务，而有些设施由于其性质、所在位置特殊，既可为居住区服务，也可兼顾服务其他居住区。

居住区公共服务设施项目设置及指标配建应遵循以下原则：

（1）在使用时可根据选用的组织结构类型和规划四周的设施条件，对配建项目进行合理的归并、调整。

（2）当规划用地的居住人口规模界于组团和小区之间或小区与居住区之间时，除配建下一级应配建的项目外，还应根据所增人数及规划用地周围的设施条件，增配高一级的有关项目及增加有关指标。

（3）地处流动人口较多的居住区，应根据不同性质的流动人口数量增设有关项目及增加相应面积。

（4）在特殊的居住区（Ⅰ、Ⅶ建筑气候区和处于山地），其商业服务设施的配建项目和面积可酌情增加，但应符合当地城市规划管理部门的有关规定。

（5）旧区改造和城市边缘的居住区，其配建项目与千人总指标可酌情增减，但应符合当地城市规划管理部门的有关规定。

（6）凡国家确定的一、二类人防重点城市，均应按人防部门的有关规定配建防空地下室，并应遵循平战结合的原则，与城市地下空间规划相结合统筹安排，将居住区使用部分的面积，按其使用性质纳入配套公建。

影响居住区公共服务设施的因素较多，如国家经济发展水平，居民的生活水平，建造地段原有设施本身的合理规模等。住宅小区公共服务设施定额指标的确定是一项较复杂和细致的工作，也是一项涉及面很广的城市建设技术政策，合理地确定居住区公共服务设施定额指标，不仅关系到居民生活的方便程度，而且涉及房地产投资及城市用地的合理使用。居住区公共服务设施的控制标准，以"千人指标"为主，同时对照公共服务设施应占住宅建筑面积的比重，对于新建居住区商业服务设施的规划控制标准，可采用"千户指标"。千人指标，即每千居民拥有各项公共服务设施的建筑面积和用地面积。千人指标是以每千居民为单位，根据公共建筑的不同性质而采用不同的方法计算建筑面积和用地面积。采用千人指标的计算方法便于规划定点、定面积和分级配套，不足之处是按人口定量，弹性较小，且因此计算的总面积受每户平均人口增减的影响较大。在实际规划工作中，可将"千人指标"和"公共服务设施占住宅建筑面积比重"都作为居住区公共服务设施规划标准，进行双重控制，即前者作为规划具体项目的指标，后者作为总的面积控制标准，既结合现状，又有利于发展。千户指标，即每千户居民家庭拥有的各项公共服务设施网点的建筑面积。家庭是组成城市最基本的单位，商业部门对居住区的商品供应主要根据每户的经济水平、生活需求购买力进行预测。千户指标还可避免千人指标因户均人口变化弹性较大的不足。千户指标与规划、住宅单体设计的计算单位"户"统一协调，但对工矿生活区、旧城改建的居住区和一些中心城市，还应考虑流动人口和单身职工的需要，因此，采用千人指标更为合适。

二、公共服务设施规划布置的要求和方式

公共服务设施规划布置应按照分级（主要根据居民对公共服务设施使用频率）、对口（对应人口规模，包括流动人口）、配套（成套配置）和集中与分散相结合的原则进行，其布点还必须与居住区规划结构相适应。

公共服务设施规划布置有以下几个基本要求：

（1）各级公共服务设施都应有合理的服务半径。居住区级公共服务设施为800～1000m；居住小区级公共服务设施为400～500m；居住组团级公共服务设施为150～200m。基层服务设施的设置应方便居民，满足服务半径的要求。

（2）商业服务、金融邮电、文体等有关项目宜集中布置，形成各级居民生活活动中心，并宜与相应的公共绿地相邻布置。

（3）应结合职工上下班流向、公共交通站点布置，将主要的公共服务设施设在交通较方便、人流较集中的地段。

（4）在便于使用、综合经营、互不干扰、节约用地的前提下，宜将有关项目相对集中设置，形成综合楼或组合体。

居住区公共服务设施规划布置的方式基本上可分为两种，即按二级或三级布置。

第一级为居住区级公共服务设施，项目包括文化活动中心、医院、菜市场、综合百货商店、旅店、银行、邮电局、派出所、街道办事处、房管所、工商及税务管理所等为全居住区居民服务的机构。

第二级为居住小区级,公共服务设施项目主要包括中小学、托儿所、幼儿园、文化活动站、粮油店、菜站、小吃部、小百货店、储蓄所、邮政所等设施。

第三级为居住组团有公共服务设施,项目主要包括卫生站、青少年及老年人活动室、综合基层店、服务点、居委会等设施。

第二级和第三级的公共服务设施都是居民日常必需的,通常称为基层公共建筑,这些公建可分为两级,也可不分。

居住区公共服务设施项目众多,性质各异,其设置的要求也各不相同。须按照《城市居住区规划设计规范》(GB 50180—1993)进行具体设计。

三、居住区生活服务中心位置的选择

居住区级公共服务设施,一般宜相对集中布置,以形成居住区中心。其中居住区生活服务中心主要由商业服务、文化娱乐及物业管理等设施组成;医院宜布置在比较安静,交通比较方便的地段;而教育机构也应选择在较宁静的地段,并且保证使小学生上学不穿越交通干道。

居住区生活服务中心位置的选择,应以城市总体规划或分区规划为依据,并考虑居住区不同的类型和所处的地位。

(一) 居住区生活服务中心位置的种类

一般来说,居住区生活服务中心位置大致有以下几种:

(1) 位于居住区地理中心。居住区生活服务中心位于居住区地理中心,有时与居住区中心绿地相邻布置,其优点是服务半径小,便于居民使用,利于居住区内景观组织。缺点是由于布置在居住区内部,不利于吸引过路或相邻住区的顾客,有时会影响其经济效益。

(2) 沿居住区主要道路。将居住区生活服务中心沿居住区主要道路布置,可兼为本区和相邻居住区居民及过往顾客服务,故经营效益好,且有利于街道景观的组织,但可能会对交通产生一定的干扰。

(3) 位于居住区主要出入口处。居住区生活服务中心位于居住区主要出入口处,由于居住区出入口处人流较为密集,同时优点是上下班使用较为便利,也可兼顾其他居民使用,经济效益较好,且便于组织交通。

(4) 分散在道路四周。居住区生活服务中心分散在居住区道路四周,优点是居民使用较方便,可选择性强,而且也可兼顾为过往行人及其他住区的居民服务,经济效益较好。缺点是由于过于分散,每处均难以形成一定的规模。

(二) 居住区生活服务中心的布置方式

居住区生活服务中心的布置方式大致有三种。

1. 沿街带状(线状)布置

这种布置方式应根据道路的性质和走向综合考虑。在运输过于繁忙的城市交通干线上一般不宜沿街布置,以免影响交通干线的通行能力。在沿城市主要道路或居住区主要道路布置时,要尽量布置在道路一侧,以减少人流和车流的相互干扰,当然如果属于交通量很

小的居住区道路，也可沿道路两侧布置。此外，道路的走向也影响建筑的布置。如南北向道路往往带来沿街建筑朝向与街道面貌之间的问题。一般情况下，首先要保证住宅的良好朝向，再考虑沿街建筑群体的要求。公共建筑如果布置在道路交叉口，应注意人流和车流的合理组织。一般在交通量较大的交叉口不宜布置自身吸引人流较多的公共建筑，可布置一些吸引人流少的公共建筑，并将建筑适当后退，留出作人流疏散用的小广场用地。沿街布置公建时，公建应后退红线以疏散人流，并应根据公建的功能要求和行业特点相对成组集中布置。对一些吸引人流多且时间集中的设施，如饭店、影剧院等，要保证足够供人流集散用的场地及车辆停放的地方。采用这种沿街带状布置方式，优点是经营效益较显著，并利于组织街景，但要注意宜将车行道与人行道以绿带分隔，保证行人安全及减少污染，最好的方式是采用步行街形式。

2. 成片集中布置

这种布置方式是在独立地段成片集中布置公共建筑，应根据各类建筑的功能要求和行业特点成组结合分块布置，并应注重建筑群体的空间设计，既要考虑沿街立面的要求，又要注意内部空间组合以及室外休闲环境的设计，还应合理地组织好人流及货流。成片集中布置方式（可形成集购物、休闲、娱乐、游憩为一体的步行商业文化区）不但方便了居民使用，且有利于获得综合的经济效益。缺点是相比前一种布置方式尤其是住宅底层公建的方式占地面积要大些。

3. 沿街与成片集中相结合

这种布置方式是沿街带状布置公建并在局部地段集中成片布置，它可以吸取前两种布置方式的特点。在进行居住区生活服务中心规划设计时，采用何种布置方式应根据当地居民的生活习惯、气候条件、建设规模及用地的紧张程度等综合考虑。

四、居住区道路的布置

居住区道路是城市道路的延续，也是城市道路的末梢之一，具有道路交通的普遍功能，首先满足居民各种出行需要，使他们顺利地到达目的地。目前我国以步行、自行车交通为主，在一些规模较大的居住区内，还要通行公共汽车，在经济较发达的地区还要考虑通行摩托车和小汽车的问题；居住区道路还要为必要进出的清运垃圾、粪便、递送邮件、消防、救护等市政公用车辆提供方便；要满足居住区内公共服务设施和工厂之间货运车辆通行；要满足铺设各种管线的需要；道路的走向和线型是组织居住区内建筑群体景观的重要手段，也是居民相互交往的重要空间场所。居住区道路具有与城市道路不同的要求，如果把城市道路比喻为人体的动脉，那么进入小区的道路就犹如毛细血管，因而居住区和小区的道路不能像城市道路那样四通八达、畅通无阻，而应视为居住空间的一部分。交通环境不仅关系到居民的日常出行行为，而且与居民的邻里交往、休息散步、游戏消闲等密切相关。因此，在居住区规划设计中要结合社会、心理、环境等因素，分析居民的出行规模和交通方式、生活习惯和水平，搞好道路的规划和设计。居住区要为居民提供方便、安全、舒适和优美的居住环境，而道路系统规划设计影响着居民出行的方便及安全。

（一）研发过程应遵循的原则

在研发过程中要注意如下原则：

（1）应根据居住区（或小区）地形、气候、用地规模、人口规划、规划组织结构类型、规划布局、用地周围的交通条件、居民出行方式与行动轨迹及交通设施发展水平等因素，规划设计经济、便捷的道路系统和道路断面形式。

（2）使居住区内外联系通而不畅，而且安全，避免往返迂回和外来车辆及过路行人的穿行，但要适于消防车、救护车、商店货车和垃圾车等的通行。

（3）道路系统布置要有利于居住区各类用地的划分及相互之间的有机联系，并利于公共绿地的布置及建筑物布置的多样化，为创造美好的城市景观提供有利条件。

（4）居住区道路应分级设置，以满足居住区内不同的交通功能要求，形成安全、安静的交通系统和居住环境。

（5）居住区应避免过境车辆的穿行。当公共交通线路引入居住区级道路时，应采取必要措施减少交通噪声对居民的干扰。

（6）在地震烈度不低于6度的地区，应考虑防灾救灾要求，保证有通畅的疏散通道，保证消防、救护和工程抢险等车辆的出入。

（7）居住区道路布置应满足创造良好的居住卫生环境的要求，区内道路走向应有利于住宅建筑的通风、日照；同时，居住区道路不但要满足地下工程管线埋设的要求，还应尽可能简化管线结构和缩短管线长度。

（8）在城市旧区改造地段，道路网规划应充分考虑原有的地上地下建筑及市政条件和原有道路特点，避免大拆大改而增加投资。对于需重点保护的历史文化名城及有历史价值的传统风貌地段，需尽量保留原有道路的格局，包括道路宽度和线型、广场出入口、桥涵等，并结合规划要求，使传统的道路格局与现代化城市交通组织及设施相协调。

（9）随着目前小汽车工业的发展及小汽车进入居住区家庭的日益增多，道路规划要考虑居民小汽车在住区的通行。

（10）区内道路规划布置应利于寻访、识别街道命名编号及编排楼门号码。

（二）居住区道路布置

根据我国的实践经验，居住区道路通常可分为四级布置，即居住区（级）道路、居住小区（级）道路、居住组团（级）道路和宅前小路。在居住区规划设计中各级道路宜分级衔接，组成良好的交通组织系统，并构成层次分明的空间领域感。

1. 居住区道路

居住区道路用以划分并解决居住区的内外联系，在大城市中通常与城市支路同级。它与城市道路一起组成道路网络，但必须强调它的功能是为居住区交通服务，不可与城市干道混同。居住区道路经过的车辆比较多，红线宽度一般为20～30m，山地城市不小于15m，其中车行道宽度一般需9m，如通行公共交通时，应增至10～14m。居住区道路断面以"一块板"为宜，即中间不设绿化分隔带。在规模较大居住区中的部分道路亦可采用三块板形式。人行道宽一般为2～4m。此外，居住区级道路的交叉口如无红绿灯控制交通，可设置中心绿岛让车辆降低速度迂回通过。

2. 居住小区道路

居住区的次要道路（也可称小区主路）是居住区内外联系的主要道路，起到划分并联系各住宅组团，联系小区的公共建筑和中心绿地的作用。在小区规划设计中，为防止居住区外部交通对小区内部的影响，小区主路不宜横平竖直，一通到头。可适当采用 T、L、Y、风车、折线型或蛇形等曲折线型，这样不但可避免车辆穿越居住小区，还能给住宅环境设计带来变化，创造更加丰富的外环境空间。小区级道路的红线宽度一般不小于 14m（采暖区）或 10m（非采暖区），车行道宽度在 5～8m，即两辆车可以对开。且多采用一块板的断面形式，人行道宽度为 1.5～2m。

3. 组团（级）道路

上接小区路、下连宅间小路的道路，即从主路分支出来通向住宅组团内部的道路。在规划设计中为了维护组团内部空间的领域性，防止外来无关车辆随意进入组团，在组团入口处常设置明显的标志，如门头、门牌等。标志要有特色，便于识别。组团级道路的红线宽度一般不小于 10m（采暖区）或 8m（非采暖区），车行道宽度为 3~5m，如用地有条件可设 1.5～2m 宽的人行道。

4. 宅间小路

住宅建筑之间连接各住宅入口的道路，是道路系统的末梢。虽然交通量不大，但为方便居民生活，送货车、搬家车、急救车应能达到单元门前为好，因此宅间小路最好以 3m 为宜，一般在道路的一侧设 1.2～1.5m 的人行道。考虑到宅前单元门口是居民活动最频繁的场所，尤其是少年儿童最愿意在此游戏，在设计中主张将住宅与小路间这块场地铺装起来，在满足步行的同时还可以作为过渡领域供住区居民使用。

除上述四种等级的道路外，在居住区内有时还设计步行林荫路，其宽度及形式可根据规划设计的要求而定。

居住区道路系统规划的形式应根据地形、现状条件、周围交通情况，以及规划结构等因素综合考虑，而不应只追求形式和构图。居住区内道路的布置形式常见的有 T 字型、十字型、山字型。居住小区内部道路的布置形式有环通式、尽端式、半环式、混合式、方格网式、分枝式等方式，在布局上可分为三叉型、环型、半环型、树枝型、风车型、自由型等多种形式。环通式在布局上使小区主路在区内形成环通形道路，其优点是交通组织便捷，线型规则，但由于这种线型连通各组团，因此对组团的相对封闭性产生了一定的影响，增加了过境交通。与之相比，尽端式、半环式及分枝式对居民的生活影响比较小，由于后几种道路布置形式增加居民出行交通路程，所以在居住区规划设计中照顾到人们抄近路走的心理和行为可增加步行系统解决这些矛盾。

五、运动场规划设计

户外生活是居民居住活动的重要组成部分，户外活动主要包括儿童游戏，青少年及成年人体育活动，老年人保健锻炼、散步、休息、邻里交往、老人聚会聊天、冬季晒太阳、夏季乘凉等。居住区建设应当按不同年龄居民活动的需要布置活动场地。

设计儿童游戏场地布点应结合居住区的规划结构综合考虑，使各级游戏场地与绿地能够覆盖整个居住地区。根据目前国家标准确定的居住区公共绿地定额指标每个居民不少于 1.5m²，儿童游戏场地可按每个居民 0.5～1.0m² 计算。

住宅区儿童游戏场一般可分为三种类型：

（1）针对 3～6 周岁幼儿的住宅组团级以下的幼儿游戏场地，场地规模一般为 150～450m²，最小场地规模为 120m²，每个儿童最小面积 3.2m²，一般布置在住宅庭院内，宅前屋后，在住户能看到的位置，结合庭院绿化统一考虑，要求无穿越交通。其服务半径小于或等于 50m，服务于 30～60 户的大约 20～30 个儿童。主要器械和设施有草坪、沙坑、铺砌地、桌椅等。

（2）针对 7～12 周岁学龄儿童的住宅组团级儿童游戏场，场地规模一般为 500～1000m²，最小场地规模为 320m²，每个儿童最小面积为 8.1m²，多布置在住宅组团中心地区并布置在组团绿地内。其服务半径小于或等于 150m，服务于 150 户的 20～100 个儿童，设有多种游戏器械和设施，沙坑、秋千，绘图用的地面、滑梯、攀登架等。

（3）针对 12 周岁以上青少年的小区级少年儿童游戏公园，场地规模一般为 1500m² 以内，最小场地规模为 640m²，每人最小面积 12.2m²，布置在住宅组团之间，多数布置在居住小区级或居住区级的集中绿地内，以不跨越城市干道为原则。其服务半径小于或等于 200m，服务于 200 户的 90～120 个青少年。需设有小型体育场地和较多的游戏设备，也可修建少年儿童文娱、体育、科技活动中心，儿童游戏场地常见设施有沙坑、水池、草坪与地面铺砌及墙体等。沙坑深度以 30cm 为宜。每个儿童游戏时面积为 1m²，沙坑最好设在向阳处，既利于儿童健康，又可给沙土消毒。应经常保持沙土松软和清洁，定期更换沙料。规模较大的儿童游戏场可布置浅水游水池，水池深度以 15～60cm 为宜，平面可选用各种形状，也可用喷泉、雕塑加以装饰，池水要常换。柔软的草坪是儿童进行各种活动的良好场所，同时还要布置一些用砖、石、预制混凝土及陶质地面板等材料铺面的硬地面。游戏墙及迷宫是常见的儿童游戏设施，游戏墙的线形可设计成不同形状，墙上布置大小不同的圆孔，墙面可有图案装饰。游戏墙尺度要适合儿童身高。迷宫是游戏墙的一种，其进出口应设计一个标志。

居住区体育运动场地是居住区公共活动场地的组成部分，场地的布局根据居民体育活动的需要和居住区用地条件，一般分三级或二级布置。三级布置为居住区体育运动场地、居住小区体育运动场地、小块体育运动场地；二级布置为居住区体育运动场地、居住小区体育运动场地或居住区体育运动场地、小块体育运动场地。

其中居住区级体育运动场地面积为 8000～15000m²，场地面积千人指标为 200～300m²，场地位置应适中，其内部设 400m 跑道及足球场的田径运动场 1 个，网球场 4～6 个，小足球场、篮、排球场各 1 个。

居住小区级体育运动场地面积为 4000～10000m²，场地面积千人指标为 200～300m²，应结合小区中心布置，步行距离小于或等于 400m，内部设小足球场、篮球场和排球场各一个，网球场 2～4 个，羽毛球场及操场等。

小块体育场地面积为 2000～3000m²，服务范围以 100m 左右为宜，内部设成年人和老年人练拳操场、羽毛球场、露天乒乓球场、小足球场等。

六、垃圾场地规划设计

（一）居住区垃圾的集收和运送

居住区垃圾储运场地也是户外场地的一项重要内容。目前我国住宅小区垃圾的集收和运送有三种方式：

（1）居民将垃圾送至垃圾站或集收点，倒入垃圾箱内，然后由垃圾集收车定期运走。

（2）居民将垃圾装入塑料袋，由专人或住户自己送至垃圾集收站，再由垃圾集收车送至转运站。

（3）在多层或高层住宅内，通过垃圾管道将垃圾集中在底层垃圾仓内，再由垃圾集收车定期集收运至转运站。

（二）垃圾站布置时考虑的要素

以上三种方式中以第一种方式使用较多，布置时应考虑以下几点：

（1）既方便使用，又不宜布点过多、造成污染，从住宅入口至垃圾储运场地距离以 $100 \sim 150m$ 为宜。

（2）离住宅居室窗户至少 10m，并应在夏季主导风向的下风向。

（3）应较隐蔽，不妨碍观瞻，可用绿化遮挡、隔离。

（4）场地应铺砌，能排水，且便于垃圾装车操作和易于清扫。

（5）便于垃圾集收车辆行驶，路线畅通。

七、其他细节规划设计

（一）栏柱

为分离汽车与行人交通，需在居住区内设置栏柱，用以阻隔汽车，以保障行人安全。也有许多居住区在人行道旁设栏柱，阻止汽车驶上人行道。栏柱的尺度、材料类型及质地、颜色和布置的规律性，能增加居住区空间的趣味性。栏柱不宜太高，栏柱之间如用铁链相连，可以加强分道感。栏柱端部还可以结合道路路灯设计，使夜间步行道路更加分明。栏柱必须坚固，混凝土制栏杆最实用，金属材料适合制作可移动的栏柱。

（二）围墙

围墙的作用是分隔住宅与街道空间，并创造景观。一般情况下，围墙宜低不宜高。常用的材料有混凝土、砖、石料、金属及竹。围墙形式要配合建筑的造型及风格，可实可虚，可重可轻，表面处理除金属材料外，其他尽可能体现其原有的材质与色泽，少用涂料与粉刷。

（三）座椅

椅凳一般布置在适宜于停留、较僻静的地点，可采用木料、金属材料、石料或混凝土制作。木质座椅最为舒适，而用其他材料制作则更为耐用。座椅凳还可以结合桌、大树、花坛、水池设计成组合体，构成休息空间。

（四）路灯、园灯

居住区中设置的路灯、园灯包括广场灯，庭园灯，路灯等，主要光源有汞灯，金属卤化物灯，高压钠灯、荧光灯、白炽灯，灯具选择与设计要求外观舒适并符合不同使用要求，艺术性要强，要与环境相协调，并且要保证安全，坚固耐用，取换方便，安全性高。此外，灯具还要外形美观，价格相对低廉，具有能充分发挥照明功效的构造。

（五）电话亭

一般布置在居住区出入口处，公建中心及中心绿地。电话亭可设计为封闭式、半封闭上部设隔声罩式及组合式等形式，造型要美观，且坚固耐用。

（六）指示牌

指示牌可指示道路方向、门牌号，是居住区不能缺少的设施。为了方便居民和来访者，指示牌应布置在醒目的地方，标注清晰，色彩鲜明，易于辨认。指示牌支架材料一般采用混凝土、铝合金等，指示牌可用木板、金属板、铝合金板，图案文字可用彩色喷涂的办法。

（七）垃圾箱

垃圾箱是保持居住区环境清洁的重要设施，垃圾箱应布置在居民容易看到的地方，如公交车站、公建中心、售货亭及步行道旁。垃圾箱的造型应便于使用和清扫，材料可用金属、塑料、混凝土、陶瓷及木材。垃圾箱设计要求造型优美、色彩鲜明，起点缀景观的作用。

？复习思考题

1. 你认为你目前所在城市最适合的建筑风格是哪种？理由是什么？
2. 你认为当地居民偏爱的户型是哪种？理由是什么？
3. 你对当地住宅区的景观设计有什么看法？
4. 假如你所在城市的某房地产公司有一地块需要开发，这一地块在郊区，毗邻高速公路出口，南面有一个自然湖，北面有一座山。根据你所学的知识进行房地产产品研发。

改变定位，一盘死棋也可以复活。

——《国学解码商道》

第七章 房地产前期定位策划

第一节 房地产前期定位策划概述

一个房地产开发项目设想的提出，都有其特定的政治、经济或社会生活背景。从简单而抽象的建设意图产生，到具体复杂的工程建成，期间每一环节每一过程的活动内容、方式及其所要求达到的预期目标，都离不开计划的指导，而计划的前提就是行动方案的策划与决策。房地产开发项目策划决策是为决策者提供最终决策的依据，为项目达到目标奠定基础。

一、房地产策划基本概念

美国哈佛企业管理丛书编纂委员会对策划含义作了如下的总结："策划是一种程序，在本质上是一种运用脑力的理性行为，基本上所有的策划都是关于未来的事物，即策划是针对未来要发生的事情做当前的决策。换言之，策划是找出事物因果关系，衡度未来可采取之途径，作为目前决策之依据，亦即策划是预先决定做什么，何时做，如何做，谁来做。策划就是策划或谋划，是一种立足现实，面向未来的活动；是运用新闻、广告、公关、谋划、营销等手段，综合实施运行，使经济活动达到良好的效果的过程。在房地产策划的发展过程中，经过策划人不断地实践和总结，策划定位开始逐渐形成，并体现出了房地产策划定位的一些基本规律。根据房地产项目的具体情况灵活运用这些策划定位，可以创造出项目典范和营销经典，提高房地产策划的科学性和规范性。房地产前期定位策划是一种辅助决策的综合性活动，它的前期性可以从两个方面来理解：一方面，前期定位策划行为的进行要先于实际的决策和项目产品的形成，它是一种科学的预测活动；另一方面，相对于全程策划来说，前期定位策划主要研究的是项目有形产品建设实施以前的部分，主要包括土地定位策划、市场定位研究、产品定位策划等内容。房地产前期策划就是根据房地产前期策划预期目标，经过对市场的深入研究和分析，整合各种资源，达到帮助房地产开发企业决策"在哪里开发、开发什么项目、怎样开发、开发后卖给谁"等一系列问题。房地产前期定位策划能够帮助房地产开发企业作出合适的定位决策，有效控制并减少项目的开发风险。

二、策划的由来

1992年以后，国家实施银根紧缩的货币政策，导致了大量楼盘烂尾，许多楼盘也销售困难，新的形势下呼唤策划人员出场亮相。目前，策划在房地产开发中得到了广泛的应用，各种概念应运而生，如教育盘、体育盘、音乐盘、SOHO、山水盘、生态盘等，现在许多房地产开发企业都有自己的投资策划部，策划人到处都是，房地产项目策划也成了许多人的职业。

三、房地产的策划定位[1]

房地产的策划定位有房地产战略策划定位、房地产全程策划定位、房地产品牌策划定位和房地产商品策划定位几种。

1. 房地产战略策划定位

战略策划是为企业发展或项目开发设计总谱，并帮助企业从全局的需要出发，有效地整合这些专业性操作公司，使其在统一的平台上，协调一致地实现总体目标。战略策划定位内容如下：

（1）大势把握——出思路。在宏观大势把握的前提下，根据每个项目的不同特点，找到适合其发展的思路。大势把握包括中国经济大势，区域经济大势，区域市场需求大势，区域行业竞争大势和区域板块文化底蕴。

（2）理念创新——出定位。思路确定后，选择摆脱同质化竞争的迷局，确定差异化发展的突破点，总结、提取出一个能体现并统帅企业或产品发展的灵魂和主旋律。理念创新包括概念创新、预见创新和整合创新。

（3）策略设计——出方案。量身定造，针对项目特点设计一套科学的、独创的、有前瞻性的，且具有可操作性的对策方案。策略设计包括项目总体定位、项目理念设计、项目功能规划、项目运作流程、项目经营思路和项目推广策略。

（4）资源整合——出平台。帮助项目整合内外资源，包括整合各种专业化公司的力量，创造一个统一的操作平台，让各种力量发挥应有的作用。资源整合包括企业内部资源整合、企业外部资源整合、行业内部资源整合、行业外部资源整合。

（5）动态顾问——出监理。操作过程主要由专业技术企业完成，策划人作为顾问起参谋作用。顾问监理包括项目重大事件、项目重要环节、项目节奏把握、项目市场引爆和项目品牌提升。

2. 房地产全程策划定位

房地产全程策划，简单地说就是对房地产项目进行"全过程"的策划，即从项目前期的市场调查开始到项目后期的物业服务等各个方面都进行全方位策划。全程策划强调为投资者提供标本兼治的全过程策划服务，每个环节都以提升项目的价值为重点，围绕提升项目的价值来运用各种手段，使项目以最佳状态走向市场。

全程策划定位内容如下：

（1）市场研究——对项目所处的经济环境、项目面对的当前房地产市场状况、项目所在区域同类楼盘进行调查分析。

---

[1]　莫宏伟. 房地产全程策划实践教程. 北京：中国电力出版社，2005.

（2）土地研究——挖掘土地的潜在价值，对土地的优势、劣势、机会和威胁进行分析研究。

（3）项目分析——通过对项目自身条件及市场竞争情况分析，确定项目定位策略，决定目标客户及楼盘形象，决定项目市场定位、功能定位及形象定位。

（4）项目规划——提出建议性项目经济指标、市场要求、规划设计、建筑风格、户型设计及综合设施配套等。

（5）概念设计——做好规划概念设计、建筑概念设计、环境概念设计及艺术概念设计。

（6）形象设计——开发商与项目的形象整合、项目形象、概念及品牌前期推广。

（7）营销策略——分析项目环境状况，突显其价值。找准项目市场营销机会点及障碍点，整合项目外在资源，挖掘并向公众告知楼盘自身所具有的特色卖点。

（8）物业服务——与项目定位相适应的物业管理概念提示，将服务意识传播给员工，构建以服务为圆心的组织架构。

（9）品牌培植——抓住企业和项目培养品牌，延伸产品的价值。

3. **房地产品牌策划定位**

品牌就是差异，就是个性。品牌标志着商品的特殊身份，将自身与其他类别的商品区别开来。房地产品牌就是房地产项目具有区别于其他项目的个性，有独特的目标市场和别的共同认知的目标客户群，有较高的知名度、美誉度和忠诚度。房地产品牌策划是对房地产品牌内涵进行挖掘、发现和推广，使房地产项目赢得人们的信赖。

品牌策划定位内容如下：

（1）品牌策划以建立项目品牌为中心。

（2）品牌策划就是要建立一流的品质和一流的推广。品质是品牌的基础，品牌策划要从品质入手，创建一流的品质。品牌的推广是为了要有一流的附加值，要有一流的战略战术，要建立一流的物业管理队伍。

（3）品牌策划中的附加值推广要有侧重点。一是融入自然的和谐环境；二是社区服务的社会化；三是居家生活的信息化。

（4）品牌策划推广有四个阶段：一是"酝酿造势"阶段；二是"培育蓄势"阶段；三是"推广扩势"阶段；四是"持续升势"阶段。

（5）品牌策划推广的五种方法："筑巢引凤"法、"盆景示范"法、"借花献佛"法、"马良神笔"法、"巨量广告"法。

（6）品牌策划的六个工程：软性推广工程、公关活动工程、卖场包装工程、口碑工程、公关危机工程、回访工程。

4. **房地产商品策划定位**

房地产商品策划，就是对房地产及住宅商品进行谋划和运筹，以满足人们对房地产商品的特定要求。近几年来，开发商都在不同的项目中贯彻商品策划的理念。注重项目商品的细节和细部的完美舒适，创造了许多著名的楼盘。商品策划的重点是"顾客就是上帝"，一切围绕客户的需求来策划商品，注重商品的舒适性和艺术性，使人们由对商品的喜爱和喜悦转而促进人们的身心健康。商品策划的另一个重点是商品定位和商品设计，商品定位先于商品设计。商品策划模式内容如下：

（1）商品调查。商品的前期策划中最重要的是调查，目的是了解需求和供应状况，为商品定位作好准备。

（2）商品定位。在商品调查的前提下，对商品进行具体的恰如其分的位置确定。包括目标客户定位，这是最重要的，因为商品竣工后是卖给他们的，还有商品品质定位、商品功能定位、商品地段定位、商品规模定位、商品形象定位等。

（3）商品设计。这是策划的重心，根据对目标客户的特性分析，为其量身定做商品。包括规划设计、建筑设计、环境设计、户型设计等。

（4）商品工艺。采用先进的生产工艺，保证商品质量。

（5）商品营销。针对量身定做的目标客户推出商品的半成品或成品，包括商品的包装、商品的推广等。

（6）商品服务。这里主要是售后服务，目的是把商品的价值提升和延长。

四、房地产策划的特征

房地产项目策划是在房地产领域内运用的科学规范的策划行为，它根据房地产开发项目的具体目标，以客观的市场调查和市场定位为基础，以独特的概念设计为核心，综合运用各种策划手段，如投资策划、建筑策划、营销策划等，还可以运用房地产领域外的其他手段，如体育、旅游、IT 行业等，按一定的程序对未来的房地产开发项目进行创造性的规划，并以具有可操作性的房地产项目策划文本作为结果的活动。

房地产项目策划具有以下特征：

（一）地域性

（1）要考虑房地产开发项目的区域经济情况。

（2）要考虑房地产项目周围的市场情况，重点把握市场的供求情况，市场的发育情况，以及市场的消费倾向等。

（3）要考虑房地产项目的区位情况，如项目所在地的功能区位、地理区位、街区区位等。

（二）系统性

房地产策划是一项系统工程，缺一不可，密切联系。房地产策划要经过市场调查、投资研究、规划设计、建筑施工、营销推广、物业服务等几个阶段。

（三）前瞻性

房地产策划的理念、创意、手段应具有超前性、预见性，房地产完成的周期少则 2～3 年，多则 3～5 年，甚至更长，如果没有超前的眼光和预见的能力，投入不产出，企业的损失是巨大的，超前眼光和预见能力要在各个阶段体现出来，如市场调查、投资分析等阶段。

（四）市场性

（1）策划要适应市场的需求，吻合市场的需要，策划自始至终要以市场为主导，顾客需要什么商品房就建造什么，永远以市场需求为依据。

（2）策划要随市场的变化而变化。

（3）策划要造就市场、创造市场。

（五）创造性

策划要追求新意、独创、不雷同，创新表现为概念新、主题新，因为主题概念是项目的灵魂，是项目发展的指导原则，只有概念主题有了新意，才能使项目有个性，才能使产品具有与众不同的内容、形式和气质；其次表现为方法新、手段新，策划的方法与手段带有共性，但运用在不同的场合、不同的地方，其所产生的效果也不一样，还要通过不断的策划实践，创造出新的方法和手段来。

（六）操作性

（1）在实际市场环境中有可操作的条件，如果市场条件不允许，想操作好是很困难的。

（2）在具体的实施上有可操作的方法。

（3）策划方案要易于操作，容易实施。有些策划方案脱离了客观的市场或超出了开发商的负担能力和实施能力，只能是纸上谈兵。

（七）多样性

策划要比较和选择多种方案，要对各方案进行权衡比较，选择最科学、合理、最具操作性的一种，同时并非一成不变，要不断调整和变动策划方案，以达到最佳适应状态。

五、房地产策划在房地产建设中的地位和作用❶

（一）地位

（1）房地产策划在知识经济时代属于智力产业，能为房地产企业创造社会价值和经济价值。

（2）房地产策划在房地产企业充当智囊团、思想库，是企业决策者的亲密助手。

1）房地产策划的接触面大、实践广泛。从项目选址直到物业服务的每个环节，策划活动都参与其中。

2）房地产策划的案例精彩、手段多。在房地产策划的每个成功案例中，都有不少精彩绝妙的概念、理念、创意和手段。

3）房地产策划的思想活跃、理论很丰富。

这些都给房地产企业以智力、思想、策略的帮助与支持，给房地产企业出谋划策，创造更多的经济效益。

（3）房地产策划在房地产开发项目建设中自始至终贯穿在一起，为项目开发成功保驾护航。房地产开发项目建设要完成一个项目周期，需要经过市场调查、项目选址、投资研究、规划设计、建筑施工、营销推广、物业服务等一系列过程，房地产策划参与项目的每个环节，通过概念设计及各种策划手段，使开发的商品房适销对路，能够占领市场。

---

❶ 决策资源集团房地产研究中心. 地产策划实施指南. 北京：中国建筑工业出版社，2007.

（二）作用

（1）房地产策划能使企业决策准确，避免项目运作出现偏差。因为策划方案是在市场调查后形成的，是策划人面对市场总结出来的智慧的结晶。房地产策划可以作为房地产企业的参谋，使企业及企业家决策更为准确，避免项目在运作中出现偏差。

（2）房地产策划能使房地产开发项目增强竞争能力，使其稳操胜券，立于不败之地。在当前房地产业面临重新洗牌、各种概念推陈出新、开发模式不断突破、竞争日趋激烈的情况下，房地产策划更能发挥它的特长，增强项目的竞争能力，赢得主动地位。

（3）能探索解决企业管理问题，增强企业的管理创新能力。策划人就是遵循科学的策划程序，帮助房地产开发企业管理创新，从寻求房地产开发项目的问题入手，探索解决管理问题的有效途径。

（4）能有效地整合房地产项目资源，使之形成优势。房地产策划参与到概念资源、人力资源、物力资源、社会资源等各种资源中去，理清它们的关系，分析它们的功能，帮助它们团结在一起，围绕中心，形成共同的目标。此外，房地产策划还有预测未来市场，满足居民居住具体要求等作用。

六、房地产策划的原则和内容●

（一）房地产前期定位策划的原则

1. 独创性原则

无论房地产项目的定位、建筑设计的理念，还是策划方案的创意、营销推广的策略，如果没有独创、毫无新意，要在市场竞争中赢得主动地位是不可能的。独创性应贯穿于房地产策划项目的各个环节，才能够使所开发的房地产项目在众多的竞争项目中脱颖而出，被客户关注和认可。房地产策划要达到独创性，必须满足以下几个要求：

（1）房地产策划观念要独创。策划观念是否独创、新颖，关系到策划人的基本素质。有的策划人点子比较多，经常有新的创意，有的人只能"克隆"或照搬别人的概念，这些都会影响到策划人的策划项目的成败。实践证明，在众多房地产项目中，能在激烈的竞争中站稳了脚跟并销售成功的，策划观念一定是出奇创新的。

（2）房地产策划主题要独创。策划主题是房地产开发项目的总体主导思想，是开发商赋予项目的"灵魂"。策划主题是否独创、新颖，立意是否有创新，关系到房地产项目之间的差异化和个性化，并直接影响到项目能否在竞争中取胜。策划主题的独创，与房地产市场发展潮流有很大的关系。

（3）房地产策划手段要独创。房地产策划手段就是房地产策划的具体方法。方法、手段不同，策划出的效果就会不一样。最著名的例子是广州奥林匹克花园，奥林匹克花园的开发商用复合手段策划楼盘，地产业和体育业的复合，引领了房地产策划领域的新潮流，创造了一个新里程。又如广州远洋明珠大厦，在建好的楼宇中，推出十套主题样板间，以不同人的个性及生活方式进行延伸、发挥、变形，使人看了以后大开眼界，原来我们居住的空间可

● 决策资源集团房地产研究中心. 地产等划实施指南. 北京：中国建筑工业出版社，2007.

以那样艺术、舒适和优美。因其策划手段独到，大大增加了人们的购买欲。

2. 整合性原则

在房地产开发项目中，有各种不同的客观资源，大概可分为两大类：一是从能否明显看出来分，有显性资源、隐性资源。二是从具体形式来分，有主题资源（或称概念资源）、社会资源、人文资源、物力资源、人力资源等。这些资源在没有策划整合之前，是松散的、凌乱的、没有中心的，但经过整合以后就会联系在一起，为整个项目的发展服务。

为了有效地整合好房地产开发项目的客观资源，必须做到以下几点：

（1）要把握好整合资源的技巧。在整理、分类、组合中要有的放矢，抓住重点，使客观资源合力加强，达到1+1=3的效果。

（2）整合好的各个客观资源要围绕项目开发的主题中心，远离主题中心的资源往往很难达到好的策划效果。

（3）要善于挖掘、发现隐性资源。如创新、独到的主题资源大都是隐藏起来的，不易被人发现，需要策划人聪慧的头脑去提炼、去创造。

3. 客观性原则

客观性原则是指在房地产策划运作的过程中，策划人要使自己的主观意志自觉能动地符合策划对象的客观实际。要做好房地产策划就要遵循客观原则，为此要注意以下几点：

（1）实事求是进行策划，不讲大话、空话。

（2）做好客观市场的调查、分析、预测，提高策划的准确性。

（3）在客观实际的基础上谨慎行动，避免引起故意"炒作"之嫌。

（4）策划的观念、理念既符合实际，又有所超前。

4. 可行性原则

可行性原则是指房地产策划运行的方案是否达到并符合切实可行的策划目标和效果。可行性原则就是要求房地产策划行为要时时刻刻地为项目的科学性、可行性着想，避免出现不必要的差错。贯彻房地产策划的可行性原则，可从以下几方面着手：

（1）策划方案是否可行。在房地产策划过程中，确定可行的方案是贯彻可行性原则的第一步。从房地产策划的本质特征可以看出，在多种策划方案中选择最优秀、最可行的方案是项目成功的基础。有了可行的方案以后，还要对方案实施的可行性进行分析，使策划方案符合市场变化的具体要求。

（2）方案经济性是否可行。策划方案的经济性是指以最小的经济投入达到最好的策划效果。这也是方案是否可行的基本要求。其次，投资方案的可行性分析也是一个不可忽视的重要因素。投资方案通过量的论证和分析，可以确定策划方案是否可行，为项目的顺利运作保驾护航。

（3）方案有效性是否可行。房地产策划方案的有效性是指房地产策划方案实施过程中能合理有效地利用人力、物力、财力和时间，实施效果能达到甚至超过方案设计的具体要求。策划方案要达到有效、可行，需要做到以下几点：

1）要用最小的消耗和代价争取最大的利益。

2）所冒的风险最小，失败的可能性最小。

3）要能完满地实现策划的预定目标。

5. 全局性原则

全局原则从整体、大局的角度来衡量房地产策划的成败，它为策划人提供了有益的指导原则。从房地产策划的整个过程来讲，每个过程都跟全局有密切的联系，每个局部的运作好坏都会对整个全局造成影响。

房地产策划全局原则的主要要求是：

（1）房地产策划要从整体性出发，注意全局的目标、效益和效果。

在整体规划的前提下，部分服从整体，局部服从全局。在市场调查阶段，如果图省事，不深入了解当时的市场状况、竞争态势、对手强弱情况，以及宏观政策等问题，而盲目上马项目，就会造成惨重的失败。

（2）房地产策划要从长期性出发，处理好项目眼前利益与长远利益的关系。

（3）房地产策划要从层次性出发，总揽全局。

房地产策划是个大系统，任何一个系统都可以被看成是一个全局。而系统是有层次性的，大系统下有子系统，子系统下还有子系统，层次分明。因此，考虑下一个层次的策划时，应该同上一层次的战略要求相符合。

（4）房地产策划要从动态性出发，注意全局的动态发展。

房地产市场是变化莫测的，其变化发展有时会影响全局。这时，策划人要善于抓住市场的动态规律，掌稳全局，避免市场变化触动全局的根基。

6. 人文化原则

人文化原则是强调在房地产策划中要认真把握社会人文精神，并把它贯穿到策划的每一个环节中去。人文精神包括人口意识及文化意识：人口意识是指人口的数量和质量水平、人口的布局、年龄结构、家庭婚姻等表现出的社会思想；文化意识包括人们在特定社会中形成的特定习惯、观念、风俗及宗教信仰等表现出的社会思想。在房地产策划中要把握好人文原则，必须注意以下几点：

（1）对我国人文精神的精髓要深入领会。在房地产策划中把握住人文精神的精髓，并在人文精神的具体形式中深入贯彻，将会起到意想不到的效果。

（2）运用社会学原理，把握好人口的各个要素。在策划中把握人口各个要素的内容、形式及它们的功用，分析它们对市场影响的大小，找出它们运行的具体规律，开发出的房地产项目就会与众不同，就会赢得人们的青睐。

（3）把文化因素渗透到策划项目的各个方面。房地产策划必须把文化因素渗透到开发项目中去，才能迅速占领市场，建立自己项目的个性。以顺德碧桂园为例，它的开发理念和模式首先是中国传统文化的代表——儒家思想的建大功、立大业及望子成龙的思想，在家庭伦理上倡导中国传统文化的天伦之乐、合家欢乐和刻意追求中国传统家庭的温馨。

（4）通过民族文化的积累，促进产品及企业品牌的形成。

7. 应变原则

策划要在动态变化的复杂环境中，及时准确地把握发展变化的目标、信息，预测事物可能发展变化的方向和轨迹，并以此为依据来调整策划目标和修改策划方案。

房地产策划的应变原则是完善策划方案的重要保证，具体要求如下：

（1）策划人员要增强动态意识和随机应变观念。策划人员要时刻掌握策划对象的变化信息，预测策划对象的变化趋势，掌握随机应变的主动性。策划对象信息是策划的基础材料和客观依据，这个基础和依据变化了，策划也应该随之变化，否则，策划就失去了准确性、科学性和有效性。策划人必须经常广泛了解、全面搜集和及时分析并加工处理这些信息，为策划提供具有真实性、时效性、系统性和可靠的信息资料。

（2）根据策划对象的变化情况及时调整策划目标，修正策划方案。当客观情况发生变化影响到策划目标的基本方面或主要方面时，要对策划目标做必要的调整，对策划方案进行修正，以保证策划方案与调整后的策划目标相一致。

（二）房地产前期定位策划的内容

本章只讲述房地产前期定位策划，房地产营销策划的内容将在第四篇营销策划中讲到。

房地产前期定位策划的内容包括以下方面：

1. 土地的定位策划

土地的获得是房地产开发的前提与基础，土地方面的策划主要从以下几方面入手：

（1）获取土地。土地使用权的获取详见第四章。

（2）土地开发时机选择。取得土地后，是立即开发还是选择有利时机开发是一个很重要的问题，它涉及开发商的经济利益。开发时机过早，就可能会使产品面向市场后，认可度不够，从而加大销售的难度，影响开发商资金的回笼；如果开发时机滞后，有可能会错过最佳销售机会，给开发商造成经济利益上的损失。因此，正确地把握市场，选择合适的开发时机非常重要。

（3）土地开发定位。开发定位是指开发商拿到地后开发什么样的产品？其目标客户群是谁？根据开发定位确定产品的类型和档次、规模，确定产品的价格等。房地产开发定位的依据仍然是市场，必须基于对市场的深度了解和把握，这样才可能会保证开发商开发的成功。

2. 房地产市场的调查分析

房地产市场调查对房地产开发是最基本，也是最重要的一个环节，并在市场调查的基础上预测房地产市场的走势和发展方向等。

（1）调查准备工作。市场调查目的要明确，明白调查的作用和意义。在调查前，要明确以下问题：调查地点和调查人的确定；调查内容、调查对象、调查方式和调查时间的确定。在调查活动之前，还要进行大量的前期准备工作，要做好调查计划，要尽量得到真实的、具有参考价值的信息。

（2）调查内容。

调查内容包括：当地市场的房地产现况；主要竞争对手的产品在当地市场的知名度、美誉度和竞争力；通过纵向和横向比较，找出自己与主要竞争对手在产品策略方面的相对优势；预测当地市场上的产品发展趋势等。

定价时的调查内容包括：当地市场上，消费者购买房地产可以承受的主要价格区间；竞争房地产项目在当地的价格优势；通过纵向和横向比较，推算本项目在当地市场上的升降幅度；要"有的放矢"，选择特定性的调查对象，才更能反映出真实的市场情况，调查结果也更具备说服力。可以采取问卷调查、座谈会、实地考察和上门拜访等多种方式进行调查。

（3）调查问卷的设计。

1）针对不同的调查对象，准备不同的调查问卷。

2）每份调查问卷通常以 A4 纸版面制作，2～3 页（单页），题目数量不超过 40 道，多以选择为主，问答题不超过 3 道，选择题中以 5 个选择为主（根据中国人喜欢适中的个性而制），不会让调查对象感到腻烦。

3）每份问卷的设计遵循通俗易懂、言简意赅的原则，让所有人一看都明白是怎么回事。而且，所有的题目都不能有相互重复之嫌。

4）为确保有关信息真实可信，在填写问卷时，要求调查对象署上真实姓名和联系方式（如电话），以便后期求证，这点在消费者调查时更应保证。

5）为了取得调查对象的支持，所有的问卷不能涉及个人隐私，或尖锐性非常强的问题，事实上，这部分内容也超出了调查问卷的框架，而应该更多地通过各种座谈会和上门拜访中获得。

（4）调查问卷的份数及发放。要根据心理学的相关知识，确定调查问卷的数量。

成功的市场调查从来不只是一个单纯的"调查"过程，在很大程度上，它相当于是一次大型促销活动，需要在前期付出艰辛的努力，同时在活动过程中，把握好细节，最终才有可能成功。

3. 房地产项目定位❶

（1）项目定位概念。房地产项目定位是指在房地产项目的开发经营过程中，研发项目产品的价值规划，制定与众不同的方案，并形成差异化的价值定位。房地产的项目定位策划是解决产品的价值规划问题。可以根据项目的不同阶段，进行不同的调整。项目定位的含义与产品的含义不一样。项目定位是对整个项目开发的系统价值规划，是指导整个项目全流程的纲要方案。产品定位是项目定位的内容之一。

（2）项目定位内容。项目定位一般包括产品定位、客户定位、功能定位、形象定位、价格定位、开发商定位及主题定位等 7 个方面（详见第二章第三节）。

第二节　房地产前期策划的流程

一、项目所在地市场情况调查

（一）市场环境调查

1. 宏观环境调查

房地产策划首先要摸清项目当前所处的宏观环境，为科学决策提供宏观依据。宏观环境调查包括经济环境调查、政策环境调查、行业环境调查、人口环境调查、文化环境调查、技术环境调查等。

---

❶　莫宏伟. 房地产全程策划实践教程. 北京：中国电力出版社，2005：115.

（1）经济环境调查。主要包括国民经济发展情况、宏观经济增长方式、GDP、产业结构的变化、城市化进程、经济体制、通货膨胀状况、家庭收入和家庭支出的结构、固定资产投资及房地产开发投资等。

（2）政策环境调查。主要包括与房地产市场有关的财政政策、货币政策、产业政策、土地政策、住房政策及户籍政策等。

（3）行业环境调查。在一个城市投资作房地产开发，除了要了解经济环境和政策环境外，还要清楚地了解当地的行业环境，考察当地政府的行业管理水平和管理能力是房地产市场宏观环境研究的重要组成部分，其主要内容包括城市规划、行业管理方式及产业结构发展等。

（4）人口环境调查。研究人口环境要注重以下几个方面：人口总量、年龄结构、户籍结构、知识结构、家庭结构及人口的迁移特征等。

（5）文化环境调查。文化的价值对房地产开发具有非常重要的意义。如何挖掘项目独特、深厚的文化内涵，并扮演城市新居住文化倡导的角色，是非常重要的。

（6）技术环境调查。对技术环境进行研究，需要搞清楚以下问题：

1）新技术条件下人的需求变化。

2）新技术条件下的生产关系变化（生产关系指人们在经济和社会活动中的关系）。

3）区域、场所、空间、时间等概念的变化。

4）物业功能的变化。

5）项目的街区功能、商业功能、增值功能、投资功能。

与此同时，在房地产开发过程中，对资本流动量、项目的分析和评估手段、投资价值与决策、交易规模和交易过程等方面也应做出系统的研究。

另外还要调查文化、行业、技术环境等对城市发展概况的描述等。在房地产市场研究中，对于同一城市的同一类项目而言，该部分内容在接近的条件下基本一致，可参考以往类似的调查，研究结果只需略作改动。若项目处于一个陌生的城市，则对该部分的内容的调查是不可缺少的。

2. 区域环境调查

区域环境调查是指对项目所在区域的城市规划、景观、交通、人口构成、就业中心及商圈等区位条件进行分析，对项目地块所具有的区位价值进行判断。具体包括：

（1）结合项目所在城市的总体规划，分析项目的区域规划、功能定位、开发现状及未来定位。

（2）进行区域的交通条件研究。

（3）对影响区域发展的其他因素和条件进行研究，如历史因素、文化因素、发展水平等。

（4）对区域内楼盘的总体价格水平与供求关系进行分析。

3. 项目微观环境调查

项目的微观环境调查又称为项目开发条件分析，其目的是分析项目自身的开发条件及发展状况，对项目自身价值提升的可能性与途径进行分析，同时为以后的市场定位做准备。具体包括：

（1）对项目的用地现状及开发条件进行分析。

（2）对项目所在地的周边环境进行分析，主要指地块周围的物质和非物质的生活配套情况，包括水、电、气等市政配套，公园、学校、医院、邮局、银行、超市、体育场馆、集贸市场等生活配套情况，以及空气、卫生、景观等生态环境，还包括由人口数量和素质所折射出来的人文环境等。

（3）对项目的对外联系程度、交通组织等进行分析。

（二）消费者调查

市场营销的目的是为了满足目标消费者的需要和欲望，但要了解消费者并不简单，消费者对自己的需要和欲望有时与自己的实际行为是不一致的，有时他们往往会由于一些原因在最后一刻改变主意，有时可能连他们自己也没有意识到一些潜在的欲望和需要，这些都需要研究人员加以分析。具体来说，对消费者的调查，包括以下几个方面：

1. 消费者的购买力水平

消费者的购买力水平是影响住房消费最重要的因素，直接决定了消费者的购房承受能力。消费者购买力水平的主要衡量指标是家庭年收入。

2. 消费者的购买倾向

消费者的购买倾向主要包括物业类别、品牌、户型、面积偏好、位置偏好、预期价格、物业管理及环境景观等。

3. 消费者的共同特性

主要包括消费者的年龄、文化程度、家庭结构、职业及原居住地等。

一般来说，在未确定目标消费者之前，可通过二手资料的收集对房地产市场的消费者有一个普遍、粗略的了解；在确定了目标消费者之后，则通过问卷调查的形式针对所想要了解的问题对目标调查对象进行访问。目标消费者的确定可参照同类物业的已成交客户进行划分。必要的时候，甚至还可针对核心购买者进行再一次的调查，如此反复，直到得到较为可靠的结论。

（三）竞争楼盘调查

竞争楼盘分为两种情形，一类是与所在项目处在同一区域的楼盘；另一类是不同区域但定位相似的楼盘。竞争楼盘调查包括对这些楼盘进行营销策略组合的调查分析，包括产品、价格、广告、销售情况及物业管理调查等方面。分述如下：

1. 产品

（1）区位。

1）地点位置。地点位置是指楼盘的具体坐落方位，同本项目的相对距离及相邻房产的特征。

2）交通条件。交通条件是指地块附近的交通工具和交通方式，包括城市铁路（地铁）、公路、飞机场等，交通条件一方面表示地块所在区域与周边各地的交通联系状况，表明出进的方便程度；另一方面，一个地区的交通状况如何也左右着该地区的未来发展态势。

3）区域特征。区域特征是指相对聚集而产生的、依附于地域的特有的一种物质和精神状态，主要取决于地域的经济发展水平、产业结构、生活水准、文化教育状况等。

4) 发展规划。发展规划是指政府对城市土地、空间布局、城市性质的综合部署和调整，是一种人为的行为。

5) 周边环境。周边环境是指开发地块周围的生活配套设施情况，还包括由人口数量和素质所折射出来的人文环境和生态环境。

(2) 产品特征。

1) 建筑参数。建筑参数主要包括该项目总建筑面积、总占地面积，以及容积率等，是由规划管理部门确定的，也是决定产品形态的基本数值。

2) 面积户型。一个楼盘的面积和户型基本决定了其产品品质的好坏，其中包括各种户型的使用面积、建筑面积、使用率，以及面积配比、户型配比等。

3) 装修标准。①公用部位的装修，包括大堂、电梯厅、走道及房屋外立面；②对户内居室、厅、厨、卫的处理。

4) 配套设施。分两大部分：①满足日常生活的最基本设施，如水电、燃气、保安、车库、便利店和中小学等；②为住户专门设立的额外设施，如小区会所等相关的娱乐设施。

5) 绿化率。绿地的多少越来越受到购房人的重视，它成为判断房屋品质的一条重要标准。

(3) 开发商实力。一个楼盘的主要的营运公司就是开发商、设计单位、承建商和物业管理公司这四家，它们分别负责项目的投资建设、建筑设计、工程建造和物业服务，四家公司的雄厚实力和有效联合是楼盘成功的保证，而其中开发商的实力最为关键。

(4) 交房时间。对期房楼盘而言，交房日期是影响购房人购买决策的重要因素。

2. 价格

价格是房地产营销中最基本、最便于调控的，在实际的调查中也是最难取得真实信息的。一般要调查该楼盘的单价、总价和付款方式等。

(1) 单价。单价是楼盘各种因素的综合反映，是判断一个楼盘真正价值的指标，可以从以下几个价格来把握：

1) 起价（最低价）。这是一个楼盘最差房屋的销售价格，为了促销，加入了人为的夸张，不足为凭。

2) 均价。均价指总销售金额除以总销售面积得出的单价。

3) 主力单价。主力单价是指占总销售面积比例最高的房屋的标定单价，这才是判断楼盘客户地位的主要依据。

4) 最高价。最高价是指一个楼盘在销售中达到的最高价格。

(2) 总价。单价反映的是楼盘品质的高低，总价反映的是目标客户群的选择。通过对楼盘总价的调查，能够掌握产品的市场定位和目标市场。

(3) 付款方式。这是房屋总价在时间上的一种分配，实际上也是一种隐蔽的价格调整手段和促销工具，用以缓解购房人的付款压力，扩大目标客户群的范围，提高销售率。购房合同第六条提供了三种付款方式，即一次性付款方式、分期付款方式以及其他方式（一般为贷款方式，包括商业银行贷款、公积金贷款和组合贷款）。公积金贷款属政策性贷款，利率较低，只有获得住房公积金补贴的人，购房才能采用这种方式，这是目前我国部分家庭解决住房问题的重要途径。

而对于购房者，付款方式的选择取决于三个因素，即实力、利息、风险。选择一次性付款时开发商往往会提供一定的折扣，如打96折、97折、98折等不同的折扣。分期付款方式是对于暂时没有能力或不愿意一次性付清房款的客户，一般是在签订购房合同前交一定数量的首付款，剩余尾款再用此房产作为抵押，向银行贷款的方式。我国现在采用的方法一般是公务员或教师至少付总房款的两成，其他客户首付要至少提供总房款的三成。但是随着2007年房地产价格的上涨，我国政府出台了一系列的宏观调控措施，中国人民银行、中国银监会于2007年9月27日晚间联合下发了关于加强商业性房地产信贷管理的通知。通知指出，对购买首套自住房且套型建筑面积在90m² 以下的，贷款首付款比例（包括本外币贷款，下同）不得低于20%；对购买首套自住房且套型建筑面积在90m² 以上的，贷款首付款比例不得低于30%；对已利用贷款购买住房、又申请购买第二套（含）以上住房的，贷款首付款比例不得低于40%，贷款利率不得低于中国人民银行公布的同期同档次基准利率的1.1倍，而且贷款首付款比例和利率水平应随套数增加而大幅度提高，具体提高幅度由商业银行根据贷款风险管理相关原则自主确定，但借款人偿还住房贷款的月支出不得高于其月收入的50%。《通知》对商业用房购房贷款进行了规范，要求利用贷款购买的商业用房应为已竣工验收的房屋。商业用房购房贷款首付款比例不得低于50%，期限不得超过10年，贷款利率不得低于中国人民银行公布的同期同档次利率的1.1倍，对以"商住两用房"名义申请贷款的，首付款比例不得低于45%。但是关于第二套住房是以家庭为单位还是以个人为单位，各个商业银行的界定有所不同，读者可以参考相关媒体或商业银行信息，作者在这里不赘述。需要说明的是，在前几年房地产市场较为低迷时开发商为了打开销售通路，曾经推出过"交一缓一""交一缓二"等分期付款方式。随着2007年房地产市场的升温，现在这种方式已经近乎销声匿迹了。

3. 广告

广告是房地产促销的主要手段，对楼盘的广告分析是市场调查的重要组成部分。它是在理解消费者真正需求的基础上，用一种简单的视觉化的东西或以情感打动人，从而引起人们的关注，进而产生购买动机的推销方式。

房地产广告策划是在广泛调查研究的基础上，对房地产市场和个案进行分析，以决定广告活动的策略和广告实施计划，力求广告进程的合理化和广告效果的最大化。房地产广告策划不仅能够进一步明确开发商的目标市场和产品定位，而且能够细化开发商的营销策略，最大限度地发挥广告活动在市场营销中的作用。

（1）房地产广告类型和策划原则。根据广告的目的，房地产广告大致可分为四种类型：

1）促销广告。大多数的房地产广告属于此类型，广告的主要目的是传达所销售楼盘的有关信息，吸引客户前来购买。

2）形象广告。以树立开发商、楼盘的品牌形象并期望给人留下整体、长久印象为广告目的所在。

3）观念广告。以倡导全新生活方式和居住时尚为广告目的。

4）公关广告。通过以软性广告的形式出现，如在大众媒介上发布的入伙、联谊通知、各类祝贺词、答谢词等。

开发商可根据营销战略的需要，将几种广告类型结合起来考虑，组合运用。在进行广告策划时，应遵循以下原则：

1）时代性。广告策划观念具有超前意识，符合社会变革和人们居住需求变化的需要。

2）创新性。广告富有创意，能够塑造楼盘的独特风格，体现"把握特色，创造特色，发挥特色"的策划技巧。

3）实用性。广告符合营销战略的总体要求，符合房地产市场和开发商的实际情况，具有成本低、见效快和可操作的特点。

4）阶段性。广告围绕房地产营销的全过程有计划、有步骤地展开，并保持广告的相对稳定性、连续性和一贯性。

5）全局性。广告、销售促进、人员推销和宣传推广是开发商促销组合的四种手段，广告策划需兼顾全局，考虑四种方法的综合效果。

（2）房地产广告策划内容。房地产广告策划内容丰富，步骤众多。策划者各有各的做法，繁简不一，没有统一的模式。大体上可分成五个部分，即广告目标、市场分析、广告策略、广告计划和广告效果测定。

1）广告目标。主要确立广告的类型、广告欲达到的目标和有关建议。

2）市场分析。主要包括营销环境分析、客户分析、个案分析和竞争对手分析等。若开发商在策划时已将宏观和微观环境分析透彻、准确，则可将重点放在其他几项分析上。客户分析主要分析客户的来源和购买动机，比如由于以下因素：信赖其开发商、可以保值增值、楼盘设计比较合理、地段较好、价位比较合适等；也要分析客户可能拒绝的原因，如附近有更合适的楼盘、交通不方便、购房者投资信心不足等。个案分析主要分析开发商的实力、业绩、楼盘规划、设计特色、主要设备和装修情况、配套设施情况以及楼盘面积、结构、朝向、间隔、价位等方面的情况。进行竞争对手分析时，除了要分析竞争对手实力和竞争楼盘的情况，还要分析竞争对手的广告活动，以吸取竞争对手有益的东西，扬长避短。

3）广告策略。广告策略的制定可从以下五个方面着手：

a. 目标市场的策略。开发商通常并不针对整个目标市场做广告，而是针对其中的某个细分市场。哪个细分市场需要广告配合，广告就应该以那个细分市场为目标并采取相应的广告策略。以兼有多层和高层住宅的小区广告策划为例，当小区刚起步时，以开发深受市场欢迎的多层住宅为主，这时可采用开拓性广告策略，做法是：广告结合多层住宅的销售热潮不断强化小区的知名度和客户的认知度，使楼盘迅速进入市场。当小区逐步成型时，则采用劝说性广告策略：其广告以说服客户购买，提高市场占有率为目的。当小区初具规模，欲推出高层楼盘时，可采取提示性广告策略：其广告以营造声势，提醒客户留意认购期为主要目的。

b. 市场定位策略。定位策略的根本目的是使楼盘处于与众不同的优势位置，从而使开发商在竞争中占据有利地位。定位时可根据目标客户群的要求，采取价格定位策略、素质定位策略、地段定位策略、时尚定位策略等。市场定位不能有偏差或含混不清，否则广告诉求时就会重点不明，难以给受众留下特定的鲜明印象。

c. 广告诉求策略。根据诉求对象、诉求区域的特点，房地产广告可采用理性诉求策略，即通过真实、准确、公正地传达开发商或楼盘的有关信息或其带给客户的利益，让受众理智地做出决定；也可采用感性诉求策略，即向受众传达某种情感或感受，从而唤起受众的认同感和购买欲；当然还可用情理结合的诉求策略，即用理性诉求传达信息，以感性诉求激发受众的情感，从而达到最佳的广告效果。

d. 广告表现策略。广告表现策略要解决的是广告中信息如何通过富有创意的思路、方式，以及恰如其分的广告表现主题传达给受众。广告诉求的重点通常是楼盘的优点和特色，而广告表现的主题则具有更深一层的内涵，即楼盘带给客户的是生活品位的提高和由此而生的自豪感、优越感。广告表现策略要求用创意对广告信息进行包装并确定广告设计、制作的风格和形式。广告创意讲求新颖独特，但不能离奇古怪。否则会给楼盘销售带来负面的影响。

e. 广告媒介策略。据统计，80%的广告费用用于广告媒介，媒介选择不当，就有可能造成投入高、见效低的结果。通常房地产广告可以选用四大媒体：报纸、广播、电视和杂志，还有户外广告，如工地围墙宣传画、巨幅电脑喷画、路牌、灯箱、车身广告、横幅等，这些可统称为"线上媒介"。"线下媒介"也是开发商常用的，如展销会、直邮（DM）、赞助及其他推销用的楼书、优惠券、单张（海报）等。广告媒介策略要求开发商和代理商合理选择媒介组合，形成全方位的广告空间，扩大广告受众的数量；要合理安排广告的发布时间、持续时间、频率，以及在各媒体的发布顺序等，特别重要的广告要提前预定好发布时间和版位。

4) 广告计划。广告计划又称广告实施计划，内容包括广告目标、广告时间、广告诉求、广告表现、媒体发布计划、与广告有关的其他公关计划、广告费用预算等。在形成书面的广告计划书时要注意提案的技巧、文字的风格和格式的赏心悦目。

5) 广告效果的测定。广告效果通常是在广告发布后测定的，对于房地产广告却不太合适，事后测定不利于控制广告效果。较为明智的做法是在广告发布前就进行预测。先邀请目标客户群中的一些代表对广告的内容和媒介的选择发表见解，通过分析反馈意见再结合部分专业人士的建议，反复调整，就可使广告计划日臻完善。❶

（3）广告的实施计划。

1) 售楼部。售楼部是进行楼盘促销的主要场所，其地点选择、装修设计、形象展示是整个广告策略的体现。

2) 广告媒体。广告媒体是指一个楼盘选择的主要报刊和户外媒体，是其楼盘信息的主要载体。在实际工作中，选择的媒体应与产品的特性相吻合。

a. 报纸和杂志。以其信息量和时效性，在都市人的生活中占据着不可或缺的地位。选用前要考虑其广告千人成本、相关暴露频次及广告暴露人群所持的广告观、生活观及价值观等。

b. 电视。电视靠声音和图像将事物形象化，由此刺激人的感官，影响人的心理。房地产的位置、户型、小区规划等诸多特点都可以凭借这种声像并存的方式传递给消费者。在是否选用电视这种媒体方面，要了解目标客户每天看电视的时间，喜欢看的节目类型，

---

❶ 如何做好房地产广告策划，http://blog.soufun.com/11941649/1135740/articledetail.htm.

这样才能保证所投放的广告能起到预想的效果。一般情况下，除了新闻和天气预报外，专题节目、连续剧、综艺节目等对房地产均有较好的广告价值。但有一点值得注意，由于电视广告价格不菲，播放时间有限，尽管听觉和视觉冲击力较强，但形成的印象不会很深刻，因为电视毕竟不像平面媒体那样可以作广告分类，太多种类的广告在短时间内接踵而至，观众常有应接不暇之感。相反，由于报纸和杂志具有可保存性和可传阅性，其广告效果要好于电视。

c. 网络。互联网的诞生，将人们的生活真正引入了信息时代。房地产也毫无例外地以网络为媒介，将大量的信息传递给消费者。网络虽然有信息量大、传递速度快等不可替代的优势，但就目前的状况来看，它也有不容忽视的弱点。比如说，由于网络速度（下载图片时间长、图片不够清晰）及上网环境（在家上网要自掏腰包）的限制，使得房地产信息对特定人群的到达率实际上并不十分理想。

d. 广播。作为一种传统媒体，广播并未淡出媒介市场。目前，都市有车族正在迅速膨胀，而收听车载广播成为驾车者在枯燥的旅途中最主要的消遣方式。如果一名有车族打算买房，那么毫无疑问广播将成为他获得房地产信息的渠道之一。

e. 户外广告。户外广告对有购买倾向的人群具有较好的广告效果。因此这一人群的特征便是商家投入广告之前应该考虑的因素，包括他们的购房心理、经济能力、社会地位等❶。

（4）广告投入强度。从报纸广告的刊登次数和篇幅，户外媒体的块数和大小，就可以判断出一个楼盘的广告强度，它可以反映该楼盘所处的营销阶段。

（5）诉求点。广告的诉求点，也就是物业的卖点，反映了开发商想向购房人传达的信息，是产品竞争优势的展示，也是目标客户群所关心的问题之一。

4. 销售情况

销售情况是判断一个楼盘成功与否的最终指标，但是它也是最难获得准确信息的，调查项目主要包括：

（1）销售率。这是一个最基本的指标，反映了一个楼盘被市场的接纳程度。

（2）销售顺序。这是指不同房屋的成交先后顺序，可以按照总价的顺序，也可以按户型的顺序或是面积的顺序来排列。可从中分析出不同价位、不同面积、不同户型的房地产单元被市场接纳的原因，反映了市场需求结构和细节。

（3）客户群分析。通过对客户群职业、年龄、家庭结构、收入的统计，可以反映出购房人的信息，从中分析其购买动机，找出本楼盘影响客户购买行为的因素，以及各因素影响力的大小。

通过对单个楼盘的调查，可以分析竞争对手产品规划的特点、价格策略、广告策略和销售的组织、实施情况，以此为基础可制定出本公司项目的营销策略和相应的对策。

5. 物业管理调查

要调查的内容包括物业管理的内容、管理情况、管理费及管理公司等。例如某项目市场调查表见表7-1。

❶ 广告人沙龙，http://www.a.com.cn/Forum.

住宅市场调查表

表7-1

项目名称：×××　　调查时间：×年×月×日　　调查人：×××　　电话：×××　　编号：03

背景	开发商	×××	建筑公司	澳洲×××/香港×××事务所/重庆×××设计院	广告推广	×××
	规划设计	澳洲×××/香港×××事务所/重庆×××设计院	园林设计	×××	策划代理	项目经理
	地理位置	位于重庆市南坪南城大道南湖路、东临海峡路，与四公里片区相连				
	交通情况	北面和东面均临城市主干道。目前南湖路上已通公交，有372路、361路、306路和304路等公交线路经过，分别可到达朝天门、解放碑、江北、弹子石等地。同时其附近的四公里转盘通车后其交通会有一定的改善				
	市政配套	附近有南坪中学，同时将在其旁边建公交总站。其他教育、医疗机构、银行等需到南坪其他地方				

周边情况	商业配套	周边市政配套尚不完全，但项目距南坪商业步行街不到1000m，中心商圈配套设施可利用，如开明实验医院、南坪中学等，离麦德龙大型超市也较近
	建筑环境	该片区尚处开发状态，周围房地产项目多，有回龙湾大型居住区、中天湾大型社区及回龙工业园区等

规划配置配套	占地面积	总248亩，一期149亩	总建筑面积	一期115666m²	总户数	一期732户
	容积率	1.16	绿化率	无	公摊	10%
						50%
	规划布局	由58个3+1型住宅单元和28个4+1型住宅单元布局而成，其东、南、西、北均有车行、人行入口。北面海峡路设步行入口，所有人口均给合园林绿化处理。小区内规划以12个带状主题公园为核心形成15个住宅组团，每幢建筑成一个组团，各楼均以从景观带步行入户。户户景观均好、朝向均好。两幢楼之间的间距在1:1以上。充分保证相对楼房间的私密性				
	建筑形态	全部为一梯两户户型式的板式建筑，并采用了退台式设计。即在标准层采用逐级退台，至顶部跃层则为全退台，从而减低楼的视觉宽压力，并通过顶部退部用料及立面的处理，使五、六层的建筑主体外观看上去像三、四层的建筑				
	生活配套	利用中央休利广场两侧住宅底层设立社区商业街，配置各种便民商业设施，如超市、美容美发、书吧、自助银行等。同时区内设有大量的运动设施，如网球场、篮球场、儿童游乐场、室外休闲健身器材等				
	停车位	一期430个室内停车位，采用室内外停车车结合			电梯	无
	会所	会所临南湖路，位于一期中间位置，与小区景观街和水景相连，总3层。平街一层、地下两层与地面平，外设露天游泳池，总面积约3000m²，内设咖啡厅、健身房、室内游泳池等设施，内外泳池以玻璃端相隔				
	智能化	信息网络系统、可视对讲系统、红外监控系统、电视监控系统、煤气报警系统、人员出入和车辆管理系统等				
	宽带网接入和使用情况	尚未确定是否安装宽带网				

户型设计及面积分配	户型格局	一期平层			二期平层	一期跃层		二期跃层
	房型	两室两厅	三室两厅	四室两厅	三室两厅双卫带保姆房	四室三厅卫带保姆房	顶跃	顶跃
	套内面积	76~80	110~130	130	110~124	130~136	155~175	155~173
	比例	5%	20%	55%	44%	33%	5.8%	10%

续表

分类	项目	内容	
户型设计	看江户型比例	无江景房屋	
	临江户型比例	无	
建筑设计	建筑装饰标准	外墙采用全色无辐光劳离砖，配以高级灰涂料喷涂，局部以天然石材及金属格栅或百叶窗穿插。各厅阳台和生活阳台采用夹胶玻璃围栏加木质栏杆扶手；单元入口门厅面为高级地砖，墙裙为高级瓷砖饰面；公共楼梯间为高级地砖，铁扶围栏加高级瓷砖墙裙	
	新材料、技术、设备	使用高档的建筑材料，大量使用了劳离硅面的天然石材（板岩、文化石、砂岩砖等），材木（加拿大香杉、印尼波罗格等）及金属格栅	
	建筑风格	北欧现代风格设计，以简洁、凝练的线条和纯粹的几何面形式，将土色天然石材大量用于外立面上，同时使用酱色、白色劳离砖成色彩丰富的质感对比	
	园林景观	北欧现代园林风格，利用地块原有的地形地貌，创造出山脉、水体、叠水、溪流协调统一，并形成以水为主题的景观；北上直至南贯穿ye心的中央绿化休憩公园和水景喷泉广场。遍布各处。在最中间面近10000m²的"心"的绿化休憩公园和把绿化分解到各个组团，把两两住宅组团到一个组团，面积千余平方米均由组团花园入户，各单元住宅均有一个组团花园入户	
推广分析	推广主题/广告语	住宅组团化，极富人文关怀的××景观并举（1月）；价值与观念共生（1月）；价值与细节构筑的生活激赏（2月）；ENJOY LIFE；众星捧月、激情公开；完美二期即将盛装容景（3月）；绿里、绿外、春意萌动、真的建筑、真的色彩，2005年春天，启程你的××之旅（4月）；生命××之旅（5月）	
	主投媒体	以商报和晨报为主投媒体；晚报次之，少量经济报	
	媒体投放量	三报投放量较均衡，计划年总投放量为300万元，目前仅用150万元，与销售过大半的情况相比。费效比虽然较好。从今年1月以来共投放广告约28次，主要在于其售较好，口碑效果基本形成，少量广告宣传可持续其影响，同时将将新情况及时告之	

分类	项目	内容		
物管	物管公司	×××物管	人性化物管模式：酒店式物管	
	服务内容	清洁、绿化、设备维修与维护、远程安保服务等		
	收费标准	后续开发	1.4元/m²左右	
	推盘量	一期推出280套基本售完，3月8日推出二期216套	一期后面几个组团	
套内均价及销售	均价（元/m²）	一期剩余物业：3200 二期三房：3100 二期四房：3300	最高价：一期剩余物业：4500；二期三房：3200(1F)；二期四房：3700(1F)；跃层：4500	最低价：一期剩余物业：3000；二期三房：2900(3F)；二期四房：3100(3F)
	主力总价	二期三房：35万元左右 二期四房：40万元左右 二期跃层：66~75万元左右	销售率：一期销售率已超过90%，仅剩靠公路的几套；二期于3月8日推出，实现60%的销售，一楼带花园和70~80万元的跃层热销	

畅销户型

户型	三室两厅（底）	跃层	四室三厅（底）
面积（m²）	112~124	155~173	136
价格（元/m²）	3200~3700	4200~4600	

续表

		户型	三室两厅（中间）	四室三厅（中间）	
推广分析	推广和强销预热阶段期投放规律	回顾该楼盘在去年10月房交会推出时的广告宣传，在预热阶段和开盘强销阶段同基本保持了较有力度的媒体宣传，从其第二期的推出看，由于其一期已形成一定的口碑，但仍保持了较有力的口碑。从2月开始为其二期作宣传预热准备，仅3月、4月期间就推出广告18次，其中80%为整版（商、晚部分半版）彩色广告，到5月时虽然广告力度有所控制，但仍然保持以新闻宣传的形式持续影响，强销期广告投放量为30多万元			
客户构成	区域来源	南岸区占50%，渝中区占36%，其他占24%，涪县较少		面积（m²）	110～120	130
				价格（元/m²）	2900	3100
	职业构成	路桥电厂的员工、公务员、银行职员、医生、建筑业的从业者等是其主要购买者	主要年龄段为35～45岁之间的客户	年龄	滞销户型及滞销户
优劣势评价	优势：(1)更人性化的低密度住宅越来越成为购房者推崇，但主城区却因地价的昂贵使得类似的产品极为稀缺。(2)该楼盘自2003年10月推出之时，龙湖西苑、旭日凤凰城等品质较高的产品基本售罄，在普通花园小区和别墅之间存在着巨大的市场空间，购房者几乎没有选择的余地。(3)南岸房地产开发有南移之势、海峡路片区本身市政道路设施较完善，较能符合目标客户的需求和审美情趣。(5)强力整塑随着学府大道的拓宽，四公里立交竣工、公交总站的完工，使该楼盘的未来有好的预期。(4)产品本身有较好的后期。(6)前期定价有较大余地，32万元～33万元即能买到一套不错的三房。性价比让人接受。同风化精英社区的居住文化和居住氛围，使目标客户产生强烈的认同感。该楼盘大门容易令小而零杂、附近的商铺（如翠庭春晓）这差都会对一个高档片区的形成半障碍。 劣势：(1)其所处的海峡桥片区虽然道路较完善，但比较年轻，价格必然上涨。前期所具备的性价比优势会逐渐丧失。(2)其缺乏完善的生活配套，业主生活的便利性大降低。(3)地块儿无可利用的自然景观资源（如山体、水景、地势平坦都少变化等），将有可能临客户分流。仅凭南岸时代明来之时，也成了低密度住宅大规模开发热爱，花园洋房的取消吸引了不少渝中区的购买者，但一旦竞争性的物业出现（如金科人项目，500亩的低密度住宅的开发，将着新的开发商跃跃欲试于低密度住宅的开发，无不让更多的开发商跃跃欲试，意味着新的竞争将更加激烈。 综合评价：从该楼盘的热销中可以看出重庆市民对低密度、花园洋房的极热爱。花园洋房的迅速脱手到二期的持续销售，也从一期的迅速抢收费的取消中受到较大影响。 因此，在2003年大盘时代即来之时，销售速度会受到大影响。					
备注	(1) 置业顾问：×× (2) 产品分析： 1) 纯粹的低密度住宅，建筑业态上全部为多层花园洋房。 2) 每排住宅2～4个单元，两排住宅形成一个组团，形成了每套房屋景观的均好性。 3) 户型设计较为合理，大多数都有客堂风，功能较完善，衣帽间都有考虑。主卫开门的方向基本都避开了床的位置。 4) 强调水景的营造，漫水环绕整个小区。每户户主面都看水景。 5) 用材朴实，石材、劈离砖、中空玻璃、天然原木等运用得当。 6) 兵营式排列，小区的天际线单调。20m左右的间距难以满足高品质高品位对私密性的要求。					

注　对竞争楼盘的调查，应特别注意保证楼盘基本数据资料的准确性。最后还应对竞争楼盘进行综合对比分析。

（四）竞争对手调查[1]

狭义的竞争对手是指以类似价格提供类似产品给相同顾客的其他公司；广义的竞争对手是指制造相同产品或同级产品的所有公司。房地产市场研究中，对竞争对手的调查主要包括：

1. 确定调查内容

（1）专业化程度。专业化程度指竞争对手将其力量集中于某一产品、目标客户群或所服务的区域的程度。

（2）品牌知名度。品牌知名度指竞争对手主要依靠产品知名度而不是价格或其他度量进行竞争的程度。目前，房地产企业已经越来越重视品牌知名度，不仅重视项目的品牌，更重视企业品牌。

（3）推动度或拉动度。推动度或拉动度指竞争对手在销售楼盘时，是寻求直接在最终用户中建立品牌知名度来拉动销售，还是支持分销渠道来推动销售的程度。

（4）开发经营方式。开发经营方式指竞争对手所开发的楼盘是出售、出租还是自行经营，如果出售，是自己销售还是通过代理商销售等。

（5）楼盘质量。楼盘质量指竞争对手所开发楼盘的质量，包括设计、户型、材料、耐用性、安全性能等各项外在质量与内在质量标准。

（6）纵向整合度。纵向整合度指竞争对手采取向前（贴近消费者）或向后（贴近供应商）进行整合所能产生的增值效果的程度。包括企业是否控制了分销渠道，是否能对建筑承包商、材料供应商施加影响，是否有自己的物业管理部门等。

（7）成本状况。成本状况指竞争对手的成本结构是否合理，企业开发的楼盘是否具有成本优势等。

（8）价格策略。价格策略指竞争对手的商品房在市场中的相对价格状况，价格因素与其他变量关系密切，如财务、成本、质量、品牌等，它是一个必须认真对待的战略性变量。

（9）竞争对手历年来的项目开发情况。

（10）竞争对手的土地储备情况以及未来的开发方向及开发动态等。

2. 对比分析

在上述针对竞争对手的调查研究的基础上进行对比分析，评价竞争对手的优势与劣势。

在做优劣势分析时必须从整个价值链的每个环节上，将企业与竞争对手做详细的对比。如产品是否新颖，销售策略如何，以及价格是否具有竞争性等。如果一个企业在某一方面或几个方面的优势正是该行业企业应具备的关键成功要素，那么，该企业的综合竞争优势也许就强一些。需要指出的是，衡量一个企业及其产品是否具有竞争优势，只能站在现有潜在客户的角度上，而不是站在企业的角度上。

企业在维持竞争优势过程中，必须深刻认识自身的资源和能力，采取适当的措施。因为一个企业一旦在某一方面具有了竞争优势，势必会引起竞争对手的注意。一般地说，企业经过一段时期的努力，建立起某种竞争优势，然后就处于维持这种竞争优势的态势，竞争对手开始逐渐做出反应。而后，如果竞争对手直接进攻企业的优势所在，或采取其他更

---

❶　莫宏伟. 房地产全程策划实践教程. 北京：中国电力出版社，2005.

为有力的策略，就会使这种优势受到削弱。

3. 提供依据

为项目所在企业的机构调整及开发战略提供准确依据。

二、项目所在地房地产市场状况分析

通过对项目所在地各区域的房地产市场考察和调查，结合地方政府的经济统计数据及当地人文状况的了解，分析当地房地产市场的现状，对其走势做出一个较为客观的预测；另外通过对市场的深入调查，分析出目标客户的基本构成，并对当地房地产市场的现有客户和潜在客户做出分析与预测。

（一）项目所在区域房地产市场分析

（1）城市房地产市场发展描述。主要通过数据的统计，进而对供应量与需求量、价格走势进行客观、到位的描述。

（2）市场现状剖析。通常通过对比近3～5年的成交量、供应量及成交价格，结合当地居民的居住观念及开发商的开发模式，对当地市场现状进行深层次的剖析。

（3）未来走势预测。在现状剖析的基础上，就与项目相关的某些方面，如郊区住宅发展趋势等，做出预测（约未来3～5年）。

（二）项目所在地板块市场分析

板块市场研究是根据房地产项目分布的现状，对项目所在地进行战略性板块的划分，然后分别对各板块市场进行分析描述，重点是对项目所在板块的市场进行分析研究。分析的内容包括该板块的政府功能定位、市场形成功能定位及开发动态、价格水平等因素的分析。

（1）板块总体规划。主要包括其住宅规划、配套规划、道路规划、绿地规划等。

（2）板块功能定位。是"CLD（中央居住区）"还是"CBD（中央商务区）"等都是要加以区分的。

（3）板块开发动态。对已建、在建和即将开发的项目都要有全面、扼要的认识。

（4）板块物业价格水平分析。这是制定价格策略的基础，因此一定要搜集准确、全面的资料，并进行归类、分析。

下面以南京市某住宅小区项目的板块市场分析为例，介绍本部分的分析。

案例7-1　南京市某住宅小区项目的板块市场分析[1]

（一）项目板块地段划分

本项目地块的地理位置位于南京市白下区，属于城东板块。城东板块是南京人心目中"紫气东来"的风水宝地，是南京市房地产市场的热销板块。该板块位于秦淮河以东，以月牙湖为起点向东辐射，北临风光无限的钟山风景区。该板块的概念较为广阔，对该板块的细分，可定为三类地段。

---

[1]　莫宏伟. 房地产全程策划实践教程. 北京：中国电力出版社，2005.

第一类地段

月牙湖至苜蓿园大街地段，此地段风光怡人，山水城林，交通便利，配套齐全，人气旺盛，以月牙湖花园，梅花山庄为代表的高中档楼盘密集此地段。此地段房地产开发已达饱和状态，但房地产市场需求还有一定空间。

第二类地段

童卫路至龙宫路之间的地段，此地段可供开发用地不多，目前没有已开发建成的楼盘，只有在建中的钟山花园城。此地段拥有的优势明显不如第一类地段，但也拥有北望紫金山，紧挨人气旺盛的第一类地段的优势，在第一类地段山水城林以及人气旺盛的辐射圈内。

第三类地段

在以童卫路向东的地段，此地段内有 2 所高等院校，公路网较齐全，但生活配套设施远比第一、二类地段少。第一、二地段所拥有的自然景观上的优势在此地段不再齐全。

（二）项目地段描述

本案位于第三类地段张家上地区，在此地段较为成熟的楼盘有金龙苑（以销售完毕），还分布有经济适用房、教师住房。在上述楼盘再向东，属于第三类靠后地段。周边配套少，没有已建成的大中型生活配套设施。市场位置不理想，唯一可引入的优点是，此地段高校林立，文化底蕴深厚。

1. 项目板块总体规划

（1）住宅规划。

南京市政府对口山门古城墙以东、绕城公路以西约 60km² 的地区（即是本项目所指的城东板块），将建成以钟山风景区为主体的、兼具教育、科研、居住功能的综合性片区，将形成众多高标准的居民生活区，在南京理工大学的宁杭公路两侧，将形成地区服务中心。

目前，该板块第一类的地段的各房地产住宅结构已形成南京市政府的规划要求。该地段以月牙湖及古城墙为主体，紫金山北麓为辅，开发出一整片相连的，又各有特色的中高档住宅小区，是城东板块的一大热点地段。

（2）配套规划。

城东板块总体的配套设施比较齐全，同时在此基础上该板块将与开发同步增建中小学设施和医疗设施，增加一批康复性医院，将建一座高位水池，进一步保障地势较高的该地区供水，22 万伏的钟山变电所的建成，将大大改善供电状况，管道煤气逐步在区内普及。而本项目所在的第三类地段，尤其是第三类靠后的张家下区，配套奇缺，并没有现成的配套。

（3）道路规划。

城东板块的道路规划成熟，道路网发达，一、二、三类地段的道路规划都较合理和成熟，尤以第一类地段为例，一纵（苜蓿园大街）一横（后标营路）构成月牙湖区极佳的交通构架。而本项目所在地段道路规划现状也较为发达，西毗胜利村路，南靠光华路，东毗绕城公路，而且规划中的纬六路，将项目地块与苜蓿园大街横向贯通。上述已有的和规划中的道路，将整个城东板块连成一气，尤其将本项目地块与一、二类地段连成一片，构成了城东发达齐全的道路网。

（4）绿地规划。

"紫气东来"、"绿肺"等皆是形容城东板块的一个房地产开发的最大优势，而城东的绿地主要集中在第一、二类地段，月牙湖风景区，钟山风景区是城东的两个大的"绿点"，也是一类地段楼盘成功的重要因素之一，而三类地段只能靠上述两大"绿点"的良性影响。基本上没有现成的绿化景观可言，就只能靠把项目小区内部的绿化景观做好，以使得项目融入城东板块的整体风景氛围。

小结：

综上所述，对本项目而言，总体规划上来说是困难与机遇并存，困难具体为以下几点：

（1）项目周边配套设施太少。

(2) 第三类地段已有楼盘住宅结构对项目价格定位与人气聚集存在一定程度之负面影响。

(3) 道路规划上，给本项目带来较严重的噪声污染。

(4) 本项目附近并没有可供项目作为卖点的景观点。

(5) 项目地块的第三类地段，缺乏一个综合素质较高的小区，这给本项目的发展带来了一定的发展空间。

2. 板块功能定位

城东板块的总体功能定位以该板块的自然景点为依据，发展成为侧重高标准居住功能的居民住宅生活区。第一类地段的楼盘，经过近年来的发展，已将城东板块的房地产市场推上了一个高潮，使城东板块成为房地产市场的一个热点。

本项目地块位于第三类地段，纵观此地段，本项目周围楼盘功能定位具有多样性，经济适用房、商品房在此地段分布。第一、三类地段是楼盘的功能定位，是城东板块功能定位的主要体现，而第三类地段已经偏离了城东板块总的功能定位方向。

对本项目而言，要建成一个高标准、高素质的居民住宅生活区，是本项目的功能定位取得成功的指导方向。本项目将在第三类地段扮演一个领导者的角色，重新把第三类地段引入城东板块的高标准居住区的功能上来，使得本项目与本地段的双赢，达到以本项目的开发，带旺第三类地段人气；相应地，第三类地段的升值也反过来进一步刺激本项目的发展。

3. 板块开发动态

城东板块近年已成为南京市面上房地产市场的一片热土，优美宜人的自然风光和生态环境，使得城东成为南京市民置业的首选。另外，南京市政府为刺激房地产市场的发展，出台了很多政策来刺激市场。

城东板块近年来推出的楼盘如下：

第一类地段：月牙湖花园、梅花山庄、美林苑、大邦紫云阁、海月花园、明湖山庄、富丽山庄、紫金城小区。

第二类地段：钟山花园城（在建）。

第三类地段：华盛园、金龙苑、四方新村、康居里。

4. 板块物业价格水平分析

城东板块房地产物业以住宅为主，价格段的划分是明显以地段来划分的，总体上可划分为两个价格区，以第一、二类地段为一线价格区，以第三类地段为第二线价格区，见表7-2。

表7-2　　　　　　　　　　板块物业价格水平分析

价 格 段	楼 盘	均价（元/m²）
一线 A 类	月牙湖花园	5500
	梅花山庄·湖畔之星	6980
一线 B 类	美林苑	3000
	大邦紫云阁	3960
	明湖山庄	4430

由表7-2可见一线 A 类价格段在 5500～7000 元/m²，一线 B 类价格段在 3000～4500 元/m²。一线 A 类在城东板块是最高之价格段，在南京市房地产市场来说，亦属于高价位，支持其高价位有环境和综合素质两个因素。一线 B 类和一线 A 类同属于第一类地段，而其价位与一线 A 类有了脱节，其主要原因：①一线 B 类楼盘没有直接得益于环境因素，只是受环境因素的良性辐射。②其素质比较一线 A 类在各方面还有一定距离。

商品段与经济适用房型段价格对比见表7-3。

表 7-3　　　　　　　　　　　　商品段与经济适用房型段价格对比

价格段	楼　盘	均价（元 /m²）
商品段	华盛园	2400
	金龙苑	2600
经济适用房型段	四方新村	2300
	康居里	2300

此地段的价位相对于一线偏低，最主要的因素是缺乏外部的自然环境作为支持其高价位的背景。

（三）板块（已建、在建）项目的分析

1. 已建项目分析

板块已建项目可划分为三级：

第一级楼盘属于城东第一线的高档楼盘（月牙湖山庄、梅花山庄），该类楼盘均以自然风景作为出发点，在此优势上，再营造自己的小区特色，把小区的综合素质、规划环境搞上去，力创自己的品牌，使自身成为南京市房地产市场的精品楼盘。

第二级楼盘属于城东板块第二线的中档楼盘，并没有直接享受该地段山水城林自然景观的优势，但也间接获得了良性的辐射影响。在该地段，明湖山庄、海月花园、紫金城小区、富丽山庄等楼盘目前已经全部售罄。除了明湖山庄是能直接得益于月牙湖景观外，其余都是此地段风景买点的直接受益者。

第三级楼盘属于第三线的中低档楼盘，地理位置已脱离了该板块，风景卖点的辐射影响已完全消失，且周边配套远较一、二线楼盘少，属于此类的楼盘有华盛园、金龙苑、康居里及四方新村（经济适用房型）。

第三线楼盘均价比一、二线要低，且目前已基本上售罄，此综合素质只能勉强打到二线中档楼盘程度，但其销售成绩直逼一线楼盘，究其原因，是城东板块对买家巨大的吸引力所致，并且主要是这种吸引力的惯性表现。这再一次证明三线楼盘在整个城东板块的对买家吸引力的惯性作用下，能找到其市场存在的价值。

2. 在建项目分析

此板块在建项目不多，第一类地段的梅花山庄·湖畔之星、美林苑、金园均在卖期房，第二类地段有预计今年初破土动工的钟山花园城。

梅花山庄·湖畔之星共 5 栋 500 多套大面积大户型单位；美林园位于第一类地，占地 5 万 m²，标榜的主题是与自然融合的家园的山林楼盘；鑫园地处城中 20 万 m² 的多层小高层大型社区，由于地段优势是本案的最大竞争对手之一；钟山花园城于今年初动工，预计今年十月开盘，对外号称占地 600 亩，是城东板块目前占地面积最大的楼盘，该盘的发展将也是本项目最大的竞争对手之一，其动态非常值得我们去关注。

（三）可类比项目调查分析

1. 确定可类比项目并作深入的调查与分析

以事先制订出的表格为主要形式，由项目小组派出专门人员负责对已确定的可类比项目进行调查，以获取基本情况及重要情报，然后再由项目小组进行分析整理以及对各个可类比项目作出针对性地评价。

2. 对可类比项目进行全面分析

对可类比项目自身特色、各类硬件指标及软件指标（包括售价、户型、配套、小区环境、项目推广卖点、广告投放等）、销售业绩（包括畅销户型的统计、主力户型的统计）等进行罗列、分析。举例说明见表 7-4。

表 7-4   对可类比项目进行全面分析举例

项目名称	项目特点	主力户型面积	售　　价	目标市场	分　　析
××郡	为占地千亩的大盘，紧邻 300 亩的森林公园	120～180m² 的错层和跃层为主	3600～5200 元/m²	都市新贵和政府官员	该盘优越的自然条件和配套，加上开发商的品牌，销售前景看好
××古城	打文化牌的典型楼盘，楼盘主题鲜明、创新、产品到位	中国传统的院落式建筑，主力户型为 80～120m²	均价：4000 元/m²	以 40～60 岁、有一定文化层次的中老年人为主，购买目的分为居住、养老、投资三种情况，其中以居住、养老居多	属于全新概念的项目，目标客户定位准确，并有品牌信心保证，目前销售理想
××花园	占地 2500 亩，是区域内档次最高、规模最大的项目，将景观融入地形，提出"平原都市的坡地生活"理念	主力户型为 100～130m²	起价：4500 元/m²；最高价：5500 元/m²	都市成功人士、城市较高收入群体，二次置业者	产品呈多样化开发，可以满足不同消费群体的需求，整个楼盘的包装手法和理念比较超前
××庭	占地 1400 亩，交通比较方便	80～97m²，120～140m²	均价：3800 元/m²	呈多样化，城市中等收入群体	规模较大，物业管理专业程度较高
××名城	交通比较方便，开发商实力雄厚，开发经验丰富	90～110m²	均价：3950 元/m²	呈多样化，城市中高等收入群体	户型设计合理，面积适中，可以满足大多数中高收入群体的需求
结论	从以上分析来看，项目规模都比较大，面积普遍偏大，均价都在 3800 元/m² 以上，价格偏高，在目标客户的定位上大多项目都瞄准了中高端消费群体，由于项目所处地段交通比较方便，因此给中低档物业预留了大部分空间				
…	…	…	…	…	…

（四）项目的 SWOT 分析及总体策划思路拟定

1. 项目的 SWOT 分析

SWOT 分析法又称为态势分析法，是由旧金山大学的管理学教授于 20 世纪 80 年代初提出来的，SWOT 四个英文字母分别代表：优势（Strength）、劣势（Weakness）、机会（Opportunity）、威胁（Threat）。所谓 SWOT 分析，就是将与研究对象密切相关的各种主要内部优势、劣势、机会和威胁等，通过调查列举出来，并依照矩阵形式排列，然后用系统分析的思想，把各种因素相互匹配起来加以分析，从中得出一系列相应的结论，而结论通常带有一定的决策性。

运用这种方法，可以对研究对象所处的情景进行全面、系统、准确的研究，从而根据研究结果制定相应的发展战略、计划以及对策等。SWOT 分析法常常被用于制定集团发展战略和分析竞争对手情况，在战略分析中，它是最常用的方法之一。

此阶段的 SWOT 分析可从项目所处区位、时机、政策及经济环境、项目自身条件和外部可利用资源等方面对项目进行优势、劣势、机会和威胁分析。

下面用案例 7-2 来说明项目的 SWOT 分析。

案例 7-2　深圳市××项目 SWOT 分析

（一）项目优势分析

（1）景观优势。项目位于宝安新中心区北面，远眺深圳"外滩"，在现阶段有良好的海景资源，但按中心区的规划，项目南面还将规划三到四个住宅项目，届时，项目的景观优势将有所减弱。

（2）户型方正实用。从项目的户型平面图得知，项目的所有户型设计均方正实用，室内面积浪费较少。

（3）高层住宅。在翻身路片区内的住宅一般均为多层和小高层住宅，作为高层住宅，本项目半数以上的住户可以"跳出"周边密集的楼房的"围剿"，拥有更开阔的视野。

（4）开发商的开发理念。宝安房地产一贯以来给人们的印象是走独立开发、销售的路线，这使其所开发的房地产项目在产品规划、定位、营销推广和物业管理等方面均有较大的局限；而开发商在本项目开始之前就邀请多个代理商对项目的开发提供建议，有利于项目的开发与销售。

（二）项目劣势分析

（1）片区形象较差。项目所在片区建筑密度大，私人平房、工厂和极少进行墙体维护的住宅小区"混合"在一起，加之大部分居住者的素质较低，街道卫生情况较差，使片区形象受到极大影响，也影响了片区内的项目形象。

（2）噪声和灰尘影响。项目紧邻新城大道，虽然有一定的绿化阻隔，但往来车辆的噪声和灰尘对项目的影响并没有减弱，而在中心区开发之时，该路段更会经常有大型运泥车行走，届时对项目的影响则更大；另外，现时项目北侧的公交车站在搬走之前也会对项目造成一定影响。

（三）项目机会分析

（1）深圳市关内土地储备日益减少，开发商已经开始把房地产开发目光转移到关外，特别是配套较为成熟的宝安区，这也将使不少中低收入客户将置业目光转向宝安区，因此，宝安房地产开发将成为深圳房地产市场的新热点。

（2）从 2001 年"红树湾"土地拍卖可知，无论是开发商还是置业者均对滨海片区的房地产项目表示十分关注，而作为深圳"外滩"的宝安中心区的开发也必将在未来的发展中成为深圳房地产开发的一个关注点。

（3）中心区开发即将启动，虽然其速度仍显缓慢，但其前景无疑能够给予众多客户美好的联想。

（四）项目威胁分析

（1）来自宝安区其他片区的威胁。进入 21 世纪，宝安区房地产开发进入了竞争激烈的时期，各片区之间的房地产市场竞争已经初步形成，如新安城区（宝安县城），西乡大道南北两个片区（以 107 国道为界）及本片区等，在这种环境当中，本片区所受到的关注度却十分低，片区内大部分项目的销售均逊于上述两个片区的同类型项目，使项目的销售形势不容乐观。

> （2）来自未来新（将）开发竞争项目的威胁。根据宝安区现时房地产开发情况及趋势，预计在项目销售的同时，宝安各片区将有不少项目也处于强势销售阶段或有新的同类项目推出，如片区内的理想居、西乡政府旁的泰华明珠、灵芝公园旁的未知项目、心中区内的鸿荣源项目等，这将对项目的销售构成较大的竞争威胁。

2. 项目的总体策划思路拟定

（1）战略部署。制定项目的战略目标及划分实施步骤。

（2）软件平台的构筑。搭建项目战略目标所需的软件平台——"营销大环境"的构筑，应从项目的规划阶段就开始着手。

（3）硬件功能的配置。包括项目自身应实现的功能定位及项目结合周边配套等所应实现的功能定位。

三、项目定位❶

（一）项目定位程序

进行项目定位时，首先要确定产品定位、客户定位、接着是功能定位、形象定位，然后是价格定位、开发商定位，最后是主题定位。

（1）在市场调查、信息分析的基础上，进行产品定位与客户定位。

（2）在用地性质与产品定位的基础上，归结产品规划功能，进行功能定位。

（3）在产品定位与客户定位的基础上，提炼物业形象，进行形象定位。

（4）在产品定位与客户定位的基础上，结合市场调查数据，进行价格定位。

（5）在产品定位、客户定位、功能定位、形象定位、价格定位、开发商定位的基础上，选择最佳差异性主题，进行主题定位。

（二）产品定位

产品定位实质上就是建筑产品研发。（该部分内容详见本篇第六章房地产产品研发）

1. 产品定位内容

（1）产品结构。产品结构在产品定位中包含两层意思：一是从建筑结构分类来表述；二是从产品设计规范的高度分类来表述。

1）建筑结构分类。以组成建筑结构的结构形式来划分，分为：墙体结构、框架结构、深梁结构、简体结构、拱结构、网架结构、空间薄壁（包括折板）结构、悬索结构、舱体结构等。

2）设计规范的高度分类。

a. 住宅建筑按照层数划分为：1～3层为低层；4～6层为多层；7～9层为中高层；10层以上为高层。

---

❶ 莫宏伟. 房地产全程策划实战教程. 北京：中国电力出版社，2005：115-121.

b. 公共建筑及综合性建筑总高度超过 24m 者为高层（不包括高度超过 24m 的单层主体建筑）。

c. 建筑高度超过 100m 时，不论住宅还是公共建筑都属于超高层。

d. 国际上通行划分。

第一类：层数 8～16 层，房屋高度在 25～50m 之间，通常称为小高层建筑；

第二类：层数 17～25 层，高度在 50～75m，称为中高层建筑；

第三类：层数 26～40 层，最高达 75～100m，称为高层建筑；

第四类：层数在 40 层以上，高度超过 100m，称为超高层建筑。

（2）产品布局。产品布局是指总体平面规划设计的空间布局。一般有围合、半围合、行列等几种空间布局。也可以认为是功能分区或组团规划。

（3）建筑风格。建筑风格必须高度结合主题定位来综合表现，必须与形象定位相辅相成。建筑定位内容一般包括总体风格、外立面色彩、组团规划设计、个别单体风格、不同结构产品的外立面设计、局部细部设计、无障碍设计等。在策划方案上，此处可用同类风格图片结合表述。

（4）户型定位。住宅户型定位必须考虑空间概念。空间决定生活的品质，同时也界定出业主的身份和性格。户型定位的空间概念主要有：柔性空间、灰空间、无障碍空间、私密空间、趋光空间、对流空间、立体空间等。住宅户型定位内容主要包括户型结构，套数、面积比例，主力户型设计，户型内部结构面积设计等 4 个方面。

1）户型结构。户型结构是指户型的平面设计结构，以主要空间设计总量数为标志衡量。如几房几厅平（跃）层、几房几厅复式、公寓、别墅、花园洋房等。

2）套数、面积比例。包括以下几种：

a. 户型比例配置，如两室一厅、两室两厅、三室两厅等户型各自所占的比例。

b. 户型面积比例，如 80m² 以下、90～120m² 等户型各占几个百分点，需进行精确配比。以两种户型为主力户型时，两者加起来的比例必须占总户数套数的 60% 以上。

3）主力户型设计。要对各种户型设计如平层、错层、跃层、复式及功能分区等提出建议。主力户型可以是一种户型，也可以是两种或两种以上户型作为主打产品推出。

案例 7-3　广州××项目户型定位主力户型设计

本项目主力户型（两房两厅）建议采用三款户型设计，以满足置业者不同的需求。其中"三个卫生间、双阳台"的设计属本市首例，最大程度满足置业者对居住私密空间与便利的需求。主力户型表见表 7-5。

表 7-5　　　　　　　　　　　主 力 户 型 表

主力户型	客　　厅	主　　卧	次　　卧	饭　　厅	卫生间	阳　　台
两房两厅	1	1	1	1	3	2
两房两厅	1	1	1	1	2	1
两房两厅	1	1	1	1	1	1

4）户型内部结构面积设计。户型内部结构面积是指各种户型（一般指主力户型）内部各个空间面积划分及所占房屋总面积的比例关系。

（5）环境设计定位。环境设计包括：绿化面积的确定、景观的主题提炼、景观的特色营造。一般由园林设计公司完成。成功的环境设计对房地产项目价值起着不可估量的提升作用。环境设计包括总体环境设计、公共广场概念设计、各景区（组团）概念设计、建筑小品概念设计、绿化植物、灯光设计与背景音乐设计等。总体设计理念必须符合产品主题定位于项目实际情况。建筑小品是节点式景观，既实用，又有趣味性。绿化植物是环境设计的软质景观体现，有的项目甚至把绿化物种作为营销卖点之一，如位于重庆北城天街的龙湖枫香庭小区，如图 7-1 所示。

图 7-1　龙湖枫香庭小区

（6）交通组织定位。交通组织定位包括组织原则、动态与静态的交通设计等。交通设计包括小区内交通道路设计和小区连接外部道路设计，无论是商业还是住宅项目，交通组织一般都要遵循人车分流的原则，确保交通的有序和人身的安全。同时为了确保节省交通时间，进行科学合理的设计，设计还要体现人性化原则，要无障碍，保障弱势群体的正常通行。动态交通设计是指人、车运动状态的交通设计，涉及出入口、方向知识、运行网络等。静态交通涉及主要停车场、车行道、人行道、消防通道、电梯口等设施设计，涉及位置、面积、数量、类型、扩容性等。

（7）智能化系统设计建议。坚持"适度先进""控制成本"及"特色营造"三个原则，提出智能化系统设计建议。

（8）物业管理定位。物业管理定位的内容一般包括物业管理理念与社区文化提示、服务级别、开发商物业管理方式、物业目标、收费标准价格等。根据项目主题定位，制定相关的物业管理与经营理念，并对社区文化提示。结合项目物业服务需求的不同情况，设定服务级别（一级、二级、三级）。服务等级内容包括基本要求，房屋管理，公用设施、设备维护保养，公共秩序维护，保洁服务，绿化养护管理等六个方面的服务标准。物业管理方式可划分为自营、自营＋顾问、全委托管理三种。

案例 7-4　深圳××项目产品定位（部分）

（一）总体规划布局

具有特色的半围合式封闭小区。

（二）建筑立面建议

建筑外立面采用白色为主，其他如蓝色等为辅的具有特色同时与周边楼盘形式分开的形式。

（三）景观

绿竹在中国古代是文人的最爱，它有崇高的气节，挺拔的外形，有较好的视线阻挡作用和空间营造功能，与本项目的中式景观园林和文化氛围相吻合，同时绿竹能在项目周边有限的空间里，营造出竹海的感觉，如图 7-2 所示。

图 7-2　景观

（1）紧扣本项目的定位及目标客户群的需求。

（2）结合主城区受宠户型和热销户型情况。

（3）结合地块形状和市场定位。

（4）最大化建立竞争优势，避免劣势，以降低专业风险。

针对本项目的规模和地段特性，建议以一房和两房为主力户型，具体建议见表 7-6。

表 7-6　　　　　　　　　　户型面积配比表

户　　型	建筑面积（m²）	户型比例（%）	销 售 对 象
单房单位	20～25	约 15	单身一族自住，投资客户
一房一厅一厨一卫一阳台	32～35	约 35	
两房两厅一厨一卫一阳台	48～53	约 40	过渡性户型，适合年轻家庭
三房两厅一厨一卫一阳台	68～72	约 10	满足三口家庭的需要

　　建议在上述户型配比基础上可以增加部分（一到两层）三房错层单位，面积范围在110m² 以内，且设置在楼体顶部。

　　定位资料借鉴图 7-3。

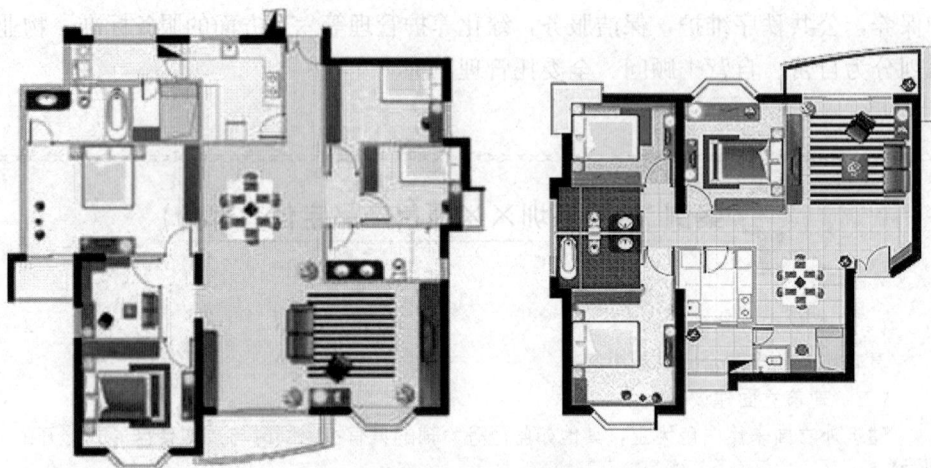

图 7-3　户型设计示意图

2. 产品定位的原则与要求

（1）原则。

1）继承与创新相结合。在策划方法上要坚持继承与创新相结合的方式，不能只有创新，还要合理地进行继承。

2）传统与现代相结合。

3）考虑整体，兼顾细节。

4）市场需求与企业效益相结合。

（2）基本要求。

1）要考虑地形限制。

2）要符合规划的要求。

3）要适应市场的需求。

4）要实现价值的最大化。

5）要体现项目的可持续发展。

6）要使项目具有核心的竞争优势。

（三）客户定位

目标客户定位的内容。房地产项目目标客户定位就是要解决以下问题：

（1）哪些人是买家（who）（包括隐性、显性两类）？即进行目标客户群的识别，找出目标客户群。

（2）买家要买什么样的房（what）？即通过市场调查，了解目标客户的消费心理特征。

（3）买家为什么要买这些房子（why）？

（4）谁参与了买家的购买行动？这一点也会影响目标客户群的购买意向和决策。

（5）买家以什么样的方式买房（how）？

（6）买家什么时候买房（when）？

（7）买家在哪里买房（where）？

要想解决好（3）～（7）这 5 个问题，就要了解目标客户群的消费诱因及抗性，影响目标客户群消费的诱因非常多，主要有：项目所在地与城市中心、商业聚集地、工作单位的距离；交通条件；社区的成熟度；周边环境及配套设施成熟度；产品品质；企业品牌；物业管理水平；产品价格等。

在研究了上述问题后，要为买家描一幅"素描"，要对买家的文化特征、社会特征、个人特征和心理特征进行最全面、最准确地描绘。

案例 7-5　深圳××楼盘的客户定位与分析

经过对市场的分析、相关项目的客户分析、潜在客户的专项调查，在项目市场定位的统领下，认为本项目的客户群是这样的：

（1）企业高层管理人士。

（2）私营企业的老板。

（3）机关高层干部、律师等。

（4）投资者。

（5）重新置业者。

（6）部分蓝领阶层。

（7）项目周边置业者。

这类人士一般有充足的存款，月收入稳定或年收入较高，比较精明，善于比较，为理性购买者。置业的主要出发点为提升生活质量、投资增值赢利，对产品综合质量有非常高的要求，当然，他们对下一代非常关注，希望他们受到非常好的教育与良好环境的熏陶。

（四）项目功能定位

1. 功能定位的概念

进行项目功能定位，必须要了解项目功能的含义，要了解项目功能的含义，首先要了解产品的组成。产品由内到外依次由三个层次组成：核心层、形式层、附加层。核心层是指产品能给购买者带来的基本利益和效用，即产品的使用价值，是构成产品最本质的核心部分；形式层是指消费者需要的产品实体外观，是核心产品的表现形式，向市场提供识别实体的面貌特征，如房地产产品质量标准、样式、名称、价格等；附加层是指消费者购买产品时所能得到的附加服务与附加利益总和。如物业管理服务等。功能定位就是对产品核心层的纲领性总结。

2. 功能定位方法

在用地性质与产品定位的基础上，根据规划功能，进行归纳总结。

案例 7-6　重庆市南滨路××项目功能定位

用地性质：商业、住宅混合用地。

产品定位规划功能：一层规划为商业店铺，二层规划为餐饮区，三层规划为休闲娱乐区，四层以上规划住宅。商业部分全部按照中高档标准装修。

功能定位诉求为：集商贸、餐饮、休闲居住为一体的中高档商住社区。

（五）项目形象定位

1. 形象定位方法

形象定位是在产品定位与客户定位的基础上，通过头脑风暴法，提炼物业形象。头脑风暴法（Brain Storm），又称为治理激励法、BS法，是由美国创造学家 A F 奥斯本于 1939 年首次提出，于 1953 年正式发表的一种激发创造性思维的方法。头脑风暴法通过会议的形式，让所有参加者在自由愉快、畅所欲言的气氛中，自由交换想法或点子，以此激发与会者的创意及灵感，确定项目在产品市场与目标客户市场中的差异性价值地位。

2. 形象定位内容

形象定位内容主要包括对产品与客户的诉求。在对产品与客户的卖点罗列之后，要提炼出符合产品与客户特征的诉求，易于物业特点的传播，引起目标消费者的共鸣。形象定位诉求语一般应用于项目标志（LOGO）设计中及其他宣传渠道，有时也就是楼盘广告推广主题。形象定位内容诉求至少符合三个原则：

（1）语素简洁、语法灵活。宜用修辞手法，如对比、押韵、比喻、谐音等。

（2）感性诉求，给消费者一种整体的、外在的价值形象展示。

（3）和客户与产品的特征相吻合。

案例 7-7　深圳××项目形象定位分析

某项目位于深圳某区域偏大户型住宅，部分户型设计面积较大，其中 85～115m² 的户型占整个项目总户数的 86.5%，尤以 6 号楼一梯一户甚为适合较大的家庭共同居住，4 号楼及 5 号楼一梯二户设计亦较适合亲友二人共同购买一层，针对小家庭的小三房户型及二房户型均拥有较大的阳台或入户花园。

　　产品结构为：多层住宅、高层住宅、花园洋房。

　　目标客户群：附近居民、本地大型公司的白领、个体户老板（突出 6 号楼的尊贵性及建立一套独立的保安系统）、二次置业的大家庭、首次置业三口之家。

　　形象定位诉求：健康生活·首席南亚园林社区。

　　在形象定位上，建议项目以浅灰色为主，建议户型结构为外圆内方，意为：外表圆滑，内在刚强、讲原则、有个性，体现刚柔并济的风格。

　　在当时，由于"非典"的影响，人们对健康的追求和渴望非常迫切，该形象定位正好迎合了消费者的心理。

（六）价格定位

1. 定价方法

　　影响房地产价格的因素很多，但在价格定位时主要考虑产品的成本、利润期望、市场需求和竞争情况。价格定位的方法主要有：市场比较法、成本定价法、未来收益定价法、竞争定价法等。

　　（1）市场比较法。市场比较法是根据同类物业市场价格，结合物业综合因素，通过综合比较物业价值的定价方法。

　　（2）成本定价法。成本定价法主要有成本加成定价法、目标成本定价法。成本定价法是以产品的总成本为中心来制定价格。

　　1）成本加成定价法。成本加成定价法是以成本为基础，加上预期的利润来确定产品的售价。包括完全成本加成定价法和变动成本加成法。

　　完全成本加成定价法：

$$价格＝完全成本＋利润＋税金$$

完全成本是指商品房的建设安装成本与销售费用之和。按此方法得出的价格仅是总体均价，还必须进行物业因素调整与策略调整。

　　变动成本定价法：

$$售价＝平均变动成本＋按平均成本的一定比例计算出的利润＋应缴纳税金$$

按此方法得出的价格也是总体均价，也必须进行物业因素调整与策略调整。

　　2）目标成本定价法。目标成本定价法是以期望达到的成本目标为依据来制定商品房价格的方法。其公式为

$$价格＝目标成本＋目标利润＋税金$$

按此方法得出的价格也是总体均价，也必须进行物业因素调整与策略调整。目标成本不同于实际成本，计算公式为

$$目标成本＝价格×（1－税率)/(1－目标利润率）$$

按此方法得出的价格也是总体均价，也必须进行物业因素调整与策略调整。

　　（3）未来收益定价法。未来收益定价法是以投资性物业的未来年租金（或年总收益）乘以一定的收益倍数，由此得出房地产价值的方法。

（4）竞争定价法。竞争定价法是根据竞争项目的价格为衡量标准，来制定项目价格的方法。

2. 价格定位程序

价格定位的程序是先进行市场调查，然后根据市场调查数据进行市场分析和预测，同时分析竞争对手的情况，对本项目进行成本预测，再科学地确定项目的总体均价、最低价、最高价、各期（栋）价格。还要确定楼层差价（垂直差价）和水平差价（指同一层楼不同户型的差价），形成销售价目表，最后根据影响价格的主要因素及权重进行价格策略调整，这些因素一般包括地段、物业管理、质量工期、周边环境和配套、小区环境等。

案例 7-8 重庆市××项目价格定位

（一）价格的组成

（1）土地成本。该地块熟地的转让价格为 15 万元/亩，均摊到每平方米建筑面积约 140 元。

（2）前期费用。按照当地市场行情，结合可比项目，本项目前期费用约 80 元/m²。

（3）建安费用。按照当地市场价格，参照本项目可比项目建筑安装费用，本项目建安费用约 500 元/m²。

（4）景观工程费用。根据当地市场条件，景观初步按照 100 元/m² 进行估算。

（5）各种税费、规费。根据同类可比项目估算为 100 元/m²。

（6）财务费用及管理费。初步估算为 100 元/m²。

（7）其他成本（含不可预见费用）。100 元/m²。

（8）利润。初步按照成本的 15% 考虑，即

$$1120 \times 15\% = 168 \text{（元/m²）}$$

（9）项目价格。以上各项费用相加为 1288 元/m²。

（二）价格确定方法

（1）成本法。同上面计算所示。

（2）需求定价法。根据当地房地产发展及供求现状，该项目的品质如果能够达到预期效果的话，项目上市时的价格可以调高到 1450～1550 元/m²。

（3）竞争价格。根据竞争性项目的状况进行适当的调整，但根据目前的情况，这种调整将不会很大，估计调整幅度在 50 元/m² 以内。

（三）价格确定原则

一户一价。在各户价差中主要考虑到的因素有：

（1）楼层价差。根据当地消费习惯，三层最受人喜欢，因此在楼层上，三层的价格在均价上调增 150 元/m²，二层价格比均价高 30 元/m²，四层的价格比均价高 20 元/m²，一层的价格比均价低 80 元/m²，五层的价格比均价低 100 元/m²。

（2）位置价差。根据相对位置的差异进行确定。

单元价差。每栋最靠近中厅的单元价格进行上浮 50 元/m²，最外侧的单元价格下浮 30 元/m²。

各栋之间价差。最南边的一栋下浮 30 元/m²，最北边的一栋下浮 30 元/m²，最中间的上浮 50 元/m²，其余各栋依次平行调整。

（3）价格的修正。目前所定价格可以根据市场条件的变化进行适当的调整。

（七）开发商定位

开发商定位即开发商通过项目运作后，在行业中达到怎样的价值地位。进行开发商定位的方法是企业地位分类法。在一个特定的行业中，企业的价值地位可以不同的指标来表示。例如用相对市场占有率和企业的实力等表示。目前流行的财富排行榜就属于这种量化指标。开发商定位一般采取美国著名市场营销专家菲利普·科特勒的企业地位分类法，即市场领先者、市场挑战者、市场追随者、市场补缺者。模拟市场结构见表7-7。

表 7-7　　　　　　　　　　　　　模 拟 市 场 结 构

市场角色	市场领先者	市场挑战者	市场追随者	市场补缺者
所占市场份额（%）	40	30	25	5

案例 7-9　河北××项目开发商定位分析

本项目总建筑面积约 25 万 ㎡，预计 3 年内开发销售完毕。预计其占本地区市场份额的 25%，进入全市销售额的第三名。通过本项目的运作，企业在 2007 年至少达到以下两个指标：

（1）本企业争取当本区域市场领先者，在开发规模、资金实力、人力资源等方面争当区域领先者。

（2）争取塑造本区域的第一个省级房地产企业品牌，扩大企业知名度和声誉。

（八）项目主题定位及核心价值体系确立

1. 主题定位

要在产品定位、客户定位、功能定位、形象定位、价格定位、开发商定位的基础上，选择最佳差异性主题，进行主题定位。项目开发主题定位主要是为项目建立领先的、策略型的市场主题概念体系。该体系不仅是一个主题概念的提出，还要紧扣项目与当地房地产市场的发展趋势与机会点，立足于该项目资源优势与开发商自身优势之上，充分挖掘、兑现项目的最大价值、包容项目的核心优势与一系列卖点，保证这些卖点能够为项目及开发公司积累领先的市场声望，保证大型项目的持续旺销热度，并为战略扩张埋下伏笔，并且能够与项目的建设和分期开发节奏及开发商的开发推广相匹配，实现脉动状的市场推动功能。提炼推广主题的来源主要有五个方面：

（1）在产品定位、功能定位中提炼物业主题。

（2）在客户定位中提炼市场主题。

（3）在形象定位中提炼广告主题。

（4）在价格定位中提炼价值主题。

（5）在开发商定位中提炼信誉主题。

因此，主题定位诉求语可能是上述定位中的任一诉求语。但与竞争项目比，必须具有差异性。主题定位诉求语也一般应用于项目标志（Logo）设计及其他宣传渠道。

主题定位的结果是要总结出主广告语，即总推广主题（广告传播主题）。总推广主题就是卖点分析、提炼出的一句话。总推广主题一般由一系列的阶段广告语组成。

案例 7-10　深圳××小区主题定位

通过严谨的市场研究分析，同时鉴于"非典"事件唤醒广大市民对居家健康文化的意识。故此建议本项目主题定位为

主　题：健康、家庭、亲情三个元素

副主题：配以首席南亚风情户区

主题定位分析：

1. 健康

(1) 户型设计的采光、通风阳光花房及特大阳台的三大设计优点。

(2) 会所室内运动设施完善。

(3) 园林户外运动设施配套。

(4) 户外园林泳池。

(5) 环保建材及人车分流的安全规划。

2. 家庭

(1) 部分户型设计面积较大，尤以 6 号楼一梯一户甚为适合较大的家庭共同居住。

(2) 4 号楼及 5 号楼一梯二户设计亦较适合亲友二人共同购买一层。

(3) 针对小家庭的小三房户型及二房户型均拥有较大的阳台或入户花园。

3. 亲情

本项目的设计均体现出亲情元素。

在会所功能配套上及优惠政策上强烈营造"惠州新一代人性化家居"，提出购房是为下一代创造未来。

---

2. 核心价值体系确立

认识与分析项目核心价值体系，对后期营销推广的主体侧重点选择起到指导作用。要从市场时机、自身条件及区域价值等方面入手，挖掘项目先天的最大价值，并且赋予其适当且最大化的后天价值。房地产核心价值体系一般由地产、房产、文化三大价值构成。

（1）地产价值。体现地块的地理位置价值。项目地段位置决定地块升值空间。从营销角度看，地产价值可通过策略性手段，炒作地段商务、商业或居住价值，最重要的是要在购房者心理图像中实现四阶段（存在区、认知区、优势区、忠诚区）跨越，得到政府部门、媒介、竞争对手和消费者一致认可之后，地产价值自然水到渠成。

（2）房产价值。体现建筑、户型、园林、社区配套等方面的物理性品质。过硬的项目质量是品牌价值存在的基础和前提，无论是万科、万达、龙湖还是中海外都把项目质量作为营造价值的第一要素。房产价值可以通过强强联合的方式得以提升，力求实现房产价值

最大化。

（3）文化价值。体现消费者精神上的感性享受和价值体验。文化价值目前成为地产项目重点挖掘的内容，文化价值可以给目标客户精神上的享受，提升项目的品牌价值。文化概念个性化、差异化的内涵，是项目最根本的个性所在。因此建立项目个性化视觉形象，构筑文化精装社区，显得非常重要。如奥林匹克花园以"运动、健康"为主题定位，学林雅园大打"教育"牌等。文化价值要以代表美好的事物，代表新的思想、新的理念、新的生活方式的形象入市，给购房者带来新境界或一种真实而贴切的生活方式。文化价值的特征在于：

1）排他性。提炼文化的概念，要具有"特产"的特征，即具有不可复制的特征，这是项目差异性的最大体现。

2）执行力。所倡导的文化价值贯穿始终，在项目的整体运作中，必须通过全方位的推广策略和强有力的执行手段，逐步消除目标客户的疑虑，达到对项目文化的认可、忠诚与维护。

3）感召力。体现对消费者（购房者）的终极关怀，引发利益点的共鸣。每一个成功的品牌，无不具有巨大的感召力。如龙湖置地采取的人性化关怀，其中包括产品人性化概念的提出，同时提供一系列不同的产品来满足不同层次的消费者，引发并迎合不同层次消费者的需求。

4）兼容性。经得起时间和空间的长久性考验。有的文化背景材料已经有上百年的口碑传播和历史记载。项目一旦以高格调的文化品位形象入市，必须将过去、现在或未来的文化与现代的生活方式相融合，体现出人情味。

（九）项目命名

项目名称即案名。好的项目名称不可以用钱来衡量。

项目命名原则如下：

（1）项目名称要有文化诉求点。项目名称要体现项目的文化价值和内涵，要充分体现产品的品位、塑造出高档次的品牌形象。对于文化底蕴欠缺的地区，企业要通过推广，把概念植入人心。对于有文化底蕴的城市，如重庆等，可以借用当地的文化来建立自己的品牌价值，如巴渝文化、陪都文化等。对于资金不足的企业，借助当地文化价值塑造项目品牌，是最省钱又有效的方法。

（2）项目名称要诉求产品功能。项目命名要找到功能支持点，让项目名称真实可信，给消费者带来感性利益点。目前，产品已进入感性体验时代。项目名称脱离产品的支撑，就会是空中楼阁。置业者最终买的是使用功能。尤其在进行感性价值的诉求时，项目名称要注重结合产品的功能特点。

（3）项目名称要诉求企业理念。项目名称应充分符合企业战略思想、经营理念和服务宗旨的初衷，达到诉求企业的卖点。如重庆龙湖置业的经营理念为"善待你一生"，将建筑化为脉脉温情。项目名称要与企业战略思想、经营理念以及服务宗旨保持高度一致，有助于树立主导产业，彰显企业的战略发展重点和竞争力核心价值，也有助于企业整体形象的塑造。再如"一生一栋·蓝湖郡"等。

案例 7-11　深圳××项目命名方案

针对本项目，有如下命名建议：

都心彩阳

都——现代都市

心——深圳市中心区

彩——七彩，多姿多彩的生活

阳——阳光之气，健康的形象

其他建议名称：

绿日湾

释义：表现项目的高尔夫景色，以及靠近红树湾的区位概念。

印象晴空

释义：展示年轻人新生一代的情怀和项目开阔的视野。

碧绿天地

释义：独一无二高尔夫球场的绿色景观。

丽景新都

释义：美丽的景观和中心区便利的配套设施，体验繁华都市生活。

更多名称：

心缘绿洲、城际雅邻、灏景名庭、漪翠名庭、翠逸星园、汇景名城、华天翠都

案例 7-12　东莞"理想 0769"的命名

东莞的电话区号是 0769，就有楼盘叫"理想 0769"，突出地方特色。同时，项目形象定位为：智慧的、灵活的、创意的、变幻无穷的、丰富多彩的……"理想 0769"建筑造型为边长 12cm 魔方造型建筑，外立面由 6 种颜色的九方格色块组成，每面分别排列有数字 0、7、6、9，意在将东莞比喻为一个魔方般精彩变幻的城市，将"理想 0769"打造为魔方般丰富多彩的社区。建筑师把该建筑称为：东莞魔方。

复习思考题

1. 房地产前期策划包括哪些工作？

2. 市场调查要调查哪些内容？

3. 房地产前期策划的作用是什么？

4. 房地产前期策划的原则是什么？

5. 房地产价格定位的方法有哪些？

6. 房地产前期策划的流程是什么？

7. 重庆市南滨路片区某地块欲进行开发，这是某集团在渝开发的第一个项目，因此想把它打造成一个树立该集团在渝形象的形象工程。此地块共占地16.5亩，该地块通过南滨路与一码头相连。码头上有2只趸船，每只趸船分别有3层，该集团拥有对此码头和趸船的产权和使用权。如果你是一位房地产策划人员，你该对此项目做怎样的策划和定位才能使该项目利润最大化，而且能够使此项目成为该集团的形象工程？

第三篇　房地产建设过程

本篇内容提要

1. 房地产开发的程序与管理，简要介绍了房地产开发的主要程序，从项目实施的流程角度介绍了工程实施各阶段建设方的控制重点，还简要地阐述了房地产开发中应注意的问题。

2. 房地产价格构成与估算方法，简要地介绍了房地产开发的费用构成，以及各部分费用的估算。

子夏曰：日知其所亡，月无忘其所能，可谓好学也已矣！

——《论语》

第八章 房地产开发的程序与管理

第一节 房地产开发概述

一、房地产开发概念

房地产开发一般指房地产开发企业（即开发商），以营利为目的进行投资开发的房地产项目，是从立项、规划、土地出让或转让、拆迁、建设、到销售等的一系列经营行为。我国《城市房地产管理法》第2条对房地产开发下的定义是指"在依据本法取得国有土地使用权的土地上进行基础建设、房屋建设的行为"。随着社会经济的发展，房地产开发活动变得越来越复杂。它不仅需要开发商的战略眼光和操作技巧，而且还要求开发商具有市场分析与市场推广、项目策划与投资决策、国家法律政策与各级政府及其部门的规章、经济合同、财政金融、城市规划、建筑设计、建造技术、风险控制与管理、项目管理、市场营销，以及资产管理等方面的知识。房地产开发活动的复杂化使得越来越多的专业人士开始与开发商共同工作，从而加速了房地产开发专业队伍的发展壮大。然而，不论开发活动变得多么复杂或是开发商变得多么精明，都必须遵循房地产开发的基本步骤和程序。

二、房地产开发的分类

房地产开发分类方式较多，具体如下。

（一）根据房地产开发内容不同分类

根据房地产开发内容的不同，可以分为以下三种形式：

1. 综合开发

综合开发是指从规划设计、征地拆迁、土地开发、房屋建设、竣工验收，直到建成商品房进行销售、交付使用的整个过程。这是开发公司科学地组织开发建设、经营管理、服务的一项系统工程。

2. 土地开发

土地开发是指只办理征地拆迁和劳动力安置，搞好水通、电通、路通及土地平整的"三通一平"的全过程。它与综合开发的区别在于：土地开发不包括房屋建设的过程，一般是土地开发以后，按照当时的市场价格，通过拍卖、招标的方式，把已开发的土地转让给有关单位进行房屋建设，并按规定收取土地开发费。

3. 房屋开发

房屋开发是在土地开发的基础上，获得土地使用权后，按照城市规划的要求，组织房屋设计、施工建设、竣工验收、出售、租赁等经营的全过程。

（二）根据房地产开发承担方式不同分类

根据房地产开发承担方式的不同，可分为以下三种形式：

1. 独自开发

独自开发即房地产开发公司自己负责从本项工程的可行性研究、征地拆迁直到房屋建成经营的全过程。

2. 委托开发

委托开发即房地产开发公司接受用户或投资单位的委托，根据已划定的征地红线，进行规划设计、拆迁安置、组织施工、直到建成后交付委托单位。开发公司按规定收取开发管理费或承包费。

3. 合作开发

合作开发即房地产开发公司接受某项开发工程后，根据公司自身的能力和工程项目的性质、工程量的大小，与有关专业工程公司合作开发，强强联合。

（三）根据房地产开发阶段不同分类

根据房地产开发阶段的不同，可分为以下三种形式：

1. 前期开发

前期开发即指开发地块破土动工以前的一切准备工作。包括开发地块的可行性研究、选定开发的地点，向政府申请建设用地、征用土地、拆迁安置、规划设计、制定建设方案、施工现场的"三通一平"等工作。

2. 中期开发

中期开发即指对房地产的经营管理过程。一般包括房屋建设、竣工验收、房屋出售、租赁、经营目标、经营决策、经营方式、方法及开发公司自身的专业管理和综合管理等内容。

3. 后期开发

后期开发即指房屋的售后服务。包括房屋出售或租赁以后，对各种建筑物、构筑物和设备安装工作的保修、维修、使用等维护管理工作。后期开发对解决用户的后顾之忧尤为重要。

第二节 房地产开发的主要程序

一、房地产开发程序

从理论上说，对于开发商而言，房地产开发的主要程序如图8-1所示。

在实践中，开发商大都遵循一个合乎逻辑和开发规律的程序。一般说来，这个程序包

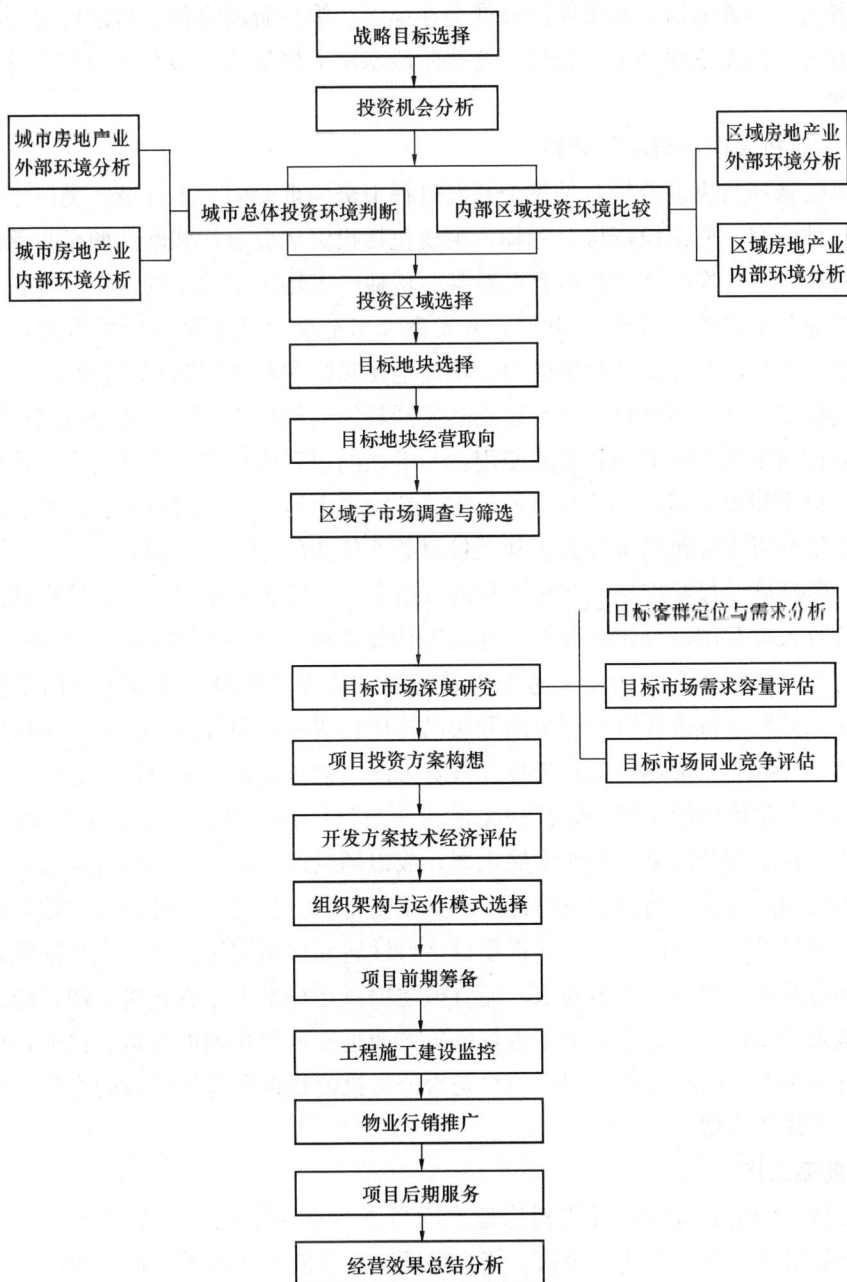

图 8-1 房地产开发的主要程序（对开发商）

括五个阶段，即投资机会选择与决策分析、前期工作、建设阶段、销售阶段及物业管理阶段。这五个阶段一般分八个步骤进行，即投资机会寻找、投资机会筛选、可行性研究、获取土地使用权、规划设计与方案报批、签署有关合作协议、施工建设与竣工验收、营销与物业管理。当然，房地产开发的阶段划分并不是一成不变的，某些情况下各阶段的工作可能要交替进行。如果开发工作是遵循理论的程序，即项目建设完毕后才去找买家或租客时，开发的程序才按上述的顺序进行。但如果开发项目在建设前或建设中就预售或预租给置业投资者或使用者的话，则第四阶段就会在第二、第三阶段进行。目前许多开发商都采用预售的方式。但无论顺序怎样变化，这些阶段基本上概括了大多数房地产开发项目的主要实施步骤。

（一）投资机会选择与决策分析

投资机会选择与决策分析，是整个开发过程中最为重要的一个环节，类似于通常所说的项目可行性研究。所谓投资机会选择，主要包括投资机会寻找和筛选两个步骤。在投资机会寻找过程中，开发商往往根据自己对某些房地产市场供求关系的认识，寻找投资的可能性，亦即通常所说的"看地"。此时，开发商又可能面对几十种投资的可能，对每一种可能性都要根据自己的经验和投资能力，快速地在头脑中初步判断其可行性。在接下来的机会筛选过程中，开发商就将其投资设想落实到具体的地块上，进一步分析其客观条件是否具备，通过与土地当前的拥有者或使用者、潜在的租客或买家、自己的合作伙伴及专业人士接触，提出初步方案，如认为可行，就草签购买土地使用权或有关合作的意向书。

投资决策分析主要包括市场分析和项目财务评价两部分工作。前者主要分析市场的供求关系、竞争环境、目标市场及其可支付的价格水平，后者则是根据市场分析的结果，就项目的经营收入与费用进行比较分析。这项工作要在尚未签署任何协议之前进行。这样，开发商可有充分的时间和自由度来考虑有关问题。从我国房地产开发企业的工作实践来看，对房地产开发项目进行财务评价的方法已经比较成熟，但开发商们对市场的研究重视程度还不够。实际上，市场研究对于选择投资方向、初步确定开发目标与方案、进行目标市场定位起着非常重要的作用，它往往关系到一个项目的成败。有些房地产项目建成后，才发现投资项目不符合国家或行业发展规划，或市场供过于求，或不符合环保要求，影响周边群众生活同时又无力治理而被迫停产。为了获得项目投资的最佳经济效益，在投资前必须对拟建项目进行可行性研究。建设项目可行性研究包括国民经济发展长期规划，地区发展规划和行业发展规划的基本要求，还有拟建项目在技术上是否先进适用，经济上是否合理，环境是否允许，建造能力上是否具备等方面进行全面系统的分析、论证，得出研究结果，进行方案选优，从而提出拟建项目是否值得投资建设和怎样建设的意见，为项目投资决策提供可靠的依据。

（二）前期工作

前期准备工作主要包括由计委对房地产项目进行立项审批，规委对项目进行规划审批，进行规划设计，获取土地使用权、资金融通、签署施工协议等。此阶段的主要工作是取得项目开工建设的一系列许可证和取得项目建设用地的国有土地使用权。平时所说的五证中的《建设用地规划许可证》《建设工程开工许可证》《建设工程规划许可证》都是在这个阶段取得的。而《国有土地使用权证》由于开发商支付土地出让金的时间不同，取得的时间也不尽相同。在房地产开发中，土地的取得是最重要的。在取得土地使用权和项目开始建设前还有许多工作要做，比如与开发全过程有关的各种合同、条件的谈判与签约等。通过初步投资分析，开发商可以找出一系列必须在事先估计的因素，在购买土地使用权和签订建设合同之前，必须设法将这些因素尽可能地精确量化。这样做的结果有可能会使得初步投资决策分析报告被修改，或者在项目的收益水平不能接受时被迫放弃这个开发投资计划。

具体说来，前期工作的内容主要包括以下几个方面：

（1）分析拟开发项目用地的四至范围与特性、规划允许用途及获益能力的大小。

（2）获取土地使用权。

（3）开展征地、拆迁、安置、补偿等工作。由于拆迁工作比较复杂，现将拆迁所涉及工作详述如下：

1）拆迁准备。前期部动迁人员对被拆迁地段进行摸底调查，填写拆迁摸底调查表。调查表内容一般应包括被拆迁房屋栋数、每栋的层数、建筑面积、结构形式、新旧状况及人口状况，对企业用房应了解企业性质、职工人数、工资状况等。由前期部在完成建设规划许可证后，编制拆迁方案及拆迁安置方案。拆迁计划内容包括拆迁范围、方式；搬迁、回迁时限；工程开工、竣工时间。拆迁补偿安置方案包括被拆除房屋及其附属物状况（房屋使用性质、产权归属等）；被拆迁人的住房情况；各种补偿补助费用估算；安置保证和去向；临时过渡方式及具体措施。

2）办理拆迁许可证。前期部在当地拆迁主管部门提出拆迁申请书。提交土地部门发放的土地使用证明和规划管理部门发放的建设用地许可证，以及规划用地范围图、拆迁计划和拆迁补偿方案，到拆迁办办理拆迁许可证。

3）选择拆迁承办单位、建立合理拆迁公司的档案，从中优选拆迁承办单位，并与之研究拆迁计划和拆迁安置补偿方案可行与否，达成一致意见后，协商拆迁委托合同，并签订合同。

4）实施拆迁。由市拆迁办发布拆迁公告。由前期部配套员到市政、供电、园林等部门办理拆迁地段止水、止电、止气、伐树手续。同时，办理施工临时用水、用电、占道手续。前期部监督财务部按拆迁协议，到当地拆迁办交纳委托拆迁承办费。承办拆迁单位与被拆迁人签订拆迁补偿协议，并在合同约定时间内完成拆迁工作。办理拆除房屋注销登记、委托施工单位完成"三通一平"。

拆迁安置的法律程序为：委托进行拆迁工作→办理拆迁申请→审批、领取拆迁许可证→办理拆迁公告与通知→办理户口冻结→暂停办理相关事项→确定拆迁安置方案→签订拆迁补偿书面协议→召开拆迁动员会，进行拆迁安置→发放拆迁补偿款→拆迁施工现场防尘污染管理→移交拆迁档案资料→房屋拆迁纠纷的裁决→强制拆迁。

（4）进行开发项目的工程勘探和规划设计，并制定项目的建设方案。

（5）与城市规划管理部门协商，获得规划部门许可。

（6）完成施工现场的基础设施配套建设，即所谓"三通一平"，为下阶段的地上建设打下基础。

（7）市政设施接驳的谈判与协议。

（8）安排短期和长期信贷。

（9）对拟建中的项目寻找预租（售）的客户。

（10）对市场状况进行进一步的分析，初步确定目标市场、租金或售价水平。

（11）对开发成本和可能的工程量进行更详细的估算。

（12）对承包商的选择提出建议，也可与部分承包商进行初步洽商。

（13）开发项目保险事宜洽谈。

上述工作完成后，应对项目再进行一次财务评价。因为前期工作需要花费一定时间，而决定开发项目成败的经济特性可能已经发生了变化。所以，明智的开发商一般在其初始投资分析没有得到验证，或修订后的投资分析报告还没有形成一个可行的开发方案之前，通常不会轻举妄动。

当然，通过市场机制招标、拍卖或协议方式获取土地使用权时，土地的规划使用条件已经在有关"公告""文件"中列明（如容积率、建筑覆盖率、用途、限高等），但有关的具体设计方案，仍有待规划部门审批。另外，开发商在开发前要注意有的项目开始建设前要具备"三通一平""五通一平"或"七通一平"的条件，这在有些城市实现起来不太容易，有关主管部门的审批时间也比较长，如果这样，开发商要做好充足的准备。

获取土地使用权后的最后准备工作就是进行详细设计、编制工程量清单、与承包商谈判并签订建设工程施工承包合同。进行这些工作往往要花费很多时间，在准备项目可行性研究（财务评估）报告时必须考虑时间因素。

最后，在开发方案具体实施以前，还必须制定项目开发过程的监控策略，以确保开发项目工期、成本、质量和利润目标的实现。主要工作包括：

（1）安排有关现场办公会、项目协调会的会议计划。

（2）编制项目开发进度表，预估现金流。

（3）对所有工程图纸是否准备就绪进行检查，如不完备，需要在议定的时间内完成。

以上各项工作内容落实之后，就进入建设阶段。

（三）建设阶段

这一阶段的工作主要是由建筑承包商按合同和规划设计的方案进行实施。开发方的主要任务是：通过招投标，确定建设施工单位；保证工程施工进度，控制开发成本，解决施工中出现的纠纷，确保工程质量。由于在建设阶段存在着追加成本或工期拖延的可能性，要完成上述任务，开发方必须密切注意建设工程的进展，定期视察现场，加强有效的工程监理，定期与派驻工地的监理工程师会晤，以了解整个建设过程的全貌。开发商还要出面处理工程变更问题；解决施工中出现的争议，签付工程进度款；确保工程按预先进度计划实施，直至竣工验收。建筑施工阶段是开发商委托建筑公司进行项目建设的阶段。该阶段是房地产开发的重要阶段。在该阶段，为了更快地收回成本，回笼资金，实现赢利，开发商通常采用预售的方式对物业进行销售。

建设阶段要将开发过程中所涉及的所有原材料聚集在一个空间和时间点上。项目建设阶段一开始，就意味着在选定的开发地点，以在特定时间段上分布的特定成本，来开发建设一栋特定的建筑物。此时，对有些问题的处理就不像前面两个阶段那样具有弹性。尤其对许多小项目而言，一旦签署了承包合同，就几乎不再有变动的机会了。

（四）租售阶段

销售阶段是开发商出租或出售商品房，回收资金实现赢利的阶段。一个项目租售的成败决定着开发商的根本利益。销售分为预售和现房销售两个阶段，预售即通常所说的期房销售，是指开发商在建设工程竣工之前进行销售，应当向城市、县市房地产管理部门办理预售登记，取得《商品房预售许可证》。现房销售即开发商在取得《竣工证》或竣工验收合格文件后进行销售。《城市商品房预售管理办法》第五条中规定：必须满足以下四个条件，才能预售：

（1）已交付全部土地使用权出让金，取得土地使用权证书。

（2）持有建设工程规划许可证。

（3）按提供预售的商品房计算，投入开发建设的资金达到工程建设总投资的25%以上，并已经确定施工进度和竣工交付日期。

（4）向县级以上人民政府房产管理部门办理预售登记，取得商品房预售许可证明。

商品房预售人应该按照国家有关规定将预售合同报县级以上人民政府房产管理部门和土地管理部门登记备案。商品房预售所得款项，必须用于有关的工程建设。开发经营企业进行商品房预售，应当向承购人出示"五证"（前已述及）。"五证"应在售楼场所显著位置悬挂。商品房预售广告、售房宣传资料和说明书均应载明预售许可证的批准文号。未取得预售许可证的，不得进行商品房预售。

因为本书主要介绍住宅物业，因此不介绍其他物业的租售情况。

需进一步指出的是，上述开发过程主要程序中的每一阶段都会对其后续阶段产生重要的影响。例如，准备工作中的方案设计与建筑设计，既是投资机会选择与决策分析阶段影响的结果，又对建设过程中的施工难易、成本高低有影响，更对销售阶段使用者对建筑物功能的满足程度、物业日常维修管理费用的高低等有举足轻重的影响。所以，开发商在整个开发过程中的每一阶段的决策或工作，既要"瞻前"，更需"顾后"，这是开发商成功与否的关键所在。

第三节　工程实施各阶段开发商的控制重点

工程建设过程中建设方参与和控制的各个阶段为：设计阶段、开工前开发商准备阶段、现场实施阶段、项目验收及备案阶段、项目移交阶段，其中现场实施阶段包括土石方施工阶段、基础施工阶段、主体结构施工阶段、建筑装饰装修施工阶段、屋面工程施工阶段、安装施工阶段和室外管网施工阶段。

下面，将基本按照建设程序、计划管理、技术管理、质量管理、合同管理、安全文明施工等几大方面介绍工程建设过程部分阶段开发商的主要工作。

一、开工前开发商准备阶段

此阶段开发商的工作主要如下：

（1）标区划分及施工总平面布置。

（2）落实施工现场"三通一平"。

（3）确定承包商和监理单位，并与之签订合同。

（4）准备向承包商和监理单位进行文档管理、计划管理、技术管理等相关管理办法交底的资料。

（5）项目节点计划的编制（达到分部深度）。

（6）办理施工许可证及安检、质检手续相关资料的准备。

（7）监理大纲、施工组织设计的编写审查。

二、现场实施阶段

（一）土石方施工阶段

1. 建设程序

（1）土石方施工许可证办理。

（2）开工报告。开工前，承包商现场负责人填写《施工现场质量管理检查记录》表，报总监验收。取得施工许可证之后，承包商向监理公司提交《单位工程开工报告》。开工报告批复后，现场即可开始施工。

（3）质检交底。施工许可证办理完成后，质检站即会安排进行质检工作方案交底。

（4）验收。如果合同范围内的工作内容完成、施工质量自评合格，资料整理完成，即可进入验收程序。每次验收分质量初步验收和竣工验收两部分。

1）质量初步验收。初步验收是单位工程验收前的一项重要工作，是保证验收一次通过的前提。验收时，由设计单位设计师及项目负责人、监理单位总监及专业监理、开发商项目经理及专业工程师、承包商项目经理及技术负责人等现场抽查、资料检查、确定整改内容、整改完成时间和整改检查人，初步确定验收时间。

现场初步验收的重点主要是标高、平整度、基底几何尺寸、挖方区边坡坡度、合同范围等。

2）竣工验收。

竣工验收分为竣工质量验收和技术资料验收。

a. 竣工质量验收。土石方的竣工验收实际上只进行质量验收，不进行各单项验收。初步验收整改完成后，承包商向监理公司提交《单位工程竣工报告》。验收前 2 天，承包商将整理完成的竣工资料报送质检站主监处审查，根据审查结果由主监确定验收时间。开发商项目部将验收通知书面告知各参会单位。包括质检站主监、设计单位设计师及项目负责人、监理单位总监及专业监理、开发商项目经理及专业工程师、土石方承包商项目经理及技术负责人、主体总承包商项目经理及技术负责人等。

b. 技术资料验收。土石方工程是基础工程的前一个工序，土石方的施工质量对基础施工有直接影响。土石方的验收必须邀请总承包商参加，验收完成后立即进行总包范围内的场地移交。移交范围包括施工总平面中的总包范围（含环境），按总平面布置中的施工围墙坐标点进行划界。

2. 技术管理

（1）设计交底及图纸会审。图纸会审分内审及会审两个阶段。由监理公司主持施工图内审，内审的主要工作是由监理单位和施工单位共同对平基施工图中错漏碰缺等进行清理，对重要部位施工措施进行商议以确定是否须向设计院提出确认。

（2）施工方案及监理实施细则的审查。施工交底完成后，承包商编制施工方案，监理公司编制监理实施细则交开发商审查。开发商对施工方案审查时主要看检验批划分是否合理、爆破开挖及回填顺序、车辆进出通道、资源与进度的匹配、有无定额外费用产生等。监理实施细则审查时主要审查监督重点、旁站部分、执行标准、质量控制（特别是爆破、回填部分）措施等。

（3）设计变更管理。

（4）方格网的测绘。如果承包商对图上测量的工程量有异议，可委托监理进行现场方格网的实测，开发商抽查。土石方量一定要在开工前由施工单位、建设单位、监理单位三方书面确认。

3. 质量管理

（1）挖填方的质量控制。土方开挖质量控制的重点工作有：弃土堆放、开挖深度、表面平整度、基底土性、排水等；爆破质量控制重点为：用药量、每次爆破深度、临近完成面时的爆破控制等。填方质量控制则主要控制分次回填厚度、回填土中石质粒径控制、回填土草根等杂物清理、碾压遍数、回填压实系数等。

（2）边坡质量控制。该阶段主要是放坡系数的控制、填方区边坡稳定性控制等。

（3）淤泥及草根等清掏。淤泥及草根等必须全部清掏干净。

4. 安全文明施工

安全文明施工的责任在合同上应全部归于承包商和监理单位。监理公司每月要按《建筑施工安全检查标准》（JGJ 59—1999）标准和《安全文明工地标准》进行考评打分，不合格者，按合同相关条款进行处罚。

在安全文明施工方面，工程项目部重点控制以下几个问题：

（1）爆破安全控制。

（2）开挖临空面的围护。

（3）车辆出场冲洗。

（4）外运车辆加盖上路。

（5）进出口道路硬化、沉砂、冲洗设施完善。

（6）施工围墙、大门按"五牌一图"（工程概况牌、管理人员名单及监督电话牌、消防保卫牌、安全生产牌、文明施工牌、施工现场平面图）标准进行布置。

（7）施工用电按规范搭设。

（8）工人安全帽、工作牌统一。

（9）施工临时设施规范，外观整齐，通道、用电、灭火设施等严格按消防规定进行。

（二）基础施工阶段

1. 建设程序

（1）施工许可证办理。从基础开始，即进入主体单位工程的施工，前提是取得了单位工程施工许可证。在发证之前，项目部要注意围墙、道路等设施的完善、规划放线点位的保护等（注：尽量不要提前施工，因为这部分是建管站要进行检查的内容）。

（2）开工报告。内容及要求同土石方施工部分。

（3）质检交底。内容及要求同土石方施工部分。

（4）第一次基坑验槽（桩基验孔）。第一批基坑开挖进入嵌岩部分后，承包商进行岩芯取样试压，结果合格后，举行第一批基坑验槽（桩基验孔）会议。参加会议的单位及人员有：质检站主监、设计单位设计师及项目负责人、勘察单位项目负责人、监理单位总监及专业监理、开发商技术负责人及专业工程师、承包商项目经理及技术负责人等。会议议程包括现场检查（承包商须准备好检查工具及手套软梯等）、技术资料检查、检查结论、整改内容等。期间要进行实物验收和资料验收，实物验收主要是进行基底岩石目测和敲击等；资料验收主要是检查试压资料、详勘资料与现场实际状况的对应等（详见建设工程质量总站编《建筑工程施工质量验收规范用表及填表说明》P28）。

（5）桩基础承台施工前验桩和承台钢筋检查。

（6）基础验收。基础施工完成后，按分部工程的要求进行基础分部的验收。基础验收合格方可进入主体结构工程的施工。承包商基础施工完成自检合格后，即可申报基础结构验收。监理公司进行轴线复核、技术资料特别是检测资料的检查，合格后即可同意进行基础分部的验收。验收参与人为：质检站主监、设计单位设计师及项目负责人、勘察单位项目负责人、监理单位总监及专业监理、开发商技术负责人及专业工程师、主体总承包商项目经理及技术负责人等。验收内容包括现场实物验收、资料验收、各方提出须整改完善的问题及处理建议、施工质检站主监对工程质量发表意见。

现场实物验收主要是进行申请验收范围与现场完成情况的对照、基顶标高、轴线复核、地梁等观感质量检查等；技术资料验收主要是验收设计变更、竣工图、桩的检测记录、混凝土强度检测报告、见证取样试验记录、第一次验槽会议纪要、原材料半成品合格证和进场检验记录等。

2. 技术管理

（1）设计交底及图纸会审。图纸会审分内审及会审两个阶段。基础阶段内审只进行承包商、监理单位、开发商三方内审。内审主要是三方共同对基础施工图中错漏碰缺及设计未明确处等进行清理、对重要部位施工措施进行商议、将基础施工图及主体结构施工图进行比对检查二者有无矛盾处，以确定是否需向设计院提出确认。交底的主要是设计人讲解设计思路、施工控制重点、重要部位的施工方法等，如嵌岩要求等。会审时，设计人针对各方提出的问题，逐一回答；对需进行图纸修改的地方；如问题简单且文字能描述清楚，可在会议纪要中直接修改；如问题复杂或文字不能描述清楚，则由设计院发出设计变更通知书进行变更。

（2）基础分部施工方案及监理实施细则的审查。施工交底完成后，承包商编制基础施工方案、监理单位编制监理实施细则交开发商审查。开发商对施工方案重点审查以下几个方面：基础阶段检验批划分原则、桩基开挖同心度及护壁方式、进入中风化可嵌岩的判定、钢筋笼的制作吊装方式、开挖的安全措施、资源与进度的匹配、有无定额外费用产生等。监理实施细则重点审查以下几个方面：监督重点、旁站部分、执行标准、质量控制（特别是轴线、桩基开挖同心度、中风化判定、嵌岩深度检查、各种试验监督、混凝土浇筑）措施等。

（3）设计变更管理。按"设计变更、现场签证操作流程"实施。

（4）基础竣工图绘制。因基础全部为隐蔽工程的特点，按城建档案管理要求，基础竣工后必须重新绘制竣工图。

3. 质量管理（这里仅讲述人工挖孔桩）

质量管理的重点是：轴线复核（所有轴线）、桩位、孔深（中风化、嵌入深度的判定）、桩体质量、混凝土强度（试验资料、动测）、承载力（岩芯取样）、护壁、桩径及垂直度、钢筋笼质量（钢筋进场检验、钢筋笼制作质量、钢筋笼放置要求）等。

4. 安全文明施工

安全文明施工的责任在合同上应全部归于承包商和监理单位。要求监理公司每月按《建筑施工安全检查标准》（JGJ 59—1999）标准和《重庆市安全文明工地标准》进行考评打分，不合格者，按合同相关条款进行处罚。

基础阶段项目部重点控制以下问题：

（1）临边防护，深度超过 2m 应设置防护栏。

（2）坑边荷载、料具堆放与坑边距离。

（3）坑壁支护、变形体的支护、排水措施。

（4）施工电源严禁地面摆放、架空应符合要求；配电箱防止位置及接线正确。

（5）作业环境。

（6）塔吊必须经技监局验收合格后使用，塔吊司机及指挥必须持上岗证且通信设备完好。

（7）施工围墙封闭完全、大门按"五牌一图"（工程概况牌、文明施工管理牌、组织网络牌、安全纪律牌、防火须知牌、施工总平面布置图）标准进行布置。

（8）外运车辆进出场冲洗。

（9）材料堆放整齐。

（10）现场及宿舍防火措施到位。

（三）主体结构施工阶段（混凝土结构）

1. 建设程序

（1）主体结构施工前需完成的程序。基础验收合格，才能开始主体结构的施工。

（2）质检站在主体结构施工阶段必须进行的分项验收。

主体工程首层、结构转换层、屋面层梁板钢筋隐检，首层砌体验收必须建设、监理、施工、设计、质检共同到场验收，并形成会议纪要。此阶段实物验收重点内容包括模板及支撑系统、钢筋加工质量、钢筋连接质量、钢筋安装质量等；资料验收重点内容包括设计变更和技术洽商单、钢材出厂合格证和进场复验报告、钢筋接头试验报告等。

（3）结构转换层后第一标准层梁板钢筋隐检和砌体验收，必须开发商、监理、承包商、质检共同到场验收，验收程序同（2）。

（4）主体结构分部验收。根据单位工程实际状况，主体结构验收可一次进行也可以分段进行，申请中间结构验收。在主体结构和砌体施工完成，承包商自检合格，资料齐备后，即可申请主体结构分部验收。主体验收合格后方可进入装饰装修分部的施工。

验收由质检站主监、设计单位设计师及项目负责人、监理单位总监及专业监理、开发商技术负责人及专业工程师、主体总承包商项目经理及技术负责人等参加。主要是进行以下工作的验收：现场实物验收、资料验收、各方提出须整改完善的问题及处理建议、施工质检站主监对工程质量发表意见。

实物验收是重点验收：钢筋保护层厚度、混凝土强度回弹检查、层高开间检查、楼板厚度检测、混凝土外观质量检查、垂直度检查、砌体质量检查等。资料验收是重点验收：设计变更及技术洽商、混凝土强度检测报告、见证取样试验记录、原材料半成品合格证和进场检验记录、质量缺陷整改方案等。

2. 技术管理

（1）设计交底及图纸会审。主体阶段设计交底涵盖内容包括除基础以外的主体结构、建筑装饰装修、水电风等各分部内容。如有二次装修内容，则可对二次装修进行单独交底。

图纸会审仍分内审及会审两个阶段，内审分两次进行：第一次是公司内部相关部门内审，主要是对总图、功能系统等是否便于销售和今后的物业管理等方面进行审查；第二次是承包商、监理、开发商三方的内审，主要是共同对基础施工图中错漏碰缺及设计未明确处等进行清理、对重要部位施工措施进行商议、将基础施工图及主体结构施工图进行比对检查二者有无矛盾处，以确定是否须向设计院提出确认。

设计交底及图纸会审时，主要是对设计人讲解设计思路、施工控制重点、重要部位的施工方法等进行交底。会审分专业组进行。针对各方提出的问题，设计人逐一回答；对需进行图纸修改的地方，如问题简单且文字能描述清楚，可在会议纪要中直接修改；如问题复杂或文字不能描述清楚，则由设计院发出设计变更通知书进行变更。注意：如有人防工程，则对人防工程进行单独交底。

（2）主体施工方案及监理实施细则的审查。施工交底完成后，承包商编制主体施工方案、监理公司编制监理实施细则交建设方审查。开发商对施工方案重点审查：管理组织架构、各专业检验批划分原则、模板拆除顺序及安全措施、后浇带、外架搭设（初步）、周材及人力设备准备计划、资源与进度的匹配、有无定额外费用产生等。由于主体工程牵涉内容较多，重点部位要求施工单位作专项施工方案：挡墙、模板安装、外架搭设、砌体等。监理实施细则审查重点则为：监督重点、旁站部分、执行标准、质量控制措施等。

（3）设计变更管理。

（4）竣工图与工程进度的同步绘制。竣工图与工程进度同步绘制的意义在于：①保证施工过程不出差错；②在工程完工审核竣工图时，方便快捷准确。

3. 质量管理

（1）样板带路。各分项施工前，均要求承包商作样板间或样板层，由监理组织建设方和承包商进行现场点评，整改完成验收合格后在进行该分项大面积施工。验收合格的样板在现场挂牌，以方便工人操作时的参照。

对于多家总承包商参与的片区工程，先选定一家施工样板，监理组织各家进行点评，合格后挂牌封样；各家再按第一家的样板在自己标区内进行相同的样板施工，监理组织点评，整改合格后挂牌封样。

对于砌体工程要特别注意，第一个样板层完成后，项目部要组织公司相关研发、营销、物业等部门进行样板点评，重点是实物与合同附图是否一致、门窗位置及尺寸是否合理、管井设计是否便于维修等。如有不违背合同附图的修改，项目部要形成会议纪要并立即办理技术变更。

（2）施工中的控制重点工作如下：

1）模板分项。此阶段的工作主要是模板安装和模板拆除。模板安装主要是进行以下工作：安装现浇板的上层模板及支架、下层楼板承受货载的能力、上下层支架立柱设置、模板隔离剂的涂刷要求、模板接缝检查、用作模板的地坪/胎模等平整光洁度检查；模板拆除主要是进行底模及其支架拆除、后浇带模板的拆除、侧模拆除、模板和支架的清运等工作。

2）钢筋分项。此阶段重点工作如下：

a.钢筋加工。钢材进场外观及相关资料检验、送实验室复验；钢筋加工按设计及相关规定进行。

b.钢筋连接。纵向受力钢筋的连接方式、接头送检报告、搭接要求等。

c.钢筋安装。受力钢筋的品种、级别、规格和数量必须符合设计要求，钢筋位置的偏差检查。

3）混凝土分项。此阶段重点工作如下：

a.原材料进场检验。主要检验：混凝土塌落度、商品混凝土配合比报告单、商品混凝土原材料质量证明资料。

b.混凝土浇筑。主要是浇筑许可证取得、试件留置养护（同条件养护及标养）、布料、振捣、每车浇筑间歇等工作。

c.混凝土外观质量检查。主要检查严重缺陷的处理；对现浇结构出现影响性能和功能的尺寸偏差的处理方式。

4）混凝土实体收测。

5）结构实体混凝土强度验收。主要验收试件强度、现场取芯、混凝土强度回弹等。

6）结构实体钢筋保护层验收。

7）砖砌体分项（填充墙砌体）。重点进行以下工作：

a.原材料进场检验，包括商品混凝土、钢筋、砖、水泥、砂石进场检验，其中商品混凝土、钢筋的进场检验同"混凝土分项"，砖进行外观抽查和检查产品合格证，水泥进行合格证等资料检查，强度、安定性的复验。

b.砌筑砂浆。砂浆搅拌按实验室提供的配合比进行，砂浆强度等级符合设计要求并留置试块。

c.砌体工程。块材强度、砂浆强度、拉结筋与网片、水平和垂直灰缝控制、顶砌的控制等。

4.安全文明施工

主体阶段工程项目部现场重点控制以下问题：

（1）悬挑及外架稳定性。

（2）脚手架铺设、荷载是否超载。

（3）临边洞口防护。

（4）通道防护。

（5）模板支撑系统。

（6）塔吊及施工电梯安全。

（7）安全网及外侧立封闭。

（8）安全帽安全带佩戴。

（9）板上施工荷载的限制。

（10）施工机具安全。

（11）施工用电安全、特种工种上岗证。

（12）施工围墙封闭完全、大门按"五牌一图"标准进行布置。

（13）外运车辆进出场冲洗。

（14）材料堆放整齐。

（15）现场及宿舍防火措施到位。

（四）建筑装饰装修施工阶段

1. 建设程序

（1）主体结构验收合格后才能进入装饰装修分部的施工（对划分有结构子分部的单位工程，结构子分部验收后该子分部也可进行装饰装修分部的施工）。

（2）对于有大量精装修的单位工程（如商业作到装修完成向商家移交者），精装修设计完成后须向消防进行单独的装修消防申报，得到批复后方可进行施工。精装修向质检站的申报视情况而定，如施工许可证中已包含（室内精装、室外幕墙、装饰构架等）就可与主监商议不再申报，因为质检的申报会牵涉质检费的补交等，但相关分包单位资质要交主监审查备案且分包合同一定要是三方合同，否则，应单独办理施工许可证。

（3）本分部需要质检站和设计参加的分项验收有：幕墙节点和骨架、网架组装前材料检查和组装后验收。本分部需要质检站参加的分项验收是吊顶隐蔽前龙骨及安装检查。

（4）分部（子分部）工程验收。承包商完成分部（子分部）工程自检，资料齐备后，可向监理公司申请装饰装修分部（子分部）验收。

2. 技术管理

（1）二次深化设计。需进行二次深化设计的情况：

1）原设计院不具备资质的部分，如幕墙、钢结构构架、建筑内部精装修，由开发公司选定的有资质的单位进行二次设计（设计和施工不要求完全是一家），原设计院要对幕墙、构架等施工图进行审查并出具审查报告，以判定是否对原主体结构和建筑方案的内外风格产生影响。

2）要由开发公司选定的有资质的加工厂进行定型加工的，由加工单位在原设计尺寸的基础上出加工的详细节点大样图，如栏杆、铝合金门窗等，最好设计加工安装为一家单位。

（2）设计交底及图纸会审。

1）施工图的二次内审流程同主体结构分部相同。

2）设计交底及图纸会审流程同主体结构分部，但设计方是出图单位。

（3）施工方案审查。该部分的施工方案主要有：抹灰及楼地面方案、防火门安装方案、外墙面砖方案、幕墙施工方案、外窗栏杆方案、电梯前室装修方案、大堂装修方案、成品保护方案等。为提高审批效率，根据工程量大小，有些可以合并在一个方案中编制，但幕墙、外窗栏杆、成品保护等几个方案必须单独编制。监理公司编制相应的监理实施细则。

（4）技术变更。按"设计变更、现场签证操作流程"实施。

（5）竣工图与工程进度的同步绘制。同主体结构施工相关内容。

3．质量管理

（1）样板带路。样板带路的流程同主体结构分部。

在装饰装修阶段，样品封样和样板施工带路显得尤其重要；因为装饰装修分部主要涉及观感和使用功能，稍有不慎，对产品品质会有比较大的影响。样板施工的顺序为：分项样板的确认/一个单位工程样板层的确认/每个单位工程样板层的确认。对于外墙，先选一小块按排版图施工样板，外观和工艺都认可后方可大面积施工。

（2）施工中的控制重点。

1）室内抹灰及楼地面。墙面抹灰的工作重点是：水泥凝结时间和安定性复验合格、基层清理、抹灰分层厚度控制、不同材料交接面采用加强网时的控制、抹灰分隔缝设置符合设计要求、工程质量允许偏差符合规定要求。

楼地面找平层的工作重点是：进场材料检验、混凝土强度符合设计要求、表面平整、有排水要求的排水坡向正确。

2）外墙面砖。重点工作是：样品封样、进场资料的检查、实物与封样材料的对比；找平、防水、粘结和勾缝材料及施工方法符合设计要求和国家现行产品标准及工程技术标准规定；饰面砖粘贴必须牢固无空鼓，有排水要求的部位应作滴水线，允许偏差符合规范要求。

3）门窗栏杆。铝合金门窗的重点工作是：门窗洞口尺寸交接、进场资料的检查、实物与封样材料的对比；型材及各种尺寸符合设计要求、门窗框和副框安装牢固、五金配件符合设计要求且安装正确、密封胶和毛条顺直饱满、表面色泽一致平整光滑、安装误差符合规范要求、成品保护等。

栏杆的重点工作是：栏杆安装处土建尺寸交接、进场资料的检查、实物与封样材料的对比；预埋件的数量规格位置及栏杆与预埋件的连接节点符合设计要求、栏杆高度间距安装位置符合设计要求、使用玻璃栏杆时对玻璃的要求、安装误差符合规范要求、成品保护等。

4）电梯前室及大堂装修。吊顶的重点工作是：样品封样、进场材料报验、标高、尺寸，吊杆龙骨的材质规格、安装要求、防火处理等。

饰面板的重点工作是：样品封样、进场材料报验、安装预埋件、连接件的数量、规格、位置、连接方法和防腐处理符合设计要求，后置预埋件的现场拉拔强度符合设计要求，饰面板必须安装牢固，室内用花岗石的放射性指标复验报告。

5）防火防盗门安装。此阶段的重点工作是：样品封样、进场材料报验、门洞尺寸的交接、门框安装牢固、门扇开启灵活、后塞缝密实、成品保护等。

6）幕墙安装。此阶段的重点工作是：各种样品封样，各种材料及配件的合格证、性能检测报告、复验报告，预埋件和立柱横梁等受力构件安装牢固、采用化学螺栓固定时应对其进行拉拔试验。玻璃幕墙、金属幕墙、石材幕墙各自的质量控制重点详见《建筑装饰装修工程质量验收规范》（GB 50210—2001）及其他相关规范。

7）成品保护。此阶段的重点工作是：施工单位按分项工程报送成品保护方案；监理和建设方按审定的方案监督；对成品保护不力者，按合同进行严格的处罚。

4. 安全文明施工

装饰装修阶段工程项目部现场重点控制以下问题：

（1）悬挑及外架稳定性。

（2）脚手架铺设，荷载是否超载。

（3）临边洞口防护。

（4）通道防护。

（5）模板支撑系统。

（6）塔吊及施工电梯安全。

（7）安全网及外侧立封闭。

（8）安全帽、安全带佩戴。

（9）板上施工荷载的限制。

（10）施工机具安全。

（11）施工用电安全、特种工种上岗证。

（12）施工围墙封闭完全、大门按"五牌一图"标准进行布置。

（13）外运车辆进出场冲洗。

（14）材料堆放整齐。

（15）现场及宿舍防火措施到位。

（五）屋面工程施工阶段

1. 建设程序

屋面分部施工完成后，由监理公司组织分部验收，开发商、监理单位、承包商参加。

2. 技术管理

（1）设计交底及图纸会审。屋面分部设计交底及图纸会审在主体交底时一并进行。

（2）专项施工方案审查。屋面工程在施工前编制屋面工程专项施工方案报监理及开发商审查。建设方审查的主要内容：屋面各层构造是否符合设计及规范要求，排气管的位置及加固处理方式，是否有定额外费用产生等。

（3）技术变更。同主体结构施工要求。

（4）竣工图与工程进度的同步绘制。同主体结构施工要求。

3. 质量管理

（1）样板带路。重点在柔性防水层作样板，注意搭接缝、粘贴牢固、无翘边和气泡、涂抹防水厚度等。样板带路的操作流程同主体结构施工相关要求。

（2）材料进场报验。重点检查卷材、冷底子油、涂抹材料、玻纤布等材料与合同指定规格品种及封样材料是否一致，检查方式为：检查合格证明文件，按《屋面工程质量验收规范》（GB 50207—2002）附录 A、B 要求进行的复验报告，实物抽查。

（3）屋面找平层。重点是配合比、厚度、排水坡度、分隔缝位置、密封料填塞、弧型转角等。

（4）防水层。

1）卷材防水层。重点工作是：总承包商向防水单位的场地移交，无积水或渗漏，在天沟变形缝等处防水构造符合设计要求，搭接牢固严密，排气道应纵横贯通，卷材铺贴方向正确。

2）涂抹防水层。重点工作是：无积水或渗漏，在天沟变形缝等处防水构造符合设计要求，防水层与基层粘结牢固平均厚度符合设计要求。

3）刚性防水层。重点工作是：无积水或渗漏，在天沟变形缝等处防水构造符合设计要求，防水层厚度钢筋位置分隔缝位置符合设计要求等。

（5）保温层。重点工作是：材料进场检验和复验，保温层的铺设和厚度符合设计要求等。

4. 安全文明施工

同主体结构施工阶段相关要求。

（六）安装施工阶段

1. 建设程序

（1）安装施工调试完成，自检合格后，即可向监理公司申请分部验收。验收工作由监理组织、开发商施工单位参加。

（2）需通知质检站监督员到现场监督的工作有：电器配管、穿线及导线连接前检查、管道功能测试等。

（3）电扶梯验收，由安装单位向市技监局提出申请，技监局负责检测和验收。验收合格，技监局发出"电扶梯验收合格证"。

2. 二次设计及施工

安装专业牵涉一些职能部门直接进行设计施工管理，且要求开发商投资后资产属于职能部门的内容，需要职能部门在设计院图纸的基础上进行二次设计和施工。主要有：

（1）强电方面。开闭所及其 10kV 电源外线路电缆敷设及其设备安装、调试；开闭所至配电房 10kV 电缆敷设、配电房设备安装、调试；公配的低压电缆至一户一表箱设备安装及电缆敷设、试验（该条各电力局要求不完全相同）。

（2）电信闭路宽带。这部分实际上是设计施工合同一并签订，不单独签订设计合同，收费标准一般按户数收费。

（3）一次给水。从给水接口、室外给水管网、住户一户一表，由水厂在设计院图纸的基础上进行二次设计和施工。是否要单独签订设计合同，各水厂要求不尽一致，按各水厂要求进行。如中法不签订单独的设计合同，设计完成直接进入工程费用谈判和施工合同的签订；水务集团给水设计院进行的设计，需签订设计合同等。

（4）二次给水。对重庆市来说，从 2005 年开始，水务集团加大了二次给水的管理，凡涉及二次给水的项目，均要求将设计和施工归口至水务集团二次供水公司管理，范围为室外管网二次供水水表后、生活水泵、一户一表。不单独签订设计合同，设计完成直接进入施工合同的签订。

（5）燃气。在设计院图纸的基础上，燃气公司进行二次设计，一般不单独收取设计费，在工程合同中一并处理。

3. 技术管理

（1）设计交底及图纸会审。由总承包商施工的分项，交底工作在主体阶段设计交底时一并进行；经过二次设计的分部（分项），由职能部门设计人员负责向其自己的承包商、开发商现场代表交底。

（2）施工方案的编制。由总承包商负责施工的分部（分项），施工方案可纳入主体施工方案一并编制，也可要求专项编制，主要看该项工作量的大小及难度。必须单独编制的专项方案有：

1）电扶梯施工方案（安装单位编制，总承包商、监理、开发商审核）。

2）火灾报警及消防联动系统施工方案（安装单位编制，总承包商、监理单位、开发商审核）。

3）消防水泵安装调试方案（总承包商编制，监理单位、开发商审核）。

4）火灾报警及消防联动单调方案（安装单位编制，总承包商、监理单位、开发商审核）。

5）火灾报警及消防联动调试方案（开发商编制）。

6）强电系统送电方案（总承包商编制，监理单位、开发商审核）。

7）通风空调施工方案（商场）（总承包商编制，监理单位、开发商审核）。

8）大型设备进场及吊装方案（总承包商编制，监理单位、开发商审核）。

9）车管系统施工调试方案（安装单位编制，监理单位、开发商审核）。

10）周界及安防系统施工调试方案（安装单位编制，监理单位、开发商审核）。

4. 质量管理

（1）样板带路。安装专业同样要求样板带路，以样板带动各标区及全项目的施工。样板带路中注意细部尺寸、做法、水电管井内的布置方式等的落实。样板带路的操作流程同主体结构部分相关要求。

（2）建筑给排水与采暖。

1）给水。

a. 室内给水工作的重点是：

水表前生活给水（水厂施工）：管井内管道位置、水表及表前后阀门安装、减压阀安装、通水时防止水溢出管井导致电梯损伤。

水表后生活给水：材料进场报验、阀门强度和严密性试验、水压试验、交付前冲洗和消毒并申请防疫站进行水质检测，取得合格的检测报告。

消防喷淋给水：进场材料报验、阀门强度和严密性试验、水池各种阀门安装、吸水母管水泵及泵前后阀门安装，屋顶消防水箱、减压阀止回阀湿式报警阀水流指示器等，管道焊接或丝接接口、管道支架、消防箱安装及箱体成品保护、喷淋末端试水装置位置、水压试验、消火栓试射、消防喷淋水泵单调等。

b. 室外给水工作的重点是：

水厂施工的生活给水：区外规划管廊的落实、施工占道手续办理、管廊、埋深、室外水表位置、各专业交叉处标高处理、跨道路标高处理等。

室外消防给水：材料进场报验、管廊、埋深、管材防腐、各专业交叉处标高处理、跨道路标高处理、室外消火栓位置等。

2）排水。

a. 室内雨水污水工作的重点是：材料进场报验、埋地管隐检、水平管坡度、卫生间排水口位置方便洁具安装、阻火圈和伸缩节设置、灌水试验、污水管通球试验、明装管道成品保护等。

b. 室外排水（出户管部分）工作的重点是：

管道坡度、金属管材防腐、回填区管沟底部夯实或其他措施处理、出户管标高与地梁及室外雨污接口井标高无冲突、灌水通水试验等。

生化池施工工作的重点是：

设置位置与建筑物基础不影响，生化池不超出建筑红线，进出井标高符合污水管网标高的整体要求、进出井位置方便今后维护、结构不渗漏、注意在车道下的井盖选择、通气管引上高空的方式等。

（3）建筑电气。

1）强电。属于电力局施工部分工作的重点是：

区外规划管廊的落实、施工占道手续办理、开闭所配电房等土建部分工作完成、进场材料设备与合同要求是否一致、施工中配合、送电配合等。

属于总包施工部分工作的重点是：

a. 配电房土建及电缆沟、接地的重点工作为：土建部分天地墙的完善、设备基础、室内通风及照明设施符合配电房要求、电缆沟及接地系统完善，达到电力局安装要求。

b. 电缆敷设及桥架安装重点工作为：进场材料报验、桥架及其支架接地、电缆敷设严禁对电缆造成损伤等。

c. 配电箱柜（配电房以外）重点工作为：进场材料报验、箱体接地、箱间线路绝缘、箱（盘）电击保护、箱内开关及保护装置配置、回路编号及成品保护等。

d. 低压电气设备试运行的重点工作为：试验前设备和线路按规定检查合格、成套配电柜运行电流电压正常、电机通电时转向和机械转动无异常、可空载的电机记录空载电流和机身轴承温升。

e. 防雷接地系统的重点工作为：接地电阻测试，金属管道或构件与接地干线的跨接，幕墙金属龙骨、金属门窗栏杆接地，接地材料规格、变配电室接地干线安装等。

f. 柴油发电机的重点工作为：设备开箱检查、相序与原供电系统相序一致、相间及对地绝缘、中性线与接地干线直接连接等。

g. 灯具安装的重点工作为：固定方式、距地<2.4m时的接地系统、导线要求、特殊场所灯具选型及安装要求等。

2）弱电。

闭路电信宽带的重点工作为：线路通道通畅、箱盒安装等。

周界及安防系统、车管系统的重点工作为：按合同中技术要求进行控制、注意调试及试运行工作。

（4）通风与空调。

1）风管与配件制作的重点工作为：进场材料检验。

2）风管部件与消声器制作的重点工作为：进场材料检验。

3）风管系统安装的重点工作为：穿越防火墙和楼板处的防火封堵、"漏光法"检查风管严密性、风阀风口风帽支吊架安装等。

4）通风与空调设备安装的重点工作为：设备开箱检验、设备基础验收、风机安装、设备接地、电加热器安装等。

5）空调制冷系统安装的重点工作为：设备开箱检验、设备基础交验、空调机组安装、消声器、风机盘管安装、燃油燃气系统设备安装、管道强度等。

6）空调水系统（金属管道）的重点工作为：进场材料检验、支吊架制作质量及安装位置的选定、阀门试压、系统试压、补偿器安装、管道冲洗等。

7）防腐与绝热的重点工作为：绝热材料和防腐油漆进场检验，绝热材料与管道粘贴牢固、接头符合规范要求等。

8）系统调试的重点工作为：风机空调机组单机试运转及调试、水泵单机试运转及调试、冷却塔单机试运转及调试、制冷机组单机试运转及调试、防火防烟阀调试、风量调试、空调水系统调试、空调房间参数测试、系统运行调试等。

（5）电扶梯工程。

1）设备报验、与总包井道书面交接的重点工作为：进场设备报验、包装完好、设备零部件与装箱单内容符合、随机文件齐备。

土建井道交接的重点工作为：机房及井道土建结构与电梯土建布置图相符、主电源开关正确、各层厅门门洞安全护栏符合要求、各层厅门旁标明建筑1m或500mm标高线、电扶梯底坑排水顺畅等。

2）主机、厅门、轿箱、电气装置等安装的重点工作为：紧急操作装置动作正常、导轨安装正确、层门强迫关门装置正常、锁钩动作灵活、安全部件安装正确、接地可靠。

（6）燃气工程。

该阶段的重点工作为：室内管道安装位置、安装质量、气表安装位置是否对阳台使用有影响等，室外埋地管埋深、管廊、管网交叉处标高的确定、墙边吹扫桩及调压箱处室外环境准确标高的确定、系统试压等。

（七）室外管网施工阶段

1. 技术管理

同主体结构施工要求。

此项工作的重点需注意以下几个方面：

（1）综合管网图中，交叉点、过街处、管廊狭窄处、结构顶板处的管道布置是否符合施工要求，如井位比管道宽、人井比手井宽、结构顶板的实际覆土是否满足排水放坡要求等。

（2）因综合管网图出图时间较早，施工交底时要注意将管网图的环境完成标高与景观总图完成面标高相互核对，避免造成管网埋深过深（雨污除外）或管网埋深不够甚至露出地面的情况。

（3）在施工交底时要注意复核景观总图，看是否有管网置于水体之下或靠近大树等。

2. 质量管理

（1）雨污管网。

1）总承包商场地移交的重点工作为：按总承包商进场时，按土石方单位向总承包商的场地移交资料中室外标高向雨污承包商进行室外场地移交，凡高于室外标高的弃渣，均属于总承包商工作内容，由总承包商负责外运后再进行场地移交。

2）放线的重点工作为：在设计图的基础上现场放线。注意井位尽量正对出户管并避免放在入户口、能移出私家花园的尽量移出，管路开挖不能影响建构筑物基础，要为其他专业管网留出管廊。

3）开挖的重点工作为：沟低标高（防止超挖导致的管基变弱）、沟壁放坡、弃土堆放与沟边距离、弃土外运、安全维护、风镐用电安全等。

4）管道安装、排水井砌筑的重点工作为：回填区垫层处理（新回填区可考虑适当加筋处理）、管道坡度、接头处理、井底滑水槽、条石井砌缝填塞、井内壁处理光滑等。

5）回填及井盖安装的重点工作为：细土回填、禁止建渣和大块石料回填，分层夯实、禁止抛填，余土在场内不能平衡的情况下全部外运；井盖注意标高与环境标高吻合、铺地井盖安装方向注意与铺地材料配合。

（2）自来水天然气管网（见安装分部相关内容）。

（3）强弱电管网。与雨污管网部分相似，其余要注意电缆沟内支架安装牢固、沟盖板安装平稳等。

3. 安全文明施工

该项工作的重点为：

（1）临边防护。

（2）沟边土方堆砌与沟边距离。

（3）回填及时性。

（4）余土外运。

（5）井盖未安装时井口临时封闭。

（6）现场生活临设。

三、项目移交阶段

项目竣工验收后，即可进行项目向物业公司的移交工作。

复习思考题

1. 什么是房地产开发？房地产开发的种类有哪些？
2. 房地产开发的主要程序是什么？
3. 开发商在建设过程中的主要目的和工作重点是什么？
4. 房地产开发中应该注意哪些问题？
5. 质量控制的原则是什么？质量控制的内容包括哪些？

关系是泥饭碗会碎的，文凭是铁饭碗会锈的，能力是金饭碗会保值增值的。

——《国学解码商道》

第九章　房地产价格构成与估算方法

一、概述

（一）房地产价格的概念

人们对于什么是价格，有着许多定义和解释，其中最典型的是下列两种：

（1）价格是为获得一种商品或服务所必须付出的东西，通常用货币来表示，一定要用货币形式来偿付。

（2）价格是商品价值的货币表现，价值是凝结在商品中的抽象的人类劳动。

上述两种对价格的定义，第一种讲的是现象，第二种讲的是本质。

对于房地产价格来说，可以定义如下：房地产价格是和平地获得他人的房地产所必须付出的代价——货币额、商品或其他有价物。在现今社会，房地产价格通常用货币来表示，惯例上也是用货币形式来偿付，但也可以用实物、劳务等其他形式来偿付，例如，以房地产作价入股换取设备、技术等。

（二）房地产价格的形成条件

与其他任何物品一样，要形成房地产价格，需要具备 3 个条件：①有用性；②稀缺性；③有效需求。

1. 有用性

有用性是指物品能够满足人们的某种需要，俗话说"有用"，经济学上称为使用价值。至于人们为什么需要它，或者是因为觉得它很必要，或者是因为它很时髦，或者是因为听信了广告宣传。房地产如果没有用，人们就不会产生占有房地产的要求或欲望，更谈不上花钱去购买或租赁房地产，从而房地产也就不会有价格。

2. 稀缺性

稀缺性是指物品的数量没有多到使每个人都可以随心所欲地得到它，是相对缺乏，而不是绝对缺乏。绝对缺乏是指"物质的不可获得性"，例如严重干旱时某些地区没有平日那么多的水可用。一种物品仅有用还不能使其有价格。因为如果该种物品的数量丰富，随时随地都能够自由取用，例如空气，尽管对人们至关重要——没有空气人们就无法生存，但是也不会有价格。因此，房地产要有价格还必须具有稀缺性。

稀缺性对价格的作用是很大的，俗话说物以稀为贵。有些物品，无论它多么有用，只要是相对富余的，就不会有高的价格。现代政治经济学奠基人亚当·斯密曾经说过："使用价值很大的东西，往往具有极小的交换价值，甚或没有；反之，交换价值很大的东西，往往具有极小的使用价值，甚或没有。例如，水的用途最大，但却不能以水购买任何物品，也不会拿任何物品与水交换。反之，金刚钻虽几乎无使用价值可言，但需有大量其他货物才能与之交换。"

3. 有效需求

有效需求是指对物品的有支付能力支持的需要——不但愿意购买而且有能力购买。只有需要而无支付能力（即想买但没有钱），或者虽然有支付能力但不需要（即有钱但不想买），都不能使购买行为发生，从而不能使价格成为现实。例如，一套 30 万元的住房，甲家庭需要，可是买不起；乙家庭买得起，但是不需要；丙家庭既需要，也买得起。在这种情况下，只有丙家庭对这套住房有有效需求。因此，分清需要与有效需求是非常重要的。需要不等于有效需求，需要只是一种要求或欲望，有支付能力支持的需要才是有效需求。

综上所述，房地产价格是由房地产的有用性、稀缺性和有效需求三者综合产生的。在现实中，不同的房地产的价格之所以有高低，同一宗房地产的价格之所以有变动，归总起来也是由这三者的程度不同及其变化所引起的。

（三）房地产价格的特征

一般物品的价格，既有共同之处，又有不同的地方。共同之处在于：①都用货币来表示；②都有波动，受供求因素的影响；③都是按质论价。房地产价格与一般物品价格的不同，表现出房地产价格的独特之处。房地产包括土地和建筑物，随着土地资源的日益稀缺，土地价格日益高涨，其所占比重及对房地产价格的影响也越来越大。下面先单独介绍一下土地价格与一般物品价格的不同。

1. 土地价格与一般物品价格的差异

土地价格与一般物品价格的不同主要表现在下列 6 个方面：

（1）生产成本不同。一般物品是劳动的产物，而土地本质上不是劳动创造的，是大自然的恩赐。所以，一般物品的价格必然含有生产成本因素，而地价不一定含有生产成本因素。例如，一块位置和自然风光较好、适宜建造别墅的未开发土地，但此之前可能并未投入劳动。从更深的角度考察，一般物品的价格是"劳动价值"的货币表现，围绕着"劳动价值"而上下波动；地价本质上不是"劳动价值"的货币表现，而是地租的资本化。

（2）折旧不同。一般物品的寿命有限，可以大量重复生产，其价值通常随着时间的流逝而降低，因此有折旧。而土地由于具有不可毁灭性，不能再生产，其价格通常随着时间的流逝而上升，不仅无折旧，而且由于土地资源的日益稀缺和城市化发展，土地会自然增值。

（3）价格差异不同。一般物品，如电视机、汽车，人们可以大量制造，同一品牌、同一型号的很多，故其价格较一致。土地由于具有独一无二的特性，所以基本上一宗土地一个价格，而且不同的土地之间价格差异较大，有的寸土寸金（如商业中心的土地），有的可能一文不值（如偏远的荒漠土地）。

（4）市场性质不同。一般物品的市场为较完全市场，形成的价格较客观，而土地市场为不完全市场，形成的地价受主观因素的影响较大。马克思曾说过："必须牢牢记住，那些本身没有任何价值，即不是劳动产品的东西（如土地），或者至少不能由劳动再生产的东西（如古董，某些名家的艺术品等）的价格，可以由一系列非常偶然的情况来决定。"

（5）价格形成时间不同。一般物品由于相同的很多，易于比较，为较完全市场，且价值不很大，因此，价格形成的时间通常较短。土地由于具有独一无二的不易于比较性，为不完全市场，而且价值量大，其交易一般需要经过长期考虑后才能达成，因此，地价形成的时间通常较长。

（6）供求变化不同。地价与一般物品的价格虽然都受供求变化的影响，但土地的数量难以增减且不可移动，所以其供给弹性较小。因此，地价多受需求影响，并且对土地的需求是一种"引致"需求，即由对土地上的产品和服务的需求引起的需求。从全社会的角度来看，土地的自然供给是完全无弹性的，不会随着地价的变化而增减。但对于某种特定用途的土地来说，土地的供给是有弹性的。土地往往可以在不同的用途之间进行选择，从而一种用途可以挤占其他用途的土地，例如，商业可以挤占居住用地，住宅可以挤占工业用地，工业可以挤占农业用地。

2. 房地产价格的特征

由于房地产是附着在土地上，不可移动的，故房地产价格主要有以下特征：

（1）房地产价格受区位的影响很大。

（2）房地产价格实质上是房地产权益的价格。

（3）房地产价格的表现形式既有作为交换代价的价格，又有作为使用代价的租金。

（四）房地产的供求与价格

房地产市场的波动，房地产价格水平及其变动，从经济学上来讲，是由于房地产的供给和需求这两种相反的力量共同作用的结果，其中，待租售的房地产（包括新开发的增量房地产和已有的存量房地产）形成了市场的供给面，房地产的消费者（购买者、承租人）形成了市场的需求面。其他一切因素对房地产价格的影响，要么是通过影响房地产的供给，要么是通过影响房地产的需求，要么是通过同时影响房地产的供给和需求来实现的。

1. 房地产需求

房地产需求是指消费者在某一特定的时间内，在每一价格水平下，对某种房地产所愿意而且能够购买的数量。形成需求有两个条件：①消费者愿意购买；②消费者有能力购买。仅有第一个条件，只能被看成是需要或欲望；仅有第二个条件，不能使购买行为发生。

某种房地产的需求量是由许多因素决定的，除了随机因素，经常起作用的因素及其对房地产需求量的影响分别如下：

（1）该种房地产的价格水平。一般来说，某种房地产的价格如果上升了，对其需求就会减少；如果下降了，对其需求就会增加。

（2）消费者的收入水平。因为消费者对商品的需求是有支付能力支持的需要。所以，需求量的大小还取决于消费者的收入水平。对于正常商品来说，当消费者收入增加时，就会增加对商品的需求；相反，就会减少对商品的需求。但对于低档商品来说，当消费者的收入增加时，反倒会减少对商品的需求。

（3）消费者的偏好。消费者对商品的需求产生于消费者的需要或欲望，而消费者对不同商品的欲望又有强弱缓急之分，从而形成消费者的偏好。当消费者对某种房地产的偏好程度增强时，该种房地产的需求就会增加；相反，需求就会减少。例如，如果城市居民出现了向郊区迁移的趋势，则对市区住宅的需求将会减少，而对郊区住宅的需求将会增加。

（4）相关物品的价格水平。当一种房地产自身的价格保持不变，而与它相关的物品的价格发生变化时，该种房地产的需求也会发生变化。与某种房地产相关的物品指该种房地产的替代品和互补品。某种房地产的替代品，指能够满足类似需要、可替代它的其他房地产。在替代品之间，一种房地产的价格上升，另一种房地产的价格如果不变，则对另一种房地产的需求就会增加。某种房地产的互补品，是指与它相互配合的其他房地产或物品，如住宅与其配套的商业、娱乐房地产。在互补品之间，对一种物品的消费如果多了，则对另一种物品的消费也会多起来。例如，大城市郊区的住宅，当降低或取消连接它与市区的高速公路收费时，对其需求就会增加。

（5）消费者对未来的预期。消费者的行为不仅受许多现实因素的影响，还受其对未来的预期的影响。例如，现时消费者的需求不仅取决于其现在的收入和房地产目前的价格水平，还取决于消费者对未来收入和房地产未来价格的预期。当消费者收入会增加时，就会增加现期需求；相反，就会减少现期需求。当消费者预期房地产价格未来会上升时，就会增加对房地产的现期需求；相反，就可能持币待购，减少对房地产的现期需求。

由上可知，当一种房地产的价格低时，当消费者的收入高时，当消费者对该种房地产的偏好程度增强时，当该种房地产的替代品价格高或互补品价格低时，当消费者预期未来的收入会增加或该种房地产的价格未来会上升时，消费者对该种房地产的当前需求通常更多；反之，消费者对该种房地产的当前需求通常更少。

2. 房地产供给

房地产供给是指房地产开发商和拥有者（卖者）在某一特定的时间内，在某一价格水平下，对某种房地产所愿意而且能够提供出售的数量。形成供给有两个条件：①房地产开发商或拥有者愿意供给；②房地产开发商或拥有者有能力供给。如果房地产开发商或拥有者对某种房地产虽然有提供出售的愿望，但没有提供出售的能力，则不能形成有效供给，也就不能算做供给。

在现实中，某种房地产在未来某一时间的供给量为：

供给量＝存量－拆毁量－转换为其他种类房地产量＋其他种类房地产转换为该种房地产量＋新开发量

某种房地产的供给量是由许多因素决定的，除了随机因素，经常起作用的因素及其对房地产供给量的影响分别如下：

（1）该种房地产的价格水平。一般来说，某种房地产的价格越高，开发该种房地产就越有利可图，房地产开发商愿意开发的数量就会越多；相反，房地产开发商愿意开发的数量就会越少。供给量与价格正相关的这种关系，被称为供给规律。

（2）该种房地产的开发成本。在某种房地产的价格不变的情况下，当其开发成本上升，如土地、建筑材料、建筑设备、建筑人工等投入中的一种或几种价格上涨不太有利，从而会使该种房地产的供给减少；相反，会使该种房地产的供给增加。

（3）该种房地产的开发技术水平。在一般情况下，开发技术水平的提高可以降低开发成本，增加开发利润，房地产开发商就会开发更多的房地产产品。

（4）房地产开发商对未来的预期。如果房地产开发商对未来的预期看好，例如，房地产开发商预期房地产价格未来会上升，则在制定投资开发计划时会增加开发量，从而会使未来的供给增加，同时会把现在开发的房地产留着不卖，待价而沽，从而会减少房地产的现期供给；如果房地产开发商对未来的预期是悲观的，其结果会相反。

由上可知，当一种房地产的价格上升时，当该种房地产的开发成本降低或开发技术水平提高时，当房地产开发商预期该种房地产的价格未来会下降时，该种房地产的当前供给通常更多；反之，该种房地产的当前供给通常更少。

（五）房地产价值

1. 使用价值和交换价值

在经济学里，广义的价值有使用价值和交换价值之分。一种商品的使用价值，是指该种商品能满足人们某种需要的效用；交换价值，是指该种商品同其他商品相交换的量的关系或比例，通常用货币来衡量，即交换价值表现为一定数量的货币、商品或其他有价物。人们在经济活动中一般简称的价值，指的是交换价值。

任何物品能够成为商品，首先必须是有用物，能用来满足人们的某种需要。没有使用价值的东西不会被交换对方所接受，也就不能成为商品，不会有交换价值。因此使用价值是交换价值的前提，没有使用价值就肯定没有交换价值。但是反过来，即没有交换价值不一定没有使用价值，例如空气。

作为商品的房地产，既有使用价值也有交换价值。与房地产使用价值有关的房地产质量、功能、产权等因素影响着房地产交换价值的大小。

2. 投资价值和市场价值

投资价值一词有两种含义：①值得投资，例如，人们在为某个房地产项目做销售宣传时，经常称其具有投资价值；②从某个特定的投资者（即某个具体的投资者）的角度所衡量的价值。因此，某一房地产的投资价值，是指某个特定的投资者（如某个具体的购买者）基于个人的需要或意愿，对该房地产所评估出的价值。而该房地产的市场价值，是指该房地产对于一个典型的投资者（市场上抽象的一般投资者，他代表了市场上大多数人的观点）的价值。市场价值是客观的、非个人的价值，而投资价值是建立在主观的、个人因素基础上的价值。在某一时点，市场价值是唯一的，而投资价值会因投资者的不同而不同。

同一房地产对于不同的投资者之所以会有不同的投资价值，是因为不同的投资者可能在开发成本或经营费用方面的优势不同，纳税状况不同，对未来的信心不同等。所有这些因素，都会影响投资者对该房地产未来收益能力的估计，影响投资者对该房地产价值的估计。如果所有的投资者都做出相同的假设，面临相同的环境状况，则投资价值与市场价值就会相等，但实际上不可能出现这种情况。因此，常常会有某些投资者愿意支付比其他投资者更高的价格来获得某一房地产。

二、房地产价格构成及估算

对于以"取得房地产开发用地进行房屋建设，然后销售所建成的商品房"的房地产开发经营方式而言，房地产价格通常由开发总成本费用、销售税费、开发利润三大部分构成。这里先主要介绍开发总成本费用构成及其估算方法，销售税费与开发利润将在后面详细介绍。

房地产开发总成本费用是指在开发期内完成房地产产品开发建设所需投入的各项成本费用，主要包括土地费用、前期工程费用、基础设施建设费用、建筑安装工程费用、公共配套设施建设费用、管理费用、财务费用、销售费用、开发期税费、其他费用及不可预见费用等。

（一）土地费用及估算

土地费用是指取得房地产开发用地所必需的费用、税金等。在完善、成熟的房地产市场下，土地取得成本一般是由购置土地的价款和在购置时应由开发商（作为买方）缴纳的税费（如契税、交易手续费）构成。根据房地产开发用地取得的途径，土地取得成本的构成有所不同。当前，取得房地产开发用地主要有土地使用权划拨和土地使用权出让两种方式。

土地使用权划拨，是指县级以上人民政府依法批准，在土地使用者缴纳补偿、安置等费用后将该土地交付其使用，或者将土地使用权无偿交付给土地使用者使用的行为。以划拨方式取得土地使用权的，除法律、行政法规另有规定外，没有使用期限的限制。

下列建设用地的土地使用权，确属必需的，可以由县级以上人民政府依法批准划拨：

（1）国家机关用地和军事用地。

（2）城市基础设施用地和公益事业用地。

（3）国家重点扶持的能源、交通、水利等项目用地。

（4）法律、行政法规规定的其他用地。

对于通过征收农地取得划拨土地使用权的，土地取得成本主要指土地使用者应缴纳的补偿、安置等费用。根据《中华人民共和国土地管理法》《中华人民共和国城市房地产管理法（2007年修正）》和《关于完善征地补偿安置制度的指导意见》（2004年11月3日国土资发〔2004〕238号）等的规定，在农地征收中发生的税、费主要有：

（1）征地补偿安置费用。征地补偿安置费用包括土地补偿费、安置补助费、地上附着物补偿费、青苗补偿费。

1）土地补偿费。征收耕地的土地补偿费，为该耕地被征收前3年平均年产值的6～10倍。征收其他土地的土地补偿费标准，由省、自治区、直辖市参照征收耕地的土地补偿费的标准规定。

2）安置补助费。征收耕地的安置补助费，按照需要安置的农业人口数计算。需安置的农业人口数，按照被征收的耕地数量除以征地前被征收单位平均每人占有耕地的数量计算。每一个需要安置的农业人口的安置补助费标准，为该耕地被征收前3年平均年产值的

4～6 倍。但是，每公顷被征收耕地的安置补助费，最高不得超过被征收前 3 年平均年产值的 15 倍。征收其他土地的安置补助费标准，由省、自治区、直辖市参照征收耕地的安置补助费的标准规定。以重庆市为例，重庆市主城区征地土地补偿费、安置补助费标准见表 9-1。

表 9-1 重庆市主城区征地土地补偿费、安置补助费标准

人均耕地（亩）	统一年产值（元/亩）	土地补偿费倍数	安置补助费倍数	人均耕地（亩）	统一年产值（元/亩）	土地补偿费倍数	安置补助费倍数
1.0 以上	2300	6	6	0.6	2300	8	11.5
1.0	2300	6	6	0.5	2300	8.5	14
0.9	2300	6.5	7	0.4	2300	9	17
0.8	2300	7	8	0.3	2300	10	20
0.7	2300	7.5	9.5	0.3 以下	2300	10	20

注 1. 人均耕地在表列数据之间时，土地补偿费、安置补助费倍数按插入法计算。

2. 主城区指渝中区、大渡口区、江北区、沙坪坝区、九龙坡区、南岸区、北碚区、渝北区、巴南区所属行政区域（含北部新区、经开区、高新区规划范围）。

3）地上附着物补偿费。地上附着物补偿费包括被征收土地上的房屋及其他建筑物（含构筑物）、农田水利设施、树木、蔬菜大棚等的补偿费。地上附着物的补偿标准，由省、自治区、直辖市规定。以重庆市为例，重庆市主城区征地房屋补偿标准见表 9-2。

表 9-2 重庆市主城区征地房屋补偿标准 元/m²

结构类别	房屋结构	补偿单价		
		一类标准	二类标准	三类标准
砖混结构	砖墙（条石）预制盖	216～240	204～228	192～216
	砖墙（条石）瓦盖	192～216	180～204	168～192
砖木结构	砖墙（木板）穿逗瓦盖	168～192	156～180	144～168
	砖墙（片石）瓦盖	144～168	132～156	120～144
	砖墙石棉瓦盖（含油毡、玻纤瓦）	132～156	120～144	108～132
土墙结构	穿逗、土墙瓦盖	120～144	108～132	96～120
	石棉瓦、玻纤瓦盖	108～132	96～120	84～108
简易	土墙毡盖（含棚盖）	72～96	60～84	48～72
	简易棚房	36～60	24～48	12～36

注 1. 房屋层高在 2.4m（不含 2.4m）以下，1.5m（含 1.5m）以上的，按同类标准的 70%计算补偿。

2. 房屋层高在 1.5m 以下的，按同类标准的 50%计算补偿；在 1m 以下的，按同类房屋标准的 20%～40%计算补偿。

3. 预制板作楼板的多层瓦盖房屋，瓦盖一层的，按瓦盖房屋补偿，其余楼层按预制盖房屋补偿。

4. 外阳台按同类房屋的 50%计算。

5. 房屋面积以外墙尺寸计算。

4）青苗补偿费。青苗补偿费是对被征收土地上尚不能收获的农作物给予的补偿费。

可以移植的苗木、花草以及多年生经济林木等，一般是支付移植费；不能够移植的，给予合理补偿或作价收购。青苗的补偿标准，由省、自治区、直辖市规定。以重庆市为例，重庆市主城区征地青苗补偿标准见表9-3。

表9-3	主城区征地青苗补偿标准		元/亩
作物类别	标 准		
	一类标准	二类标准	三类标准
蔬菜类（含经济作物类）	1430～1760	1320～1650	1210～1540
粮 食 类	1100～1430	990～1320	880～1210

（2）征地管理费。征地管理费是指县级以上人民政府土地管理部门受用地单位委托，采用包干方式统一负责、组织、办理各类建设项目征收土地的有关事宜，由用地单位在征地费总额的基础上按一定比例支付的管理费用。具体收费标准，由各省、自治区、直辖市制定。

以重庆市为例，征用集体土地（包括乡镇企业经依法批准占用农村集体所有土地进行非农业生产建设）的，全包方式（包工作、包费用、包时间）一次征用1000亩及以上，征地管理费不超过征地费用总额的2.1%；一次征用1000亩以下，征地管理费不超过征地费用总额2.8%。划拨国有土地的，征地管理费按用地面积计算，计费标准为2.00元/m²。

（3）耕地占用税（占用耕地的）。根据《中华人民共和国耕地占用税暂行条例》规定，占用耕地建房或者从事其他非农业建设的单位和个人，都是耕地占用税的纳税义务人，应当按照规定缴纳耕地占用税。耕地占用税以纳税义务人实际占用的耕地面积计税，按照规定税额一次性征收。各地耕地占用税的适用税额标准，由各省、自治区、直辖市人民政府在《中华人民共和国耕地占用税暂行条例》规定的税额标准幅度以内，根据本地区的实际情况具体核定。

（4）耕地开垦费（占用耕地的）。国家实行占用耕地补偿制度。非农业建设经批准占用耕地的，按照"占多少，垦多少"的原则，由占用耕地的单位负责开垦与所占用耕地的数量和质量相当的耕地；没有条件开垦或者开垦的耕地不符合要求的，应当按照省、自治区、直辖市的规定缴纳耕地开垦费，专款用于开垦新的耕地。

（5）新菜地开发建设基金（征收城市郊区菜地的）。征收城市郊区的菜地，用地单位应当按照国家有关规定缴纳新菜地开发建设基金。新菜地开发建设基金的缴纳标准，由省、自治区、直辖市规定。

（6）政府规定的其他有关税、费。部分省、自治区、直辖市还规定收取教育费附加、防洪费、南水北调费等。具体费、税项目和收取标准，应根据国家和当地政府的有关规定执行。

（二）土地使用权出让金

土地使用者支付土地出让金的估算可参照政府前期出让的类似地块的出让金数额并进行时间、地段、用途、临街状况、建筑容积率、土地出让年限、周围环境状况及土地现状等因素的修正得到；也可依据所在城市人民政府颁布的城市基准地价或平均标定地价，根据项目所在地段等级、宗地成熟度、容积率、区域和个别因素、使用年限等因素修正得到。土地级别、城市基准地价、容积率修正系数、使用年限修正系数等均由各省、直辖市、自治区人民政府制定。

宗地价格＝宗地面积×基准地价×（1＋成熟度修正系数＋区域和个别因素修正系数）

$\quad\quad$ ×容积率修正系数×年限修正系数×基准日修正系数　　　　　　　(9-1)

以重庆市为例，根据《重庆市人民政府关于调整国有土地使用权土地级别基准地价和土地出让金标准的通知》（渝府〔2002〕79号文），重庆市国有土地使用权基准地价见表9-4。

表 9-4　　　　　　　　　　重庆市国有土地使用权基准地价　　　　　　　　　元/m²

土地级别	商业用地（40年）	住宅用地（70年）	工业用地（50年）	土地级别	商业用地（40年）	住宅用地（70年）	工业用地（50年）
1	11953	3503	1499	7	3993	841	220
2	9977	3078	1204	8	3109	737	185
3	7499	2206	711	9	2648	660	150
4	5957	1777	460	10	1875	589	130
5	4822	1237	350	11	947	444	120
6	4334	959	286	12	491	338	115

注　表中基准地价内涵为城镇国有土地法定最高出让年限，五通一平（通水、通电、通路、通气、通信、平整场地），商业用地容积率为2，住宅用地容积率为3，工业用地容积率为1条件下的平均价格。

1. 年限修正

当实际使用年限与上述年限不一致时，应对基准地价和土地出让金标准作年限修正。年限修正系数的计算式为

$$u = [1 - 1/(1+r)^n] \div [1 - 1/(1+r)^m] \quad\quad\quad (9-2)$$

式中　u——年限修正系数；

$\quad\quad$ r——土地还原率；

$\quad\quad$ n——实际使用年限；

$\quad\quad$ m——各用途法定最高出让年限。

2. 成熟度修正

成熟度指宗地内的实际开发程度。当宗地内的实际开发程度不是"五通一平"（通水、通电、通路、通气、通信、平整场地）时，应进行成熟度修正。成熟度修正系数见表9-5。

表 9-5　　　　　　　　　　　　　　成熟度修正系数表

土地开发程度	修正系数（%）			土地开发程度	修正系数（%）		
	商业	住宅	工业		商业	住宅	工业
缺通路	−7	−6	−6	缺通信	−3	−3	−3
缺通上水	−3	−3	−4	缺通气	—	−5	—
缺通下水	−3	−3	−5	缺场地平整	−7	−6	−5
缺通电	−7	−5	−7				

3. 区域和个别因素修正

基准地价是一个区域的平均价格。运用基准地价系数修正法进行具体宗地地价评估时，应根据宗地所处区域和宗地具体条件进行区域和个别因素修正。

4. 容积率修正

容积率是宗地建筑面积与土地面积的比率，反映宗地的利用强度。表 9-4 中基准地价设定商业用地容积率为 2，住宅用地容积率为 3，工业用地容积率为 1。当实际容积率与设定容积率不一致时，应进行容积率修正。容积率修正系数见表 9-6。商业用地容积率小于 1.5，取 1.5 的修正指数，大于 4.0，取 4.0 的修正指数；住宅用地容积率小于 1.5，取 1.5 的修正指数，大于 6.0，取 6.0 的修正指数；工业用地容积率小于是 1.0，取 1.0 的修正指数，大于 3.0，取 3.0 的修正指数。表 9-6 中所列相邻之间的容积率采用内插法计算修正指数。

表 9-6 容积率修正系数

容积率	商 业	住 宅	工 业	容积率	商 业	住 宅	工 业
0.25	—	—	—	4.0	2.63	1.34	
0.50				4.5	—	1.45	
1.0			1.0	5.0		1.57	
1.5	0.80	0.75	1.05	5.5		1.69	
2.0	1.00	0.90	1.12	6.0		1.81	
2.5	1.38	0.95	1.20	6.5	—	—	
3.0	1.70	1.00	1.30	7.0			
3.5	2.15	1.21	—				

5. 基准日修正系数

表 9-4 中基准地价基准日为 2001 年 1 月 1 日。宗地评估基准日不是 2001 年 1 月 1 日时，应根据地价指数进行基准日修正。地价指数公布前，可暂不修正。

（三）前期工程费用

前期工程费主要包括开发项目前期规划、设计、可行性研究、水文、地质勘测，以及"三通一平"等阶段的费用支出。

（1）项目规划、设计、可行性研究所需费用支出。

一般可按总投资的一定百分比估算。一般情况下，规划设计费为建安工程费的 3% 左右，可行性研究费占项目总投资的 1%～3%，也可按估计的工作量乘以正常工日费率估算。

（2）水文、地质勘测所需费用支出。

根据工作量结合有关收费标准估算，一般为设计概算的 0.5% 左右。

（3）土地开发中"三通一平"（通水、通电、通路、土地平整）等工程费用。

主要包括地上原有建筑物、构筑物的拆除费用，场地平整费用和通水、通电、通路的费用。这些费用的估算可根据实际工程量，参照有关标准进行。

（四）基础设施建设费

基础设施建设费，是指建筑物 2m 以外和项目用地规划红线以内的各种管线和道路等工程的费用，包括所需要的道路、绿化、供水、供电、排污、通信、燃气、热力等设施的建设费用，以及各项设施与市政设施干线、干管、干道的接口费用。一般按实际工程量估算。

一般说来，详细估算时，可按单位指标估算法来计算，如供水工程可按水增容量（t）指标计算；供电及变配电工程可按电增容量（kV·A）指标计算；采暖工程按耗热量（瓦特）指标计算；管线工程按长度（m）指标计算；室外道路按道路面积（m²）指标计算等。而粗略估算时，可按建筑平方米或用地平方米造价计算。

如果取得的房地产开发用地是熟地，则基础设施建设费已部分或全部包含在土地取得成本中。

（五）建筑安装工程费

建筑安装工程费是指建造房屋建筑物所发生的建筑工程费用、设备采购费用、安装工程费用和室内装饰家具费等。这里的建筑工程费用包括结构、建筑、特殊装修工程费；设备采购及安装工程费包括给排水、电气照明及设备安装、空调通风、弱电设备及安装、电梯及安装、其他设备及安装等。在可行性研究阶段，建筑安装工程费算可以采用单元估算法、单位实物工程量估算法、概算指标估算法、概算定额法，也可以根据类似工程经验进行估算。具体估算方法的选择应视资料的可取性和费用支出的情况而定。

1. 单元估算法

单元估算法是指以基本建设单元的综合投资乘以单元数得到或单项工程总投资的估算方法。如以每间客房的综合投资乘以客房数估算一座酒店的总投资；以每张病床的综合投资乘以病床数估算医院的总投资等。

2. 单位实物工程量估算法

单位实物工程量估算法是指以单位实物工程量投资乘以工程量得到单项工程投资的估算方法。一般来说，土建工程、给排水工程、照明工程可按建筑平方米造价计算；采暖工程按耗热量（千卡/h）指标计算；变配电安装按设备容量（kV·A）指标计算；集中空调安装按冷负荷量（千卡/h）指标计算；供热锅炉安装按每小时产生蒸汽量（m³/h）指标计算；各类围墙、室外管线工程按长度（m）指标计算；室外道路按道路面积（m²）指标计算等。

3. 概算定额法

概算定额法采用与工程概预算类似的方法，先近似匡算工程量，乘以相应的概预算定额单价和取费标准，近似计算项目的建筑安装工程费。采用概算定额法，要求设计已达到一定深度，可估算出分部工程的工程量时才可采用。

4. 概算指标法

概算指标法采用综合的单位建筑面积或建筑体积乘以技术条件相同或基本相同工程的概算指标，从而计算建筑安装工程费用。概算指标法适用于设计深度不够，不能准确计算工程量，但工程设计技术比较成熟而又有类似工程概算指标可以利用的情况。

5. 类似工程预算法

投资项目都有其自身的特点,因此不是很快就能对建安工程费用中各项目所占比例定出一个绝对适用的标准。但是,在一定时期和相对稳定的市场状况下,通过客观的估算方法,加之对实际个案的经验总结,可以测算出各类有代表性项目的建安工程各项费用的大致标准,用这个标准来估算建安工程费用的方法就是类似法。

当房地产项目包括多个单项工程时,应对各个单项工程分别估算建筑安装工程费用。

(六)公共配套设施建设费

公共配套设施建设费是指居住小区内为居民服务配套建设的各种非营利性的公共配套设施(又称公建设施)的建设费用,主要包括居委会、派出所、托儿所、幼儿园、变电室、停车场、公共厕所等。这些配套设施是不能有偿转让的,一般按规划指标和实际工程量估算(可参考建安工程费的估算办法)。

(七)管理费用

管理费用是指房地产开发企业的管理部门为组织和管理房地产项目的开发经营活动而发生的各项费用。主要包括管理人员工资、工会经费、职工教育经费、劳动保险费、待业保险费、董事会费、咨询费、审计费、诉讼费、排污费、绿化费、房地产税、车船使用税、土地使用税、技术转让费、技术开发费、无形资产摊销、开办费摊销、业务费摊销、业务招待费、坏账损失、存货盘亏、毁损和报废损失以及其他管理费用。

管理费可按土地费用、前期工程费用、基础设施建设费用、建筑安装工程费用、公共配套设施建设费用五项费用之和的一定百分比计算。

管理费=(土地费用+前期工程费用+基础设施建设费用+建筑安装工程费用+公共配套设施建设费用)×一定百分比 (9-3)

这个百分比一般为3%左右。

若房地产开发企业同时开发若干房地产项目,管理费用应在各个项目之间合理分摊。

(八)财务费用

财务费用是指房地产开发企业为筹集资金而发生的各项费用。主要包括借款和债券的利息、金融机构手续费、融资代理费、外汇汇兑净损失,以及企业筹资发生的其他财务费用。

利息主要包括长期借款和流动资金借款利息。

1. 长期借款利息的估算

长期借款利息的估算,应按借款条件的不同分别计算。对国内外借款,不论实际按年、季、月计息,均可简化为按年计息,即将名义利率按计息时间折算成有效年利率。计算式为

$$有效利率(i) = \left(1 + \frac{r}{m}\right)^m - 1 \qquad (9-4)$$

式中 i——有效年利率;

r——名义年利率;

m——每年计息次数。

为简化利息的计算，假定借款发生当年均在年中支用，按半年计息，其后年份按全年计息；还款当年按年末偿还，按全年计息。每年应计利息的近似计算公式如下：

$$每年应计利息 = \left(年初借款本息累计 + \frac{1}{2} 本年借款额\right) \times 有效年利率 \qquad (9-5)$$

长期借款利息估算与长期借款偿还方式有关，长期借款本息的偿还方式主要有三种：

(1) 每年等额偿还本息和；

(2) 等额还本，利息每年照付；

(3) 按最大偿还能力考虑。

具体估算时，应根据项目的具体情况和具体的贷款条件而定。

2. 流动资金借款利息估算

流动资金借款部分是按全年计息。利息计入财务费用，每年照付，期末一次还本。

3. 利息以外的费用

利息以外的费用一般占利息的10%左右。

（九）销售费用

销售费用是指房地产开发企业在销售房地产产品过程中发生的各项费用，以及专设销售机构或委托销售代理的各项费用。主要包括销售人员工资、奖金、福利费、差旅费、销售机构的折旧费、修理费、物料消耗费、广告费、宣传费、代销手续费、销售服务费、预售许可证申领费等。综合起来为：

(1) 广告宣传及市场推广费，一般约为销售收入的2%～3%。

(2) 销售代理费，一般约为销售收入的1.5%～2%。

(3) 其他销售费用，一般约为销售收入的0.5%～1%。

以上各项合计，销售费用约占销售收入的4%～6%。

（十）其他费用

其他费用主要包括临时用地费和临时建设费、工程造价咨询费、总承包管理费、合同公证费、施工执照费、工程质量监督费、竣工图编制费、工程保险费等。这些费用按当地有关部门的费率估算，一般约占总开发成本的2%～3%。

（十一）开发期税费

开发期税费是指项目所负担的与房地产投资有关的各种税金和地方政府或有关部门征收的费用。主要包括固定资产投资方向调节税、拆迁管理费、土地使用税、市政支管线分摊费、供电贴费、用电权费、绿化建设费、电话初装费、市政公用设施建设配套费等。这部分费用不可轻视，在一些大中型城市中，这部分费用已经占较大比重。各项税费应根据当地有关法规标准估算。

其中，固定资产投资方向调节税的计收办法和标准是：商品住宅，按总投资额的5%计征；经批准允许建设的楼堂馆所，按总投资额的30%计征；解困房等，按总投资额的0%计征；其余按总投资额的15%计征（说明：为鼓励投资，自2000年1月1日起，暂停征收固定资产投资方向调节税，但该税种并未取消）。

（十二）不可预见费

房地产项目投资估算应考虑适当的不可预见费。不可预见费根据项目的复杂程度和前述各项费用估算的准确程度，可按上述各项费用之和的 3%～7%估算。

三、销售税费与开发利润

（一）销售税费

销售税费是指销售所开发的房地产应由房地产开发商（此时作为卖方）缴纳的税费，包括营业税、城市建设维护税及教育费附加等。

1. 营业税

营业税是对在我国境内提供应税劳务、转让无形资产或销售不动产的单位和个人，就其所取得的营业额征收的一种税，属于流转税制中的一个主要税种。对于房地产开发经营业务而言，营业税的计税依据为房地产销售收入额、房地产出租收入额、房地产中介服务收入额。

$$营业税＝营业额×营业税税率 \tag{9-6}$$

营业税实行比例税率，目前营业税的税率是 5%。

2. 城市建设维护税

城市维护建设税是对单位和个人按其实际缴纳的增值税、消费税、营业税三种税额的一定比例计算征收的，专用于城市维护建设而征收的一种税。对于房地产开发企业而言，城市维护建设税的计税依据是其实际交纳的营业税。

$$城市维护建设税＝营业税×城市维护建设税税率 \tag{9-7}$$

城市维护建设税按纳税人所在地的不同，税率档次分别为：纳税人所在地为城市的，税率为 7%；纳税人所在地为县城、建制镇的，税率为 5%；纳税人所在地为城市、县城、建制镇以外的，税率为 3%。

3. 教育费附加

教育费附加是国家为发展教育事业、筹集教育经费而征收的一种附加费，其计税依据与城市维护建设税相同。对于房地产开发企业而言，教育费附加的计税依据是其实际交纳的营业税。

$$教育费附加＝营业税×教育费附加税率 \tag{9-8}$$

教育费附加的税率一般为 3%。

4. 土地增值税

土地增值税是对转让国有土地使用权、地上建筑物及其附着物（简称转让房地产）并取得收入的单位和个人，就其转让房地产所取得的增值额征收的种税。

开征土地增值税，主要是国家运用税收杠杆引导房产地产经营方向，规范房地产市场的交易秩序，合理调节土地增值收益分配，维护国家权益，促进房地产开发的健康发展。

土地增值税的纳税义务人为转让国有土地使用权、地上建筑物及其附着物（简称房地产）并取得收入的单位和个人。单位包括各类企业、事业单位、国家机关和社会团体及其他组织。个人包括个体经营者。

（1）土地增值税的税率。土地增值税实行四级超额累进税率，具体见表 9-7。

表 9-7	土地增值税四级超额累进税率	
增值额占扣除项目金额比例		税率（%）
增值额未超过扣除项目金额 50% 的部分		30
增值额超过扣除项目金额 50%，未超过扣除项目金额 100% 的部分		40
增值额超过扣除项目金额 100%，未超过扣除项目金额 200% 的部分		50
增值额超过扣除项目金额 200% 的部分		60

（2）土地增值税应纳税额的计算。土地增值税按照纳税人转让房地产所取得的增值额和规定的税率计算征收。土地增值税的计算式为

$$应纳税额 = \Sigma（每级距的土地增值额 \times 适用税率）\qquad(9-9)$$

但在实际工作中，分步计算比较繁琐，一般可以采用速算扣除法计算。具体计算式如下：

1）增值额未超过扣除项目金额 50%：

$$土地增值税税额 = 增值额 \times 30\%\qquad(9-10)$$

2）增值额超过扣除项目金额 50%，未超过 100%：

$$土地增值税税额 = 增值额 \times 40\% - 扣除项目金额 \times 5\%\qquad(9-11)$$

3）增值额超过扣除项目金额 100%，未超过 200%：

$$土地增值税税额 = 增值额 \times 50\% - 扣除项目金额 \times 15\%\qquad(9-12)$$

4）增值额超过扣除项目金额 200%：

$$土地增值税税额 = 增值额 \times 60\% - 扣除项目金额 \times 35\%\qquad(9-13)$$

式（9-11）～式（9-13）中的 5%、15%、35% 分别为二、三、四级的速算扣除系数。

（3）土地增值额的确定。土地增值额是指纳税人转让房地产所取得的收入减除税法规定的扣除项目金额后的余额。其计算式为

$$土地增值额 = 转让房地产所取得的收入 - 扣除项目金额\qquad(9-14)$$

1）转让房地产取得的收入确定。根据《土地增值税暂行条例》及其实施细则的规定，纳税人转让房地产取得的收入，应包括转让房地产的全部价款及有关的经济收益。从收入的形式来看，包括货币收入、实物收入、其他收入。货币收入是指纳税人转让房地产而取得的现金、银行存款、支票、银行本票、汇款等各种信用票据和国库券、金融债券、企业债券、股票等有价证券。实物收入是指纳税人转让房地产而取得的各种实物形态的收入。如钢材、水泥等建材，房屋、土地等不动产等，实物收入的价值不太容易确定，一般要对这些实物形态的财产进行估价。其他收入是指纳税人转让房地产而取得的无形资产收入或具有财产价值的权利，如专利权、商标权、著作权、专有技术使用权、土地使用权、商誉权等，其价值需要进行专门的评估。

2）增值额扣除项目金额的确定。税法准予纳税人从转让收入额减除的项目金额主要包括以下几项：

a. 取得土地使用权所支付的金额，包括纳税人为取得土地使用权所支付的地价款和按国家统一规定交纳的有关费用；

b. 房地产开发成本，指纳税人开发房地产项目实际发生的成本，包括土地的征用及

拆迁补偿费、建筑安装工程费、基础设施费、公共配置设施费、开发间接费用等；

c. 房地产开发费用，指与房地产开发项目有关的销售费用、管理费用和财务费用；

d. 旧房及建筑物的评估价格，指在转让已使用的房屋及建筑物时，应按旧房或建筑物的评估价格计算扣除项目金额；

e. 与转让房地产有关的税金，指纳税人转让房地产时缴纳的营业税、城市维护建设税、教育费附加、印花税等；

f. 财政部规定的其他扣除项目。

（4）土地增值税的免税规定。

1）纳税人建造普通标准住宅出售，增值额未超过扣除项目金额的 20％时，免征土地增值税。

2）因国家建设需要依法征用、收回的房地产，免征土地增值税。

（二）开发利润

利润是企业经济目标的集中表现，房地产开发企业进行房地产开发投资的最终目的是获得开发或投资利润。房地产企业的开发利润与所开发产品的销售收入、开发总成本费用和销售税金有关。

$$开发利润＝销售收入－开发总成本费用－销售税金 \tag{9-15}$$

 复习思考题

1. 房地产价格构成有哪些？

2. 如何估算这些费用？

3. 你认为房地产价格构成因素对房地产价值有什么影响？

第四篇　房地产营销策划

本篇内容提要

1. 房地产营销策略研究与执行，主要介绍了房地产营销的概念、营销策划的作用及意义、营销常用的理论工具、房地产营销策略等。
2. 通过房地产营销案例说明了房地产营销策略的执行。

上善若水。水善利万物而不争。处众人之所恶，故几于道。

——《老子》

第十章　房地产营销策略研究及执行

第一节　房地产营销概论

一、房地产营销策划基本概念

营销（marketing）是个人和集体通过创造，提供出售，并同别人交换产品和价值，以获得其所需所欲之物的一种社会和管理过程。房地产营销是房地产投资经营过程中最基本和不可缺少的重要组成部分。房地产营销活动可以将计划中的房地产开发项目的建设方案变成现实，使房地产顺利租售，从而回收投资，获得利润，并促进和加速地区经济的发展，实现其价值。房地产营销是房地产开发企业的市场经营行为，即企业从满足房地产消费需求出发，综合运用各种科学和有效的市场经营手段，把房地产产品租售给消费者，以促进和引导房地产开发企业不断发展的一种经济行为。因此，房地产营销是关系房地产开发经营成败的关键，在目前竞争激烈的情况下，房地产如何营销越来越成为房地产发展商十分重视的问题。中国房地产营销业的兴起和发展，为加速房地产的循环创造了条件。从当初的"一无所有"到现在的"无处不在"，可以说，营销观念的树立以及各种营销方式的使用，是房地产业蓬勃发展的一个见证。

房地产营销策划，是指在房地产营销工作的任何一个节点上，正确运用市场营销的观点，整合各种有效的资源，在可控制的范围内，围绕营销工作的长期战略和整体安排，制定短期战术，以便将短期内的房地产销售工作做到最佳的决策工作。房地产具有投资价值大、不可移动性等特点，其推销难度比一般商品要大得多，为了成功而有效地把房地产产品推销出去，必须根据营销目标及营销市场的特点，采取一系列营销策略。这些营销策略的综合运用称为营销组合策略，它包括品牌策略、价格策略、营销渠道策略、促销策略、广告策略、公共关系策略、推销策略等。简单地讲，房地产营销策划就是在具体的实战中，在有限的条件下，如何正确地遵循科学的营销思路，组合运用房地产的各种营销工具，解决实际销售中的障碍，以及安排由此产生的工作细项、人员组织架构等工作。房地产营销策划通过对销售时机、楼盘区位、配套设施、消费对象、建筑设计、材料设备、物业管理及临近楼盘情况等全方位的分析调查，制定与之相适应的营销策略以指导实践和取得竞争优势。营销策划的最终目的是把房屋这一商品推销给消费者，它是以创造消费者需求并满足其需求为核心，以系统的产品销售或劳务提供为手段的全方位决策的经营行为。

营销策划以综合运用市场营销学及相关理论为基础，以市场调研为前提，从市场竞争的需要出发，以科学地配置企业可运用的资源为手段，目的就是制定切实可行的营销方案并组织实施，以实现预定的营销目标。在策划的过程中，创意是灵魂。策划具有指导功能、整合（通过动态的综合使之完整）功能、实战功能、避险功能。

营销策划存在于任何一个市场。在房地产行业，营销策划工作贯穿于整个产品的生命周期：从前期拿地开始，一直到项目销售之后的后续工作。大致可以把整个过程分为五个阶段，即取得地块阶段、概念设计前的项目定位阶段、方案深化及确定阶段、开盘（开始销售）前的筹备阶段、销售及尾盘处理阶段。

二、营销策划的作用

营销策划在每个阶段的作用如下：

（一）取得地块阶段

决策此地块是否适合做房地产开发，收益如何，周边市场是否支持开发商关于产品价格和速度的目标。

（二）概念设计前的项目定位阶段

确定本地块作什么样的产品，找到目标客户，解决项目的形象定位问题。

（三）方案深化及确定阶段

基于对市场和客户的剖析，确定设计方案并进行深化。

（四）开盘（开始销售）前的筹备阶段

挖掘项目卖点，开展推广工作并时时监控推广效果，调整推广方式，解决"花多少钱？花在哪里？怎样花？"的问题；全面把握客户需求及价格敏感点，进而制定营销策略总纲及价格方案，做好所有销售准备工作。

（五）销售及尾盘处理阶段

根据销售状况及时调整营销推广策略及价格策略，保证销售目标的实现，同时为后期开发奠定基础（适用于分期开发项目）。

三、营销策划的意义

（一）营销策划是一种贯穿市场意识的行为方式

营销策划是连接产前市场与产后市场之间的一种行为方式。由于房地产开发的长期性以及市场反馈的间接性和滞后性，使得房地产产品产前产后市场是不尽相同的。而营销策划就是一座桥梁，它必须忠于它所衔接两端的本质特征——市场意识。营销策划的根本不是一本洋洋洒洒或字字珠玑的策划方案文本，而是结合所在楼盘，贯穿市场意识，寻找总结出的一种如何把握楼盘市场推广的行为方式。楼盘未造，策划先行，所谓"运筹帷幄之中，决胜千里之外"。营销策划要体现物业特征、市场特性和消费习惯及发展要求，体现市场的需求。楼盘的竞争，就是各楼盘营销策略结合市场优劣的综合竞争。谁能高屋建瓴，深入市场，把握市场，制定切实可行的营销方案，谁就立在成功营销的潮头。

营销策划的市场意识有两个方面内涵：第一个内涵是指结合市场，对楼盘的购买群体、消费层次、房型、价格定位进行决策，以销定产再建楼盘。市场意识的第二个内涵，是指营销策划是一种长期行为，它不仅应注意成交消费区域的市场情况，而且还应从长远着眼，重视培育客户区域市场，借此产生楼盘客户市场的恒温效应。第一方面内涵是第二方面内涵的前提和基础，第二方面内涵是第一方面内涵的巩固和创新。许多人对第一方面的内涵尚能理解，往往未能意识到第二方面的内涵。然而从长远发展来讲，市场要求深谋远虑的开发商（代理商），因此一定要重视并积极利用第二种市场意识。认真分析楼盘与市场的对接问题，就是要贯穿市场意识，适应市场化发展需要和潜在空间，实施多元营销策划策略，做好楼盘的市场推广。那些有影响、营销做得好的楼盘，都是花大力气、精心研究市场的结果。有道是：没有疲软的市场，只有疲软的产品。谁真正重视了市场研究，谁就能取得成功。

（二）营销策划是一种主动创造效益的行为方法

现在市场上对营销有一种误解，总认为营销策划只是从属于销售，帮助推销楼盘的文案，其重头无非做广告而已，因而使营销走上歧途。其实，营销策划是一种主动创造经济效益、社会效益的行为方法。这两种认识，导致在具体策划实战中直接影响到方法的运用。营销策划是一种导向行为，是一条基于市场需求之上的"纲"，贯穿于房地产定位、开发、销售、物业管理的过程中。换言之，营销是一种主动行为，它采用市场调研、分析营销策略、营销技巧和控制措施来保证引导、开拓、扩大有效市场。从根本上讲，营销的目的不是让利，而是创利。只有摆正营销的地位，才能发挥营销策划的主导作用，就是要做好产品定位、包装等系列策划，全面认识营销创造经济、社会效益的先导作用，而不是将重心放在减价策划上。

（三）营销策划是一种运用整合效应的行为过程

营销策划是房地产开发过程中的一种内化行为，这种内化体现为营销是一种整合效应的运用。所谓整合效应，是指通过营销方式、手段的系统化结合，根据市场进行动态修正，实现楼盘价值增值的全程营销效果。整合的要义就在于强调动态的观念，主动迎接市场挑战，利用当前市场，发现潜在市场，创造新的市场。它的特征是主动性、动态性、全程性。房地产开发的周期长等特殊性决定了消费者有效需求在建设过程中仍会有不少变化。因此，有效策划必须贯穿于开发的全过程，采取动态跟踪，动态获取市场信息，及时调整营销策略，主动适应新的有效需要和潜在需求。营销策划的整合性具体特征表现为两方面：其一，营销策划方案组合。策划贯穿于房地产开发的整个过程。它应容纳定位、设计、工程、销售、物业管理等，而不是现在一般意义上的供应和销售的方案。其二，营销策划行为推广。因此，今后对策划公司的要求将愈来愈高。整合营销需要各方面的联合，可以说，整合营销行为的运用是营销策划发展的方向，它对目前众多开发商（代理商）提出了更高的要求。市场呼唤联合，营销呼唤整合，行业呼唤优秀人才的融合。

（四）营销策划是一种实现人本思想的行为理念

现代的房地产营销策划注重人文、文化的居住理念，把策划等同于对居住理念与建筑艺术的追求并升华为以人为本、人与自然相融的和谐过程。人本思想的追求是人类自身居住条件达到一定阶段后的需要。这就需要营销策划不断跟上时代的节奏，充分挖掘人性内在的需要。从当前的营销策划实践而言也体现了这一点。主要表现在环境氛围的营造。人们内心渴望既有高质量的居住空间，又追求回归自然、返璞归真、崇尚生态的生活氛围。环境型、生态型住宅成为新的营销主题，小区环境与人文文化氛围的有机结合所带来的满足逐步取代人们以往衡量住宅的三个传统标准——地段、户型、价格。

（五）营销策划是一种塑造品牌形象的行为手段

力求塑造房地产企业品牌，树立楼盘品牌形象是营销策划的至高境界。任何商品的生产、销售和服务，都蕴含着品牌发展和形成的过程，楼盘也是如此。随着房地产市场的发展和完善，新一轮的竞争是品牌的竞争。客户选购住房时，必须考虑资金投入的安全性，自然就会选择信誉好、品牌佳的企业。品牌楼盘带来的高附加值已逐渐为卖家认识，它为发展商带来开发楼盘各环节中的良性循环机制，所产生的收益也愈加显著。营销策划就要实实在在地在物业中构筑品牌基础，堆积无形资产。楼盘品牌的创立，不是营销策划方案的简单虚拟，而是在营销每一环节中追求品牌意识的综合体现。品牌的实现，不是一朝一夕之事，是与相关公司对品牌孜孜以求的努力分不开的。当然，广大开发商（代理商）还需高瞻远瞩，在营销策划中把对楼盘品牌形象的塑造，把利用楼盘品牌的影响、示范效应当作一种主动、自觉、精心的行为。

第二节 房地产营销常用理论工具

一、常用营销理论介绍

房地产营销与其他行业的营销存在一定的相似性，其理论方法也是互相适用的。本章节中将阐述营销中常用的理论工具，将从这些理论的起源、具体内容、特点等方面来分析说明。掌握了方法论，才能更科学地理解房地产营销。房地产营销绝对不是简单的"拍脑袋""出点子"，与其他所有行业的营销一样，它们都是在科学的方法论指导下进行的。

（一）"4P"营销理论

1964 年，美国营销专家鲍敦提出了市场营销组合概念，它是市场营销人员综合运用并优化组合多种可控因素，以实现其营销目标的活动总称。这些可控因素后来被麦卡锡归并为四类即 4P，分别为产品（Product）、价格（Price）、渠道（Place）、促销（Promotion），从那以后 4P 成为每一个商业人士的公用语言，风行营销界三十多年。

1. *产品（Product）*

它不单单是指产品，而是一个产品的体系，对房地产商品而言，产品包括产品种类、产品质量与产品售后服务。对房地产行业而言，产品种类，是指产品是别墅还是普通住宅，是平层还是跃式、复式，是多层还是小高层、高层，是连排别墅还是独栋别墅，是小户型还是大户型。

产品质量，包括建材、施工水平、土地状况、设计风格、小区环境、配套设施、容积率、绿化率等。

产品售后服务，是指物业管理水平如何，开发商信用如何，交房后的承诺如何兑现，产生纠纷如何处理等。

2. 价格（Price）

对房地产商品而言价格不单单是价格，而是一个价格体系下的各样成本，及基于这些成本之上的一个利润空间，从而制定一系列的价格。成本体系包括：土地成本、建筑成本、设计成本、销售成本（企划、代理、广告、促销、人力资源、公共关系等）、税收、利息等成本。价格体系包括入市均价、实收均价、总体实收均价、起价、最高价、楼层差价、朝向差价、极差、跳差等以及制定一套相关的价格升降策略。

3. 渠道（Place）

房地产渠道也不单单是销售路径，由供应商、物流分销商和客户终端建设几部分组成，由于房地产商品的特殊性，它的商品并不流通，这种物流的过程中层层加码的现象不复存在。因此，房地产商品的渠道建设与普通商品的渠道建设相比要简单，成本要相对低。

根据它的这种特殊性可以把房地产的渠道建设分为"上端渠道的建设"和"下端渠道的建设"。"上端渠道的建设"主要集中在对政府、媒体、企划、广告、金融、建筑、装修、印刷、设计等。"下端渠道的建设"指直接面对客户终端的建设。

4. 促销（Promotion）

传统商品需要经过生产加工、流通、交换、消费四大环节，但是商品房由于它的不可流动性而少了流通这一环节。对于房地产行业而言，"促销"不局限于促销活动，而是广义上对消费者、员工、终端、经销商的一个促销组合。

房地产领域的促销手法是非常多样化的，这部分内容将在下一节中详细阐述。

"4P"营销理论的作用非常明显：

（1）直观、可操作、易控制。它包含企业营销所运用的每一个方面，可以清楚直观地解析企业的整个营销过程，而且紧密联系产品，从产品的生产加工到交换消费，能完整地体现商品交易的整个环节，对于企业而言，容易掌握与监控哪个环节出现了问题，容易及时进行诊断与纠正。

（2）短期即可见效，具备可预见性。目前我国大多数房地产开发都采用项目合作制，"4P"从企业出发，以追求最大利润为原则，因此它的一招一式都是维护企业利益的，也成为诸多房地产企业喜爱的原因。

但"4P"营销理论也有一些不可避免的缺陷，列举如下：

（1）易激化多种矛盾。"4P"是以企业为中心，以追求利润最大化为原则，这势必会产生开发商与合作伙伴，尤其与顾客之间的矛盾，"4P"可能会激化这种矛盾的程度。

（2）不从顾客需求出发。"4P"不从顾客的需求出发，而是从产品出发，认为只要是好房子，就不存在卖不出去的问题；开发商不是先考虑或很少考虑这个区域消费者的需求，而是先设计建造房子，再去寻找客户。

（3）"4P"只是"请消费者注意，而不注意消费者"。"4P"的促销模式也主要是采用各种手段让消费者了解他的产品，从而有机会购买其产品。这种引导思想往往让开发商投入相当大的金钱与精力，却不一定有好的效果。

随着营销专业的不断发展，逐渐开始出现其他理论。

（二）"4C"营销理论

20 世纪 80 年代初，美国学者劳朋特（Lauteborn）教授提出了"4C"理论。"4C"理论的提出引起了营销传播界及工商界的极大反响，从而也成为整合营销理论的核心。随着市场竞争日趋激烈，媒介传播速度越来越快，"4P"理论越来越受到挑战。"4C"理论的营销主张重视消费者导向，其精髓是由消费者定位产品，考虑到：消费者的需求与欲望（Consumer needs and wants），消费者愿意付出的成本（Cost），购买商品的便利（Convenience），沟通（Communication）。

1. 消费者的需求与欲望（Consumer needs and wants）

房地产对消费者来说是一项相当大的投资，其购买行为非常复杂，只有当物业的综合素质真正满足其需求时才会引发其购买行为。

由于消费者的生活经历、受教育程度、工作性质、家庭结构、个人审美情趣各不相同，每个人对物业品质需求的侧重点也大不相同。

"4C"理论认为了解并满足消费者的需求不能仅表现在一时一处的热情，而应始终贯穿于楼盘开发的全过程。分析土地的地理特征、交通条件、周边社区环境，项目定位、建筑功能，感知小区特色、建筑外在形象，希望以什么方式来组织各种大小户外空间，希望采用何种安全保障系统，消费者对小区环境要求怎样，对车库需求如何，消费者想要什么样的户型面积、结构、入户平台、采光通风等。

这一理论的应用也颇为广泛，如深圳的"万科城市花园"、北京的"现代城"、上海的"世贸滨江花园"、广州的"星河湾"、武汉的"丽岛花园"等楼盘契合了人的生命本质、家庭的天伦本质、环境的自然本质、建筑的生活本质，从而充分满足消费者的需要。而那些忽视消费者需求、单凭自己想象或简单抄袭、模仿而生产出来的产品，在市场上难有销路。

2. 消费者愿意付出的成本（Cost）

消费者为满足其需求所愿意支付的成本包括消费者因投资而必须承受的心理压力（风险），以及为化解或降低风险而耗费的时间、精力、金钱等诸多方面。

消费者在购房时必然要面对一系列的风险：建筑质量是否优良、户型结构是否适用、能否及时交付、配套设施是否完善、交通条件能否改善、面积分摊计算是否合理、装修的材质水准、物业管理水平如何、有关法律手续是否齐备、所购物业能否得到人际圈的认同等。

化解或降低客户心理压力（风险）最有效的方法则莫过于树立起让消费者能产生充分依赖感的企业形象和品牌声誉。品牌是开发商专业化、规范化的运作机制和不断成功运作的积累，且能更高层次挖掘它的物业价值。

3. 购买商品的便利（Convenience）

影响消费者购房的便利性方面有三大影响因素：

（1）咨询、销售人员的服务心态、知识素养、信息掌握量、言语交流的水平，对消费者及时了解掌握物业情况、对消费者的购买决策都有着重要影响。

（2）购买前购买行为非常谨慎，需要多方收集资料、反复比较权衡。只有为消费者提供尽可能多的、涵盖各方面的真实可靠的资料，才能赢得消费者的信任。

（3）不断完善和改进购房服务的每一细节，为消费者提供便捷而价格、信息、质量完全统一的服务，使交易过程变得更加透明与简约化。

4. 沟通（Communication）

房地产营销与客户的沟通，总体上可以分为两个层面的理解。

（1）宣传推广上对客户的影响，即合适的推广定位与媒体配合推广直接影响与客户沟通的有效性。

（2）在终端上与客户的沟通，组建客户俱乐部、积分消费、产品推介会、装修或其他讲座、幸运抽奖、方案征集、摄影、征文等形式。

"4C"是站在消费者的角度来看营销，其中的方便、成本、沟通、消费者直接影响了企业在终端的出货与未来。在现代房地产营销中，尤其是市场竞争比较激烈的城市，越来越多的开发商开始把关注重点从产品转移到客户，"以客户为导向"越来越成为营销策划工作的基准法则。

（三）"4R"营销理论

21世纪初美国学者舒尔兹（Done Schuhz）提出"4R"营销新理论，即市场反应（Reaction）、顾客关联（Relativity）、关系营销（Relationship）和利益回报（Retribution）营销理论。

1. 市场反应（Reaction）

在相互影响的市场中，对经营者来说最现实的问题不在于如何控制、制定和实施计划，而在于如何站在客户的角度及时地倾听客户的希望、渴望和需求，并及时答复和迅速作出反应，满足客户的需求。因此，房地产应该建立快速反应机制，了解客户与竞争对手的一举一动，从而迅速作出反应。

2. 顾客关联（Relativity）

在竞争性市场中，顾客具有动态性。顾客忠诚度是变化的，他们会转移到其他企业。这种客户特征就会带来非常明显的问题：怎么样提高顾客的忠诚度，赢得长期而稳定的市场。解决问题的关键就在于：通过某些有效的方式在业务、需求等方面与顾客建立关联，形成一种互助、互求、互需的关系，把顾客与企业联系在一起。

3. 关系营销（Relationship）

关系营销，即通过不断改进企业与消费者的关系，实现顾客固定化的一种重要营销手段。可以从三个方面来理解这种营销手段。

（1）对不同顾客（从一次性顾客到终生顾客之间的每一种顾客类型）的关系营销深度、层次加以甄别。这种方法在专业的代理公司应用较多，即积累自己的客户资源，尤其是投资客，因为他们的投资行为频率较高，不同于自住客户。自住客户的换房频率一般在4～5年的时间（沿海发达城市换房频率较高，内地客户的换房频率较低），多数人一生的换房次数不会超过两次。这些投资客，就是我们的"终生客户"。这批客户经营的成功，会让更多的"一次性客户"变成"终生客户"。

（2）对重复购买或介绍他人购买的客户给予奖励，还可将公司的服务个性化、私人化，甚至通过定制生产或提供特别服务来直接满足顾客需要。由于房地产行业产品的特殊性，"定制生产"的做法不多见，但"对重复购买或介绍他人购买的客户给予奖励"的方法应用较为普遍，即目前各个城市的开发商普遍采用"老带新"营销模式。所谓"老带新"营销模式，即本物业的老客户带新客户来购买同一物业，老客户将得到购物券、现金奖励、免物业管理费（目前很多城市已经禁止免物业管理费）等优惠。

（3）若顾客不满意，要分析其原因并加以改进。建立有助于促使员工努力留住客户的奖酬制度，调动员工积极性，强化公司所期望的员工行为。一个满意的客户意味着公司无形资产的增加，而一个不满意的客户则意味着公司资产的流失。目前有企业提出的"CS"管理模式——客户满意度管理，正在得到普遍应用。

4. 利益回报（Retribution）

市场营销的真正价值在于其为企业带来短期或长期的收入和利润的能力，一切营销活动都必须以为顾客及股东创造价值为目的。追求回报是营销发展的动力，回报是维持市场关系的必要条件，营销目标必须注重产出，注重企业在营销活动中的回报。房地产企业更应该注重回报的运用，对客户、股东、员工、社会、政府、媒体、策划、广告、金融、建筑、装修、印刷与设计等一系列相关公司或个人的回报。

"4R"是站在消费者的角度看营销，同时注意与竞争对手争夺客户。与"4C"相比，"4R"更明确地站在消费者的立场上。

（四）"4V"营销理论

随着以IT技术为代表的高科技产业迅速崛起，营销理念又有了新的阐述，即差异化（Variation）、功能化（Versatility）、附加价值（Value）和共鸣（Vibration）的"4V"营销组合理论。

1. 差异化（Variation）

差异化营销所追求的"差异"是在产品功能、质量、服务和营销等多方面的不可替代性。主要分为产品差异化、市场差异化和形象差异化三个方面。在房地产行业中，多个项目之间的差异化，也主要是体现在产品、市场、形象三个方面。而这三个方面要想做好差异化建设，一定离不开营销策划团队对市场、客户的准确把握。

2. 功能化（Versatility）

产品在消费者中的定位有三个层次：一是核心功能，由产品的基本功能构成；二是延伸功能，即功能向纵深方向发展；三是附加功能，如美学功能等。

对房地产行业而言，功能化指以产品的核心功能为基础，提供不同功能组合的系列化产品供给，以满足不同客户的消费习惯和经济承受能力。以功能组合的独特性来博取细分客户群的青睐。

3. 附加价值（Value）

附加价值指除去产品本身，包括品牌、文化、技术、营销和服务等因素所形成的价值。在房地产营销中，产品的附加值具有非常重要的提升物业价值的作用。比如北京的锋尚国际，提出"告别空调暖气"的居住口号，大量采用生态节能的设计。

4. 共鸣（Vibration）

共鸣指企业为客户持续地提供具有最大价值创新的产品和服务，使客户能够更多地体验到产品和服务的实际价值效用，最终在企业和客户之间产生利益与情感关联。共鸣强调的是企业的创新能力与客户所重视的价值相联系，将营销理念直接定位于包括使用价值、服务价值、人文价值和形象价值等在内的客户整体价值最大化。

二、从"4P"、"4C"、"4R"到"4V"的营销理论分析

以"4P"为基本框架的传统营销是一种由内向外的推动式营销。自"4P"出现以后，它几乎成为每一个商业人士的公用语言。他们认为进入市场的公司只要明确目标客户，提供相应的产品，选择合适的营销方案，就能获得预期的利润。为了实现这个目标，可供选择的竞争手段就是"4P"，而且这四个方面都在企业控制范围内，所以有很好的可操作性。

然而，"4P"的最大不足就是忽略了客户在企业成长中的重要性，它掩盖了消费大众的多样性，适合用来销售大量制造的规模化产品。从行业角度分析，"4P"理论是研究制造业中消费者的营销活动时提出的，一旦超出这个行业，如在房地产开发行业，它就显得不太合适，因为房地产行业的产品及客户的差异化都比较大，不同于制造业的规模化、批量化生产。因此，"4C"在对前者扬弃的基础上，将整个营销活动的重点目标置于现实消费者和潜在消费者身上。

"4C"理论的营销工具是营销过程中消费者、成本等基本因素的组合运用，努力做到产品、服务、成本的和谐统一。但由于其中包含有不可控因素，相比前者，其可操作性也有些弱化，"4R"营销理论同样重视消费者的需求，但它更多地强调以竞争为导向，因为处于激烈竞争环境下的企业，不仅要听取来自客户的声音，还要时刻提防身旁的竞争对手，要求企业在不断成熟的市场环境和日趋激烈的行业竞争中，冷静地分析企业自身在竞争中的优、劣势并采取相应的策略。它通过实行供应链管理的营销模式，采用整合营销，快速响应市场，实现企业营销个性化和优势化，在竞争中求发展。对于近几年如火如荼的房地产业市场而言，以客户为导向，同时关注竞争市场，是房地产开发商的基本功。

综上所述，"4P"是站在企业的角度来看营销，它的出现一方面使市场营销理论有了体系感，另一方面它使复杂的现象和理论简单化，从而促进了市场营销理论的普及和应用。"4C"理论以消费者为导向。"4C"中的方便、成本、沟通、消费者直接影响了企业在终端的出货，决定企业的未来，是站在消费者的角度来看营销。4R则更进一步，也是站在消费者的角度看营销，同时注意与竞争对手争夺客户。从导向来看，"4P"理论提出是由上而下的运行原则，重视产品导向而非消费者导向，它宣传的是"消费者请注意"；

"4C"理论以"请注意消费者"为座右铭，强调以消费者为导向；"4R"也是以消费者为导向，"便利"与"节省"，"沟通"与"关联"，虽然紧密相关，但"4R"较之"4C"更明确地立足于消费者，它宣传的是"请注意消费者和竞争对手"。

在新经济时代，培育、保持和提高企业核心竞争能力是企业经营管理活动的中心，也成为企业市场营销活动的着眼点。"4V"理论正是在这种需求下应运而生的。

差异化营销就是企业凭借自身的技术优势和管理优势，生产出性能上和质量上优于市场上现有水平的产品，或是在销售方面，通过有特色的宣传活动、灵活的推销手段、周到的售后服务，在消费者心目中树立起不同于一般的良好形象。

第三节　房地产营销策略研究及执行

房地产产品的特殊属性（详见第一章第一节内容），决定了房地产营销的特殊性：营销环节要结合规划设计、工程进展，环环相扣；以灵活的营销渠道弥补产品固定性带来的缺憾；营销方式的多样性；营销动作的灵活性等。

在本章节中，将详细阐述房地产开发各个环节中营销策略的制定和执行。

房地产开发商拿到土地之后，便开始项目的开发过程。针对营销策划及其执行来说，一个完整的房地产项目完成全部开发一般要经过以下几个阶段：

概念设计前的项目定位阶段、概念设计及调整阶段、方案深化阶段，开盘前阶段（方案确定）、开盘前准备阶段，销售期、尾盘期。

每个阶段的工作内容不同，各阶段需要做的工作以及形成的成果，可以用图 10-1 表示。

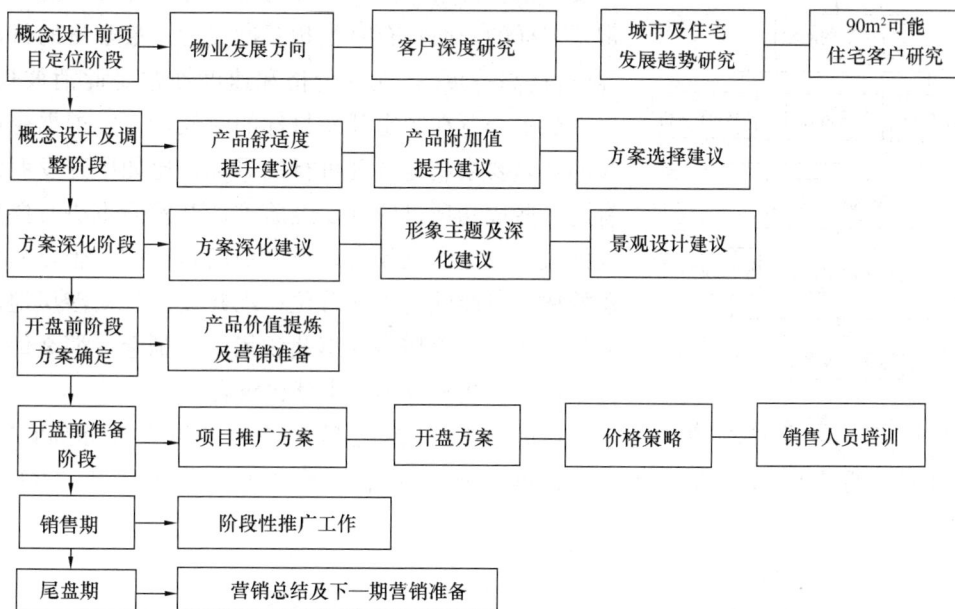

图 10-1　项目工作流程总图

从上表中可以看出，房地产项目的营销策划动作是与设计、工程的时间节点紧密结合的。每一个营销动作都是环环相扣、层层铺垫的。尤其值得注意的是，营销并非通常人们所理解的打广告，营销最大的作用是让产品最大化地实现它的价值。因为房地产产品具有特殊性，每一个项目的产品都具有其自身特点，它不同于普通制造业批量化生产的工作模式，并且它所面对的市场也各不相同，因此很难有现成的市场价格。营销策划工作的理想结果是使产品产生"溢价"，通俗来讲，就是让价值为 100 元的东西卖出 120 元的价格。要达到这一效果，一定是以良好的产品为基础的。因此，房地产营销，是一门综合的学问。

下面将以上几个阶段的详细工作梳理为四个阶段，就其工作流程分别进行阐述。

（一）第一阶段：概念设计前项目定位阶段

此阶段工作是为概念设计作准备的，这个阶段，是关系项目成败以及是否实现了项目价值最大化的关键。一个好的项目定位，是项目成功的开始。项目定位并不是"拍脑袋"拍出来的，在确定项目定位的过程中，除了依据决策人员的经验外，更重要的是要对这些经验进行科学的梳理，在严谨的逻辑思维下，才能最终得出最有价值的项目定位。此外，需要特别注意房地产相关政策的限制，如 2006 年出台的"90/70 限制"（90m² 以下的户型要占到 70％以上，详见第一章"近年来房地产宏观调控政策概览"），就对产品设计多了一种限制。

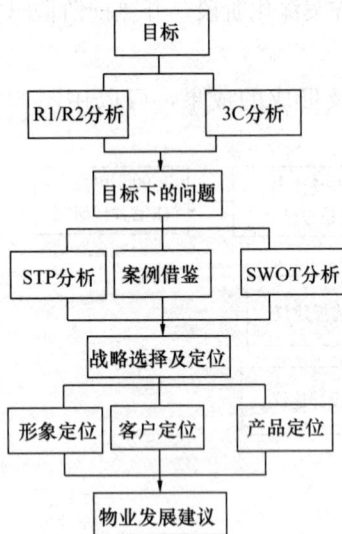

图 10-2 项目定位的思路逻辑图

通常来说，项目定位的思路逻辑图如图 10-2 所示。

对以上逻辑图的解释如下：

（1）确定项目的目标。如对销售回款的目标、销售速度、销售价格、企业品牌的要求等。开发商的目标通常是多样的，而且有时是相互冲突的。最常见的目标是"高价格高速度"，而这价格和速度通常是此消彼长的，这就要求企业在制定开发目标的时候，一定根据企业自身的经营要求制定合理可行的目标。比如甲开发商已经有过一些成功项目的开发经验了，开发商也决心要把企业做成行业里的佼佼者，那么他的目标中，企业品牌形象的树立可能就要放在首位；乙开发商是初涉房地产行业的小企业，迫切需要迅速积累第一桶金，那么他的目标中，对销售速度的要求就比较高。

（2）确定目标之后，通过"3C"分析和"R1/R2"分析，明确目标下的问题。在这里，分别解释一下"3C"分析法和"R1/R2"分析法。

1."3C"分析法

所谓"3C"，即项目（Case）；客户（Customer）；竞争（Competition）。

（1）对项目的分析，指的是针对一个地块的价值进行剖析，找出可能的定位方向。这些分析要素包括：

1）地段要素，包括地段、片区认知度、周边配套（商业/教育）、交通等（可总结为便利性、成熟度、知名度）。

2）环境要素，包括自然坏境、四至景观、社会人文环境（噪声）等（可判定资源的程度：稀缺、良好还是匮乏）。

3）地块要素，包括地形地貌、规模、技术经济指标等（可判断产品的可发挥空间）。

4）开发商要素，包括目标、开发商品牌、可利用资源等。

（2）对客户的分析，指的是通过客户细分与客户偏好对应于本项目特征进行匹配寻找或识别市场机会。客户细分的标准包括：

1）社会经济因素，包括客户所处的社会阶层（职业、支付能力）、家庭生命周期阶段（置业次数）。

2）人口统计因素，包括人口的年龄、收入、性别等因素。

3）地理因素，包括项目所处区域、地段，居处高下与水土习俗等地理环境和生活条件。

客户偏好包括：

1）生活经验、空间观念、行为模式。

2）心理因素、生活方式、性格特点。

3）价值观、消费观念、价值取向。

（3）竞争分析。竞争分析指的是面向目标，寻找最有利的机会。竞争分析一般遵循以下步骤：

1）首先锁定竞争对手。基于区域、项目特征、客户与本项目具有一定可比性的标准，来锁定本项目的竞争对手。

2）接着判断其竞争程度。竞争程度的比较主要从以下方面进行：双方的产品推售时间是否有冲突，产品是否有重合，目标客户的重叠度等。

3）最后寻找竞争机会。在剖析竞争对手的优势和局限的基础上，发现竞争对手的弱点，寻找市场空隙，挖掘并利用自身优势，抓住竞争机会。

2. "R1/R2" 分析法

"R1/R2" 分析法是通过 S-C-Q 结构化分析法来界定的。

S 是指情境（Situation），公认事实，即目前的状况以及我们需要完成的任务。

C 是指冲突（Complication），推动情境发展并引发矛盾的因素，即发生了妨碍我们完成任务的事情。"C" 也就是 "R1/R2" 的原型。

Q 是指疑问（Question），即应该怎么办。

通过 S-C-Q 基本结构的分析，确定了界定问题的分析模型，如图 10-3 所示。

某项目经过了 "3C" 分析及 "S-C-Q" 结构化分析之后，对问题界定如图 10-4 所示。

3. "STP" 战略工具

它是以客户为导向的分析工具，包括以下三部分。

（1）细分市场（Segmentation）。

（2）选择目标市场（Targeting）。

（3）定位（Positioning）。

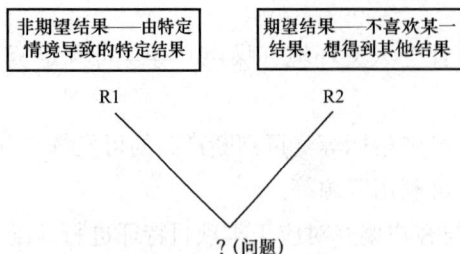

图 10-3　分析模型　　　　　　　　　图 10-4　问题界定

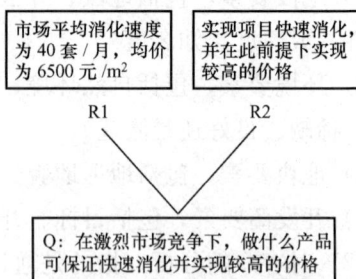

在使用"STP"这种分析工具时，首先要对客户进行穷举，然后观察客户群与项目的匹配度，进而锁定目标客户，选择目标市场，以指导定位。以上分析过程可以通过表10-1来准确完成（以深圳中心区某地块的"STP"分析为例）。

表 10-1　　　　　　　　　　　　　"STP"战略工具分析

偏好 客户群	追求生活舒适，空间尺度要求较高，讲求格调，愿意为心仪的消费品支付高价	追求生活舒适，讲求格调，但对价格比较敏感，追求高性价比产品	不讲求格调，仅满足居住需求即可，对总价比较敏感	不讲求格调，仅满足基本居住需求即可。但愿意为心仪的消费品支付高价
公司白领		✓		
高级公务员	✓			
生意人				✓
当地原住民				✓
潮州人				✓

表 10-1 中"客户群"一列显然是对可能存在的客户的穷举，通过对其"偏好"的分析，进一步将其与项目匹配度进行分析。因本地块的经济指标中容积率较高，不可能以舒适性的大户型为主，因此会把"高级公务员"放在"偶得客户"之列，而非"主力客户"，而"公司白领"的支付能力有限，无法支持项目实现高价，因此也不属于"主力客户"。分析结果显示，本项目的主力目标客户是生意人、当地原住民和潮州人。

由此可见，通过以上界定，可以准确把握客户，进而指导项目形象和产品定位。

4. "SWOT"战略工具

本教材在《房地产前期定位策划》一章介绍过"SWOT"工具的应用，读者肯定知道了"SWOT"的含义，但如果放在房地产营销领域，就不知从何下手了。这里，详细介绍一下"SWOT"在房地产营销阶段的使用方法。

在房地产营销策划阶段进行 SWOT 分析时，主要有以下几个方面的内容：

（1）分析环境因素。运用各种调查研究方法，分析出公司所处的各种环境因素，即外部环境因素和内部环境因素。外部环境因素包括机会因素和威胁因素，它们是外部环境对公司的发展直接有影响的有利和不利因素，属于客观因素，一般归属为经济的、政治的、社会的、人口的、产品和服务的、技术的、市场的、竞争的等不同范畴；内部环境因素包括优势因素和弱势因素，它们是公司在其发展中自身存在的积极和消极因素，属主动因素，一般归类为管理的、组织的、经营的、财务的、销售的、人力资源的等不同范畴。在调查分析这些因素时，不仅要考虑到公司的历史与现状，而且更要考虑公司的未来发展。

具体到房地产开发项目，这些分析因素主要包括：

1）地段要素。主要包括地段、片区认知度、周边配套（商业、教育）、交通等（可总结为便利性、成熟度、知名度）。

2）环境要素。主要包括自然环境、四至景观、社会人文环境（噪声）等（可判定资源的程度：稀缺、良好还是匮乏）。

3）地块要素。主要包括地形地貌、规模、技术经济指标等（可判断产品的可发挥空间）。

4）企业要素。主要包括目标、开发商品牌、可利用资源等。

5）产品因素。主要包括产品、户型、自身配套、昭示性等。

6）项目要素。主要包括口碑、人气、项目知名度、客户群体、前期售价、前后产品差异性、物业管理等。

7）宏观要素。主要包括经济形势（宏观政策）、重大城市变革等。

8）中观要素。主要包括行业形势（一、二、三级市场）、城市规划（交通、市政配套、开发重点、热点等）等。

9）微观要素。主要包括市场竞争（片区、楼盘、户型）、客户流向等。

其中，前六个因素通常是"S/W"分析，即优势/劣势分析时所考虑的要素；后面三个要素是进行"O/T"分析，即机会/威胁分析时所考虑的要素。不同进展阶段的项目，分析所考虑的侧重点也有所不同，如一个进入销售中后期的项目，"项目要素"的价值较大，而"宏观要素"对项目的影响则较小。

（2）构造"SWOT"矩阵。将调查得出的各种因素根据轻重缓急或影响程度等排序方式，构造"SWOT"矩阵。在此过程中，将那些对项目发展有直接的、重要的、大量的、迫切的、久远的影响因素优先排列出来，而将那些间接的、次要的、少许的、不急的、短暂的影响因素排列在后面。

通常来说，"SWOT"矩阵分析的构造及策略见表10-2。

表 10-2　　　　　　　　　　　　　　"SWOT" 矩阵分析

战　　略	优势（S）	劣势（W）
机会（O）	发挥优势，抢占机会	利用机会，克服劣势
威胁（T）	发挥优势，转化威胁	减少劣势，避免威胁

案例 10-1　某项目营销策划阶段"SWOT"分析

对某项目进行"SWOT"分析，并得出战略，整个过程见表 10-3。

表 10-3　"SWOT"分析过程

我们的战略	优势 (S) (1) 紧邻区政府，区位优势明显； (2) 交通便利，辐射三区	劣势 (W) (1) 容积率高； (2) 由于贷款压力大，对销售速度要求较高
机会 (O) (1) 城区规划发展的核心区位； (2) 市场 75~110m² 小户型需求旺盛	发挥优势，抢占机会； 大打 CBD 牌，迎合市场需求	利用机会，克服劣势； 精准定位，快速销售
威胁 (T) (1) 2004 年下半年大量新盘面市，市场竞争激烈； (2) 市场同质化严重	发挥优势，转化威胁； 强化交通便利性，差异化营销	减少劣势，避免威胁； 提高增值服务，差异化体验

以上分析之后，可以得出四个战略——"发挥优势，抢占机会""利用机会，克服劣势""发挥优势，转化威胁""减少劣势，避免威胁"。在一个项目的营销中，可以综合使用几个战略，但必须要锁定一个主要战略，以便于指导整个项目的营销方向，及其广告宣传推广的主方向。

(3) 制订行动计划。在完成环境因素分析和"SWOT"矩阵的构造后，便可以制订出相应的行动计划。制订计划的基本思路是：发挥优势因素，克服弱势因素，利用机会因素，化解威胁因素；考虑过去，立足当前，着眼未来。运用系统分析的综合分析方法，将排列与考虑的各种环境因素相互匹配起来加以组合，得出一系列项目未来发展的可选择对策，即项目的战略选择。

(二) 第二阶段：概念设计及调整阶段、方案深化阶段

在这一个阶段，营销策划的主要作用是从产品舒适度和产品附加值方面提出建议，提升物业的价值，并针对多个方案提出项目方案选择建议。

在概念设计阶段融入产品舒适度建议，将会较大地提升项目整体的素质，创造较高的价值。这些研究及建议更多地以案例或从客户角度出发的建议提交，以提示或拓展设计者视野，同时也是项目价值增值的重要部分。例如产品的亲地性，对于高层的居住者来说就很重要。通常从以下几个方面研究产品的舒适性：

(1) 典型同类产品的户型尺度研究。

(2) 户内可能生活形态研究。

（3）产品的亲地性研究。

（4）产品的人性化设计建议。

（5）建筑与环境的适应性建议。

（6）建筑降噪处理。

（7）与客户的生活状态相关的特殊空间建议。

（8）项目人性化及生态停车建议。

（9）生态节能需求建议。

（10）生态节能与物业管理成本关系研究及建议。

处理好以上问题，产品的舒适性就有了很大保证。要想做好以上工作，营销策划人员必须要具备较全面的建筑学、建筑材料及设备、人体工学等知识，还要熟悉市场上的畅销产品，因此，作为一个出色的营销策划人员，他一定是一个全面的人才，就像营销人员百读不厌的心理学家罗伯特·西奥迪尼的书刊《影响力》里描述的一样。

> 在此，仅对"建筑降噪处理"进行说明。下面举例说明如何进行临街建筑的降噪处理。
>
> （1）加强围护材料及其内外侧的防噪功能，如采用：
>
> 1）双层中空隔声玻璃。
>
> 2）厚而吸声的窗帘。
>
> 3）设第二层视线通透的"墙中墙"，中间夹竹、水等造景。
>
> （2）改善室内声环境，如采用：
>
> 1）室内设计有意识设置噪声屏障。
>
> 2）室内设计尽量减少墙、天花、地面之间的声音反射，避免噪声变成混音。
>
> 3）应用吸声材料。
>
> （3）转移注意力，如采用：
>
> 1）室内播放音乐。
>
> 2）设置水景，以悦耳的流水声压过噪声。
>
> 3）洽谈区尽量设置在内侧噪音较小处。
>
> （4）其他还有一些方法，但可行性值得研究：
>
> 1）室外绿化。
>
> 2）设置透明隔声墙，但造价太高。
>
> （5）对于震动问题，可考虑通过合适的地面材料减震，如：
>
> 1）木地板。
>
> 2）地毯等。

产品附加值与产品舒适度部分相关，更重要的是要凸现这些空间、元素或场景给客户带来的体验感，以及这些体验感带来的价值增值，如：

（1）户型附加值提升建议。

（2）建筑立面建议。

（3）项目可体验空间建议。

（4）项目高科技智能化建议。

（5）会所及商业配套建议。

针对一个房地产开发项目，设计单位通常会提出多个方案供比选，本阶段主要工作是结合项目定位，从市场和客户角度预见方案的接受程度、从方案的未来性上把握、从方案各项细节指标上进行把握和方案比选。通常来说，方案比选阶段主要进行以下分析：

（1）各方案指标核对。

（2）产品组合效益分析。

（3）各方案对内外部环境的利用及规避分析。

（4）各方案未来性及创新性分析。

（5）各方案生态节能分析。

（6）关键指标评价分析（产品亮点、停车、消防、公共空间、建筑风格、高层创新、产品效益分期开发等）。

（7）项目的形象展示空间分析。

（8）各类产品客户的体验反馈分析。

（9）各方案分期开发可行性分析。

（10）各方案的经济性分析。

（11）各方案风险分析及评价。

（12）方案比选结果。

经过以上工作，最终确定项目设计方案，接下来就进入方案深化阶段。方案深化阶段中，营销策划工作的价值体现在：提出方案深化建议、形象主题及深化建议、景观设计建议。

如何对方案进行深化建议？回答这个问题，就要结合项目定位，从市场和客户角度预见方案的接受程度，进行方案深化和价值点挖掘。本阶段的工作成果一般包括以下内容：

（1）产品组合效益及物业配比调整建议。

（2）产品创新及价值挖掘。

（3）高价值产品创新建议。

（4）建筑风格深化建议。

（5）户型创新建议。

（6）户型面积分配建议。

（7）产品附加值建议落实。

（8）生态节能落实建议。

（9）项目形象展示空间细节建议。

（10）项目分期开发及展示建议。

（11）会所功能及风格建议。

（12）商业整体定位及规划建议。

通常户型的深化需要历经多轮反复，可以借助领先或优质客户访谈的方法进行验证。

"产品组合效益及物业配比调整"在此阶段意义重大，因为它决定了项目最终价值实现是否最大化。比如，一块住宅性质的用地，最初的定位是一个纯住宅物业。但因为地段位置非常优越，直接接驳地铁出入口，人气较旺，也就因此具备了更多的商业价值，那么这个项目的产品就不能是单纯的住宅，应该考虑一定比例的商业物业。住宅和商业两种产品的组合比例取多少合适，能带来什么样的效益，这些就要通过"产品组合效益及物业配比调整"来解决。

以上分析中，已经从规划、建筑、户型、其他特色细节、生态节能、智能化等方面提炼了产品的价值点。通过对产品价值点的提炼、分析产品与目标客户的契合程度，并进一步对项目的形象主题进行深化。产品与目标客户的契合度分析主要从以下方面进行：

（1）目标客户的精神气质研究。

（2）目标客户提及项目的形象主题研究。

（3）目标客户需求与本项目契合点。

（4）本项目的形象主题关键词提炼。

营销策划在方案深化阶段的最后一项工作，即对景观设计的建议。请牢记：营销策划在任何阶段的工作，一定是从客户和市场的角度出发来分析问题，即利用本章开篇所讲的"4P""4C""4R""4V"理论的精髓来指导工作。景观设计的建议主要包括以下内容：

（1）园林设计主题。

（2）园林功能建议。

（3）园林的可选择植物建议。

（4）园林的营销价值点建议。

（5）园林方案调整建议。

（6）园林其他细节建议。

经过以上三个过程：方案深化建议、形象主题及深化建议、景观设计建议，就完成了方案深化阶段。接下来，进入第三个工作阶段。

（三）第三阶段：开盘前筹备阶段

开盘前的筹备阶段是营销策划工作量最集中的阶段。这个阶段的工作相比前两个阶段来说，多了更多的执行和沟通工作。本阶段工作的主要内容包括：

（1）产品价值提炼及营销准备。

（2）项目推广方案的确定。

（3）开盘方案的确定。

（4）价格策略的制定。

（5）销售队伍的培训。

1. 产品价值提炼及营销准备

其中"产品价值提炼及营销准备"工作在本阶段工作中具有提纲挈领的作用，在这项工作中，营销策划人员需要做好以下工作：

（1）市场环境分析。

（2）项目分析（产品价值主张/项目价值点提炼）。

（3）客户分析。

（4）本项目总体营销模式建议。

（5）入市时机建议。

（6）项目行业营销策略。

（7）项目区域营销策略。

（8）项目形象策略。

（9）项目展示策略。

（10）项目客户营销策略。

（11）项目媒体整合策略。

（12）项目活动营销策略。

（13）项目营销费用预估。

以上工作的完成，可以整合在一份完整的《营销策略总纲》里，其结构如图 10-5 所示。

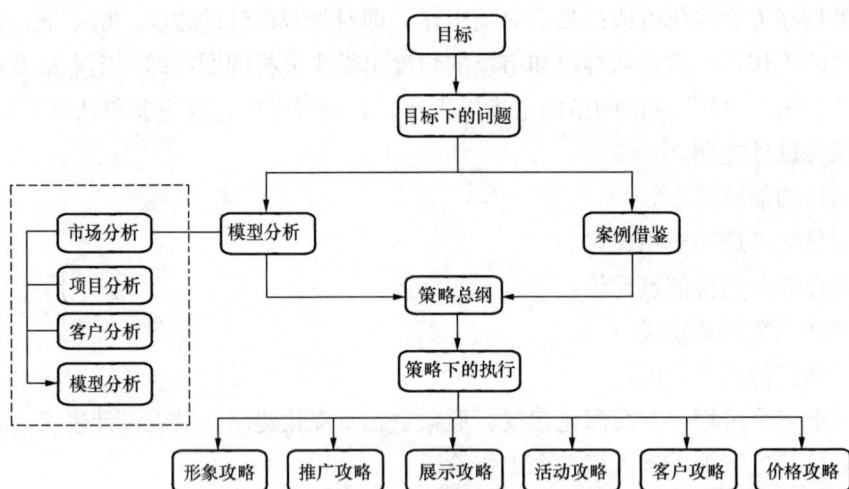

图 10-5　第三阶段结构图

一个房地产开发项目，也会有自己鲜明的"标签"——Logo 及属性定位语。其 Logo 通常与案名（即项目名称）有一定的关联，其属性定位语可以从多个角度来确定，通常来说主要从以下几个角度出发确定项目的属性定位语：

（1）强调社区规模。

图 10-6　麦当劳图标

（2）强调区位特点或交通优势。

（3）强调景观资源。

（4）强调小区的人文气息或小区所倡导的生活方式。

（5）强调小区园林特色或建筑风格。

（6）强调产品特点，如户型、赠送面积等。

（7）以上各项内容的组合。

在此阶段中，需要配合广告公司等做好 Logo 及其延展系统阶段性推广主题的准备。一个好的 Logo 及属性定位语可以在消费者心中形成一个强烈的记忆点，达到很好的宣传效果。这一点不仅在房地产行业，在其他行业也同样适用。如快餐饮食业的麦当劳，其具有特色的标志（Logo）和宣传推广语（类似于房地产项目的属性定位语）——"我就喜欢"，在年轻消费群体中引起很大的共鸣和鲜明的记忆。

如图 10-6 所示，麦当劳(McDonal's)取"M"作为其标志，颜色采用金黄色，它像两扇打开的黄金双拱门，象征着欢乐与美味，象征着麦当劳像磁石一般不断把顾客吸进这座欢乐之门。

为方便读者理解，下面举一些案例来解释说明一下。

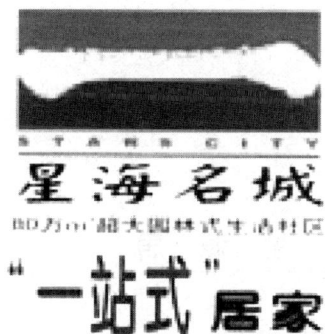

图 10-7 星海名城标签

案例 10-2 星海名城

属性定位语：60 万 m² 超大园林式生活社区
强调社区规模及居住便利性，如图 10-7 所示。

图 10-8 花园城标签

案例 10-3 花 园 城

属性定位语：美丽蛇口我的家
强调项目所在区位，如图 10-8 所示。

学林雅院

SCHOLAR

COURTYARD

我 的 文 化 生 活 家

图 10-9 学林雅院标签

案例 10-4 学林雅院

属性定位语：我的文化生活家

强调小区的人文气息或小区所倡导的生活方式，如图 10-9 所示。

图 10-10 桃源居标签

案例 10-5 桃 源 居

属性定位语：都市人的桃源梦

强调小区的人文气息或小区所倡导的生活方式，如图 10-10 所示。

WONDERLAND

有 一 个 美 丽 的 地 方

图 10-11 万科·四季花城标签

案例 10-6 万科·四季花城

属性定位语：有一个美丽的地方

强调小区的人文气息或小区所倡导的生活方式，如图 10-11 所示。

伴海而居　尽情体验新生活气息

图 10-12　蔚蓝海岸标签

案例 10-7　蔚 蓝 海 岸

属性定位语：伴海而居，尽情体验新生活气息

强调小区的景观资源及小区所倡导的生活方式，如图 10-12 所示。

新 洲 座 标 · 现 代 美 式

图 10-13　加州地带标签

案例 10-8　加 州 地 带

属性定位语：新洲坐标·现代美式

强调小区的区位及建筑风格，如图 10-13 所示。

广厦西湖·时代广场

WESTLAKE TIMES PLAZA

【留给西湖的传奇】

legend to WestLake

图 10-14　西湖时代广场标签

案例 10-9　西湖时代广场

属性定位语：留给西湖的传奇

强调资源优势，如图 10-14 所示。

2. 项目推广方案的确定

在制定项目推广方案之前，要重新发掘卖点，深入挖掘产品价值，利用现场展示充分体现物业价值，确保项目系统成功，而非风险成功。项目推广阶段需要解决的问题主要如下：

（1）价格预估。

（2）营销行动与进度安排。

（3）销售目标分解。

（4）卖场展示建议。

（5）销售流程组织。

（6）媒体宣传建议。

（7）促销活动建议。

（8）团队组织与培训安排。

对于价格的预估，要基于市场及客户，通常会考虑到价格的自然增长率、一手房及二手房市场价格表现、客户可承受价格的摸底等因素，来对即将销售的产品进行价格预估。

营销行动及进度安排是整个项目营销动作的时间表。一份完整可行的营销行动及进度安排一般包括：关键时间节点、工程/包装进度、销售节奏安排、关键准备工作、媒体活动、营销活动等多项内容。可以用一个覆盖了大量信息的表格来表示，示意如下：

销售筹备总控表见附录三（书后插页）。

销售目标包括速度和价格两个方面的目标。卖场展示对产品起到展示、宣传的效果，其作用与其产品展览类似，如车展、奢侈品展等。销售流程的组织因各个城市政府相关职能部门的规定不同而有所差别，但基本动作都是一致的：选房——缴纳定金——签订认购书——付首期款（或一次性付款）并签订购房合同。

在前文中提到：这个阶段的工作相比前两个阶段来说，多了更多的执行和沟通工作。其中主要的沟通工作发生在媒体推广准备和执行阶段。这个阶段是开盘销售前的"蓄势"阶段，前期所作的大部分工作要在这一阶段在市场上表现出来，其中一个重要的表现形式就是媒体广告。消费者所看到的报纸广告、杂志广告、户外广告牌、车体广告、路牌灯箱广告等，都属于媒体广告，媒体广告是结合项目营销动作和工程进展而打出的系列广告，是需要及时更新的，并非一劳永逸。

如何来评价媒体广告的效果呢？

通常习惯上通过电话进线（即打电话来咨询项目情况的客户数量），或上门量（即来售楼处或临时接待处了解项目情况的客户数量）来直观地评价房地产广告的效果程度，这不失为一种评估方法。但这远远不够，尚不足以全面反映评估广告效果。理由如下：

（1）广告效果具有滞后性。

当天投放的广告，其效果不能马上表现出来。如大部分内地房地产卖方市场可以说是一个完全竞争市场，消费者选择机会增多，理性置业在增强，因而购买决策过程在拉长。

（2）广告效果具有累积性。

每个广告都需要投放到一定次数（有效暴露频次）后才能产生有效到达率。当一个地产广告投放的次数尚未足以产生有效到达率，那么就不能有效地引起受众的注意力，当然更不要指望受众打电话咨询了。

（3）广告效果具有复合性。

"电话进线量"及"上门量"的指标不能有效地界定不同媒体的广告效果。也即是说，在特定广告媒体计划排期里，由于媒体组合的原因，广告效果不能一股脑儿地归结于某个媒体。

（4）多种因素影响广告效果。

除了媒体外，影响广告效果还与广告自身因素及投放情况有关，如广告表现、广告诉求、广告投放时间、是否系首次投放、投放的版面或档次等。

（5）广告效果是个多变量。

广告效果包括认知效果、心理效果、销售效果和广告自身效果。"电话进线量"及"上门量"只是片面地测定广告的认知效果而已，没有更多的参考意义。

（6）评估误差相当大。

这种评估方法是"守株待兔"的被动方法，容易以偏概全。"电话进线"及"上门量"只能评估广告受众的极小部分，不具代表性，绝大部分的广告受众不会看到广告就"电话进线"或"上门咨询"。即使在接到的电话中，不少是行业人士如其他开发商、代理、广告、装修公司等打进来的电话，这些都是众所周知的事实。"电话进线量"及"上门量"作为一个变量，其质量显得更重要。因此"有效电话进线量"比"电话进线量"会更科学一些，"有效上门量"比"上门量"更科学些。

项目的目标客户群是什么样的群体，他们有哪些人口统计特征，哪些媒体的受众与目标客户群的交集更大一些，发布的广告信息怎么让目标客户知道，这就回到了有关信息对称的公共话题。很多人在谈信息对称时，强调信息的客观性、真实性和对等性；还有一点更重要的是受众的针对性！盲目的传播，只能是"对牛弹琴"。这就是为什么一些楼盘电话进线量大而楼却售卖不理想的真正原因所在。房地产广告不仅仅是"广而告之"，更重要的是"有效告之"，有效到达更重要。

为此，下面就广告效果的指标体系进行一下探讨：

（1）媒体指标。据相关广告监测报告，中国房地产广告投放的首选媒体是报纸。科学地评价报纸广告媒体，关系到媒体计划和媒体组合的科学性和是否有效。以下指标，适用于其他媒体，但要区别对待。

1）量的指标。包括媒体分布、媒体受众、广告受众等方面。媒体分布，是媒体的单位数，报纸的分布是指发行量；媒体受众，对报纸而言是指读者数；广告受众，是指刊登在报纸上的各广告的接触人数。

2）质的指标。包括广告表现的潜在力/冲击力、关联效果（相关性）、干扰度、广告环境、编辑环境等。

广告表现的潜在力是各种媒体及其广告单位对广告的实际演出效果，如视觉化、说明、依赖、色彩、印象等。

关联效果是指不同媒体特有的气氛将影响被刊载广告的效果。什么样的媒体，造就什么样的品位，进而关联到广告的品位。

干扰度指的是消费者在接触媒体时受广告干扰的程度。研究表明,广告占有率越高,受众受到的干扰度就越高,效果就越低。就报纸而言,干扰度等于特定版面所有广告面积所占该版面积的比例。

广告环境指的是承载其他广告所呈现的媒体环境。在深圳,周五是报纸房地产广告的"吉日",很多楼盘广告争相投放,但有一点值得注意的就是广告环境对广告效果的影响。一个高档楼盘广告,旁边却是一些低档楼盘的广告,不易引起受众关注或造成误解,达不到既定传播目标。

编辑环境指媒体所提供的编辑内容对品牌及广告推广的适合性。一则房地产广告正在诉求大户型,但旁边却是建议消费者选择小户型的新闻报道,致使该广告的效果受到严重影响。

(2)广告指标。广告效果可分为广告认知效果、广告心理效果、广告销售效果和广告自身效果4部分。

1)广告认知效果。

例如,出示某日某报纸待测广告,根据被调查者回答情况,打分如下:

没有看过————————————————————————1分
好像看过————————————————————————2分
看过图片、大字,但文案细节却未读过——————————3分
肯定看过　只读文案细节的一部分——————————————4分(精读)
(注目)　　连文案的细节都仔细读过——————————5分

得分越高,说明广告的认知效果越好。

这里介绍几个指标:

a. 读者率(接触率)。

广告注目率=(肯定看过某广告的人数÷读过刊登某广告的报纸人数)×100%

广告精读率=(看过部分或全部文案细节的人数÷肯定看过某广告报纸人数)×100%

b. 认知率。

认知率的指标包括:第一提及知名度、未提示知名度、提示知名度等。

第一提及知名度是指未经提示,主动记忆且首先提及的某广告或品牌的消费者占所有消费者的比率。

未提示知名度是指未经提示,主动记忆的广告信息或品牌的消费者占所有消费者的比率。

提示知名度是指经过提示,可以回忆起广告信息或品牌的消费者占所有消费者的比例。

2)广告心理效果。根据DAGMAR的理论,广告的目标在于改变态度,而态度的改变可以分为5个过程:未知、知名、理解、确信、行动。通过广告前后的消费者心理比较,用以表示达到上述阶段的比例作为全部的心理变化形态,称为传播幅度形态(CSP)。

广告心理效果的指标包括未知度、知名度、理解度、好感度和购买意图度。

3)广告销售效果。

广告效果指数 AEI（Advertising Effectiveness Index）是衡量因广告而唤起的购买效果的指数。其计算方法见表10-4。

表10-4 计 算 方 法

广告唤起购买效果		广告认知		合计人数
		有	无	
购　买	有	a	b	$a \mid b$
	无	c	d	$c+d$
合计人数		$a+c$	$b+d$	N

注　a 为看过广告而购买的人数；c 为看过广告而未购买的人数；b 为未看过广告而购买的人数；d 为未看过广告也未购买的人数。

$$AEI = 1/N[a-(a+c)\times b/b+d]$$

推广活动进行一段时间之后，项目开始在市场上具有一定知名度，消费者也开始翘首以待，等待开盘销售。

3. 开盘方案的确定

在确定了项目推广方案之后，接下来进入项目开盘阶段，完整的项目开盘方案应该包括：①开盘活动及组织安排建议；②推出单位及销售建议；③促销活动建议；④现场包装建议；⑤媒体宣传及公关活动建议。

推售单位及推售量的确定要考虑以下5个因素：①竞争对手推售的产品。如果推售同类产品，且本产品无明显竞争优势，则要尽量避开激烈的直面竞争。②价格爬升的要求。通常来说，分批推售有较大的价格爬升空间。③客户意向。在前期蓄客阶段，已经能基本把握客户的需求重点，为了实现整体销售的高价，要策略性地分批推出销售单位。④销售目标。正确理解销售目标，弄清楚是对"量"的要求还是对"价格"的要求，从而确定推售单位。⑤产品特点。分批推售的产品一定要高、中、差产品合理搭配，这样既可以覆盖更多类型的客户需求，又避免了较差产品的滞销现象。

4. 价格策略的制订

项目的价格策略对于整个房地产开发项目而言，是实现其物业价值的最直接、最重要的步骤。房地产行业的产品具有特殊性：稀缺性、不可移动及复制、产品生命周期较长等，因此，制定房地产产品的价格，也不同于普通消费品。它必须是有策略的，并非简单的市场定价法，而是一个综合的定价方法。本部分主要设定如何灵活运用价格杠杆，制定一套合理的定价结构，并根据推盘周期等情况进行调整，配合价格与营销组合，一起有效推动全局。

房地产营销最实质的内容就是价格控制，价格的有序设置应预先慎重安排，并要有与此价格相适应的销售比例，价格控制的基本原则为：逐步提高和留有升值空间，价格控制上有三种情况应严格避免：

第一种情况是价格下调，房价在公售以后基本原则是只升不跌，一旦价格明显下调，不仅会严重挫伤已购房者的积极性，带来市场负面效应，而且会使项目市场信誉度下降而影响销售。

第二种情况是价格作空，有些开发商为了人为地制造人气，即使在市场实际接受较差的情况下，依旧提高销售价。而在实际销售中，又随意地给客户还价、打折，出现价格作空现象。

第三种情况是升值太快而缺少价格空间，有些开发商一旦发现自身项目市场出现业绩，便误认为上市价格太低，从而过快或过大地上调价格，致使市场应预留的空间失去，目前销售率停滞不前的一个很重要的原因，就是缺少价格空间。

项目开盘销售后，要根据销售情况及客户反应设置若干个调节点，每次调价的幅度能给前期购房者产生信心，又能给欲购未购者带来刺激，产生导购欲念。低开的目的是吸引市场视线，其路线是为了提升价格，控制价格的两大难点：一是调价频率，二是调价幅度。

价格调节的关键是：虚实转换，每次调价后物业总有一种市场的瞬间断层，即难以圆整市场曲线，没有市场客户积累基础，主观调价，不仅会影响购买人气，而且会直接影响成交，没有导入概念，价格调高后会对前期购房客户有积极影响，但对洽谈客户往往有副作用。只有在市场相对热销的前提下，才能进行调价，即使有其"虚"的成分，也可以逐级盘实。

价格调节幅度的关键是：小幅递增，小幅频涨。针对住宅项目一般每次涨幅 1.5%～3.5%，调价新近几天，可配合以适当策略，作为价格局部过渡，有新生客源流时，再撤销折扣，当然，价格作为营销之纲，绝不能孤立对待，这与物业形象、进度、上市量有机控制有关，最佳的价格体现，应杜绝"空、满、虚、回" 4 个禁忌，即不能把价格作空，任意折扣。不能做满，不留给客户升值空间。不能做虚，没有市场购买基础。不能回落，随意下调。在以上价格策略的基础配以专业高效的营销队伍，进行销售实施，相信一定会实现预期的销售业绩。

通常而言，一份完整的价格策略应该包括：①产品分析；②目标消费群心理分析；③综合打分表；④价格表模拟；⑤价格竞争分析；⑥折扣安排；⑦确定实收均价；⑧价格分步实施策略；⑨付款方式建议。

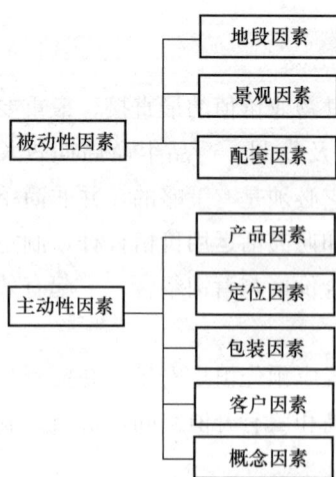

影响产品价格的因素有很多种，一般分为以下两大类，如图 10-15 所示。

基于以上分析，可以形成一份完整的价格报告，其逻辑结构如图 10-16 所示。

价格报告的制作非常重要，关系到是否能最大化地实现物业价值。图 10-16 看似简单，但包含了相当大的信息量，可以说是对营销策划前期所有工作的一个梳理和效果检验。价格报告制定的关键在于核心均价的推导。所谓"核心均价"，即整个项目所有产品的一个基准价格，在此基础上考虑到层差、朝向差、景观差、特殊调差、营销溢价等，形成各单个产品的价格。

图 10-15　影响产品价格的因素

核心均价的推导有很多种方法，常用的有：

第一，市场比较法。

选定同区域市场的、具有可比性的一手楼和二手楼的价格进行比较。这个比较过程并非简单的求均值，而是要通过时间比准系数、调整系数、权重等指标值进行休整，得出合

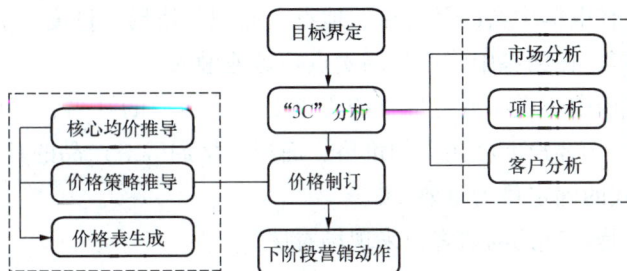

图 10-16　价格报告逻辑结构

理的市场比较价格。

第二，租金返算法。

按同期市场租金水平进行返算。但这一值不能直接作为最终结果，要考虑到本项目的特殊性，进行适当的营销溢价、特殊调整。

第二，客户分析法。

从客户的价格接受程度来制定价格。这一方法要求策划及销售人员要多次与客户沟通，准确把握客户心理，挖掘客户购买力，提高其价格承受能力，才能实现较高的物业价值。

核心均价的推导通常使用以上几种方法的组合。

在这一阶段，还有一项非常重要的工作就是：销售流程组织、团队组织与培训安排。

5. 销售队伍的培训

在项目开盘销售前的推广阶段，通常会有一段时间的"蓄客期"，开发商或者在项目现场开设售楼处接待来访客户，或者在人流较密集的地方设置接待处接待前来咨询的客户，并且留下客户的联系方式，由销售人员长期跟进，直至项目开盘销售。从这里开始，销售人员开始业务流程的第一步——寻找客户。

如何寻找客户？从销售人员的角色来讲，必须做好以下工作：

第一，分析客户的来源渠道。

要想把房子销售出去，首先要寻找到有效的客户。客户的来源有许多渠道，如媒体广告、报纸广告、房地产展会、现场接待、促销活动、上门拜访、亲友介绍等。客户来源渠道的拓展，通常是整个营销策划团队——包括策划人员和销售人员共同开展的。要通过对项目和市场的分析选择最有效的推广渠道，才能吸引更多的客户关注。

第二，接听热线电话。

在推广活动展开之后，如打出去一版报纸广告、新更换了户外广告等，都会引起一部分人的关注，会接到较多的咨询电话。这个时候开始，客户开始与销售人员有第一次接触，销售人员的专业素养和接待水准将直接影响客户对楼盘的印象。因此，在销售团队培训的时候，一定要做好接待相关的专业培训。

（1）基本动作。

1）接听电话必须态度和蔼，语音亲切。一般先主动问候："你好！××花园！"，而后再开始交谈。

2）通常，客户在电话中会问及价格、地点、面积、格局、进度、贷款等方面的问题，销售人员应扬长避短，在回答中将产品的卖点巧妙地融入。

3）在与客户交谈中，设法取得想要的资讯如：①客户的姓名、地址、联系电话等个人背景情况的资讯。②客户能够接受的价格、面积、格局等对产品的具体要求的资讯。其中，与客户联系方式的确定最为重要。

4）最好的做法是，直接约请客户来现场看房。

5）马上将所得资讯记录在客户来电本上。目前有些城市相继出台政策限制开发商开盘前的"蓄客"活动，即不允许现场有客户来访登记本，这种情况下销售人员就要改变与客户沟通的姿态和方式。

（2）注意事项。

1）接听电话时，要注意按公司的要求做（销售人员上岗前，公司要进行培训，统一要求）。

2）广告发布前，应事先了解广告内容，仔细研究应如何对待客户方面可能会涉及的问题。

3）广告发布当天，来电特别多，时间更显珍贵，因此接听电话应以 2～3 分钟为限，不宜过长。

4）接听电话时，尽量由被动回答转为主动介绍、主动询问。

5）应将客户来电信息及时整理归纳，与现场经理、广告制作人员充分沟通交流。

6）切记：接听电话的目的就是促使客户来售楼处，做更深一步的面谈和介绍。

第三，参加房展会。

由于房展会项目集中，很多客户无暇顾及每一个项目，这就要求每一位参展的销售人员做到热情主动，以给客户留下一个良好的印象。对于每一位来展位咨询的客户，销售人员应做到认真对待，对某些有购房意向的客户，可直接邀请其回售楼处参观样板房，并做进一步洽谈。

第四，朋友或客户介绍来的客户的洽谈。

由于此类客户都会对项目有一些或多或少的了解，又经过他所信任的人介绍，因此，相对于其他客户，这部分客户较容易洽谈成功。在带其参观样板间的过程中，把其朋友认为好的优点做重点突出介绍，会收到事半功倍的效果。此类客户较为敏感的是价格及折扣问题，销售人员应从实际情况出发区别对待处理，无法解决时可由销售主管协助洽谈。

第五，做直销（DS）。

直销作为一种销售手段，在几年前的楼盘销售中运用得较多，效果也较好。但是，随着销售模式的改变，现在 DS 运用得较少，常用于销售前期及销售淡季。做 DS 最好直接找到目标客户，但此种可能性较小。因此，做 DS 时业务员应先对自身做一简单介绍，再对项目做一简介。若对方并不感兴趣，则应留下资料礼貌地离开。若对方感兴趣，则可索取对方名片或联络方式，约其来售楼处做进一步洽谈。切记，除非对方有需要，否则不可在其工作场所做更详细的介绍。

（四）第四阶段：销售及尾盘阶段

在做好以上工作之后，项目将非常顺利地迎来收获的时刻——开盘销售。在外界看来，"销售"才是营销策划人员价值体现最大化的时候。但对于营销策划人员来说，如果前几个阶段的工作没有做好，是没有办法保证销售业绩的。

项目一旦进入销售阶段，营销策划的重点将转移到对营销策略的调整和成交状况的关注上。策划团队要根据情况即时对营销策略做出调整，主要工作内容如下：

（1）进行项目阶段推广总结及调整。

（2）进行价格策略调整。

（3）进行新一期开发时机以及后续产品评价与调整建议。

（4）推动执行持续营销方案。

（5）指导相关合作单位工作，提供广告媒体等方面的建议。

（6）专题销售团队培训。

（7）销售团队健康度测试与调整。

（8）指导管理及激励销售团队，强化销售力。

《项目阶段推广总结及调整报告》主要是监控推广渠道是否有效，表现在：广告媒体选择是否较好地覆盖了目标客户群，项目的形象推广是否引起受众的共鸣，短信、DM（直邮）等低成本营销方式是否有效等。在前文中我们阐释了如何评估广告效果，本节中需要考虑针对广告效果反馈，对推广方式做出一定调整和改进。

项目进入销售阶段之后，营销策划的工作中，销售人员和策划人员的合作会更加紧密。在此阶段，销售人员应该及时、准确地向策划人员反映客户成交状况及心理变化状况，以便策划人员及时做出以上调整。此阶段对销售人员的要求比较高。

对于销售团队的培训，在这个阶段更为重要。这个时候的培训，不仅有专业技能的培训，更要注意精神激励和团队鼓舞。销售人员在这个阶段的工作职责如下：

1. 现场接待客户

现场接待作为销售环节中最为重要的一环，尤其应引起销售人员的重视。前期所有的工作都是为了客户上门做准备。

（1）迎接客户。

1）基本动作。

a. 客户进门，第一个看见的销售人员都应主动招呼"你好！欢迎光临"，提醒其他销售人员注意。

b. 销售人员应立即上前，热情接待。

c. 帮助客户收拾雨具、放置衣帽等。

d. 通过随口招呼，区别客户真伪，了解客户来自的区域和接受的媒体（从何媒体了解到本楼盘的）。

e. 询问客户以前是否来过，如果来过问清以前是谁接待的，如果该销售人员不在应及时通知，期间应热情为客户做介绍。

2）注意事项。

a. 销售人员应仪表端正，态度亲切。

b. 由一个人接待客户，或一主一辅，以二人为限，不要超过三人。

c. 若不是真正客户，也应照样提供一份资料，作简洁而又热情的招待。

（2）介绍项目。

礼貌的寒暄之后，可配合沙盘模型等做简单的项目讲解（如地段、朝向、楼高、配套、周边环境等），使客户对项目形成一个大致的概念。

1）基本动作。

a. 交换名片，相互介绍，了解客户的个人资讯情况。

b. 按照销售现场已经规划好的销售路线，配合灯箱、模型、样板房等销售道具，自然而又有重点地介绍产品（着重于地段、环境、户型、配套设施等的说明）。

2）注意事项。

a. 此时侧重强调本楼盘的整体优点。

b. 将自己的热情与诚恳推销给客户，努力与其建立相互信任的关系。

c. 通过交谈正确把握客户的真实需求，并据此迅速制定自己的应对策略。

d. 当客户超过一人时，注意区分其中的决策者，把握他们相互间的关系。

e. 在模型讲解过程中，可探询客户需求（如面积、购买目的等），做完模型讲解后，可邀请他参观样板房，在参观样板房的过程中，销售人员应对项目的优势做重点介绍，并迎合客户的喜好做一些辅助介绍。

（3）带看现场。

在售楼处做完基本介绍，并参观样板房后，应带领客户参观项目现场。

1）基本动作。

a. 结合工地现况和周边特征，边走边介绍。

b. 按照房型图，让客户切实感觉自己所选的户型。

c. 尽量多说，让客户始终为你所吸引，记住，千万别被动，整个流程都应该是你牵引着客户走的。

2）注意事项。

a. 带看工地的路线应事先规划好，注意沿线的整洁与安全。

b. 嘱咐客户戴好安全帽及其他随身所带物品。

2. 谈判

（1）洽谈。样板间及现场参观完毕后，可引导客户到谈判区进行初步洽谈。

1）基本动作。

a. 倒茶寒暄，引导客户在销售桌前入座，给其提供项目资料，并对项目的价格及付款方式做介绍。

b. 在客户未主动表示时，应该立刻主动地选择一种户型作试探性介绍。

c. 根据客户所喜欢的单元，在肯定的基础上，作更详尽的说明。

d. 根据客户要求，算出其满意的楼层单元的价格、首付款、月供还款及各种相关手续费用。

e. 针对客户的疑惑点，进行相关解释，帮助其逐一克服购买障碍。

f. 适时制造现场气氛，强化其购买欲望。

g. 在客户对产品有 70％的认可度的基础上，设法说服他下订金购买。

2）注意事项。

a. 入座时，注意将客户安置在一个视野愉悦的便于控制的空间范围内。

b. 个人的销售资料和销售工具应准备齐全，以随时应对客户的需要。

c. 了解客户的真正需求，了解客户的主要问题点。

d. 销售人员在结合销售情况，向客户提供户型和楼层选择时，应避免提供太多的选择。根据客户意向，一般提供两、三个楼层即可。

e. 注意与现场同事的交流与配合，让现场经理知道客户在看哪一户型。

f. 注意判断客户的诚意、购买能力和成交概率。

g. 现场气氛营造应该自然亲切，掌握火候。

h. 对产品的解释不应有夸大、虚构的成分。

i. 不是职权范围内的承诺应报现场经理通过。

上述程序完成之后，客户会拿齐资料回去考虑，此时销售人员可留其联系办法（最好询问客户何时联络方便），并表达希望其能尽快做出决定的意思（表达方式不宜太过直白，要严禁过分夸大销售状况），最后，应送其出门与其道别。个别意向很强的客户可采取收取小订金的方式，向其表明他所中意的单元可以为其保留，此种方式可以让客户牵挂楼盘，后期再有策略地进行跟踪直到认购。

（2）暂未成交。

1）基本动作。

a. 将销售海报等资料备齐一份给客户，让其仔细考虑或代为传播。

b. 再次告诉客户联系方式和联系电话，承诺为其作义务购房咨询。

c. 对有意的客户再次约定看房时间。

d. 送客至售楼处大门或电梯间。

2）注意事项。

a. 暂未成交或未成交的客户都依旧是客户，销售人员都应态度亲切，始终如一。

b. 及时分析暂未成交或未成交的真正原因，记录在案。

c. 针对暂未成交或未成交的原因，报告现场经理，视具体情况，采取相应的补救措施。

3. **客户追踪**

（1）填写客户资料表。

1）基本动作。

a. 无论成交与否，每接待完一组客户后，立刻填写客户资料表并建立客户档案。

b. 填写的重点。①客户的联络方式和个人资讯。②客户对产品的要求条件。③成交或未成交的真正原因。

c. 根据客户成交的可能性，将其分类为：很有希望、有希望、一般、希望渺茫四个等级，以便日后有重点的追踪回访，也有利于策划人员运用价格调整策略。

2）注意事项。

a. 客户资料表应认真填写，越详尽越好。

b. 客户资料表是销售人员的聚宝盆，应妥善保存。

c. 客户等级应视具体情况，进行阶段性调整。

d. 每天或每周，应由现场销售经理定时召开工作会议，依客户资料表检查销售情况，并采取相应的应对措施。

（2）客户追踪。

1）基本动作。

a. 繁忙间隙，依客户等级与之联系，并随时向现场经理口头报告。

b. 对于"很有希望"或"有希望"等级的客户，销售人员应列为重点对象，保持密切联系，尽一切可能，努力说服。

c. 将每一次追踪情况详细记录在案，便于日后分析判断。

d. 无论最后是否成交，都要婉转要求客户帮忙介绍客户。

2）注意事项。

a. 客户要注意切入话题的选择，勿给客户造成销售不畅，死硬推销的印象。

b. 追踪客户要注意时间的间隔，一般以2~3天为宜。

c. 注意追踪方式的灵变性：如可以打电话，寄资料，上门拜访，邀请参加促销活动等。

4. 签约

（1）签订认购书。

1）基本动作。

a. 客户决定购买并下订金时，利用销控对答来告诉现场经理。

b. 恭喜客户。

c. 签订认购书，并告诉客户对买卖双方的行为约束。

d. 详尽解释订单填写的各项条款和内容。

e. 收取订金，请客户、经办销售人员、现场经理三方签名确认。

f. 填写完订单，将定单连同订金送交现场经理点收备案。

g. 将订单第一联（订户联）交客户收执，并告诉客户于补足或签约时将订单带来。

h. 确定订金补足日或签约日，并详细告诉客户各种注意事项和所需带齐的各类证件。

i. 再次恭喜客户，送客户至大门外或电梯间。

2）注意事项。

a. 与现场经理和其他销售人员密切配合，制造并维持现场气氛。

b. 当客户对某套单元有兴趣或决定购买，但未带足现金和信用卡时，鼓励客户支付小订金是一个行之有效的办法。

c. 小订金金额不在于多，其主要目的是使客户牵挂我们的楼盘。

d. 折扣后其他附加条件，应报销售经理同意备案。

e. 订单填写完后，再仔细检查户型、面积、总价、订金等是否正确。

（2）签订合约。

1）基本动作。

a. 恭喜客户选择我们的房屋。

b. 示范合同文本应事先准备好。

c. 事先分析签约时可能发生的问题，向现场经理报告，研究解决的方法。

d. 签约时，如客户有问题无法说服，汇报现场经理。

e. 解释合同条款时，在情感上应侧重于客户的立场，让其有认同感。

f. 双方认可合同条款后，客户签名。

2）签约问题。

签约过程中可能遇到以下问题：①签约时，在具体条款上的讨价还价（通常有问题的地方是：面积的认定、贷款额度及程序、工程进度、建材装潢、违约处理方式、付款方式等）；②客户想通过挑毛病来退房，以逃避因违约而承担的赔偿责任。

3）对策。

a，仔细研究标准合同，通晓相关法律法规。

b. 兼顾双方利益，以"双赢策略"签订条约细则。

c. 耐心解释，强力说服，以时间换取客户妥协。

d. 在职责范围内，研讨条文修改的可能。

e. 对无理要求，按程序办事，若因此毁约，各自承担违约责任。

5. 售后服务

销售人员对待售后服务态度要积极、热情、友好。销售人员应做好自己客户的售后服务工作。包括：

（1）办理按揭手续协助财务催款。

（2）协助客户办理入伙。

（3）提供相关物业咨询。

（4）建立客户档案，在各种节假日向他们问候或发祝福短信，让客户想到销售员、想到代理公司、想到开发商，以致在市场形成良好的口碑，为后期老客户介绍新客户打下良好的基础。

（5）可采取定期或不定期方式与客户交流，进行信息收集。

经过销售人员和策划人员的共同努力，在项目圆满实现销售目标时，要对整个项目做个总结，尤其是大盘开发，其开发周期较长，一般分多期进行开发，那么本期销售任务完成之后，要对本期经验进行总结，为下期营销工作做好准备：

1）提供《前期营销总结及调整报告》。

2）下一期入市及营销执行方案。

3）专题销售团队培训。

4）销售团队健康度测试，提交《销售人员测评报告》《销售组织框架及管理制度建议》。

5）指导管理及激励销售团队。

特别说明：由于各地方政府的规定不同，以上销售流程在各地可能会有不同程度的修正。房地产销售中存在非常多的销售技巧，因本教材并非房屋销售专业教材，在此不赘述。

第四节 房地产营销案例

一、豪宅营销模式案例

(一) 案例名称

深圳中信红树湾

(二) 项目基本情况

本项目共分三期开发,总建筑面积约 60 万 m^2,产品类型包含了高层、TH (联排别墅)。

本项目的成功之处在于:精准的客户定位、策略性蓄客、节点式突破营销、价格策略、服务与展示注重细节、以客户为导向的做法。

在 2001 年 12 月深圳湾填海区首场土地使用权拍卖会上,3 宗总面积约 24 万 m^2 的住宅用地共卖得 22.35 亿元人民币,均创下国内土地使用权拍卖的新纪录,被称为"深圳地王",备受世人的关注;2004 年,在地王上矗立起中信红树湾,又以国际顶级湾区物业的形象比肩全球,再次将人们的目光聚焦在这片土地上,并开创了一种新的生活方式:湾区生活。

(三) 战略层面:精准定位,高调入市

深圳湾填海区是目前深圳最大宗并且最受世人瞩目的地产项目,它地理位置优越,环境优美,有非常宝贵的海景资源,为深圳房地产市场留下一个发展空间巨大的高尚居住社区。它由政府统一规划,市政先行,深圳将倾全力将此地打造成深圳地产与居住文明的名片。

稀缺的地段价值决定了项目必须将区域优势融入项目的定位中,作为项目最核心的价值之一,才能让项目的操作达到事半功倍的效果,于是确定了:

1. 一个极具代表性的项目命名:中信红树湾

它大气、包容性强,不仅可以贯穿四期甚至更长,而且直接等同区域,易于传播,迅速建立知名度,也符合项目规模、气质及形象需要,传播中信品牌。

2. 一个超越竞争的高形象定位:国际顶级湾区物业

湾区给人的感觉就是一种休闲,一种明快。国外著名的湾区,橘城也好,温哥华也好,都向人们传递着自然的美好、空气的洁净、气氛的安恬……还有一些因人而异的感受,那里有最优秀的文化生活、最好的画廊和博物馆、最杰出的社区、最具有情调的旅馆、最出名的酒馆,住在那里的人生活是浪漫的,也是满足的。因此,将项目定位为湾区物业这样一种新的物业类型,与传统豪宅做了有效的角色区分,成为形象上的领导者。

中信红树湾在大众媒体的正式亮相,奠定了全局的传播基调和策略走向,建立起了高端物业的高端形象,"湾区物业,比肩全球"的口号得到迅速有效的传播并与同类产品形成比较鲜明的形象区隔。国际的、现代的、品质感、气魄感,这便是中信红树湾给予世人的第一印象。

(四) 战术层面:奠定胜局的五大战术

1. 战术一

策略性蓄客,提高项目人气,同时确保客户诚意度。

　　2004 年 6 月，中信红树湾面临向市场正式蓄客时期，虽然在春交会的初次亮相上，便在市场形成强烈的反响，但当时片区成熟度不够，昭示性弱。要吸引较多的客户上门，存在客观条件的限制。针对这个限制，项目营销小组推出了 3000 元的贵宾卡，贵宾卡除具备优先确认选房顺序的权益外，还享有开发商赠送的售楼处咖啡吧的签单消费权，低门槛及其附加值最大化地解决了项目积累人气的问题。

　　随后在区内及区外的竞争项目纷纷亮相并开始蓄客的情况下，为降低选房风险，提高选房成功率，项目组又通过对客户充分的意向精确摸查，按计划先后推出了 20 万、5 万的卡，最大化地消化了诚意客户，增加了选房成功的系数。中信红树湾在后续的二次选房中，创下了 7.8 亿元的骄人成绩，2 个月内的销售额荣登深圳市第四季度龙虎榜第二名，中信红树湾用世界的高度让消费者及社会各界人士见证了它的实力。

　　2. 战术二

　　节点式营销突破。

　　通过贵宾卡升级、两次选房，这三次节点式营销，合理制造了市场稀缺感，吸引市场注意力，形成客户抢购高潮。三次节点式营销突破，实现销售占已销售量的 70%，最大限度地挖掘客户消化资源，消化房号，如图 10-17 所示。

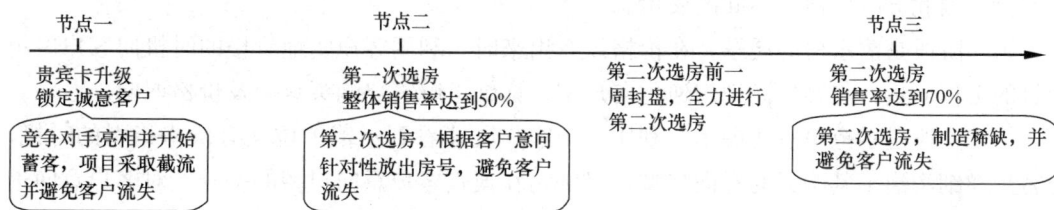

图 10-17　节点式营销突破

　　3. 战术三

　　价格策略心理战。

　　从项目面市以来，就一直以高调的形象和高端的品质迎接客户，让客户对项目价值的心理预期不断攀升，但一期却选择了一个较实惠的入市价格，给客户额外惊喜，确保首次开盘胜局和合理控制风险，也为项目后续开发提供了可持续升值的空间。

　　在后续销售中，随着展示的不断完善，结合推售策略，项目均价呈逐步攀升趋势，赢得前期购买客户良好的口碑。

　　4. 战术四

　　服务与展示品质的严格控制。

　　（1）服务。

　　1）所谓"得业内者得天下"，中信红树湾秉承这个原则，在销售现场特别设置了客户服务经理，以开放的心态欢迎业界同行的参观，通过高品质的服务，体现了项目的大气，展示了开发商的实力，在业内建立了良好的口碑。

　　2）项目引入专业按揭服务机构，专业化操作算价、签约流程，创新的模式，建立项目的第一专业服务形象，给予客户专业的高品质售前售后服务，树立新老客户良好的口碑。

3）所有服务人员严格培训，注重所有细节，用细节感动客户，比如在看楼现场处处可见的安全温馨提示牌，所设置的擦鞋机、冰冻湿纸巾、安全帽的护罩、太阳伞、汽车罩等，体现了未来物管的服务细节及品质，增强了客户对项目的信心，如图10-18所示。

图 10-18　服务

（2）展示。

1）精确选择展示点，产品是项目的一个核心竞争力，通透的户型设计是经过数十轮脑力碰撞的结晶，将产品的各项优势传递给客户，让客户切身体会，是项目成功销售的重要支撑，因此分阶段做了不同的展示。

第一阶段是清水房的展示，在价格没有出来时，利用客户实地看楼的时机向客户展示项目的工程质量，与客户详细沟通意向户型，详细了解客户购买意向及价格取向。

第二阶段是示范单位的展示，利用这个客户既能看到示范单位又有价格指引的时机，与客户详细沟通了其购买的意向户型，目的是在摸查客户意向户型的基础上对客户意向进行引导，有效地指导了选房时放出的房号，最大化地消化了诚意客户，如图10-19所示。

图 10-19　展示

2）严格监控每个展示节点，在公开展示前，采用《工作跟进日志》的形式，每天对工程实施的质量和进度进行跟踪检查，出现任何问题及时提出并督促整改，保证展示的质量，增加客户对项目及开发商实力的信心，扩大口碑的影响。

5.战术五

客户为导，活动营销，如图10-20所示。

中信红树湾的客户大多数是富有阶层，包括企业老总、高级管理阶层、私营业主等，这部分人具有很强的经济实力，懂得工作，享受工作所带来的成果，享受生活，重视人与人、人与自然的交流。根据对客户喜好的把握，并通过对客户爱好进行摸查，在客户营销中，中信红树湾多次为客户举办了自驾游、GOLF 比赛、酒会、湾区生活 show 等高尚休闲活动，活动的整体筹划与精心的安排，让中信红树湾的客户领略了中信地产服务客户的实力，也感受到了中信地产的强大的品牌力量，得到了客户的充分认可。

图 10-20　活动营销

通过对中信红树湾案例的研究，可以总结出作为大规模楼盘持续、成功开发的一些重要条件：

（1）实现社区整体开发的整合营销。

（2）开始阶段树立品牌与社区鲜明形象。

（3）在持续开发过程中社区的不断增值。

（4）实现与后期营销的有效衔接。

除了中信红树湾这一案例的研究，综合了其他更多的楼盘，总结出"成功大规模楼盘八大营销驱动力"：

（1）以更高品质取胜，如合生创展的华南新城，提出"建筑品质的十大标准"。

（2）以较佳的服务取胜，如华南碧桂园提出的"五星级服务"。

（3）以较低价格取胜。如凤凰城的低价规模定制。

（4）以量身打造或定制取胜，如万通的"别墅定制计划"。

（5）以不断的产品改良取胜，如万科的城市花园系列。

（6）经由产品创新取胜，如创世纪滨海花园的三错层户型。

（7）经由进入高成长市场取胜，如万科的四季花城系列。

（8）经由超出顾客期望而取胜，如星河湾、蔚蓝海岸。

❓复习思考题

1. 什么是营销？房地产营销常用理论有哪些？

2. 你认为房地产成功营销的核心是什么？

3. 制定房地产营销策略时需要注意哪些方面？

4. 某市区内某楼盘，位于该市的绝对中央地段，交通非常方便。该项目由 5 栋高层住宅和 1 栋酒店式公寓组成，面积从 $60\sim130\text{m}^2$，裙楼共 3 层，全部为商业，小到十几个平方的门面，大到几百个平米的商铺，其商业部分可租可售。项目紧临城市中心主干道，项目左右都有公交车站，有多路通往市内各区域的公交车，应当说地段位置非常好，但由于该楼盘的容积率过高（容积率为 6.2），且开发商资金实力不强，名气不大，加之该楼盘的小区环境营造一般，没有特色，导致了该楼盘销售一直不理想，甚至出现了二次、三次开盘的现象。为此该公司的老总非常头疼，房子卖不出去，资金回笼不了，就没有办法进行后面阶段的事情。在这种情况下，你能帮助该老总摆脱目前的销售困境吗？你打算制定怎样的营销策略？

子曰：好学近乎知，力行近乎仁，知耻近乎勇。知斯三者，则知所以修身；知所以修身，则知所以治人；知所以治人，则知所以治天下国家矣。

——《中庸》

第五篇 物 业 管 理

本篇内容提要

1. 物业管理概述，主要介绍了物业管理的概念、物业管理的基本原则和业务范围以及物业管理的机构设置。
2. 物业管理的运作，主要介绍了物业管理在房地产开发中的前期介入、前期管理和物业管理的接管验收工作。
3. 物业管理公司资金管理，主要介绍了物业管理的资金筹措、物业管理费的核算和收缴管理等内容。
4. 智能化物业管理，对智能化物业的发展方向作了简要的介绍。

> 抓战略主要抓两点：一抓方向，二抓主动权。
>
> ——毛泽东

第十一章 物 业 管 理 概 述

物业管理是房地产市场体系的一个重要组成部分，是房地产市场发展到一定程度，为适应广大业主需求的一种必然结果。

第一节 物 业 与 物 业 管 理

一、物业

物业管理作为一种不动产管理的模式起源于 19 世纪 60 年代的英国，工业的迅速发展带动了房地产经济的发展，现代建筑、现代设施设备的技术和材料的条件为专业化的物业管理的形成提供了前提和基础。物业的英文为 Estate 或 Property，含义为财产、资产、地产、房地产、产业等。自 20 世纪 80 年代引入国内以来，物业已形成了一个完整的概念。广义的物业指土地、土地附着物以及它们的组合；从狭义的角度讲物业是指已建成并经验收合格后交付使用的有价土地与各类房屋及其相配套的设施、附属设备，以及相关的场地。本篇中所称的物业是狭义的定义。

土地附着物包括建筑物（如房屋）、构筑物（如桥梁、园林小品）、设备设施、树木花草等。

各类房屋是指功能不同的房屋，如居住类、办公类、工业类、商业类、文化教育类、医疗卫生类和服务业等房屋建筑。

配套设施、附属设备是指与房屋相配的用以满足人们生活、生产、工作、经营、娱乐、健康和休闲活动等需要的各种室内外设施和设备，如供电变电系统、供水系统、供热系统、煤气供给系统和排污系统等设施设备。

相关场地是指与房屋相连的生活用地和工作用地，如停车场、运动场、街心花园、水池、草坪和非主干交通道路等。

物业是房产与地产的统一。任何单体的建筑物或不具备任何设施的楼宇，都不能称为完整意义上的物业。

物业按使用功能的不同可分为以下几种类型：

（1）居住物业，包括住宅小区、公寓、度假村、别墅等。

（2）商业物业，包括写字楼、百货商场、大型超市、酒店、宾馆等。

（3）工业物业，包括工业厂房、仓库等。

（4）其他用途物业，如机场、学校、医院、政府大楼、体育场地等。

二、物业管理

（一）物业管理的概念

我国 2003 年颁布并实施的《物业管理条例》在第一章第二条中给出了物业管理的定义："物业管理是指通过选聘物业管理企业，由业主和物业管理企业按照物业服务合同约定，对房屋及配套的设施设备和相关场地进行维修、养护、管理，维护相关区域内的环境卫生和秩序的活动。"由此可见，物业管理企业在业主的委托下，依照国家有关法律规定，按照合同或契约行使管理权，运用现代管理科学和先进维修养护技术，以经济手段对物业的房屋建筑及其设备、市政公用设施、绿化、卫生、交通、治安和环境容貌等管理项目进行维护、修缮和整治，实施多功能全方位的统一管理，并为物业所有人和使用人提供高效、周到的服务，使物业发挥最大的使用价值和经济价值。

一般来讲，有以下几层涵义：

（1）实施物业管理的企业必须是具备一定资质的法人经济组织。

（2）物业管理是以合同、契约为中介的委托管理。

（3）物业管理是通过提供有偿物业服务来获取经济效益的。

（4）物业管理是通过对物业及其设施设备的管理来为业主和使用人服务的。

物业管理是房地产商品被售租后的服务，是房地产销售环节中的经营管理活动。它是集管理、服务和经营于一体的有偿服务，性质主要是"服务性"的，属于第三产业。

（二）物业管理与传统房产管理的区别

传统房产管理是计划经济管理模式下的行政福利性的管理。实施管理的实体是政府的一个职能部门（房管所、站）和各单位的一个专设部门（总务、房管部门）。由于房屋产权单一，管房者归根结底是代表国家以行政手段管理房产，在房屋管理中处于一种主导地位，房管部门与住、用户之间所呈现的是一种管理与被管理的关系。管理内容主要是对房屋及设备的维修和养护，比较单一。另外，房管部门提供的劳务近乎是无偿的，执行的是"以租养房"的方针，由于实行的是低租金制度，因此要靠大量的财政补贴弥补管理经费的不足，结果是建房管房越多，国家的财政负担越重。

物业管理是市场经济管理模式下的经营型服务性的管理。实施管理的实体是具有法人资格的专业企业，所有房产产权分散，业主在管理中处于主导地位，物业管理实际上扮演了"大管家"的角色。物业管理企业与业主之间是服务与被服务的关系，其管理行为属企业行为、经营行为（出售服务）。在管理内容上，物业管理企业除对物业进行维修养护以外，还提供清洁卫生、绿化、交通、治安等专项管理和尽可能周全的各种服务。另外，物业管理是"以业养业"，经费来源主要是业主、使用人交纳的服务费，物业管理单位是独立核算、自负盈亏的经营企业。

由以上可以看出，物业管理是一种和房地产综合开发现代化生产方式相配套的综合性管理，是与住房制度改革所形成的物业产权多元化格局相衔接的统一管理，是与市场经济体制相适应的社会化、专业化、企业化经营型的管理。这种集高度统一的管理、全方位多层次的服务、市场化经营为依托的充满生机和活力的物业管理一出现，就越来越显示出其强大的生命力。

物业管理和传统的房产管理相比无论是在管理模式、手段、观念和关系上，还是在管理的深度和广度上，都有着明显的区别，这些区别归纳见表11-1。

表 11-1　　　　　　　　　　物业管理与传统房产管理的比较

比较内容　　　　　类别	物　业　管　理	传统房产管理
物业权属	多元产权（个人产权为主）	单一产权（国家产权）
管理模式	市场经济管理模式	计划经济管理模式
管理手段	经济、法律手段	行政手段
管理实体	物业管理专业企业	政府房产管理部门
管理性质	有偿服务	无偿服务
管理行为	企业行为	政府行为
管理关系	契约关系、服务被服务的关系	隶属关系、管理被管理的关系
管理形式	社会化、专业化统一管理	分散的部门管理
管理方针	以业养业	以租养房
管理内容	多功能全方位	管房修房、内容单一
管理费用	管理服务费为主	低租金和大量财政补贴
管理观念	为业主、使用人服务	管理住户、用户
管理期限	合同期	终身

（三）物业管理的基本原则

物业管理在我国内地发展的时间不长，发展的规律还值得进一步探索。结合物业管理的内涵及其与传统房产管理的区别，以及于2007年10月1日起施行的《中华人民共和国物权法》的相应规定，发展物业管理应遵循以下原则。

1. 物业所有权（产权）与经营权相分离

物业管理权来自于物业的所有权，物业的所有权是物业管理权的基础，业主、业主大会是物业管理权的权利主体，是物业管理权的核心。物业管理企业是物业管理的执行者。由于当今物业大量属于区分所有的产权状况，产权人构成复杂（有法人、个人，甚至政府），需要确定共用部分的维护管理费由哪一方决定和胜任。将管理权与所有权分离，统一把物业交由专业物业管理公司管理，可以克服分散管理的低效，减少纠纷，有利于节省人力、物力，发挥整体优势和规模效应，达到物业管理的统一高效。贯彻这一原则的方法是召开业主代表大会，选举业主委员会，通过招标选聘物业管理公司，并由其行使物业的具体管理权。

2. 服务第一、以人为本的原则

物业管理企业以服务、便民为宗旨，以公共管理、专项服务和特约服务为特色，实施管理与服务并举、寓管理于服务之中、以服务促管理的经营原则。物业管理企业是受聘、受托工作、使用人提供服务是其生存的基础，只有处处为业主、使用人着想，寓经营管理于服务之中，用优质完善的服务满足业主、使用人居住、办公、经营等多方面的需求，为他们营造满意的生活、工作空间，才能赢得赞同，取得配合，真正管好物业，取得效益。

3. 业主自治管理与专业管理相结合的原则

业主在物业管理中应处于主导地位，即在物业辖区内成立业主管理委员会，以业主管理委员会为权利核心，由业主管理委员会聘请专业物业管理企业实施管理。业主自治既体现在对重大问题进行决策和对物业管理进行监督上，也体现在签订和遵守业主公约上。物业管理企业在接受了业主的委托后，应按照业主的意志和要求，通过专职的管理服务人员，对物业实施专业化的管理。由于物业管理的服务面很广，所涉及的内容多且复杂，在物业管理中需要业主与管理人员互相配合。物业管理企业可以通过各种形式，诸如宣传和接受正确使用物业和维护物业、组织业主参与各种公益活动、举办联谊活动等，促使业主积极参与物业管理，配合物业管理企业共同管好物业，使物业不断升值。

4. 社会化管理、企业化经营、有偿服务的原则

为了加强城市管理，尤其是那些大量新开发区的物业管理，提高整个城市管理的现代化水平，充分发挥各类物业的综合效益和整体功能，必须遵循社会化管理、企业化经营、有偿服务的原则，即由物业管理企业统一实施专业化管理。物业管理企业是一种自主经营、自负盈亏、自我约束、自我发展的经济实体，因此，物业管理企业在实施管理和提供服务的同时，必须依照市场经济规律的要求，实行有偿服务，按照谁享用、谁受益、谁负担的原则，由享用人、受益人负担物业管理费用。作为经济实体的物业管理企业，其是否实现利润是衡量物业管理企业市场经济成效的重要标志之一，所以物业管理必须最终实现利润。当然，实现利润要依靠多方面的条件以及企业自身的经营素质，还需要积极地参与市场竞争。物业管理是一种市场行为，必须遵循市场经济的一般做法，实行管理招投标制，由物业管理企业根据自己的经营能力、优质的服务和合理的收费，在物业管理市场争得位置、拓展业务。

第二节　物业管理的业务范围

物业管理是一项范围相当广泛的多功能全方位的管理工作，就其涉及的业务范围而言，可以划分为以下几类。

一、常规性的公共服务

常规性的公共服务是指物业管理中公共性的管理和服务工作，是物业管理企业面向所有业主、物业使用人提供的最基本的管理和服务，其目的是确保物业的完好与正常使用，维持人们正常的生活和工作秩序，提供良好的环境。对于一项物业来说，其房屋建筑、机电设备、供电供水、公共设施等都必须时时刻刻处于良好的工作状态，否则，就难以发挥该物业应有的效能。而这良好的状态则又必须通过经常性的维护保养和计划修理才能达到。因此，物业管理常规性的公共服务主要有：

1. 物业维修管理

物业维修管理要求物业管理企业负责房屋及配套设施的维修、维护以及房屋内走道、楼梯和屋顶等空间的清理，房屋装饰装修的申请与批准，以及对房屋装饰装修的设计和安

全的管理工作。

2. 物业资金管理

物业资金管理要求物业管理企业承担房屋公用部位、公用设施设备的专项维修资金的代管服务、代收代缴收费服务。

3. 物业设备管理

物业设备管理要求物业管理企业保证供水、供电、供气和机电等公共设备的图纸、资料档案齐全,管理完善;设备良好,运行正常,保养、检修制度完备。

4. 物业安全管理

物业安全管理要求物业管理企业保证小区内道路通畅,交通车辆管理运行有序;建立并执行消防制度,配置消防器材并确保长期处于良好状态,宣传消防知识。小区根据实际情况可实行封闭式管理,实行 24h 保安制度。保安人员要有明显标志,工作规范,作风严谨。

5. 物业环境管理

物业环境管理要求物业管理企业保持物业及周围环境的清洁卫生。负责定时、定点收集和清运垃圾,确保污水、雨水的排放,负责小区的绿化和保养,提供清新宜人的生活环境。

二、针对性的专项业务

有针对性地专项服务是指物业管理企业面向广大业主、物业使用人,为满足其中部分用户、单位的一定需要而提供的各项服务工作。其特点是物业管理企业事先设立服务项目,并将服务内容、质量与收费标准公布于众,当业主和物业使用人需要这种服务时,可以自行选择。专项服务实质上是一种代理业务服务,旨在为业主、物业使用人提供生活、工作的方便。

专项服务的主要内容包括日常生活服务、商业与社会服务、文教与卫生服务和各类中介服务等。

(1) 日常生活服务,如家电维修、房屋清洁、洗衣、制衣、补衣、代送快餐、代送牛奶和代送报纸杂志等。

(2) 商业与社会服务。物业管理企业与商业、邮电和银行等有关部门协作建立各种服务网点。如超市、副食品商场、理发店、洗衣房、公用电话、储蓄所、代雇保姆、代送病人就医和开设老年活动室等。

(3) 文教和卫生服务,如物业管理企业与教育部门协作在小区内开设托儿所、幼儿园;与卫生部门协作设立保健站、诊疗所;开设俱乐部、小型健身房等。

(4) 各类中介服务。如房地产评估、法律咨询、代办各类保险、市场交易、价格评估、洽谈协议和受方租赁等。

三、委托性的特约服务

委托性的特约服务是指物业管理企业为了满足业主、物业使用者的个别需求受其委托而提供的服务。通常是指在物业服务合同中未约定、在专项服务中未设立，而业主、物业使用者又有该方面需求的服务。特约服务实际上是专项服务的补充和完善，当有较多的业主和物业使用者有某种服务需求时，物业管理企业可以将此项特约服务纳入专项服务。常见的特约服务项目有：代订代送牛奶、书报，送病人就医、喂药、医疗看护以及代办各类商务及业主、使用人委托的其他服务项目。这类服务项目一般是协商定价，也是以微利和轻利标准收费。

四、其他多种经营业务

我国的物业管理还处于培育和发展阶段，企业管理尚未形成一定的规模，因此，有的物业管理企业收取的管理费还存在入不敷出的现象。这样，物业管理企业就不得不采用一业为主多种经营的方式；以多种经营的收入来弥补管理费的短缺。从另一个方面看，随着物业管理在全国的全面推行，物业管理企业的良好形象的树立，社会效益的产生，也将进一步推动物业管理的多种经营业务。因为社会需要企业提供的多种经营业务将会更多，而企业也有能力进一步推行多种经营，因此多种经营又成为物业管理企业的重要业务之一。目前物业管理企业开设的多种经营业务一般有：工程咨询和监理、物业租售推广代理、通信及旅行安排、智能系统化服务、专门性社会保障服务等。实行多种经营的物业管理企业则可以选择其中的若干项开展多种经营的业务。

上述四个类别的业务项目具有相互促进、相互补充的内在联系。常规性的公共服务、针对性的专项服务和委托性的特约服务构成了物业管理的基本内容。物业管理企业应坚持"以人为本、以业主为中心"，首先，要做好常规性的公共服务，这是物业管理企业的立身之本；同时物业管理企业也要根据自身能力和住户的需求，确定针对性的专项服务、委托性的特约服务中的具体服务项目与内容。其次，物业管理企业还应采取灵活多样的经营机制和服务方式开展经营性服务。最后，物业管理企业还应明确自己的社会职责，主动配合政府开展社会性服务。总之，物业管理企业要努力做好物业管理的各项管理与服务工作，不断拓展其广度和深度，求得使用的良性发展。

第三节 物 业 管 理 机 构

一、物业管理公司的设置

物业管理公司是指按照合法程序成立，并具备相应资质条件的经营物业管理业务的企业性经济实体，即物业管理公司根据合同接受业主或者业主委员会的委托，按照有关法律、法规的规定，对物业实行专业化管理，并且收取相应报酬的经济实体。物业管理公司的建立要遵守《中华人民共和国公司法》的有关规定；作为行政管理，物业管理公司必须按照建设部颁布的《物业管理企业资质管理试行办法》的规定，申请企业资质等级评定。物业管理公司的组建原则是市场化、社会化、专业化和企业化。

（一）物业管理企业的资质审批

物业管理是一种服务性和技术性均很强、经营范围较复杂的活动，没有一定的管理手段，物业管理对房地产市场的积极作用就难以得到发挥，甚至还可能出现一些混乱。对物业管理市场进行管理，首先是从对物业管理企业经营资质审批开始。

1. 物业管理企业的资质等级

物业管理企业的资质条件，主要是为界定、查验、衡量这类企业具备或拥有的资金数量、专业人员、受托管理物业的规模等方面的状况，是企业的实力、规模的标志。按照《物业管理企业资质管理办法》规定，物业管理企业资质等级分为一、二、三级。

国务院建设主管部门负责一级物业管理企业资质证书的颁发和管理。省、自治区人民政府建设主管部门负责二级物业管理企业资质证书的颁发和管理，直辖市人民政府房地产主管部门负责二级和三级物业管理企业资质证书的颁发和管理，并接受国务院建设主管部门的指导和监督。

设区的市人民政府房地产主管部门负责三级物业管理企业资质证书的颁发和管理，并接受省、自治区人民政府建设主管部门的指导和监督。

各资质等级物业管理企业的条件如下：

（1）一级资质。

1）注册资本人民币 500 万元以上。

2）物业管理专业人员以及工程、管理、经济等相关专业类的专职管理和技术人员不少于 30 人。其中，具有中级以上职称的人员不少于 20 人，工程、财务等业务负责人具有相应专业中级以上职称。

3）物业管理专业人员按照国家有关规定取得职业资格证书。

4）管理两种类型以上物业，并且管理各类物业的房屋建筑面积分别占下列相应计算基数的百分比之和不低于 100%：

a. 多层住宅 200 万 m²。

b. 高层住宅 100 万 m²。

c. 独立式住宅（别墅）15 万 m²。

d. 办公楼、工业厂房及其他物业 50 万 m²。

5）建立并严格执行服务质量、服务收费等企业管理制度和标准，建立企业信用档案系统，有优良的经营管理业绩。

（2）二级资质。

1）注册资本人民币 300 万元以上。

2）物业管理专业人员以及工程、管理、经济等相关专业类的专职管理和技术人员不少于 20 人。其中，具有中级以上职称的人员不少于 10 人，工程、财务等业务负责人具有相应专业中级以上职称。

3）物业管理专业人员按照国家有关规定取得职业资格证书。

4）管理两种类型以上物业，并且管理各类物业的房屋建筑面积分别占下列相应计算基数的百分比之和不低于 100%：

a. 多层住宅 100 万 m^2。

b. 高层住宅 50 万 m^2。

c. 独立式住宅（别墅）8 万 m^2。

d. 办公楼、工业厂房及其他物业 20 万 m^2。

5）建立并严格执行服务质量、服务收费等企业管理制度和标准，建立企业信用档案系统，有良好的经营管理业绩。

（3）三级资质。

1）注册资本人民币 50 万元以上。

2）物业管理专业人员以及工程、管理、经济等相关专业类的专职管理和技术人员不少于 10 人。其中，具有中级以上职称的人员不少于 5 人，工程、财务等业务负责人具有相应专业中级以上职称。

3）物业管理专业人员按照国家有关规定取得职业资格证书。

4）有委托的物业管理项目。

5）建立并严格执行服务质量、服务收费等企业管理制度和标准，建立企业信用档案系统。

2. 申报经营资质需要提供的资料

内资企业申报物业管理企业应提交的资料主要包括：

（1）主管单位提请对物业管理企业经营资质进行审批的报告。

（2）设立物业管理企业的可行性研究报告和上级主管单位的批准文件。

（3）拥有或受托管理物业的证明资料。

（4）验资证明。

（5）具有专业技术职称的管理人员的资格证书或证明文件。

（6）企业法定代表人任命书或聘任书。

（7）管理章程或管理办法。

（8）注册及经营地点证明。

（9）其他有关资料。

属于私营企业的，除具备上述（3）、（4）、（5）、（6）、（7）、（8）项外，须提报业主身份证明、简历和雇员名单。

外商投资企业除提报上述同类的有关资料外，属于合资、合作企业的，还需报合资或合作项目建议书、合同的副本及中方投资审批机关的批准文件。此外，外商独资企业还需委托具有对外咨询代理资质的机构办理申请报批的文件。

3. 物业管理企业申报经营资质的审批程序

根据有关规定，房地产主管单位收到申请审批物业管理企业经营资质报告及齐全的申请资料后两周内审核完毕，符合经营资质条件的，核发批准文件。

申请企业受到主管单位的资质审核批准文件后，必须按有关规定向工商行政管理机关办理注册登记手续，然后才能对外营业。

设立物业管理企业经营资质审批制度，对树立物业管理的执业规范具有重要意义。对于政府主管部门来说，通过经营资质审批以及进一步的资质等级的评审，可以规范物业管理企业的经营范围，维护房地产市场秩序；对于物业管理行业来说，有利于在政府部门的监督下组织行业协会，规定行业规范，加强行业管理；对于物业管理企业来说，通过经营资质审批，可以在物业管理企业建立之初就规范其管理服务行为，从而提高企业的管理、经营和服务水平。

（二）物业管理企业的组织机构

物业管理是现代化城市管理和房地产经营的重要组成部分，属知识密集型的管理行业，其组织机构的设置当然不能照搬计划经济条件下的房管所机构。物业管理企业组织机构的设置，应有利于实现管理规范化、现代化和文明化，既要适应市场经济的要求，又要符合物业管理的特点和职能，保证企业经营目标的实现。

1. 物业管理企业组织机构设置的原则

（1）目标原则。企业组织机构的设置是实现企业总目标的一种管理手段。每个物业管理企业均有自己的经营发展目标，组织机构的设置必须以企业的总体目标为依据。因目标设置机构，因机构设职设人。

（2）统一领导与分级管理相结合的原则。统一领导与分级管理相结合的原则是管理层次与权限划分的重要原则。物业管理企业作为独立的经济实体、决策机构进行经营决策，决定用人机制，关系到企业的生存和发展，这就要求设立一个精干、高效、统一的领导层。同时，从服务的要求出发，灵活设立各级管理服务机构。而且，针对不同的物业，公司的机构设置应相应地改变和调整。这样，公司才能便于统一指挥，逐级负责，实现有效管理。

（3）分工协作原则。合理的分工与密切的合作体现了各机构间的协调关系。分工是协作的前提，合理的分工明确了各机构的职能，提高了各机构专业化的水平；协作则是分工的必然结果，密切协作配合才能发挥出分工的优越性。物业管理企业能否最大程度地发挥出整体效益，取决于组织机构的专业分工与相互协调。

（4）权责对等原则。企业的责任和权利应该是对等，委以责任的同时也必须委以自主完成任务所必须的权力。有责无权，不仅不能调动管理人员的积极性，而且使责任形同乌有，最终无法保证企业任务的完成；有权无责，必然助长官僚主义，导致权力滥用。

2. 物业管理企业组织机构的类型

物业管理企业组织机构的基本类型一般有直线制、职能制、直线职能制、事业部制等。

目前，我国物业管理企业的组织机构主要采用以下几种形式：

（1）直线制。直线制是企业管理机构最早的一种组织形式。采用这种类型的物业管理企业一般都是小型的专业化物业管理企业，以作业性工作为主，如专门的保洁公司、保安公司、维修公司等。这些企业下设专门的作业组，由经理直接指挥。

直线制的特点是企业的各级组建机构从上到下实现垂直领导，各级主管人员对所属单位的一切问题负责，不设专门职能机构，只设职能人员协助主管人员工作。

直线制的优点是责权统一，行动效率高；缺点是对领导者的要求比较高，要通晓多种专门知识，亲自处理许多具体义务。

（2）直线职能制。直线职能制是在直线制的基础上吸收了职能制的长处后形成的，它是指各级组织单位除主管负责人以外，还相应地设置了职能机构。这些职能机构有权在自己的业务范围内从事各项专业管理活动。目前，一般的大中型物业管理企业都采用直线职能制组织形式。

直线职能制综合了直线制和职能制的优点，既保持了直线制集中统一指挥的优点，又具有职能分工的长处，它将机构形式分为两个层次，管理层和作业层，这对减轻主管领导的负担，提高决策质量和工作效率起到了非常重要的作用。

直线职能制的组织形式也有不足之处，它的下级往往缺乏必要的自主权，各个职能部门之间因缺乏横向联系而容易产生脱节和矛盾，信息反馈的速度以及对环境的敏感度比较差。因此，采用这种类型的组织机构，要特别注意克服它的弱点。

3. 物业管理企业的主要职能机构

物业管理企业的组织机构虽然可以有多种类型，但无论是哪种类型，都必须根据企业规模、管理物业的类型设置组织机构，增减管理层次。目前，一般物业管理企业的机构设置大多采用经理部管理层、职能部门层、管理处等三个层次的组织形式。其机构设置一般可由下面的部门组成：

（1）经理部。经理部是物业管理企业的决策机构，一般设经理一名，副经理若干名。实行经理负责制，经理对企业全面负责，对企业一切重大问题做出最后决策，并负责协调各个副经理的工作。各个副经理分管相应的工作，在经理的领导下对下属机构进行指导和管理，遇到重大问题应报请经理（或经理会议）处理。

（2）办公室。在经理领导下的综合行政管理部门，负责人事和人员培训，负责文件、图纸、产业产籍和档案管理，检查监督各类法规、文件执行情况等。

（3）开发部。在经理领导下专职与物业管理业务开发的部门。在现代市场经济条件下，随着物业管理市场的进一步发展，物业管理企业与企业之间的竞争将会更加激烈。一方面，企业要发展，就应不断拓展业务；另一方面，业主管理委员会拥有选聘或解聘物业管理企业的权力。因此，企业应居安思危，不断开发新的业务。开发部的主要责任是确定目标，选择物业，进行投标，参与市场竞争。

（4）财务部。在经理的领导下，参与企业经营管理的部门，负责财务、计划、经济核算和各类收费等活动。

（5）业务管理部。在经理的领导下专职环境卫生、园林绿化、治安消防、车辆到路灯管理的部门，负责处理停水、停电、停煤气等应急业务并接受业主投诉。

（6）工程部。在经理领导下的技术管理部门，主要负责工程预算，负责房屋、设备及公共设施的管理、维修和保养，并依据国家及地方政府的有关规定对业主入住后的装修改造进行检查监督。

（7）经营服务部。在经理领导下为业主提供各种综合服务和代办业务的部门。经营业务部可以开展多种经营，以方便业主。

优质的物业管理服务必须做到机构健全、管理人员到位和管理制度完善。机构设置要本着设置的一般原则进行，从公司的规模、管理的对象出发，量体裁衣，设置有利于自身发展的机构。图 11-1 为物业管理企业常见的组织机构图。

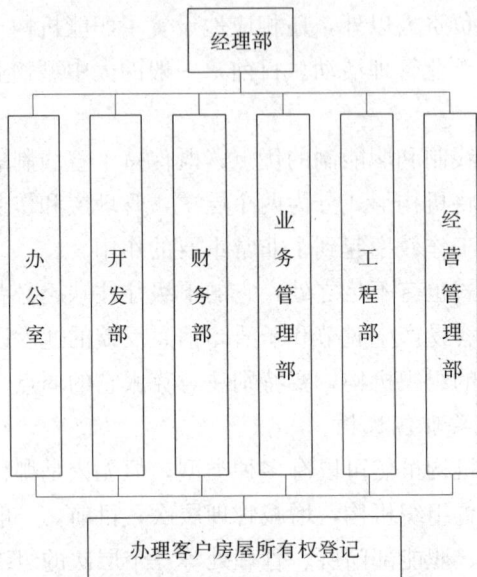

图 11-1　物业管理企业常见的组织机构图

二、业主管理委员会

业主即物业的所有权人。根据有关法规和国内外物业管理的成功经验，物业管理必须有业主参与。因为物业管理企业是物业管理市场的供给主体，物业管理市场的需求主体则是业主团体。搞好物业管理，要求供求双方密切协作，相互配合，即实行业主团体自治管理与物业管理企业专业管理相结合的方法，这样物业管理市场的关系才能理顺，物业管理才能向规范化的方向发展。

（一）业主管理委员会的成立

业主自治管理是以业主（代表）大会为最高权力机构，以业主管理委员会为核心，代表业主对辖区内物业实行自治管理。

1. 业主管理委员会的成立

业主自治管理是以业主（代表）大会为最高权力机构，以物业管理委员会为核心，代表业主对辖区内物业实行自治管理。

（1）业主（代表）大会。根据一般惯例，一个物业辖区内入住率超过 50％的，房地产地方行政管理部门应会同开发商与业主协商，及时召开第一次业主（代表）大会，制定并通过业主管理委员会章程，选举产生业主管理委员会。业主（代表）大会每年至少召开一次。业主（代表）大会由本辖区内的全体业主（代表）组成。业主（代表）大会行使以下职权：

1）选举、罢免业主管理委员会人选。

2）监督业主管理委员会的工作。

　　3）听取、审议业主管理委员会的工作报告，改变或撤销业主管理委员会不适合的决定。

　　4）审议、修改、通过业主公约和业主管理委员会章程。

　　5）决定物业辖区内关于业主利益的重大事项，以及其他需要讨论的重要问题。

　　2. 组建业主管理委员会

　　业主管理委员会由业主（代表）大会在业主中选举产生。业主管理委员会应由热心公益事业、责任心强、有一定的组织能力和必要的工作时间的人士担任，业主管理委员会应制定章程，章程必须经业主管理委员会委员的一致同意，并经业主（代表）大会批准。业主管理委员会经政府社团登记部门依法核准登记后，取得社会团体法人资格，社会团体法人登记证的签发日期即为业主管理委员会的成立日期。

　　（二）业主管理委员会的权利和义务

　　业主管理委员会是具有法人地位和相应权利义务的业主团体，委员会一经成立，就应是所辖物业的权力机构，是业主表达愿望和意志的代表，负有联系和组织业主的责任，并代表业主处理及执行有关物业管理事宜，包括有权选聘或解聘物业管理公司，有权决定房屋维修基金的使用，有权对物业管理公司的服务水准、委托服务合同执行情况和收费及使用情况进行监督，从而真正掌握物业管理的权力，维护全体业主的合法权益。

　　1. 业主管理委员会行使的职权

　　（1）召集、主持业主（代表）大会，向业主（代表）大会报告工作。

　　（2）采取公开招标或其他方式，聘请物业管理公司对辖区内物业进行管理并与其签订委托管理合同，解聘不称职的物业管理公司。

　　（3）审议物业管理公司制定的对本辖区内物业的年度管理计划和财务预决算及执行情况。

　　（4）审议、决定物业维修基金和公用设施专用基金的使用。

　　（5）审议、决定物业管理服务费用的标准和使用。

　　（6）对物业辖区内公共设施的兴建、更改、扩充、改善以及房屋的维修等与业主利益有关的事宜做出决议。

　　2. 业主管理委员会的义务

　　业主管理委员会必须向业主（代表）大会负责并报告工作，且具有如下义务：

　　（1）支持、配合、监督物业管理公司的工作，搞好物业管理。

　　（2）维护业主合法权益。

　　（3）接受物业辖区内业主的监督。

　　（4）接受房地产行政主管部门、各有关行政主管部门及物业所在地人民政府的监督和指导。

　　（5）开展各种有益于辖区内业主身心健康的活动，创建文明的物业辖区。

第四节　智能化物业管理

　　20世纪80年代以后，一种融现代建筑技术与通信网络技术等高科技于一体的新型物业——智能物业悄然兴起，时至今日，其发展势头十分迅猛，智能大厦和智能住宅区遍布于世界各地。可以说，当今世界大型物业的主流是智能物业。这种新兴物业的建成使用，同时也带来了新型的物业管理——智能化物业管理。智能建筑的兴起，对传统的物业管理行业既是机遇，也是挑战。作为现代化城市管理的重要组成部分和房地产开发经营的延续与完善，物业管理本身是一个复杂、完善的系统，如何适应现代科技的发展将是物业管理发展面临的一个紧迫问题。加强物业智能化管理，注重实际运行效果，提高投资效益等问题已经引起人们广泛的关注。随着人们认识的提高，物业管理必将向高科技、高智能化方向发展。

一、智能物业

近年来，智能建筑技术又有了新的发展，人们把智能建筑技术扩展到一个区域的几座智能建筑进行综合管理，再分层次地连接起来进行统一管理，这样的区域和城市分别被称为智能物业小区和智能城市。智能物业小区是智能城市的基本单元，它已成为建筑行业中继智能建筑之后的又一个热点。

所谓的智能物业小区，就是将在一定地域范围内多个具有相同或不同功能的建筑物（主要是指住宅小区）按照统筹的方法分别对其功能进行智能化，资源充分共享，统一管理，在提供安全、舒适、方便、节能、可持续发展的生活环境的同时，便于统一管理和控制，并尽可能地提高性价比指标。

对比国内外智能化物业的发展现状，国外智能网络物业常被称为 Smart Home。现在已有不少地方，如美国、加拿大、澳大利亚等地开发了智能网络物业社区。这些社区都通过电子手段提供与社区有关的信息和服务。这种方式不仅缩短了人们物理上的距离，而且给用户带来了许多方便。通过 Internet，社区向其住户提供国内外新闻、社区内新闻以及住户自己感兴趣的新闻。另外，还有交通信息、天气形式、地区性活动、商业区地图。而社区最重要的是服务，这些社区提供了如医疗、婴儿看护、宠物照顾、病人监护、电子图书馆、网上学校、预订旅店、饭馆、酒吧、看电影、逛公园等项目，住户可以根据自己的爱好进行选择。此外，在住户家庭内部联成局域网（Home Local Area Network），将自家的所有电器进行智能控制，支持多台个人电脑。住户可以远程监视、控制家中的各种设备，如提前打开空调、开关灯、收发传真等一系列内部事务。这一智能化控制使得整个小区的智能化水平又提高了很多，当然这和国外网络普及、应用水平、国民收入是密不可分的。

早在十几年前，美国、欧洲和东南亚等经济比较发达的国家先后提出了"智能物业"（Smart Home）的概念。其目标就是："将家庭中各种与信息相关的通信设备，家用电器和家庭保安装置通过家庭总线技术（HBS）连接到一个家庭智能化系统上进行集中的或异地的监视、控制家庭事务性管理，并保持这些家庭设施与住宅环境的和谐与协调。"早在 1983 年美国电子工业协会就组织专门机构开始制定家庭电气设计标准，并于 1988 年编制了第一个适用于家庭住宅的电气设计标准，即《家庭自动化系统与通信标准》，也有的称之为家庭总线系统标准（HBS）。在其制订的设计规范与标准中，智能住宅的电气设计要求必须满足以下三个条件：

　　（1）具有家庭总线系统（也称综合布线系统）。

　　（2）通过家庭总线系统提供各种服务功能（各种家电的智能化）。

　　（3）能和住宅以外的外部世界相连接（互联网的功能）。

　　我国从 1997 年初开始制订《小康住宅电气设计（标准）导则》，在"导则"中规定了小康住宅小区电气设计总体上应满足以下的要求：高度的安全性；舒适的生活环境；便利的通信方式；综合的信息服务；家庭智能化系统。同时也对小康住宅与小区建设在安全防范、家庭设备自动化和通信与网络配置等方面提出了三级设计标准，即第一级为"理想目标"；第二级为"普及目标"；第三级为"最低目标"。

　　虽然建筑智能化在国内出现时间不长，但随着国家信息产业的发展和建筑功能的改善，人们需要加强对外交流，因此产生了智能建筑这一概念并获得快速发展。

　　智能建筑是传统建筑工程和新兴信息技术相结合的产物。智能建筑是指运用系统工程的观点，将建筑物的结构（建筑环境结构）、系统（智能化系统）、服务（住用、用户需求服务）和管理（物业运行管理）四个基本要素进行优化组合，以最优的设计，提供一个投资合理又拥有高效率的幽雅舒适、便利快捷、高度安全的环境空间。

　　至今，我国已制定颁布《智能建筑设计标准》（GB/T 50314—2006）和《智能建筑工程质量验收规范》（GB 50339—2013）等标准规范。

二、智能化物业管理

　　智能物业和智能物业管理是两个不同的概念，智能化是物业里面固有的一种硬件设施，它是用来为住户实施服务的一个理想的环境，智能住宅小区为物业管理提供了新的发展空间，智能住宅与智能社区的发展方向，可以概括出四大特点。

　　1. 网络化

　　目前流行的家庭的办公、网上购物、远程教育等正是通信与计算机网络化的现实表现，离开了网络，也就不可能有住宅与住宅小区的智能化。

　　2. 智能化

　　住宅的智能化是把住宅的单一居住功能引向休闲、娱乐、购物、教育、家庭办公等多项功能；把住宅小区的狭小、封闭空间变为可触及世界的开放地域。

　　3. 人性化

　　智能住宅与智能住宅小区是迎合人的需要而产生和发展的，因此，在规划、设计阶段，就已充分考虑了居民的各种现实与各种需要"以人为本"。

　　4. 综合化

　　智能住宅小区具有很多复杂的功能，这些功能涵盖通信、安防、物业管理、家庭智能化等几大方面，综合性很强。

　　具备四大特点的智能住宅与智能住宅小区的产生，给了物业管理一个发展的空间，也给物业管理一个展现价值的机会。智能住宅与智能住宅小区的出现，给物业管理增加了很多新的、技术含量较高的管理服务内容，如网络服务等，使物业管理真正地有了"用武之地",也间接地提升了小区物业管理的形象。

同时,物业管理的参与也才能真正实现智能住宅与智能住宅小区的智能功能。一方面,物业管理智能化系统是智能住宅与智能住宅小区智能系统的组成部分,没有物业管理的智能化,就没有完整意义上的住宅与住宅小区的智能化;另一方面,只有物业管理的参与,并通过物业公司管理服务人员对智能化设备设施的管理,及通过提供多种信息为居民服务,居民才能真正感受到住宅与住宅小区的"智能",也才能感受生活的便利、安全、舒适与丰富多彩。

现代的智能住宅小区需要智能化的物业管理。与普通住宅小区物业管理相比,智能型住宅小区物业管理具有明显不同的特点:

其一,智能化程度高。传统住宅小区由于其建筑、设备设施等硬件缺乏智能性,充其量也就作些住宅小区智能化的改造,在物业管理方面使用一些计算机,但使用范围相对狭窄。智能住宅与智能住宅小区由于其先天优势,给物业智能化管理创造了条件,不仅在计算机的使用上,还是在管理的智能化上,都比普通住宅小区范围要宽、程度要高得多。

其二,效率更高、内容更多、更便于管理。主要表现为:①物业管理中的一些传统收费项目,如房租、水电、煤气、暖气等的收费因为可以使用电脑管理而变得一目了然。房租、水、电、煤气的用量也能通过专门的传感器进行数据的精确采集。这样可以提高效率,减少收费纠纷,而且大大方便了住户。②物业管理领域中的一些专项与特约综合经营服务,如快餐盒饭送餐服务、物业租售代理服务、代聘保姆、代为介绍家庭教师、代订车、船、飞机票,其他中介咨询服务、购物服务、洗衣服务、社区厨房等,通过电脑网络联系与处理将更为方便高效。③物业公司管理服务人员也将变为电脑网络的操作者与管理者,通过电脑网络(广域网与局域网)提供各种管理服务,不仅可以收取网络信息使用费和各种服务费,而且也从根本上改变了自身的传统形象,提升了物业管理的科技含量、档次和社会地位。管理、服务人员的主要工作不再是走门串户、忙于嘴上的协调与劝解,而是管理和维护电脑网络,提供网上信息服务。这样不但增加了管理服务内容,相应增加了物业公司的收入来源和利润,而且因为网络管理服务的高效而使物业管理变得更有效率,更容易管理。

其三,管理人员素质要求更高。智能住宅小区物业管理人员要在智能结构方面不但具有普通住宅小区物业管理人员的知识结构,同时还应熟悉和掌握计算机的基本知识和网络知识,了解计算机的管理维护知识,熟练进行计算机的各种操作,包括文档处理的网络操作等。

三、智能化物业管理的发展方向

智能住宅小区及其物业管理的上述特点,也对物业管理提出了一系列新的要求:

(1)物业管理从业人员要了解智能住宅与智能建筑的不同,努力从物业管理的各个方面入手搞好物业管理工作。智能住宅是智能建筑技术的发展和延伸,但它又有不同于智能建筑的特点。从其智能化的内容来看,重点是生活服务、安保和物业的管理维护;系统结构具有适应众多服务对象与服务内容的分散性、多样性、灵活性、控制对象分散，信息传输距离长，布线复杂等。因此，从业人员要真正把智能住宅小区与智能建筑从管理观念和管理服务的具体内容方面区别开来，从住宅小区的角度，向居民提供优质高效的管理服务产品，同时，积极做好智能化设备设施的维护工作。

（2）必须强调和切实督促物业公司对智能住宅小区物业管理的早期介入。一方面物业公司要从思想上把早期介入真正重视起来，并切实付诸实施；另一方面，政府有关部门也要从维护人民生命财产的角度出发，强调和督促物业公司对智能住宅小区物业管理的早期介入。

（3）必须加强智能住宅小区管理服务人员，特别是智能化系统维护管理人员的培训培养工作。物业公司应选派相关专业的技术人员参与智能化系统的设计与实施，进行岗位培训，掌握智能化系统管理的技能，并将系统过程、数据全面存档，作为智能化系统启动的初始条件，以确保智能化系统正常运行，并能保证管理服务人员正常利用该系统为广大居民服务。

（4）努力做好智能小区物业管理的组织实施工作。智能住宅小区物业管理具有普通住宅小区物业管理的一般内容，包括：①公共管理服务。具体内容有：房屋维修管理、房屋设备管理、安全管理、道路交通管理、环境环卫管理、供暖管理，以及公众代办性质的服务等。②综合经营服务。包括专项服务和特约服务两个方面。具体内容有：衣着、饮食、居住、旅行、娱乐、购物、文教体卫等方面的服务。另外，智能住宅小区物业管理比普通小区物业管理也多了一些新的管理服务内容，如网络信息服务等。同时，智能住宅小区物业管理的主要工作也将变为管理和维护电脑网络，而不是以前那种主要是依靠人力来发现和解决物业管理问题。

这样，组织和实施智能住宅小区物业管理，就主要是操作电脑网络、监测各种智能化仪器设备传送的各种信息，并给以及时处理。智能住宅小区物业管理的微观模式已经由主要是人工运作的模式，转变为主要是机器动作的模式。

在社会信息化进程日益发展的今天，人们对自己住宅的关注已不再仅仅局限于居室面积、周边的自然环境、交通道路状况等基本方面的要求，而是会逐渐把更多的兴趣和注意力放在与外界沟通、信息服务、安全防范、物业管理等方面。如何发展一个受大众和住户欢迎的小区楼盘，是物业管理公司以后所要走的方向。

复习思考题

1. 物业管理与传统的房屋管理之间关系如何？有何区别？
2. 你认为在我国，物业管理能否完全取代传统的房屋管理？
3. 业主自治管理与物业管理之间的关系如何？
4. 你认为应该怎样理顺物业管理市场的供求关系？
5. 什么是智能物业小区？

6. 你认为物业管理的发展方向是什么样的？

7. 智能化物业管理的特点是什么？

8. 如果你是一位物业管理公司的工作人员，你将制订什么样的规章、制度和措施来保证我国的物业管理更加"以人为本"，而且操作性非常强？

子夏曰：君子信而后劳其民；未信，则以为厉己也。信而后谏；未信，则以为谤己也。

————《论语》

第十二章　物业管理的运作

第一节　物业管理的前期介入

一、前期介入的涵义

物业管理的前期介入，是指物业管理企业在物业的开发设计阶段即介入，从物业形成前的阶段性管理，即参与物业的规划设计和建设，从业主与使用人及物业管理的角度，就物业开发、建设和今后使用管理提出建议并对将接管的物业从物质上和组织上做好准备。物业管理前期介入工作虽然尚未形成对物业运行主体的管理，但是就其管理的内涵分析，它应属于企业管理的一个管理阶段，主要作用在于能完善物业的规划设计、加强物业的施工质量、严格物业的验收把关、积累大量的一手资料，为日后高效管理打下坚实的基础。

二、前期介入的必要性

先来看一个案例：某房产开发公司于 2002 年立项开发某市的一个高档商业物业，随即选聘了一家物业管理公司介入前期的设计、施工与安装验收工程。物业管理公司非常重视前期介入，专门成立了由公司管理部、工程部负责人组成的项目组，深入项目工地，与房产开发公司的项目领导、工程技术人员紧密配合，很快拿出了前期介入工作计划和工作方案，经开发商认可后迅速开展了工作。

由于开发商站得高、看得远，物业管理公司服务理念正确、关系处理得当，他们的合作充分发挥了自身的优势，使得该项目如期完工；物业管理服务从高起点出发，向着高标准方向努力，很快成为物业管理的一个样板，前来参观学习的人络绎不绝。这一成功的案例，使房产开发公司和物业管理公司都一致认识到：物业管理的前期介入是非常重要的和非常必要的，而且准备工作越充分，工作开展得越顺利。

前期介入的必要性主要体现在以下几点。

（一）减少使用中的后遗症

物业管理的前期介入能促使物业竣工后返工无望的工程质量难点提前得到妥善解决，减少使用中的后遗症。

物业管理的基本职能是代表和维护业主的利益，对所委托的物业进行有效管理。然而在物业管理的实践中，一些物业的先天缺陷一直困扰着物业管理企业，诸如物业质量、设备性能、设施配套以及综合布局等，这些均不取决于物业管理企业，而往往在于物业的开发商和承包商。要改变这一状况，把一些以往长期难以得到解决的问题尽可能在物业管理过程中使之限制在最小范围之内，就必须开展物业管理的前期介入，使物业管理前期介入同规划设计、施工建设同步或交叉进行，这样既可以使以后专业化管理得到顺利实施，又可以从业主或使用人的角度，发现规划设计上的种种问题和缺陷，对物业的规划、设计进行审视，对不当之处提出修改方案，优化、完善设计中的细节，从而把那些后期管理中力不从心的或返工无望的先天缺陷在物业竣工之前，逐项加以妥善解决，减少后遗症，保持房地产开发项目的市场竞争力。

(二) 对所管物业的全面了解

物业管理行为的实质是在管理物业的基础上为业主提供优质的服务。然而要服务得好，使业主满意，就必须对物业进行全面的了解。如果物业管理企业在物业交付使用时才介入管理，就无法对诸如土建结构、管线定向、设施建设、设备安装等物业的情况了如指掌。因此，必须在物业的形成过程中就介入管理，才能对今后不便于养护和维修之处提出改进意见，并做好日后养护维修的重点记录。唯有如此，物业管理企业方能更好地为业主服务。

(三) 为后期管理做好准备

物业管理也是一项综合管理工程。通过物业管理把分散的社会分工集合为一体，并理顺关系，建立通畅的服务渠道，以充分发挥物业管理的综合作用。此外，在对物业实体实施管理之前，还应设计物业管理模式，制定相应的规章制度，并协同开发商草拟有关文件，筹备成立业主管理委员会，印制各种证件，以及进行机构设置、人员聘用、培训等工作。物业管理前期介入就可以把上述工作安排就绪，以使物业一旦正式交付验收，物业管理企业便能有序地对物业实体进行管理。

传统思想认为，从形式上看物业管理是对物业的使用管理，只要在物业交付使用时介入即可，并且很多物业管理企业也是这么做的。然而，从物业管理的实践来看，并非如此简单，房地产开发商在规划设计中考虑了房屋和配套设施建造时的方便和节约，而没有从管理角度把房屋建成后的管理联系起来统一规划，造成建成后物业管理上的矛盾和漏洞，如现在常见的车位拥挤，住房功能不全，空调、排水管道的布置考虑不周，以及水、电、气、通风、交通等配套方面的问题，这种整体布局上的缺陷，不但业主时有抱怨，物业管理工作难以完善，而且会对以后的修补工作带来困难。如果开发商在规划设计阶段就选择好物业管理企业，即利用物业管理企业的丰富经验和专业知识对规划设计提出建议和意见，使规划设计更符合使用管理的要求，可为以后的管理工作打好基础。因此，重视物业管理的前期介入，对于开发商和购房者来说，都是一个双赢的策略。

三、前期介入的工作内容

在物业管理前期介入阶段，物业管理企业的工作内容大致可以归纳为以下几个方面。

(一) 立项决策阶段

房地产开发的第一个阶段是立项决策，解决开发什么，能否开发的问题。这首先需要对市场进行调查分析，在此期间，物业管理人员所提供的关于该项目的市场定位，潜在业主的构成、需求以及消费水平，周边物业管理概况及日后的物业管理内容、管理标准及成本、利润核算等方面的意见有着重要的参考价值，对正确进行项目的可行性分析及降低决策的风险起着决定性的作用。

（二）规划设计阶段

产品要有竞争力必须要全面满足各种需求，对于房地产来说，不仅要重视房屋本身的质量问题，更应该考虑服务的使用功能、小区的合理布局、建筑的造型、建材的选用、室外的环境、居住的安全舒适、生活的方便等。这就要求在规划设计阶段，物业管理企业根据已往的管理经验和日后实施物业管理的需要，针对规划设计中的种种问题和缺陷提出自己的看法和建议。

1. 配套设施

随着人们生活水平的提高，对生活质量提出了更高的要求。因此，房地产光满足住的需求是不够的，还需要充分考虑享受和发展的需求。而能否充分发挥其整体功能，关键要看各类配套设施是否完善。如小区内外的道路交通的布置，环境的和谐与美化，尤其是人们休息交往的场所与场地的布置在规划设计中都必须给予充分的考虑，但这些设施的规模和档次如何设置，以及是否需要幼儿园、学校等公益设施，是否需要各类商业服务网点、娱乐健身设备都需要根据不同的物业、不同的业主，区别对待。

2. 水电气等的供应容量

水电气的供应容量是项目规划设计时的基本参数，设计人员在设计时，通常参照国家的标准设计，而国标仅规定了下限，即最低标准，只要高于此限就算达到设计要求。但在实际生活中，南北气候的差异必然会造成实际用量的差异，并且随着人们生活水平的不断提高，对各种能源的需求也会不断增大。因此，在规划设计时，要留有余地。

3. 安全保卫系统

大部分消费者在购买物业时，都把小区的安全摆在首位。因此，做好小区的安全保卫工作，给业主创造一个安全的居家环境，是规划设计的又一个重要环节。目前，大部分小区都是采用的现代化的自动报警系统，如消防联动控制柜、远红外自动报警系统等。但采用的设备越多、越先进，物业的建造成本就越高，这就需要在节约成本的基础上，尽可能设计经济有效的报警系统。

4. 垃圾处理方式

垃圾处理是每一个物业每天都要面对的问题，处理不好将直接影响小区的环境卫生和业主的日常生活。一般小区垃圾的处理方式有两种选择：垃圾道或垃圾桶，如果采用垃圾道，对于业主来说，相对方便、快捷，但对于物业管理公司来说，如何保持其清洁，杜绝蚊蝇、蟑螂、老鼠的滋生，防止异味的产生，则成了一个非常头痛的问题。如果采用垃圾桶，就需要考虑如何在方便业主的前提下，合理的设置垃圾桶的位置和数目，保持小区公共区域的环境卫生。这两种方式各有利弊，在规划设计时具体采用哪种方式应根据小区的实际情况和物业管理公司的管理经验来选择。

5. 建筑材料的选择

建筑材料的选择影响着工程的质量、造价，物业管理企业应根据自己以往的管理经验，提供一份常用建材使用情况的资料，以便设计单位择优选择，减少日后的维修管理工作。

6. 其他

在规划设计时，还有一些细节性的问题容易被设计人员忽略，如室内各种管线的布局、位置是否适用，电路接口的数量、位置是否便于日后检修，插座开关的高度、数目及具体的位置是否适当、方便使用等。这些问题一旦出现，会给日后的使用和管理带来极大的不便，物业管理公司应提前指出，尽量减少类似的缺陷。

物业管理的工作特点，造成了从业人员对物业在使用和管理工程中细节问题的敏感性，物业管理人员的改进意见或建议更贴近业主的实际需要，并为以后的物业管理工作打好基础。

（三）施工安装阶段

在这个阶段，物业管理人员的介入，一方面加强了工程监理的力量，使工程质量又多了一份保障；另一方面，保证了建筑移交和日后管理的连续性。其工作主要表现在以下几个方面。

1. 解决常见的质量问题

物业管理人员对房屋在使用工程中常见的质量问题了解得较多，如卫生间哪里最容易漏水、什么样的墙体会渗水等，这些问题如有物业管理人员在现场指导和监督，就会在施工中予以彻底解决，减少"先天不足"问题的产生。

2. 熟悉各种设备和线路

在这个阶段，物业管理人员需要熟悉机电设备的安装调试，管理线路的铺设及走向，尽可能全面收集物业的各种资料，熟悉各个部分，为日后的管理工作做好准备。

（四）预售阶段

在这个阶段物业管理的介入主要是为前期管理做好准备，其主要工作为：

（1）制定并公示物业服务内容、服务标准和收费标准。

（2）为未来业主做物业管理咨询。

（3）将物业管理重要事项配合开发商将其约定在售房合同中，或签订专门的物业管理前期合同。

根据介入阶段的不同，前期介入又可分为早期介入、中期介入和晚期介入3类。早期介入是指在物业的立项决策阶段、设计规划阶段的介入，起参谋顾问的作用；中期介入是指在物业的施工阶段和物业设备安装阶段的介入，起工程质量监理的作用；晚期介入是指在竣工验收阶段和预售阶段的介入，起管家作用，并为承接物业做好准备。

第二节　物业管理的前期管理

一、前期物业管理的定义

"前期物业管理"的规定最早出现于1994年11月1日施行的《深圳经济特区住宅区

物业管理条例》中。该条例规定："开发商应当从住宅区开始入住前6个月自行或者委托物业管理公司对住宅区进行前期管理，管理费由开发商自行承担。"

而真正把"前期物业管理"作为物业全过程管理的重要一环，并专门对其进行界定的，还是1997年7月1日施行的《上海市居住物业管理条例》："本条例所称前期物业管理，是指住宅出售后至业主委员会成立前的物业管理。"

考虑到物业管理的前期介入，建设部2003年9月1日施行的《前期物业管理招标投标管理暂行办法》中明文规定："前期物业管理，是指在业主、业主大会选聘物业管理企业之前，由开发商选聘物业管理企业实施的物业管理。"其中，由于各个开发商在销售前什么阶段选聘物业管理企业都不一致，所以定义中没有确定起点；又由于在选出业主委员会但还没有选派到新的物业管理公司这个阶段的管理还属于前期物业管理，所以同时实施的《物业管理条例》和《前期物业管理招标投标管理暂行办法》都将终点界定为选聘了物业管理企业，即业主委员会与其选聘的物业管理企业签订的物业服务合同开始生效时。

国家提倡开发商按照房地产开发与物业管理相分离的原则，通过招投标的方式选聘具有相应资质的物业管理企业来进行前期物业管理。若投标人少于3个或者住宅规模较小的，经物业所在地的区、县人民政府房地产行政主管部门批准，也可以采用协议方式选聘具有相应资质的物业管理企业。

二、物业管理前期介入与前期物业管理的区别

在很多地方都把前期物业管理和物业管理前期介入混为一谈，或者把前期介入纳入前期管理的范畴，前期物业管理与前期介入的区别主要体现在以下几点。

1. 参与管理的身份不同

物业管理前期介入一般是以咨询或顾问的身份参与房地产的开发过程，不一定与房地产开发商确定了合同关系。前期物业管理必须通过参加招投标或者其他形式与房地产开发商确立委托合同关系后方可进行，此时物业管理公司已依法拥有了该物业的经营管理权。

2. 作用不同

前期介入是物业管理公司站在日后使用和管理的立场上，对房地产的开发过程提出具体的意见和建议，至于这些意见和建议是否被接受并付诸实施，决定权在开发商，并且能否前期介入，介入的时机及程度均取决于开发商。因此，前期介入仅有辅助功能。前期物业管理是物业管理公司被开发商全权委托，行使管理权并承担相应的民事法律责任。

3. 参与人员不同

在前期介入中，物业管理仅派几个懂工程的专业人员参加，而前期物业管理是物业管理公司的全部人员参与。

第三节　物业管理的接管与验收

一、物业的竣工验收

竣工验收是建筑产品生产的最后一个环节。建筑工程项目的竣工是指一个建筑工程项目经过建筑施工和设备安装之后，达到了该工程项目设计文件所规定的要求，具备了使用或投产的条件，称之为竣工。工程项目竣工之后，由承包商向开发商办理交付手续。在办理交付手续时需经开发商或专门组织的验收委员会对竣工项目进行查验，在认为工程合格后办理工程交付手续，承包商把物业交给开发商，这一交接过程称之为验收。

工程项目竣工验收是由建设投入使用为标志，也是对工程项目的设计质量和施工质量的检验。凡新建、改建、扩建的工程项目，按批准的设计文件所规定的内容施工完毕，具备使用时，都必须经过验收并及时办理交付手续。

竣工验收是承包商与开发商之间发生的一个法定手续，通过验收能明确责任，如工程达到设计或合同要求，经验收后，就可解除合同义务。从物质形态上说，承包商完成了一项最终建筑产品，而开发商也完成了该物业的开发任务；从经济关系上说，承包商即可解除对开发商承担的经济和法律责任。

二、验收的种类

建筑工程项目的验收不仅有竣工验收，而且有在建工程验收。它包括隐蔽工程验收、单项工程验收、分期验收和全部工程验收。

（一）隐蔽工程验收

隐蔽工程验收是指将其他施工工序所隐蔽的分部分项工程，在隐蔽之前所进行的检查验收，它是保证工程质量，防止留有质量隐患的重要措施。隐蔽工程验收的标准为施工图设计和现行技术规范，验收是由开发商和承包商共同进行的，验收后要办理签证手续，双方均要在隐蔽工程检查签证上签字，并列入工程档案。对于检查中提出不符合质量要求的问题要认真进行处理，处理后进行复合并写明处理情况。未经检验不得进入下一个工序施工。

（二）单项工程验收

单项工程验收是指某个单项工程已按设计要求施工完毕，具备使用条件，能满足投产要求时，承包商便可向开发商发出交工验收通知。开发商在接到承包商的交工通知后，应先自行检查工程质量、隐蔽工程验收资料、工程关键部分施工记录以及工程有无漏项等情况，然后再组织设计单位、承包商等共同进行交工验收。

（三）分期验收

所谓分期验收，是指分期进行的工程项目或个别单位工程在达到使用条件，需要提前动用时所进行的验收。例如一些住宅区，当第一批房屋建成后，即可验收，使完成的建筑产品及时投入使用，发挥投资效益。

（四）全部工程验收

整个建设项目按设计要求全部落成并达到竣工验收标准时，即可进行全部工程验收。大型建设项目的全部工程验收工作，应在做好验收准备的基础上，按先预验收，后正式验收的顺序进行。进行预验收须由开发商、设计单位、承包商及有关部门组成预验收工作组，其主要工作是：

（1）检查、核实竣工项目准备移交给开发商的所有技术资料的完整性、准确性。

（2）检查每一单位工程的建设标准及施工质量，对工程隐患和遗留问题提出处理建议。

（3）排解验收中的有争议的问题。

（4）督促返工、补做部分工程的修竣及收尾工程的完工。

（5）检查三废治理措施的情况。

（6）向验收委员会提交预验收报告。

正式验收即由验收机构进行验收。大型建筑工程项目由国家主管部门或由工程项目的主管部门会同所在省、市、自治区组建验收委员会；中小型工程项目按隶属关系，由上级主管部门或工程项目所在省、市、自治区组建验收委员会（或验收组）。验收委员会应由主管部门、开发商、设计单位、承包商、投资银行以及统计、劳动、物资、环保等单位的有关专家参加。

物业管理企业均应在物业前期管理中参与上述各种建筑工程项目的验收。物业管理企业应代表业主，从今后管理和使用的角度，根据专业经验提出意见。这样既避免物业交付使用后发生问题，又便于掌握第一手资料，为日后的管理打好基础。

三、竣工验收的依据及标准

（一）竣工验收的依据

（1）上级主管部门的有关文件。

（2）开发商和承包商签订的工程合同。

（3）设计文件、施工图纸和设备技术说明书。

（4）国家现行的施工技术验收规范。

（5）建筑安装统计规定。

（6）对从国外引进的新技术或成套设备项目，还应按照签订的合同和国外提供的设计文件等资料进行验收。

（二）验收的标准

（1）工程项目按照工程合同规定和设计图纸要求已全部施工完毕，达到国家规定的质量标准，能够满足使用要求。

（2）竣工工程达到窗明、地净、水通、灯亮及采暖通风设备运转正常。

（3）设备调试、试运转达到设计要求。

（4）建筑物周围 2m 以内的场地清理完毕。

（5）技术档案资料齐全。

四、物业的接管验收

（一）接管验收与竣工验收

接管验收不同于竣工验收。接管验收是由物业管理企业依据建设部 1991 年 7 月颁布的《房屋接管验收标准》，接管开发商移交的物业。接管验收与竣工验收的区别在于以下几方面。

1. 验收的目的不同

接管验收是在竣工验收合格的基础上，以主体结构安全和满足使用功能为主要内容的再检验；竣工验收是为了检验房屋工程是否达到设计文件规定的要求。

2. 验收条件不同

接管验收的首要条件是竣工验收合格，并且供电、采暖、给排水、卫生、道路等设备和设施能正常使用，房屋幢、户编号已经过有关部门确认；竣工验收的首要条件是工程按设计要求全部施工完毕，达到规定的质量标准，能满足使用等。

3. 交接的条件不同

接管验收是由物业管理公司接管开发商移交的物业；竣工验收是由开发商验收承包商移交的物业。

（二）接管验收中应注意的事项

物业管理的接管验收是直接关系到今后物业管理工作能否正常开展的重要环节。物业管理企业通过接管验收，即由对物业的前期管理转入到对物业的实体管理之中。因此，为确保今后物业管理工作能顺利开展，物业管理企业在接管验收时应注意以下几个方面：

（1）物业管理企业应选派素质好、业务精、对工作认真负责的管理人员及技术人员参加验收工作。

（2）物业管理企业既应从今后物业维护保养管理的角度进行验收，也应站在业主的立场上，对物业进行严格的验收，以维护业主的合法权益。

（3）接管验收中若发现问题，应明确记录在案，约定期限督促开发商对存在的问题加固补强、整修，直至完全合格。

（4）落实物业的保修事宜。根据建筑工程保修的有关规定，由开发商负责保修，向物业管理企业交付保修保证金，或由物业管理企业负责保修，开发商一次性拨付保修费用。

（5）开发商应向物业管理企业移交整套图纸资料，包括产权资料和技术资料。

（6）物业管理企业接受的只是对物业的经营管理权，以及政府赋予的有关权力。

（7）接管验收符合要求后，物业管理企业应签署验收合格凭证，签发接管文件。

当物业管理企业签发了接管文件，办理了必要的手续以后，整个物业验收与接管工作才算完成。

五、物业档案的建立

物业档案的建立是对前期建设开发成果的记录，是以后实施物业管理时对工程维修、配套、改造必不可少的依据，也是更换物业管理企业时必须移交的内容之一。现代建筑工程随着科学技术的发展和使用需求的提高，楼宇设备设施及埋入地下后建筑体内部的管线越来越多，越来越复杂，越来越高科技化和专业化，因此一旦发生故障，物业档案就成了维修必不可少的东西。

物业档案资料的建立着重于收集、整理、归案、利用四个环节。收集的关键是尽可能完整，从时间上讲是指从规划设计到工程竣工的全部工程技术维修资料，从空间上讲是指物业构成的方方面面：从地下到楼顶、从主体到配套、从建筑物到环境；整理的重点是去伪存真，留下有用的资料；归档就是按照资料本身的内在规律，进行科学的分类与保存；利用就是在日后的管理过程中使用并加以充实。

第四节　物业的入伙管理与装修

一、物业的入伙管理

入伙，就是业主或租户领取钥匙，接房入住。当物业管理企业的验收与接管工作完成，即物业具备了入伙条件后，物业管理企业就应按照程序进入物业的入伙手续的办理阶段。物业管理企业应及时将入伙通知书、入伙手续书、收楼须知、收费通知书一并寄给业主，以方便业主按时顺利地办好入伙手续。

由于物业的入伙阶段是物业管理企业与其服务对象业主接触的第一关，这一阶段除了大量的接待工作和繁琐的入伙手续外，各种管理与被管理的矛盾也会在短时期内集中地暴露出来，为此，这一阶段通常也是物业管理问题最集中的阶段，所以，物业管理企业应充分利用这一机会，既做好物业管理的宣传、讲解工作，又要切实为业主着想办事，以树立起物业管理企业良好的"第一印象"，取得广大业主的信赖。

入伙过程中要办理大量的手续文件，这里介绍主要的几种。

（一）入伙通知书

入伙通知书就是关于业主在规定时间办理入伙事宜的通知，有利于物业公司提高工作质量，方便业主办理手续。业主因故不能按时前来办理，应在通知书上注明补办的办法。

物业管理企业在制作入伙通知书时应注意以下问题：

（1）一般情况下，一个物业辖区内入伙的业主不是一家或几家，而是几百家甚至上千家，如果均集中在同一时间办理，必然会使手续办理产生诸多困难，因此在通知书上应注明各幢、各层分期分批办理的时间，以方便业主按规定时间前来办理。

（2）如业主因故不能按时前来办理，应在通知书上注明补办的办法。

下面是一份入伙通知书示例。

入 伙 通 知 书

＿＿＿＿＿女士/先生：

您好！我们热忱欢迎您入住××公寓。

您所认购的××公寓＿＿＿＿区＿＿＿＿栋＿＿＿＿单元＿＿＿＿室楼宇，经市有关部门验收、测量合格，现已交付使用准予入住。

现将有关情况通知如下：

（1）请您按入伙通知书、收楼须知等办理入住手续，办理地点在＿＿＿楼＿＿＿室。届时房地产开发公司、物业管理公司有关部门和单位将到现场集中办理。

（2）为了您能顺利而快捷地办好入伙手续，请以下表时间为准前来办理入伙手续。

各楼各层办理入伙手续时间分配表见下（略）。

(3) 如您届时不能前来办理入住手续，请您及时与我公司联系，落实补办的办法，联系电话为_____。

特此通知

×× 房地产开发公司

×× 物业管理公司

____年___月___日

（二）入伙手续书

入伙手续书是办理入伙手续的程序和安排，其目的是为了让业主明了手续办理的顺序，使整个过程井然有序。入伙手续书示例如下：

入 伙 手 续 书

_____女士/先生：

您认购的_____区_____栋_____单元_____室楼宇，现已交付使用具备入伙条件，请阅读收楼通知，按下列顺序办理入伙手续：

(1) 房地产公司财务部　　　　(2) 房地产公司地产部

(3) 物业管理公司财务部　　　(4) 物业管理公司管理处

×× 房地产开发公司

×× 物业管理公司

____年___月___日

（三）收楼须知

收楼是业主或租户对物业的验收、认可，接收物业的活动。收楼须知中应载明业主办理收楼过程中应注意的事项及应携带的各种证件、合同和费用，避免客户的往返及由此造成的不便。以下是收楼须知示例。

收 楼 须 知

为避免业主在收楼时产生遗漏而带来不便，兹介绍有关收楼程序。

（一）在房地产公司财务部办理手续

1. 付清购楼余款。

2. 携带已缴款的各期收据交财务部验证、收回并开具总发票。

3. 在入伙手续书（1）上盖章。

（二）在房地产公司地产部办理手续

1. 验清业主身份。业主如有时间应亲临我公司接收楼宇，并请带上入伙手续书；业主身份证、港澳台同胞购房证明、护照或居住证；购房合同。

2. 若业主不能亲临收楼，可委托代理人，代理人除携带入伙手续书、购房合同外，还应出具业主的授权书（由律师签证）；业主身份证或护照的影印本；代理人的身份证或护照。

3. 在入伙手续书（2）上签章。

（三）在物业管理公司财务部办理手续

1. 缴付各项管理费用。预收不超过3个月的管理费；收取装修保证金，住房装修完毕，验收不损坏主要房屋结构的，装修保证金如数退还；建筑垃圾清运费，业主装修完毕，自己清运了建筑垃圾即如数退还。

2. 缴付其他费用。安装防盗门、安装防盗窗花等。

3. 在入伙手续书（3）上盖章。

（四）在物业管理公司管理处办理手续

1. 签署《业主公约》。

2. 介绍入住的有关事项。

3. 向业主移交楼宇钥匙。

4. 在入伙手续书（4）上由业主本人盖章或签字，交物业管理公司保存。

××房地产开发公司

××物业管理公司

____年___月___日

二、装修管理规定

业主在收楼后有权对自己所购物业进行装修，但装修必须在规定范围内进行。其有关规定包括：国家建设部发布的《建筑装饰装修管理规定》和物业管理企业制定的《住户装修管理规定》。根据上述规定，业主在装修前必须向物业管理企业进行申请登记，包括填写业主装修申请表、领取《装修管理规定》，根据约定在申请表上签字，缴纳装修管理押金及保证金，经批准后方可动工。业主在装修完成以后，物业管理企业应组织验收，合格后即退还装修押金及保证金。

（一）业主装修申请表

业主在装修前向物业管理企业申请登记时，需如实填写装修施工内容，并注明委托承包商及进场人数，业主、施工队及物业管理企业三方应在申请书上签字盖章。

（二）装修管理规定

根据政府有关法规，为加强物业辖区管理，保证物业的完好和安全，保持物业辖区的整洁美观，维护全体业主的合法权益，一般物业管理企业均对装修制定如下规定：

1. 报批程序

（1）业主应提前5天向物业辖区管理处申报。

（2）详细、如实地填写《装修申请表》。

（3）经管理处审核同意后，方可进行装修施工。

（4）装修施工队应到管理处签订《装修工程队治安责任书》及《装修施工保证书》。

2. 装修管理要求

（1）不得拆改原房屋的墙、柱、梁、楼板等主体结构部件。

（2）不得凿穿地面和房顶的水泥层。

（3）不得封闭前阳台，不得改动外门窗，保持房屋外观的美观、统一。

（4）装修垃圾必须及时清运，倾倒到指定的地点。严禁向窗外、阳台外、楼梯、过道、天台等公共场所抛撒堆放。

（5）严禁将垃圾倒入下水管道内或将生活污水由雨水管道排出。

（6）按照管理处的要求，空调器安装在指定的位置，以保持外观统一、协调。空调出水必须接回阳台内或室内。

（7）装修施工应安排在上午7：00～12：00，下午14：00～20：00时间内进行，以免影响他人休息。

（8）高层住户装修不得使用载人电梯装运建材、木料、工具等物品。

（9）需封闭后阳台的，须申报管理处同意方能施工。

（10）施工队人员应到管理处办理临时出入证，将临时出入证佩戴在前胸，并在指定的区域内活动。

（11）未经管理处同意，不得随意改动水、电管线走向。

（12）底层住户装修，不得在前阳台违章搭建。

（13）临平台的阳台、窗户不能改装门。

3. 押金及保证金

（1）业主装修前须向管理处交付一定的装修保证金。

（2）装修施工队在办理临时出入证时，须向管理处交付一定的押金。

（3）装修施工结束后，由管理处派人对装修工程进行检查，如无违反本规定及物业辖区其他管理规定的行为，没有对他人财产和公共场地、设施、设备等造成损害的，管理处将如数退还押金和保证金。

4. 违规责任

（1）在装修施工中有违反上述规定行为的，管理处有权视情节严重程度给予扣罚部分乃至全部押金和保证金的处罚。

（2）装修施工中有意或无意损坏公共设施、设备和给他人财产、物品造成损害的，必须照价赔偿。

（3）因装修施工造成管道堵塞、漏水、停电、坠落等造成公共设施和他人利益损失的，装修户应负责修复（或承担修复费用），并视情况给予受损害者必要的赔偿。

（4）因装修施工造成外墙破坏、污染的，由装修户负责修补。

5. 管理权限

（1）住户装修管理由所属物业辖区管理处全权负责。

（2）住户要求改动房内水、电管线走向的，须经物业管理企业工程部经理同意方能进行施工。

（3）住户要求封闭后阳台，须经管理处同意方能进行施工。

（4）因特殊情况需在户内隔墙上开窗和开洞的，需经物业管理企业工程部经理批准。

（5）任何人均无权批准超过本规定的装修行为。

（6）如施工队违反本规定后，不听从物业管理企业的劝阻和安排，物业管理企业有权责令其停止装修行为。

复习思考题

1. 物业管理前期介入与前期物业管理的区别有哪些？

2. 物业管理企业在前期介入中可以参与哪些管理？

3. 如何处理好与物业建设者之间的关系？

4. 物业管理企业应如何做好"物业入伙"这一阶段的工作？

附录一　中华人民共和国城市房地产管理法

（1994年7月5日颁布，1995年1月1日施行，2007年8月30日通过修改）

第一章　总　　则

第一条　为了加强对城市房地产的管理，维护房地产市场秩序，保障房地产权利人的合法权益，促进房地产业的健康发展，制定本法。

第二条　在中华人民共和国城市规划区国有土地（以下简称国有土地）范围内取得房地产开发用地的土地使用权，从事房地产开发、房地产交易，实施房地产管理，应当遵守本法。

本法所称房屋，是指土地上的房屋等建筑物及构筑物。

本法所称房地产开发，是指在依据本法取得国有土地使用权的土地上进行基础设施、房屋建设的行为。

本法所称房地产交易，包括房地产转让、房地产抵押和房屋租赁。

第三条　国家依法实行国有土地有偿、有限期使用制度。但是，国家在本法规定的范围内划拨国有土地使用权的除外。

第四条　国家根据社会、经济发展水平，扶持发展居民住宅建设，逐步改善居民的居住条件。

第五条　房地产权利人应当遵守法律和行政法规，依法纳税。房地产权利人的合法权益受法律保护，任何单位和个人不得侵犯。

第六条　为了公共利益的需要，国家可以征收国有土地上单位和个人的房屋，并依法给予拆迁补偿，维护被征收人的合法权益；征收个人住宅的，还应当保障被征收人的居住条件。具体办法由国务院规定。

第七条　国务院建设行政主管部门、土地管理部门依照国务院规定的职权划分，各司其职，密切配合，管理全国房地产工作。

县级以上地方人民政府房产管理、土地管理部门的机构设置及其职权由省、自治区、直辖市人民政府确定。

第二章　房地产开发用地

第一节　土地使用权出让

第八条　土地使用权出让，是指国家将国有土地使用权（以下简称土地使用权）在一定年限内出让给土地使用者，由土地使用者向国家支付土地使用权出让金的行为。

第九条　城市规划区内的集体所有的土地，经依法征收转为国有土地后，该幅国有土地的使用权方可有偿出让。

第十条　土地使用权出让，必须符合土地利用总体规划、城市规划和年度建设用地计划。

第十一条　县级以上地方人民政府出让土地使用权用于房地产开发的，须根据省级以上人民政府下达的控制指标拟订年度出让土地使用权总面积方案，按照国务院规定，报国务院或者省级人民政府批准。

第十二条　土地使用权出让，由市、县人民政府有计划、有步骤地进行。出让的每幅地块、用途、年限和其他条件，由市、县人民政府土地管理部门会同城市规划、建设、房产管理部门共同拟定方案，按照国务院规定，报经有批准权的人民政府批准后，由市、县人民政府土地管理部门实施。

直辖市的县人民政府及其有关部门行使前款规定的权限，由直辖市人民政府规定。

第十三条　土地使用权出让，可以采取拍卖、招标或者双方协议的方式。

商业、旅游、娱乐和豪华住宅用地，有条件的，必须采取拍卖、招标方式；没有条件，不能采取拍卖、招标方式的，可以采取双方协议的方式。

采取双方协议方式出让土地使用权的出让金不得低于按国家规定所确定的最低价。

第十四条　土地使用权出让最高年限由国务院规定。

第十五条　土地使用权出让，应当签订书面出让合同。

土地使用权出让合同由市、县人民政府土地管理部门与土地使用者签订。

第十六条　土地使用者必须按照出让合同约定，支付土地使用权出让金；未按照出让合同约定支付土地使用权出让金的，土地管理部门有权解除合同，并可以请求违约赔偿。

第十七条　土地使用者按照出让合同约定支付土地使用权出让金的，市、县人民政府土地管理部门必须按照出让合同约定，提供出让的土地；未按照出让合同约定提供出让的土地的，土地使用者有权解除合同，由土地管理部门返还土地使用权出让金，土地使用者并可以请求违约赔偿。

第十八条　土地使用者需要改变土地使用权出让合同约定的土地用途的，必须取得出让方和市、县人民政府城市规划行政主管部门的同意，签订土地使用权出让合同变更协议或者重新签订土地使用权出让合同，相应调整土地使用权出让金。

第十九条　土地使用权出让金应当全部上缴财政，列入预算，用于城市基础设施建设和土地开发。土地使用权出让金上缴和使用的具体办法由国务院规定。

第二十条　国家对土地使用者依法取得的土地使用权，在出让合同约定的使用年限届满前不收回；在特殊情况下，根据社会公共利益的需要，可以依照法律程序提前收回，并根据土地使用者使用土地的实际年限和开发土地的实际情况给予相应的补偿。

第二十一条　土地使用权因土地灭失而终止。

第二十二条　土地使用权出让合同约定的使用年限届满，土地使用者需要继续使用土地的，应当至迟于届满前一年申请续期，除根据社会公共利益需要收回该幅土地的，应当予以批准。经批准准予续期的，应当重新签订土地使用权出让合同，依照规定支付土地使用权出让金。

土地使用权出让合同约定的使用年限届满，土地使用者未申请续期或者虽申请续期但依照前款规定未获批准的，土地使用权由国家无偿收回。

第二节　土地使用权划拨

第二十三条　土地使用权划拨，是指县级以上人民政府依法批准，在土地使用者缴纳补偿、安置等费用后将该幅土地交付其使用，或者将土地使用权无偿交付给土地使用者使用的行为。

依照本法规定以划拨方式取得土地使用权的，除法律、行政法规另有规定外，没有使用期限的限制。

第二十四条　下列建设用地的土地使用权，确属必需的，可以由县级以上人民政府依法批准划拨：

（一）国家机关用地和军事用地；

（二）城市基础设施用地和公益事业用地；

（三）国家重点扶持的能源、交通、水利等项目用地；

（四）法律、行政法规规定的其他用地。

第三章　房　地　产　开　发

第二十五条　房地产开发必须严格执行城市规划，按照经济效益、社会效益、环境效益相统一的原则，实行全面规划、合理布局、综合开发、配套建设。

第二十六条　以出让方式取得土地使用权进行房地产开发的，必须按照土地使用权出让合同约定的土地用途、动工开发期限开发土地。超过出让合同约定的动工开发日期满一年未动工开发的，可以征收相当于土地使用权出让金百分之二十以下的土地闲置费；满二年未动工开发的，可以无偿收回土地使用权；但是，因不可抗力或者政府、政府有关部门的行为或者动工开发必需的前期工作造成动工开发迟延的除外。

第二十七条　房地产开发项目的设计、施工，必须符合国家的有关标准和规范。

房地产开发项目竣工，经验收合格后，方可交付使用。

第二十八条　依法取得的土地使用权，可以依照本法和有关法律、行政法规的规定，作价入股，合资、合作开发经营房地产。

第二十九条　国家采取税收等方面的优惠措施鼓励和扶持房地产开发企业开发建设居民住宅。

第三十条　房地产开发企业是以营利为目的，从事房地产开发和经营的企业。设立房地产开发企业，应当具备下列条件：

（一）有自己的名称和组织机构；

（二）有固定的经营场所；

（三）有符合国务院规定的注册资本；

（四）有足够的专业技术人员；

（五）法律、行政法规规定的其他条件。

设立房地产开发企业，应当向工商行政管理部门申请设立登记。工商行政管理部门对符合本法规定条件的，应当予以登记，发给营业执照；对不符合本法规定条件的，不予登记。

设立有限责任公司、股份有限公司，从事房地产开发经营的，还应当执行公司法的有关规定。

房地产开发企业在领取营业执照后的一个月内，应当到登记机关所在地的县级以上地方人民政府规定的部门备案。

第三十一条　房地产开发企业的注册资本与投资总额的比例应当符合国家有关规定。

房地产开发企业分期开发房地产的，分期投资额应当与项目规模相适应，并按照土地使用权出让合同的约定，按期投入资金，用于项目建设。

第四章　房　地　产　交　易

第一节　一　般　规　定

第三十二条　房地产转让、抵押时，房屋的所有权和该房屋占用范围内的土地使用权同时转让、抵押。

第三十三条　基准地价、标定地价和各类房屋的重置价格应当定期确定并公布。具体办法由国务院规定。

第三十四条　国家实行房地产价格评估制度。

房地产价格评估，应当遵循公正、公平、公开的原则，按照国家规定的技术标准和评估程序，以基准地价、标定地价和各类房屋的重置价格为基础，参照当地的市场价格进行评估。

第三十五条　国家实行房地产成交价格申报制度。

房地产权利人转让房地产，应当向县级以上地方人民政府规定的部门如实申报成交价，不得瞒报或者作不实的申报。

第三十六条　房地产转让、抵押，当事人应当依照本法第五章的规定办理权属登记。

第二节　房　地　产　转　让

第三十七条　房地产转让，是指房地产权利人通过买卖、赠与或者其他合法方式将其房地产转移给他人的行为。

第三十八条　下列房地产，不得转让：

（一）以出让方式取得土地使用权的，不符合本法第三十九条规定的条件的；

（二）司法机关和行政机关依法裁定、决定查封或者以其他形式限制房地产权利的；

（三）依法收回土地使用权的；

（四）共有房地产，未经其他共有人书面同意的；

（五）权属有争议的；

（六）未依法登记领取权属证书的；

（七）法律、行政法规规定禁止转让的其他情形。

第三十九条　以出让方式取得土地使用权的，转让房地产时，应当符合下列条件：

（一）按照出让合同约定已经支付全部土地使用权出让金，并取得土地使用权证书；

（二）按照出让合同约定进行投资开发，属于房屋建设工程的，完成开发投资总额的百分之二十五以上，属于成片开发土地的，形成工业用地或者其他建设用地条件。

转让房地产时房屋已经建成的，还应当持有房屋所有权证书。

第四十条　以划拨方式取得土地使用权的，转让房地产时，应当按照国务院规定，报有批准权的人民政府审批。有批准权的人民政府准予转让的，应当由受让方办理土地使用权出让手续，并依照国家有关规定缴纳土地使用权出让金。

以划拨方式取得土地使用权的，转让房地产报批时，有批准权的人民政府按照国务院规定决定可以不办理土地使用权出让手续的，转让方应当按照国务院规定将转让房地产所获收益中的土地收益上缴国家或者作其他处理。

第四十一条　房地产转让，应当签订书面转让合同，合同中应当载明土地使用权取得的方式。

第四十二条　房地产转让时，土地使用权出让合同载明的权利、义务随之转移。

第四十三条　以出让方式取得土地使用权的，转让房地产后，其土地使用权的使用年限为原土地使用权出让合同约定的使用年限减去原土地使用者已经使用年限后的剩余年限。

第四十四条　以出让方式取得土地使用权的，转让房地产后，受让人改变原土地使用权出让合同约定的土地用途的，必须取得原出让方和市、县人民政府城市规划行政主管部门的同意，签订土地使用权出让合同变更协议或者重新签订土地使用权出让合同，相应调整土地使用权出让金。

第四十五条　商品房预售，应当符合下列条件：

（一）已交付全部土地使用权出让金，取得土地使用权证书；

（二）持有建设工程规划许可证；

（三）按提供预售的商品房计算，投入开发建设的资金达到工程建设总投资的百分之二十五以上，并已经确定施工进度和竣工交付日期；

（四）向县级以上人民政府房产管理部门办理预售登记，取得商品房预售许可证明。

商品房预售人应当按照国家有关规定将预售合同报县级以上人民政府房产管理部门和土地管理部门

登记备案。

商品房预售所得款项，必须用于有关的工程建设。

第四十六条 商品房预售的，商品房预购人将购买的未竣工的预售商品房再行转让的问题，由国务院规定。

第三节 房地产抵押

第四十七条 房地产抵押，是指抵押人以其合法的房地产以不转移占有的方式向抵押权人提供债务履行担保的行为。债务人不履行债务时，抵押权人有权依法以抵押的房地产拍卖所得的价款优先受偿。

第四十八条 依法取得的房屋所有权连同该房屋占用范围内的土地使用权，可以设定抵押权。

以出让方式取得的土地使用权，可以设定抵押权。

第四十九条 房地产抵押，应当凭土地使用权证书、房屋所有权证书办理。

第五十条 房地产抵押，抵押人和抵押权人应当签订书面抵押合同。

第五十一条 设定房地产抵押权的土地使用权是以划拨方式取得的，依法拍卖该房地产后，应当从拍卖所得的价款中缴纳相当于应缴纳的土地使用权出让金的款额后，抵押权人方可优先受偿。

第五十二条 房地产抵押合同签订后，土地上新增的房屋不属于抵押财产。需要拍卖该抵押的房地产时，可以依法将土地上新增的房屋与抵押财产一同拍卖，但对拍卖新增房屋所得，抵押权人无权优先受偿。

第四节 房屋租赁

第五十三条 房屋租赁，是指房屋所有权人作为出租人将其房屋出租给承租人使用，由承租人向出租人支付租金的行为。

第五十四条 房屋租赁，出租人和承租人应当签订书面租赁合同，约定租赁期限、租赁用途、租赁价格、修缮责任等条款，以及双方的其他权利和义务，并向房产管理部门登记备案。

第五十五条 住宅用房的租赁，应当执行国家和房屋所在城市人民政府规定的租赁政策。租用房屋从事生产、经营活动的，由租赁双方协商议定租金和其他租赁条款。

第五十六条 以营利为目的，房屋所有权人将以划拨方式取得使用权的国有土地上建成的房屋出租的，应当将租金中所含土地收益上缴国家。具体办法由国务院规定。

第五节 中介服务机构

第五十七条 房地产中介服务机构包括房地产咨询机构、房地产价格评估机构、房地产经纪机构等。

第五十八条 房地产中介服务机构应当具备下列条件：

（一）有自己的名称和组织机构；

（二）有固定的服务场所；

（三）有必要的财产和经费；

（四）有足够数量的专业人员；

（五）法律、行政法规规定的其他条件。

设立房地产中介服务机构，应当向工商行政管理部门申请设立登记，领取营业执照后，方可开业。

第五十九条 国家实行房地产价格评估人员资格认证制度。

第五章 房地产权属登记管理

第六十条 国家实行土地使用权和房屋所有权登记发证制度。

第六十一条 以出让或者划拨方式取得土地使用权，应当向县级以上地方人民政府土地管理部门申请登记，经县级以上地方人民政府土地管理部门核实，由同级人民政府颁发土地使用权证书。

在依法取得的房地产开发用地上建成房屋的，应当凭土地使用权证书向县级以上地方人民政府房产管理部门申请登记，由县级以上地方人民政府房产管理部门核实并颁发房屋所有权证书。

房地产转让或者变更时，应当向县级以上地方人民政府房产管理部门申请房产变更登记，并凭变更后的房屋所有权证书向同级人民政府土地管理部门申请土地使用权变更登记，经同级人民政府土地管理部门核实，由同级人民政府更换或者更改土地使用权证书。

法律另有规定的，依照有关法律的规定办理。

第六十二条 房地产抵押时，应当向县级以上地方人民政府规定的部门办理抵押登记。

因处分抵押房地产而取得土地使用权和房屋所有权的，应当依照本章规定办理过户登记。

第六十三条 经省、自治区、直辖市人民政府确定，县级以上地方人民政府由一个部门统一负责房产管理和土地管理工作的，可以制作、颁发统一的房地产权证书，依照本法第六十一条的规定，将房屋的所有权和该房屋占用范围内的土地使用权的确认和变更，分别载入房地产权证书。

第六章 法 律 责 任

第六十四条 违反本法第十一条、第十二条的规定，擅自批准出让或者擅自出让土地使用权用于房地产开发的，由上级机关或者所在单位给予有关责任人员行政处分。

第六十五条 违反本法第三十条的规定，未取得营业执照擅自从事房地产开发业务的，由县级以上人民政府工商行政管理部门责令停止房地产开发业务活动，没收违法所得，可以并处罚款。

第六十六条 违反本法第三十九条第一款的规定转让土地使用权的，由县级以上人民政府土地管理部门没收违法所得，可以并处罚款。

第六十七条 违反本法第四十条第一款的规定转让房地产的，由县级以上人民政府土地管理部门责令缴纳土地使用权出让金，没收违法所得，可以并处罚款。

第六十八条 违反本法第四十五条第一款的规定预售商品房的，由县级以上人民政府房产管理部门责令停止预售活动，没收违法所得，可以并处罚款。

第六十九条 违反本法第五十八条的规定，未取得营业执照擅自从事房地产中介服务业务的，由县级以上人民政府工商行政管理部门责令停止房地产中介服务业务活动，没收违法所得，可以并处罚款。

第七十条 没有法律、法规的依据，向房地产开发企业收费的，上级机关应当责令退回所收取的钱款；情节严重的，由上级机关或者所在单位给予直接责任人员行政处分。

第七十一条 房产管理部门、土地管理部门工作人员玩忽职守、滥用职权，构成犯罪的，依法追究刑事责任；不构成犯罪的，给予行政处分。

房产管理部门、土地管理部门工作人员利用职务上的便利，索取他人财物，或者非法收受他人财物为他人谋取利益，构成犯罪的，依法追究刑事责任；不构成犯罪的，给予行政处分。

第七章 附 则

第七十二条 在城市规划区外的国有土地范围内取得房地产开发用地的土地使用权，从事房地产开发、交易活动以及实施房地产管理，参照本法执行。

第七十三条 本法自 1995 年 1 月 1 日起施行。

附录二 城市房地产开发经营管理条例

第一章 总 则

第一条 为了规范房地产开发经营行为，加强对城市房地产开发经营活动的监督管理，促进和保障房地产业的健康发展，根据《中华人民共和国城市房地产管理法》的有关规定，制定本条例。

第二条 本条例所称房地产开发经营，是指房地产开发企业在城市规划区内国有土地上进行基础设施建设、房屋建设，并转让房地产开发项目或者销售、出租商品房的行为。

第三条 房地产开发经营应当按照经济效益、社会效益、环境效益相统一的原则，实行全面规划、合理布局、综合开发、配套建设。

第四条 国务院建设行政主管部门负责全国房地产开发经营活动的监督管理工作。

县级以上地方人民政府房地产开发主管部门负责本行政区域内房地产开发经营活动的监督管理工作。

县级以上人民政府负责土地管理工作的部门依照有关法律、行政法规的规定，负责与房地产开发经营有关的土地管理工作。

第二章 房地产开发企业

第五条 设立房地产开发企业，除应当符合有关法律、行政法规规定的企业设立条件外，还应当具备下列条件：

（一）有 100 万元以上的注册资本；

（二）有 4 名以上持有资格证书的房地产专业、建筑工程专业的专职技术人员，2 名以上持有资格证书的专职会计人员。

省、自治区、直辖市人民政府可以根据本地方的实际情况，对设立房地产开发企业的注册资本和专业技术人员的条件作出高于前款的规定。

第六条 外商投资设立房地产开发企业的，除应当符合本条例第五条的规定外，还应当依照外商投资企业法律、行政法规的规定，办理有关审批手续。

第七条 设立房地产开发企业，应当向县级以上人民政府工商行政管理部门申请登记。工商行政管理部门对符合本条例第五条规定条件的，应当自收到申请之日起 30 日内予以登记；对不符合条件不予登记的，应当说明理由。

工商行政管理部门在对设立房地产开发企业申请登记进行审查时，应当听取同级房地产开发主管部门的意见。

第八条 房地产开发企业应当自领取营业执照之日起 30 日内，持下列文件到登记机关所在地的房地产开发主管部门备案：

（一）营业执照复印件；

（二）企业章程；

（三）验资证明；

（四）企业法定代表人的身份证明；

（五）专业技术人员的资格证书和聘用合同。

第九条 房地产开发主管部门应当根据房地产开发企业的资产、专业技术人员和开发经营业绩等，对备案的房地产开发企业核定资质等级。房地产开发企业应当按照核定的资质等级，承担相应的房地产开发项目。具体办法由国务院建设行政主管部门制定。

第三章 房地产开发建设

第十条 确定房地产开发项目，应当符合土地利用总体规划、年度建设用地计划和城市规划、房地产开发年度计划的要求；按照国家有关规定需要经计划主管部门批准的，还应当报计划主管部门批准，并纳入年度固定资产投资计划。

第十一条 确定房地产开发项目，应当坚持旧区改建和新区建设相结合的原则，注重开发基础设施薄弱、交通拥挤、环境污染严重以及危旧房屋集中的区域，保护和改善城市生态环境，保护历史文化遗产。

第十二条 房地产开发用地应当以出让方式取得；但是，法律和国务院规定可以采用划拨方式的除外。

土地使用权出让或者划拨前，县级以上地方人民政府城市规划行政主管部门和房地产开发主管部门应当对下列事项提出书面意见，作为土地使用权出让或者划拨的依据之一：

（一）房地产开发项目的性质、规模和开发期限；

（二）城市规划设计条件；

（三）基础设施和公共设施的建设要求；

（四）基础设施建成后的产权界定；

（五）项目拆迁补偿、安置要求。

第十三条 房地产开发项目应当建立资本金制度，资本金占项目总投资的比例不得低于20％。

第十四条 房地产开发项目的开发建设应当统筹安排配套基础设施，并根据先地下、后地上的原则实施。

第十五条 房地产开发企业应当按照土地使用权出让合同约定的土地用途、动工开发期限进行项目开发建设。出让合同约定的动工开发期限满1年未动工开发的，可以征收相当于土地使用权出让金20％以下的土地闲置费；满2年未动工开发的，可以无偿收回土地使用权。但是因不可抗力或者政府、政府有关部门的行为或者动工开发必需的前期工作造成动工迟延的除外。

第十六条 房地产开发企业开发建设的房地产项目，应当符合有关法律、法规的规定和建筑工程质量、安全标准、建筑工程勘察、设计、施工的技术规范以及合同的约定。

房地产开发企业应当对其开发建设的房地产开发项目的质量承担责任。

勘察、设计、施工、监理等单位应当依照有关法律、法规的规定或者合同的约定，承担相应的责任。

第十七条 房地产开发项目竣工，经验收合格后，方可交付使用；未经验收或者验收不合格的，不得交付使用。

房地产开发项目竣工后，房地产开发企业应当向项目所在地的县级以上地方人民政府房地产开发主管部门提出竣工验收申请。房地产开发主管部门应当自收到竣工验收申请之日起30日内，对涉及公共安全的内容，组织工程质量监督、规划、消防、人防等有关部门或者单位进行验收。

第十八条 住宅小区等群体房地产开发项目竣工，应当依照本条例第十七条的规定和下列要求进行综合验收：

（一）城市规划设计条件的落实情况；

（二）城市规划要求配套的基础设施和公共设施的建设情况；

（三）单项工程的工程质量验收情况；

（四）拆迁安置方案的落实情况；

（五）物业管理的落实情况。

住宅小区等群体房地产开发项目实行分期开发的，可以分期验收。

第十九条　房地产开发企业应当将房地产开发项目建设过程中的主要事项记录在房地产开发项目手册中，并定期送房地产开发主管部门备案。

第四章　房 地 产 经 营

第二十条　转让房地产开发项目，应当符合《中华人民共和国城市房地产管理法》第三十九条、第四十条规定的条件。

第二十一条　转让房地产开发项目，转让人和受让人应当自土地使用权变更登记手续办理完毕之日起 30 日内，持房地产开发项目转让合同到房地产开发主管部门备案。

第二十二条　房地产开发企业转让房地产开发项目时，尚未完成拆迁补偿安置的，原拆迁补偿安置合同中有关的权利、义务随之转移给受让人。项目转让人应当书面通知被拆迁人。

第二十三条　房地产开发企业预售商品房，应当符合下列条件：

（一）已交付全部土地使用权出让金，取得土地使用权证书；

（二）持有建设工程规划许可证和施工许可证；

（三）按提供的预售商品房计算，投入开发建设的资金达到工程建设总投资的 25％ 以上，并已确定施工进度和竣工交付日期；

（四）已办理预售登记，取得商品房预售许可证明。

第二十四条　房地产开发企业申请办理商品房预售登记，应当提交下列文件：

（一）本条例第二十三条第（一）项至第（三）项规定的证明材料；

（二）营业执照和资质等级证书；

（三）工程施工合同；

（四）预售商品房分层平面图；

（五）商品房预售方案。

第二十五条　房地产开发主管部门应当自收到商品房预售申请之日起 10 日内，作出同意预售或者不同意预售的答复。同意预售的，应当核发商品房预售许可证明；不同意预售的，应当说明理由。

第二十六条　房地产开发企业不得进行虚假广告宣传，商品房预售广告中应当载明商品房预售许可证明的文号。

第二十七条　房地产开发企业预售商品房时，应当向预购人出示商品房预售许可证明。

房地产开发企业应当自商品房预售合同签订之日起 30 日内，到商品房所在地的县级以上人民政府房地产开发主管部门和负责土地管理工作的部门备案。

第二十八条　商品房销售，当事人双方应当签订书面合同。合同应当载明商品房的建筑面积和使用面积、价格、交付日期、质量要求、物业管理方式以及双方的违约责任。

第二十九条　房地产开发企业委托中介机构代理销售商品房的，应当向中介机构出具委托书。中介机构销售商品房时，应当向商品房购买人出示商品房的有关证明文件和商品房销售委托书。

第三十条　房地产开发项目转让和商品房销售价格，由当事人协商议定；但是，享受国家优惠政策的居民住宅价格，应当实行政府指导价或者政府定价。

第三十一条　房地产开发企业应当在商品房交付使用时，向购买人提供住宅质量保证书和住宅使用说明书。

住宅质量保证书应当列明工程质量监督单位核验的质量等级、保修范围、保修期和保修单位等内容。房地产开发企业应当按照住宅质量保证书的约定，承担商品房保修责任。

保修期内，因房地产开发企业对商品房进行维修，致使房屋原使用功能受到影响，给购买人造成损失的，应当依法承担赔偿责任。

第三十二条　商品房交付使用后，购买人认为主体结构质量不合格的，可以向工程质量监督单位申请重新核验。经核验，确属主体结构质量不合格的，购买人有权退房；给购买人造成损失的，房地产开发企业应当依法承担赔偿责任。

第三十三条　预售商品房的购买人应当自商品房交付使用之日起 90 日内，办理土地使用权变更和房屋所有权登记手续；现售商品房的购买人应当自销售合同签订之日起 90 日内，办理土地使用权变更和房屋所有权登记手续。房地产开发企业应当协助商品房购买人办理土地使用权变更和房屋所有权登记手续，并提供必要的证明文件。

第五章　法　律　责　任

第三十四条　违反本条例规定，未取得营业执照，擅自从事房地产开发经营的，由县级以上人民政府工商行政管理部门责令停止房地产开发经营活动，没收违法所得，可以并处违法所得 5 倍以下的罚款。

第三十五条　违反本条例规定，未取得资质等级证书或者超越资质等级从事房地产开发经营的，由县级以上人民政府房地产开发主管部门责令限期改正，处 5 万元以上 10 万元以下的罚款；逾期不改正的，由工商行政管理部门吊销营业执照。

第三十六条　违反本条例规定，将未经验收的房屋交付使用的，由县级以上人民政府房地产开发主管部门责令限期补办验收手续；逾期不补办验收手续的，由县级以上人民政府房地产开发主管部门组织有关部门和单位进行验收，并处 10 万元以上 30 万元以下的罚款。经验收不合格的，依照本条例第三十七条的规定处理。

第三十七条　违反本条例规定，将验收不合格的房屋交付使用的，由县级以上人民政府房地产开发主管部门责令限期返修，并处交付使用的房屋总造价 2% 以下的罚款；情节严重的，由工商行政管理部门吊销营业执照；给购买人造成损失的，应当依法承担赔偿责任；造成重大伤亡事故或者其他严重后果，构成犯罪的，依法追究刑事责任。

第三十八条　违反本条例规定，擅自转让房地产开发项目的，由县级以上人民政府负责土地管理工作的部门责令停止违法行为，没收违法所得，可以并处违法所得 5 倍以下的罚款。

第三十九条　违反本条例规定，擅自预售商品房的，由县级以上人民政府房地产开发主管部门责令停止违法行为，没收违法所得，可以并处已收取的预付款 1% 以下的罚款。

第四十条　国家机关工作人员在房地产开发经营监督管理工作中玩忽职守、徇私舞弊、滥用职权，构成犯罪的，依法追究刑事责任；尚不构成犯罪的，依法给予行政处分。

第六章　附　　　则

第四十一条　在城市规划区外国有土地上从事房地产开发经营，实施房地产开发经营监督管理，参照本条例执行。

　　第四十二条　城市规划区内集体所有的土地，经依法征用转为国有土地后，方可用于房地产开发经营。

　　第四十三条　本条例自发布之日起施行。

参 考 文 献

[1] 包宗华. 住宅与房地产. 北京：中国建筑工业出版社，2002.

[2] 清华大学房地产研究所. 住宅市场细分与全面启动住宅市场政府对策研究. 国家自然科学基金应急课题报告，1999.

[3] 刘琳. 房地产市场互动机理与政策分析. 北京：中国经济出版社，2004.

[4] 刘洪玉，陈森林. 空置率及其对房地产市场的影响. 北京房地产，1996(10)：27—29.

[5] 刘琳，刘长滨. 房地产市场的自然空置率研究. 城市开发，2002(2)：55—56.

[6] 银花，张加颖. 房地产经营与管理. 北京：机械工业出版社，2003.

[7] 王庆春，等. 房地产开发概论. 大连：东北财经大学出版社，2004.

[8] 吕萍. 房地产开发与经营. 北京：中国人民大学出版社，2002.

[9] 中国房地产估价师与房地产经纪人学会. 房地产开发经营与管理. 北京：中国建筑工业出版社，2005.

[10] 俞明轩. 房地产投资分析. 北京：首都经济贸易大学出版社，2004.

[11] 张加颖. 房地产经营与管理. 北京：机械工业出版社，2003.

[12] 曹建元. 房地产金融. 上海：上海财经大学出版社，2003.

[13] 孟中广，等. 城市房地产行政管理. 北京：中国建筑工业出版社，1997.

[14] 刘正山. 房地产投资分析. 大连：东北财经大学出版社，2004.

[15] 袁中友，杜继丰，等. 浅论加息对我国房地产市场主体的影响. 大众科技，2005(8).

[16] 沈天清，查昕，等. 房地产项目设计思考——建筑师应加强对房地产市场的关注. 建筑，2006(9).

[17] 张汉，张登国. 城市空间结构扩展中政府与房地产商的合作机制. 社会科学论坛，2006(9).

[18] 郑磊. 房地产开发项目的界面管理. 开发与建设，2006(1).

[19] 邹丽萍. 地方政府在土地市场上的角色与地位. 统计与决策，2006(8).

[20] 金光杰. 房地产交易中律师的作用和法律地位初探. 中国科技信息，2005(15).

[21] 孙兰. 房地产市场在经营城市中的作用. 中国房地产，2003(12).

[22] 谢百三，王巍. 我国商业银行在房地产热潮中的两难选择. 国际金融研究，2005(3).

[23] 项桂娥. "房地产热"背后利益主体的透析. 中国房地产金融，2006(10).

[24] 陆龙坤. 浅析造价工程师在房地产开发中的地位和作用. 福建建筑，2002(4).

[25] 楼立明，陈树青. 土地增值税清算政策及其对房地产市场的影响. 浙江国土资源，2007(2).

[26] 郑建仁. 恩平金融风波反思录. [2005-11-26]. http：//www. chinavalue. net/Article/Archive/2005/11/16/13925. html.

[27] 客家房产网. 房地产与城市对话系列之：房地产业的社会责任，为城市创造价值. http：//www. hakka88. com/house/liuchen.

[28] 张宏. "911事件"对房地产行业的影响. 中国经济时报，2001-11-1.

[29] 人民日报. 北京森豪公寓假按揭骗贷六亿多元. [2005-04-03]. http：//finance. sina. com. cn.

[30] 新民周刊. 永别了，"钉子户". [2007-3-28]. http：//news. 163. com.

[31] 山城游子. 如何做好房地产广告策划. [2007-7-29]. http：//blog. soufun. com.

[32] 成虎. 工程项目管理. 北京：中国建筑工业出版社，2001.

[33] 王丽娟. 浅谈工程项目成本控制. 职业圈，2007(1).

[34] 建设部住宅产业化促进中心. 居住区环境景观设计导则. 北京：中国建筑工业出版社，2006.

[35] 林玉莲. 儿童的花园. 华中建筑，2000(1).

[36] 俞国良，等. 环境心理学. 北京：人民教育出版社，1997.

[37] 刘维新. 城市发展土地利用与房地产. 北京：中国大地出版社，1996.

[38] 谭善勇. 物业管理. 北京：机械工业出版社，2004.

[39] 查尔斯，马库斯. 房地产原理. 上海：上海人民出版社，2005.

[40] 寒天. 房地产经营管理教程. 呼和浩特市：内蒙古人民出版社，2003.

[41] 刘亚臣. 房地产经营管理. 大连：大连理工大学出版社，2002.

[42] 乔志敏. 房地产经营管理教程. 上海：立信会计出版社，2001.

附录三　销售筹备总控表

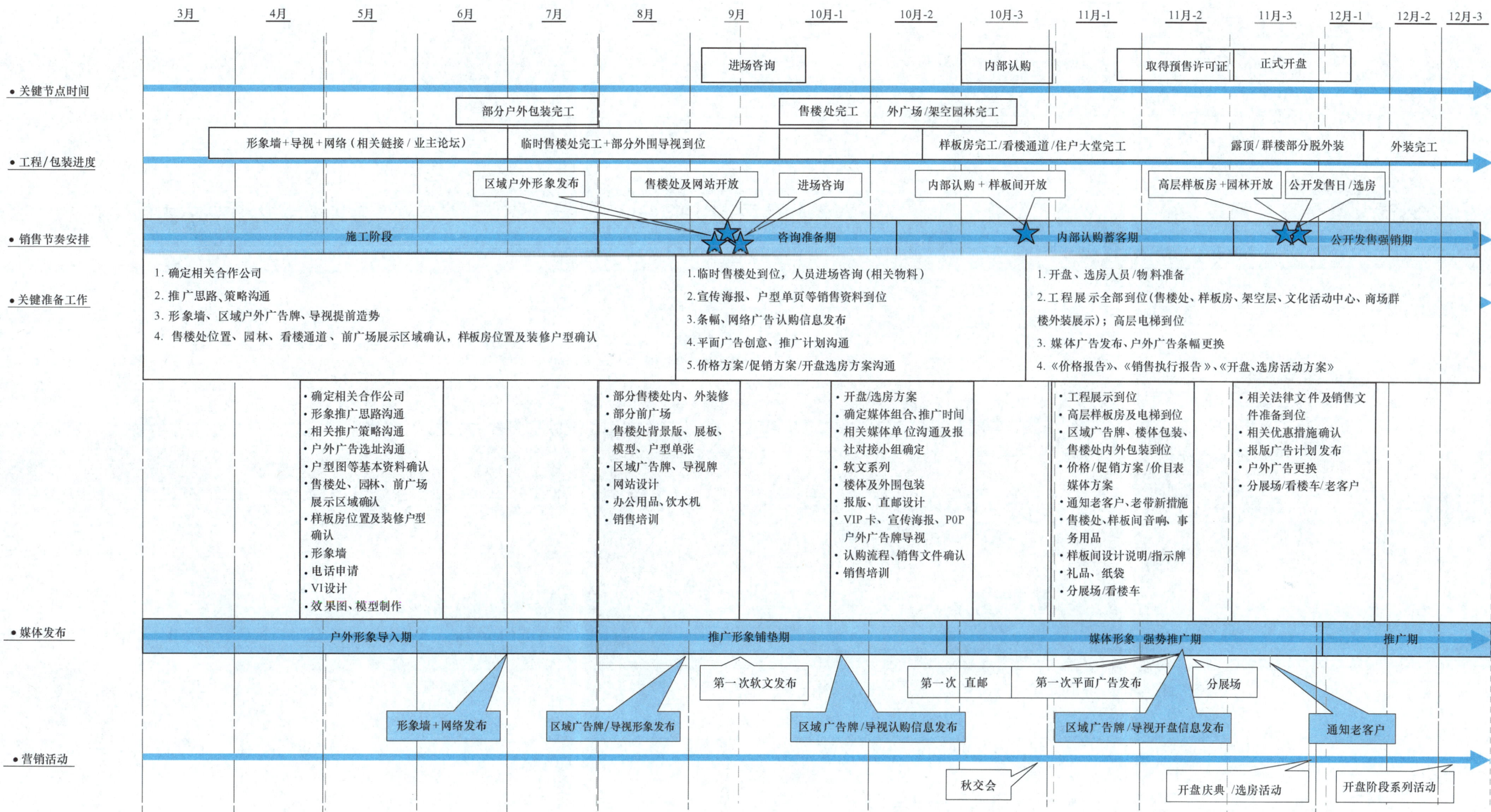

时间轴：3月　4月　5月　6月　7月　8月　9月　10月-1　10月-2　10月-3　11月-1　11月-2　11月-3　12月-1　12月-2　12月-3

● 关键节点时间

- 进场咨询（9月）
- 内部认购（10月-3）
- 取得预售许可证（11月-3）
- 正式开盘（12月-1）

● 工程/包装进度

- 部分户外包装完工（8月）
- 售楼处完工（10月-2）
- 外广场/架空园林完工（10月-3）
- 形象墙+导视+网络（相关链接/业主论坛）（4月-5月）
- 临时售楼处完工+部分外围导视到位（6月-8月）
- 样板房完工/看楼通道/住户大堂完工（10月-3～11月-1）
- 露顶/群楼部分脱外装（11月-2～11月-3）
- 外装完工（12月-1～12月-2）

● 销售节奏安排

- 区域户外形象发布
- 售楼处及网站开放
- 进场咨询
- 内部认购+样板间开放
- 高层样板房+园林开放
- 公开发售日/选房
- 施工阶段
- 咨询准备期
- 内部认购蓄客期
- 公开发售强销期

● 关键准备工作

1. 确定相关合作公司
2. 推广思路、策略沟通
3. 形象墙、区域户外广告牌、导视提前造势
4. 售楼处位置、园林、看楼通道、前广场展示区域确认，样板房位置及装修户型确认

1. 临时售楼处到位，人员进场咨询（相关物料）
2. 宣传海报、户型单页等销售资料到位
3. 条幅、网络广告认购信息发布
4. 平面广告创意、推广计划沟通
5. 价格方案/促销方案/开盘选房方案沟通

1. 开盘、选房人员/物料准备
2. 工程展示全部到位（售楼处、样板房、架空层、文化活动中心、商场群楼外装展示）；高层电梯到位
3. 媒体广告发布、户外广告条幅更换
4. 《价格报告》、《销售执行报告》、《开盘、选房活动方案》

详细准备工作表

- 确定相关合作公司
- 形象推广思路沟通
- 相关推广策略沟通
- 户外广告选址沟通
- 户型图等基本资料确认
- 售楼处、园林、前广场展示区域确认
- 样板房位置及装修户型确认
- 形象墙
- 电话申请
- VI设计
- 效果图、模型制作

- 部分售楼处内、外装修
- 部分前广场
- 售楼处背景版、展板、模型、户型单张
- 区域广告牌、导视牌
- 网站设计
- 办公用品、饮水机
- 销售培训

- 开盘/选房方案
- 确定媒体组合、推广时间
- 相关媒体单位沟通及报社对接小组确定
- 软文系列
- 楼体及外围包装
- 报版、直邮设计
- VIP卡、宣传海报、POP户外广告牌导视
- 认购流程、销售文件确认
- 销售培训

- 工程展示到位
- 高层样板房及电梯到位
- 区域广告牌、楼体包装、售楼处内外包装到位
- 价格/促销方案/价目表媒体方案
- 通知老客户、老带新措施
- 售楼处、样板间音响、事务用品
- 样板间设计说明/指示牌
- 礼品、纸袋
- 分展场/看楼车

- 相关法律文件及销售文件准备到位
- 相关优惠措施确认
- 报版广告计划发布
- 户外广告更换
- 分展场/看楼车/老客户

● 媒体发布

- 户外形象导入期
- 推广形象铺垫期
- 媒体形象强势推广期
- 推广期
- 第一次软文发布
- 第一次直邮
- 第一次平面广告发布
- 分展场
- 形象墙+网络发布
- 区域广告牌/导视形象发布
- 区域广告牌/导视认购信息发布
- 区域广告牌/导视开盘信息发布
- 通知老客户

● 营销活动

- 秋交会
- 开盘庆典/选房活动
- 开盘阶段系列活动